U0504310

福建省服務海西重大研究項目、國家社科基金重大項目子課題

馬重奇◎主編

《渡江書十五音》整理及研究

馬重奇　陸招英◎編著

無名氏◎原著

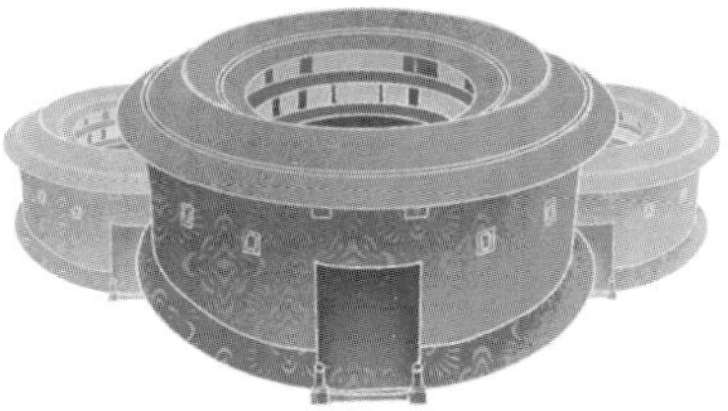

中国社会科学出版社

圖書在版編目（CIP）數據

《渡江書十五音》整理及研究／馬重奇，陸招英编著．—北京：

中國社會科學出版社，2022.4

（清代民初閩方言韻書整理及研究叢書）

ISBN 978－7－5203－9756－8

Ⅰ.①渡…　Ⅱ.①馬…②陸…　Ⅲ.①閩語—韻書—研究　Ⅳ.①H177

中國版本圖書館 CIP 數據核字（2022）第 027914 號

出 版 人　趙劍英
責任編輯　張　林
責任校對　周曉東
責任印製　戴　寬

出　　版　中国社会科学出版社
社　　址　北京鼓樓西大街甲 158 號
郵　　編　100720
網　　址　http://www.csspw.cn
發 行 部　010－84083685
門 市 部　010－84029450
經　　銷　新華書店及其他書店

印刷裝訂　北京明恒達印務有限公司
版　　次　2022 年 4 月第 1 版
印　　次　2022 年 4 月第 1 次印刷

開　　本　710×1000　1/16
印　　張　26.75
插　　頁　2
字　　數　443 千字
定　　價　158.00 元

凡購買中國社會科學出版社圖書，如有質量問題請與本社營銷中心聯繫調換
電話：010－84083683
版權所有　侵權必究

總　　序

馬重奇

一　中國古代韻書源流與發展概述

古人把傳統語言學叫做“小學”。漢代稱文字學為“小學”，因兒童入小學先學文字，故名。隋唐以後，範圍擴大，成為“文字學”“音韻學”和“訓詁學”的總稱。至清末，章炳麟認為小學之名不確切，主張改稱“語言文字之學”。現在統稱為“漢語研究”。傳統的語言學以研究古代文獻和書面語為主。

漢語音韻學研究也有一個產生、發展、改革的過程。早在先秦兩漢時期就有關於字詞讀音的記載。主要有以下諸類：（1）譬況注音法：有急言、緩言、長言、短言、內言、外言等。它們都是大致描繪的發音方法，卻很難根據它準確地發出當時的音來，更無法根據它歸納出當時的音系。（2）直音法：隨著漢代經學的產生和發展，注釋家們在為先秦典籍下注解時開始使用“直音”法。這是以一個比較常用的字給另一個同音字注音的方法。直音法的優點是簡單明瞭，一看就懂，也克服了譬況注音法讀音不確的弊病，但自身也有很大局限性。（3）讀若，讀如：東漢許慎在《說文解字》中廣泛應用的“讀若”，就是從直音法發展而來的。“讀若”也叫“讀如”，主要用於注音。用讀若時，一般用一個常見的字進行解釋，有時常常引用一段熟悉的詩文，以該字在這段詩文中的讀音來注音。（4）反切法：真正的字音分析產生於東漢末年，以反切注音法的出現為標誌。反切就是利用雙聲、疊韻的方法，用兩個漢字來拼另一個字的讀音。這是古人在直音、讀若基礎上進一步創造出來的注音方法。反切是用兩個字拼合成另一個字的音，其反切上字與所切之字聲母相同，反切下字與所切之字韻母和聲調相同。即上字取聲，下字取韻和調。自從反切出現之後，古人注釋經籍字音，便以它為主要手段。編撰韻書，也大量使用反切。

四聲的發現與歸納，對韻書的產生與發展也起著極為重要的作用。據《南齊書·陸厥傳》記載："永明末盛為文章，吳興沈約、陳郡謝朓、琅琊王融，以氣類相推轂。汝南周顒，善識聲韻。約等文皆用宮商，以平、上、去、入為四聲，以此制韻，不可增減，世呼為永明體。"《梁書·庾肩吾傳》："齊永明中，文士王融、謝朓、沈約文章始用四聲，以為新變，至是轉拘聲韻，彌尚麗靡，複逾於往時。"四聲的發現與歸納以及反切注音法的廣泛應用，成為古代韻書得以產生的基礎條件。

古代韻書的出現，標誌著音韻學真正從注釋學中脫胎出來成為一門獨立的學科。據考證，我國最早的韻書是三國時魏國李登所撰的《聲類》。在隋朝陸法言《切韻》以前，就有許多韻書出現。據《切韻·序》中說："呂靜《韻集》、夏侯詠《韻略》、陽休之《韻略》、周思言《音韻》、李季節《音譜》、杜台卿《韻略》等，各有乖互。"《隋書·經籍志》中也提到：《四聲韻林》二十八卷，張諒撰；《四聲韻略》十三卷，夏侯詠撰，等等。遺憾的是，這些韻書至今都蕩然無存，無法窺其真況。總之，韻書的製作到了南北朝的後期，已是空前鼎盛，進入"音韻鋒出"的時代。這些韻書的產生，為《切韻》的出現奠定了很好的基礎和條件。隋代出現的對後世影響最大的陸法言《切韻》則是早期漢語音韻學的集大成之作。爾後，唐宋時人紛紛在它的基礎上加以增補刊削，有的補充若干材料，分立一些韻部，有的增加字數，加詳注解，編為新的韻書。其中最著名的有唐王仁昫所撰的《刊謬補缺切韻》，孫愐所撰的《唐韻》，李舟所撰的《切韻》以及宋代官修的《廣韻》《集韻》等一系列韻書。這些韻書對韻的分析日趨精密，尤其是《廣韻》成為魏晉南北朝隋唐時期韻書的集大成著作。以上所介紹的韻書都是反映中古時期的韻書，它們在中國音韻學史上的貢獻是巨大的，影響也是非常深遠的。

唐末和尚守溫是我國古代最初使用字母來代表聲母的人。他按照雙聲字聲母讀音相同的原則，從所有漢字字音中歸納出三十個不同的聲母，並用漢字給它們一一標目，這就是《敦煌綴瑣》下輯錄守溫"三十字母"。這"三十字母"經過宋人的整理增益，成為後代通行的"三十六字母"。

唐宋三十六字母的產生導致了等韻學的產生和發展。等韻學是漢語音韻學的一個分科。它以漢語的聲韻調系統及其互相配合關係為研究對像，而以編制等韻圖作為表現其語音系統的手段，從而探求漢語的發音原理和發音方法。宋元時期的重要等韻圖大致可以分為兩大類：第一類是反映《切韻》音系的韻圖，如南宋福建福州人張麟之刊行的宋佚名的《韻鏡》，福建莆田人鄭樵撰的《七音略》，都是根據《切韻》中的小韻列為43圖，每個小韻的代表字在韻圖中各佔有一個位置；第二類是按當時的實際語音對《切韻》語音系統進行了調整，如託名宋司馬光的《切韻指掌圖》，佚名的《四聲等子》，元劉鑒的《經史正音切韻指南》，均不再按韻書中的小韻列圖，只列20個韻圖或24個韻圖。

明清時期的等韻學與宋元等韻學一脈相承，其理論基礎、基本原則和研究手段都是從宋元等韻學發展而來，二者聯繫密切。然而，明清時期的韻圖，已逐漸改變了宋元時期韻圖的型制。其表現為兩個方面：一則由於受到理學思想以及外來語音學原理對等韻的影響；二則由於語音的不斷發展變化影響到韻圖編制的內容和格式。根據李新魁《漢語音韻學》考證，明清時期的韻圖可以分為五種類型：一是以反映明清時代的讀書音系統為主的韻圖，它們略帶保守性，保存前代的語音特點較多。如：明袁子讓《字學元元》、葉秉敬《韻表》、無名氏《韻法直圖》、李嘉紹《韻法橫圖》、章黼《韻學集成》和清李光地、王蘭生《音韻闡微韻譜》，樊騰鳳《五方母音》等。二是以表現當時口語的標準音——中原地區共同語標準音為主，它們比較接近現代共同語的語音。如：明桑紹良《青郊雜著》、呂坤《交泰韻》、喬中和《元韻譜》、方以智《切韻聲原》和無名氏《字母切韻要法》等。三是在表現共同語音的基礎上，加上“音有定數定位”的觀念，在實際的音類之外，添上一些讀音的虛位，表現了統包各類讀音的“語音骨架”。如：明末清初馬自援《等音》、清林本裕《聲位》、趙紹箕《拙庵韻語》、潘耒《類音》、勞乃宣《等韻一得》等。四是表現各地方音的韻圖，有的反映北方話的讀法。如：明徐孝《重司馬溫公等韻圖經》、明代來華傳教的法國人金尼閣（Nieolas Trigault）《西儒耳目資》、張祥晉《七音譜》等；有的顯示南方方言的語音，如：陸稼書《等韻便讀》、清吳烺《五聲反切正韻》、程定謨《射聲小譜》、晉安《戚林八音》、黃謙《彙音妙悟》、廖綸璣《拍掌知音》、無名氏《擊掌知音》、謝秀嵐《雅俗通十五音》、張世珍《潮聲十五音》等。五是表現宋元時期韻書的音系的，它們是屬於“述古”的韻圖。如：無名氏《等韻切音指南》、江永《四聲切韻表》、龐大堃《等韻輯略》、梁僧寶《切韻求蒙》等①。

古音學研究也是漢語音韻學研究中的一個重要內容。它主要是研究周秦兩漢語音系統的學問。嚴格地說是研究以《詩經》為代表的上古語音系統的學問。我國早在漢代就有人談到古音。但古音學的真正建立是從宋代開始的。吳棫撰《韻補》，創“古韻通轉”之說；程迥著《古韻通式》，主張“三聲通用，雙聲互轉”；鄭庠撰《古音辨》，分古韻為六部。明代陳第（福建連江人）撰《毛詩古音考・序》提出“時有古今，地有南北，字有更革，音有轉移”的理論，為清代古音學的建立奠定了理論基礎。到了清代，古音學達到全盛時期。主要的古音學家和著作有：顧炎武《音學五書》、江永《古韻標準》、戴震《聲韻考》和《聲類表》、段玉裁《六書音韻表》、孔廣森《詩聲類》、王念孫《合韻譜》、嚴可均《說文聲類》、江有誥《音學十書》、朱駿聲《說文通訓定聲》等。

音韻學還有一個分支，那就是“北音學”。北音學主要研究以元曲和《中原音韻》為代表的近代北方話語音系統。有關北音的韻書還有元人朱宗文的《蒙古字韻》、卓從之的《中州樂府音韻匯通》，明人朱權的《瓊林雅韻》、無名氏的《菉斐軒詞林要韻》、王文璧的《中州音韻》、范善臻的《中州全韻》，清人王鵕的《中州全韻輯要》、沈乘麐的《曲韻驪珠》、周昂的《增訂中州全韻》等。

二　福建近代音韻學研究概述

從永嘉之亂前至明清，中原人士陸續入閩定居，帶來了許多中原的文化。宋南渡之後，大批北方著名人士蜂擁而來，也有不少閩人北上訪學，也將中原文化帶回閩地。如理學開創者周敦頤、張載、程顥、程頤、邵雍等都在北方中原一帶，不少閩人投其門下，深受其影響。如崇安人遊酢、

① 李新魁：《漢語等韻學》，中華書局 2004 年版。

將樂人楊時曾受業于二程。他們返回閩地後大力傳播理學，後被南宋朱熹改造發揚為“閩學”。

自宋迄清時期，福建在政治、思想、文化、經濟等均得到迅速發展。就古代“小學”（包括音韻、文字、訓詁）而言，就湧現出許許多多的專家和著作。宋朝時期，福建音韻學研究成果很多。如北宋邵武黃伯思的《古文韻》，永泰黃邦俊的《纂韻譜》，武夷山吳棫的《韻補》《毛詩補音》《楚辭釋音》，莆田鄭樵的《七音略》；南宋建陽蔡淵的《古易叶音》，泉州陳知柔的《詩聲譜》，莆田劉孟容的《修校韻略》，福州張鱗之刊行的《韻鏡》等。元明時期音韻學研究成果也不少，如元朝邵武黃公紹的《古今韻會》，邵武熊忠的《古今韻會舉要》《禮部韻略七音三十六母通考》；明朝連江陳第的《毛詩古音考》《屈宋古音義》《讀詩拙言》，晉江黃景昉的《疊韻譜》，林霍的《雙聲譜》，福清林茂槐的《音韻訂訛》等。清代音韻學研究成果十分豐碩。如安溪李光地的《欽定音韻闡微》《音韻闡微韻譜》《榕村韻書》《韻箋》《等韻便覽》《等韻辨疑》《字音圖說》，閩侯潘逢禧的《正音通俗表》，曹雲從的《字韻同音辨解》，光澤高澍然的《詩音十五卷》，閩侯陳壽祺的《越語古音證》，閩侯方邁的《古今通韻輯要》，晉江富中炎的《韻法指南》《等韻》，惠安孫經世的《韻學溯源》《詩韻訂》，王之珂的《占畢韻學》等。

以上韻書涉及上古音、中古音、近代音、等韻學，為我國漢語音韻學史作出了巨大貢獻，影響也是很大的。

三　閩台方言韻書說略

明清時期的方言學家們根據福建不同方言區的語音系統，編撰出許許多多的便於廣大民眾學習的方言韻書。有閩東方言韻書、閩北方言韻書、閩南方言韻書、潮汕方言韻書、臺灣閩南方言韻書以及外國傳教士編撰的方言字典、詞典等。

閩東方言韻書有：明末福州戚繼光編的《戚參軍八音字義便覽》（明末）、福州林碧山的《珠玉同聲》（清初）、晉安彙集的《戚林八音》（1749）、古田鐘德明的《加訂美全八音》（1906），福安陸求藻《安腔八音》（十八世紀末）、鄭宜光《簡易識字七音字彙》（清末民初）等。

閩北方言韻書有：政和明正德年間陳相手抄本《六音字典》（1515）和清朝光緒年間陳家箎手抄本《六音字典》（1894）；建甌林瑞材的《建州八音字義便覽》（1795）等。

閩南方言韻書有：連陽廖綸璣的《拍掌知音》（康熙年間）、泉州黃謙的《彙音妙悟》（1800，泉州音）、漳州謝秀嵐的《彙集雅俗通十五音》（1818）、無名氏的《增補彙音》（1820）、長泰無名氏的《渡江書十五音》（不詳）、葉開恩的《八音定訣》（1894）、無名氏《擊掌知音》（不詳，兼漳泉二腔）。

潮汕方言韻書有：張世珍的《潮聲十五音》（1907）、江夏懋亭氏的《擊木知音》（全名《彙集雅俗十五音全本》，1915）、蔣儒林《潮語十五音》（1921）、潮安蕭雲屏編的《潮語十五音》（1923）、潘載和《潮汕檢音字表》（1933）、澄海姚弗如改編的《潮聲十七音》（1934）、劉繹如改編的《潮聲十八音》（1936）、鳴平編著肅穆改編《潮汕十五音》（1938）、李新魁的《新編潮汕方言十八音》（1975）等。

大陸閩方言韻書對臺灣產生重大影響。臺灣語言學家們模仿大陸閩方言韻書的內容和形式，結合臺灣閩南方言概況編撰新的十五音。反映臺灣閩南方言的韻書主要有：臺灣現存最早的方言韻書為臺灣總督府民政局學務部編撰的《臺灣十五音字母詳解》（1895，臺灣）和《訂正臺灣十五音字母詳解》（1901，臺灣）等。

以上論著均為反映閩方言的韻書和辭書。其數目之多可以說居全國首位。其種類多的原因，與閩方言特別複雜有著直接的關係。

四 閩方言主要韻書的整理及其研究

福建師範大學漢語言文字學專業是2000年國務院學位委員會審批的二級學科博士學位授權點，也是2008年福建省第三批省級重點學科。2009年，該學科學科帶頭人馬重奇教授主持了福建省服務海西重大研究項目“海峽西岸瀕危語言學文獻及資料的挖掘、整理與研究”。經過多年的收集、整理和研究，擬分為兩個專題組織出版：一是由馬重奇教授主編的“清代民初閩方言韻書整理及研究”叢書；二是由林志強教授主編的

“閩籍學者的文字學著作研究”叢書。2010 年馬重奇教授又主持了國家社科基金重大招标項目“海峽兩岸閩南方言動態比較研究”，也把閩方言韻書整理与研究作為子課題之一。

“清代民初閩方言韻書整理及研究”叢書的目錄如下：1.《〈增補彙音妙悟〉〈拍掌知音〉整理及研究》；2.《〈彙集雅俗通十五音〉整理及研究》；3.《〈增補彙音〉整理及研究》；4.《〈渡江書十五音〉整理及研究》；5.《〈八音定訣〉整理及研究》；6.《〈潮聲十五音〉整理及研究》；7.《〈潮語十五音〉整理及研究》；8.《〈潮聲十七音〉整理及研究》；9.《〈擊木知音〉整理及研究》；10.《〈安腔八音〉整理及研究》；11.《〈加訂美全八音〉整理及研究》；12.《〈建州八音字義便覽〉整理及研究》。

關於每部韻書的整理，我們的原則是：

1. 每本新編閩方言韻書，均根據相關的古版本以及學術界相關的研究成果進行校勘和校正。

2. 每本方言韻書均以原韻書為底本進行整理，凡韻書編排較亂者，根據韻字的音韻學地位重新編排。

3. 韻書有字有音而無釋義者，根據有關工具書補充字義。

4. 凡是錯字、錯句或錯段者，整理者直接改之。

5. 通過整理，以最好的閩方言韻書呈現於廣大讀者的面前，以滿足讀者和研究者學習的需要。

至於每部韻書的研究，我們的原則是：

1. 介紹每部韻書的作者、成書時間、時代背景、各種版本。

2. 介紹每部韻書在海內外學術界的研究動態。

3. 研究每部韻書的聲韻調系統，既做共時的比較也做歷時的比較，考證出音系、音值。

4. 考證出每部韻書的音系性質以及在中國方音史上的地位和影響。

“清代民初閩方言韻書整理及研究”叢書的順利出版，首先要感謝福建省人民政府對“福建省服務海西重大研究項目‘海峽西岸瀕危語言學文獻及資料的挖掘、整理與研究’”經費上的支持！我們還要特別感謝中國社會科學出版社張林編審的鼎立支持！感謝她為本套叢書的編輯、校對、出版所付出的辛勤勞動！

在本書撰寫過程中，著者們吸收了學術界許多研究成果，書後參考書目中已一一列出，這裡不再一一說明，在此一併表示感謝！然而，由於著者水準所限，書中的錯誤在所難免，望學術界的朋友們多加批評指正。

2021 年 5 月於福州倉山書香門第

目　　錄

《渡江書十五音》與漳州長泰方言音系

馬重奇

一　《渡江書十五音》的由來及其音系

《渡江書十五音》的著者、著作年代皆不詳，手抄本，四十三韻。1958 年李熙泰先生在廈門舊書攤購得，1987 年東京外國語大學亞非言語文化研究所影印發行，有李榮序。黃典誠（1991）在《〈渡江書十五音〉的本腔是什麼》中說：《渡江書十五音》的作者確系漳州市長泰縣籍無疑。（見《廈門民俗方言》1991 年第 5 期）李榮《序》云：

> 《渡江書十五音》是閩南方言韻書，沒聽說有刻本，鈔本見於《涵芬樓燼餘書録》，原注云“為閩人方言而作。”也沒有聽說還有其他書目提到本書的。想不到一九五八年六月二十七日，李熙泰同學在廈門思明北路舊書攤買到此鈔本。全書二百七十九葉，第一葉首題“渡江書”，二七九葉末題“十五音全終”，中缺四葉。有幾葉略有破損，偶缺一二字。

此鈔本無序跋，不署編者姓名和年代。閩語韻書常用“十五音”指聲母，也常用“十五音”為書名。本書封面和扉葉就用“渡江書十五音”為署名，點出這是閩語韻書。當然也可以單說“渡江書”。

1. 《渡江書十五音》的“十五音”（即 15 個聲母字）

《渡江書十五音》“順口十五音歌己字為首”與《彙集雅俗通十五音》次列“切音十五字字頭起連音呼”基本上相同：

彙集雅俗通十五音	柳理	邊比	求己	去起	地底	頗鄙	他恥	曾止	入耳	時始	英以	門美	語禦	出取	喜喜
渡江書	柳裡	邊比	求己	去起	治底	波鄙	他恥	曾只	入耳	時始	英以	門米	語擬	出齒	喜熹
呼　法	li^2	pi^2	ki^2	k‘i^2	ti^2	p‘i^2	t‘i^2	tsi^2	dzi^2	si^2	i^2	bi^2	gi^2	ts‘i^2	hi^2

兩種韻書均為15個字母音，其呼法也基本上相同。其呼法均為“十五音＋［i］”相拼，即通過考證，這兩種漳州十五音的聲母字及其擬音也是相同的。請看下表：

韻　書	兩種韻書的聲母比較及其擬音							
彙集雅俗通十五音	柳［l/n］	邊［p］	求［k］	去［k‘］	地［t］	頗［p‘］	他［t‘］	曾［ts］
渡江書十五音	柳［l/n］	邊［p］	求［k］	去［k‘］	治［t］	波［p‘］	他［t‘］	曾［ts］
彙集雅俗通十五音	入［dz］	時［s］	英［ø］	門［b/m］	語［g/ŋ］	出［ts‘］	喜［h］	
渡江書十五音	入［dz］	時［s］	英［ø］	門［b/m］	語［g/ŋ］	出［ts‘］	喜［h］	

通過考證，漳州這兩種十五音的聲母字及其擬音是基本上相同的，只有［t］，《渡江書十五音》寫作“治”，《彙集雅俗通十五音》寫作“地”；還有［p‘］，《渡江書十五音》寫作“波”，《彙集雅俗通十五音》寫作“頗”。其中“柳”“門”“語”三母分別置於閩南話非鼻化韻母和鼻化韻母之前分別讀作［l/n］、［b/m］、［g/ŋ］，“入”母均讀為［dz］，從19世紀初葉迄今均如此。

（二）《渡江書十五音》的“共四十三字母”（即43個韻部）

《渡江書十五音》雖不分卷，但按“渡江書字祖三十字”，應該也有七卷：“君堅今歸嘉 干公乖經官 姑嬌雞恭高 皆根姜甘瓜 江兼交加蓈 他朱槍幾鳩”。“又附音十三字”：“箴寡尼儺茅乃貓且雅五姆麼缸”共43個字母。現將三種韻書韻目比較如下表：

卷次	《彙集雅俗通十五音》	《渡江書十五音》	卷次	《彙集雅俗通十五音》	《渡江書十五音》
第一卷	君堅金規嘉	君堅金規嘉	第五卷	江兼交迦檜	江兼交迦蘒
第二卷	干公乖經觀	干公乖經官	第六卷	監艍膠居丩	他朱鎗幾鳩
第三卷	沽嬌稽恭高	姑嬌雞恭高	第七卷	更褌茄梔薑 驚官鋼伽閑	箴官拈儺茅乃貓 且雅五姆麼缸
第四卷	皆巾姜甘瓜	皆根姜甘瓜	第八卷	姑姆光門糜 嘄箴爻扛牛	————

可見，此兩種韻書的前30個韻部基本相同，《彙集雅俗通十五音》和《渡江書十五音》前30部基本是文讀音，30部以後基本是白讀音，但也是大同小異的。

（三）關於調類的對照排比考察

《彙集雅俗通十五音》作者為了補足“八音”，以“下上”來配“上上”，所有“下上聲”都是“空音”，卷內注明“全韻與上上同”，意思是說漳州音實際上只有七調，根本就沒有下上聲。《渡江書十五音》“此卷中字祖三十字又附音十三字，共四十三，以本啌呼之，別為序次如左”，只有七調，即上平聲、上上聲、上去聲、上入聲、下平聲、下去聲、下入聲，而沒有下上聲。

二 《渡江書十五音》內部證據兼論其音系性質

《彙集雅俗通十五音》是一部反映19世紀初閩南漳州方言音系的韻書，確切地說是反映漳州市漳浦方言音系。而《渡江書十五音》究竟代表何地方言音系則是眾說紛紜。李榮（1987）認為，《渡江書十五音》的音韻系統介於廈門與漳州之間，但更接近廈門音；姚榮松（1989）認為，《渡江書十五音》音韻系統更接近漳州音；洪惟仁（1990）認為《渡江書十五音》很明顯的是漳州音韻書；黃典誠（1991）說《渡江書十五音》的作者確系漳州市長泰縣籍無疑，但和廈門一地有著較深厚的關係；李熙泰（1991）推測是介於海澄至廈門之間的讀音；野間晃（1995）指出，《渡江書十五音》的音系雖有虛構的部分，但似乎比較忠實地反映所根據的音系的實際情況；林寶卿（1995）認為其音系是以廈門音為主，又補充了不少長泰音；王順隆（1996）認為，《渡江書十五音》與長泰音有更密切的關係；等等。首先，我們要說明漳州音指的是什麼？今漳州市共轄漳州薌城、龍海、長泰、華安、南靖、平和、漳浦、雲霄、詔安、東山等十個縣區。漳州音系就廣義而言可指整個地區的音系，狹義而言可指漳州薌城區音系。

筆者通過《渡江書十五音》與《彙集雅俗通十五音》的全面比較，並與現代漳州地區方言的對照考察，使我們更進一步瞭解《渡江書十五音》與《彙集雅俗通十五音》之間的源流關係，同時弄清楚《渡江書十五音》的音系性質。

李榮在《渡江書十五音·序》中說：

> 平常都說閩南話有泉州腔、廈門腔、漳州腔、潮州腔之分。本書一一九葉拱韻喜母：“享，泉啌。”一二九葉閣韻門母：“蔔，泉啌。”一四七葉近韻喜母：“恨，恨心也，泉啌。”二〇一葉提韻語母，“雅，泉啌。”同葉㬥韻治母，“說，說話，潮啌。”這裡的“說”是訓讀字，本地俗字作“呾”。啌字就是腔字，見本書一四八葉、二一四葉。

李榮受到《彙音妙悟》“管部注‘漳腔，有音無字’”的啟發，從《渡江書十五音》找到標注“泉腔”四例、“潮腔”一例，從而排除了該韻書屬泉腔和潮腔的性質。他又找到“本腔”一例，提出可據此進行研究。此乃內部尋找證據的重要方法之一。這裡的“啌”字就是“腔”。李榮把以上例證“拿來跟本書卷首‘以本啌呼之’對比”，認為“似乎本啌指本書依據的方言，泉啌潮啌並非本書依據的方言。參考《彙音妙悟》明說‘悉用泉音’，管部注‘漳腔，有音無字。’本書還有一處糖字注‘本啌’（按：儺韻他母：“糖，本腔”）”。根据李榮的说法，考证“糖，本腔”就是一個關鍵問題。

筆者認為，首先應該弄清楚，書中的“本腔”指的是什麼地方的腔調。據統計，《渡江書十五音》“儺韻”有 32 字與《彙集雅俗通十五音》

第49部“扛韻”［ɔ̃］（47字）相對應，占其總數的68.10%；儺韻還與《渡江書十五音》缸韻［ŋ］對立，因此這裡的“糖”字，絕不可能讀作［t‘ŋ］，而應讀作［t‘ɔ̃］。“糖”字讀作［t‘ɔ̃］，在漳州與廈門之間的地方只有長泰縣了。不僅如此，包括整個儺韻的韻字在長泰方言中均讀作［ɔ̃］。關於這個問題，後文有專門的論述。因此，我們可斷定“本腔”即指長泰腔。

《渡江書十五音》書名與長泰的地理位置的關係，也是筆者考證的證據之一。《渡江書十五音》的“渡江”究竟渡什麼江呢？因筆者曾於1969年到長泰縣珠阪大隊五里亭農場插隊勞動，對漳州薌城→九龍江→龍海郭坑鎮→長泰珠阪五裡亭→龍津江→長泰縣城的地理位置十分熟悉。按筆者推測，以前由於交通不方便，漳州到長泰縣城必須渡過兩條江：一是先從漳州朝東北方向渡過九龍江到達郭坑鎮（按：郭坑鎮屬龍海縣轄區，“糖”字讀作［t‘ŋ］），再朝北經過長泰珠阪村五里亭（按：珠阪屬長泰縣轄區，“糖”字則讀作［t‘ɔ̃］），再徑直渡過龍津江，經過京元村才到達長泰縣城。本書書名《渡江書十五音》可能與此有關。黃典誠在《關於〈渡江書十五音〉的“本腔”》一文中指出：“《渡江書十五音》的作者既承認［t‘ɔ̃］為本腔，則其作者確系今漳州市長泰縣籍無疑。而書中［iɔŋ］、［iaŋ］兩韻，證作者雖籍隸長泰，但和廈門一地有著較深厚的關係。”① 黃先生的考證是正確的。《渡江書十五音》的“本腔”是漳州長泰方音，書中也夾雜著廈門某些音類。

關於《渡江書十五音》的編撰年代，李榮在《渡江書十五音·序》中考證說：“《渡江書十五音》編撰年代待考，可以確定的是在《康熙字典》之後。”

本書將《渡江書十五音》與《彙集雅俗通十五音》及漳州方言進行窮盡式的比較，筆者認為，《渡江書十五音》所反映的方言音系應該是以長泰音和漳州音為基礎，但還參雜著廈門方言的個別韻類。《渡江書十五音》成書時間後於《彙集雅俗通十五音》，它是在《彙集雅俗通十五音》基礎上增刪補缺而成的。據考察，《渡江書十五音》43個韻部抄襲了《彙集雅俗通十五音》相對應韻部12271個韻字中的9008字，占其總數的

① 黃典誠：《黃典誠語言學論文集》，廈門大學出版社2003年版，第273頁。

73.41%，作者只是把這些韻字按諧聲系統的不同重新進行排列，而編者所新增的韻字一律放在《彙集雅俗通十五音》韻字之後。這說明《渡江書十五音》與《彙集雅俗通十五音》有著密切的關係，也是我們認為《渡江書十五音》所代表的音系是以漳州音為基礎的主要依據之一。

《彙集雅俗通十五音》有 50 個韻部、85 個韻母，而《渡江書十五音》只有 43 個韻部、86 個韻母。二者相比較，有兩方面不同：（1）《渡江書十五音》比《彙集雅俗通十五音》少了 7 個韻：《彙集雅俗通十五音》嘉韻讀作［ɛ］，《渡江書十五音》無［ɛ］韻，其嘉韻與《彙集雅俗通十五音》膠韻同，讀作［a］；《彙集雅俗通十五音》有褌韻［u ĩ］，《渡江書十五音》則將其併入钪韻，讀作［ŋ］；《彙集雅俗通十五音》有稽［ei］、伽［e］二韻，《渡江書十五音》則將其併為雞韻，讀作［e］；《彙集雅俗通十五音》有光韻［uaŋ］，《渡江書十五音》則將其併入公韻，讀作［ɔŋ］；《彙集雅俗通十五音》有閂韻［uãi］，《渡江書十五音》無此韻；《彙集雅俗通十五音》有糜韻［uẽi］，《渡江書十五音》則無此韻；《彙集雅俗通十五音》有牛韻［iũ］，《渡江書十五音》無此韻，歸入槍韻［iũ］。（2）兩部韻書的韻母不太一致：《彙集雅俗通十五音》有 85 個韻母，其中 15 個陽聲韻均配有入聲韻，收輔音韻尾［－p、－t、－k］；35 個陰聲韻，其中有 20 個韻也配有入聲韻，收喉塞韻尾［－ʔ］，有 15 個韻則不配入聲韻。而《渡江書十五音》雖然只有 43 個韻部，但每個韻部均配有入聲韻：14 個陽聲韻配有入聲韻，收輔音韻尾［－p、－t、－k］；另外 29 個陰聲韻也都配有入聲韻，則收喉塞韻尾［－ʔ］。

本書通過《渡江書十五音》43 個韻部與现代漳州薌城、龍海、長泰、華安、南靖、平和、雲霄、漳浦、東山、詔安以及廈門等縣市的方言進行全面的比較，多數韻部沒有什麼大的差異，有以下 6 種情況值得我們去思考：

（1）純讀長泰方言韻類，不讀漳州其他地區方言和廈門方言韻類：《渡江書十五音》儺韻［ɔ̃］部分韻字“扛慷康湯裝霜喪秧芒滄方鋼蕩長腸糖床撞杖”等，惟獨長泰腔讀作［ɔ̃］，漳州、龍海、華安、南靖、平和、漳浦、雲霄、東山、詔安、廈門等方言均讀作［ŋ］。

（2）純讀漳州、長泰等地方言韻類，不讀廈門方言韻類：①《渡江書十五音》根韻［in］與君韻［un］對立。根韻［in］部分韻字“斤均跟巾恩芹銀根齦近”等，漳州地區方音讀作［in］，惟獨廈腔讀作［un］，反映的是漳州方言，而不是廈門方言。②《渡江書十五音》甋韻［ue］部分韻字“飛剮炊尾粿髓火過冠從課貨歲郭缺垂被尋”等，漳州地區大多讀作［ue］，惟獨廈腔讀作［e］，說明這裡所反映的也是漳州一帶的方言。

（3）純讀長泰、華安、廈門等地韻類，不讀漳州其他方言韻類：①《渡江書十五音》嘉韻［a］部分韻字“嘉加渣紗差把啞嫁爬牙蝦夏”等，長泰、華安、廈門讀作［a］，相當於《彙集雅俗通十五音》的膠韻［a］；而這些韻字，漳州、龍海、南靖、漳浦、雲霄、平和、詔安均可讀作［ɛ］，相當於《彙集雅俗通十五音》的嘉韻［ɛ］，而長泰等地方言則讀作［e］，反映了兩種不同的方言現象。②《渡江書十五音》雞韻［e］部分韻字“渣紗假啞架客裼鈀爬蝦耙宅麥”等，長泰、華安、東山、廈門讀作［e/eʔ］，漳州、龍海、南靖、漳浦、雲霄、平和、詔安則讀作［ɛ/ɛʔ］。③《渡江書十五音》“扛韻”部分韻字“方風光磚黃酸穿川園昏荒軟管轉”等，長泰、詔安、廈門讀作［ŋ］，相當於《彙集雅俗通十五音》鋼韻［ŋ］；而這些韻字，漳州、龍海、華安、南靖、平和、漳浦、雲霄、東山等方言均讀作［uĩ］，相當於《彙集雅俗通十五音》褌韻［uĩ］。

（4）同時分讀於兩個韻部，分別反映漳州、長泰等地韻類和廈門方言韻類：①《渡江書十五音》雞韻［e］部分韻字“披弊敝獘幣制世”等，惟獨廈門讀作［e］，漳州地區均讀作［i］，屬廈門方言韻類；但這些韻字又同時出現在幾韻［i］和《彙集雅俗通十五音》居韻［i］裡，則屬漳州韻類。②《渡江書十五音》恭韻［iɔŋ］部分韻字“姜章湘鄉兩長想仰響唱約楊亮”等，廈門讀作［iɔŋ］，漳州、長泰等地均讀作［iaŋ］，反映廈門方言；但《渡江書十五音》“薑韻”［iaŋ］裡又同時收以上韻字，則屬漳州地區方言。

（5）《渡江書十五音》雅韻［ẽ］與尼韻［ĩ］是對立的。雅韻部分韻字“嬰奶罵脈咩挾夾庚坑撐爭生星平彭楹硬鄭”等，長泰、華安、東山、詔安均讀作［ẽ］，廈門部分讀作［ẽ］，多數讀作［ĩ］，漳州、龍海、南靖、平和、漳浦、雲霄均讀作［ɛ̃］，顯然所反映的不是廈門方言；

尼韻韻字讀作［ĩ］，只有個別韻字“腥哼平彭”廈腔讀作［ĩ］，可見此韻不是反映廈門方言。

（6）《渡江書十五音》朱韻［u］韻字，廈門方言均讀作［u］；其大部分韻字漳州方言亦讀作［u］，但部分韻字如“豬趨旅舉抵貯煮死字語鼠許去著處餘緒”等則讀作［i］，所以此韻的部分韻字反映了廈門方言。

最後，筆者得出這樣的結論：《渡江書十五音》所反映的方言音系應該是以長泰音為基礎，但還摻雜着廈門方言的個別韻類。

三 《渡江書十五音》四十三字母音值的擬測

在本節裡，我們擬將《渡江書十五音》43 個韻部 86 個韻母與《彙集雅俗通十五音》50 韻部 85 個韻母以及现代漳州地區 10 個縣市、廈門的方言韻母系統比較研究，並將其音值擬測。

（一）“君堅金歸嘉”五部音值的擬測

1. 君部：《渡江書十五音》君韻有 445 個韻字來源於《彙集雅俗通十五音》的君韻［un/ut］（655 個韻字），占其總數的 67.94%。此韻舒聲韻在漳州地區 10 個縣市的方言均讀作［un］，促聲韻擬作［ut］，現根據長泰方言將君韻擬作［un/ut］。《廈門方言研究》“同音字表”裡“跟根巾斤筋均鈞筠近”諸字，均讀作［kun］，而《渡江書十五音》君韻裡則無這些韻字，而是出現於根韻裡。這說明《渡江書十五音》君韻並不反映廈門的方音特點。

2. 堅部：《渡江書十五音》堅韻有 466 個韻字來源於《彙集雅俗通十五音》的堅韻［ian/iat］（614 個韻字），占其總數的 75.90%。此韻舒聲韻在漳州地區 10 個縣市的方言均讀作［ian］，促聲韻擬作［iat］，現根據長泰方言將堅韻擬作［ian/iat］。

3. 今部：《渡江書十五音》金韻有 195 個韻字來源於《彙集雅俗通十五音》的金韻［im/ip］（251 個韻字），占其總數的 77.69%。此韻舒聲韻在漳州地區 10 個縣市的方言均讀作［im］，促聲韻讀作［ip］，現根據長泰方言將金韻擬作［im/ip］。

4. 歸部：《渡江書十五音》歸韻有 282 個韻字來源於《彙集雅俗通十

五音》的規韻［ui］（358 個韻字），占其總數的 78. 77% 。此韻舒聲韻在漳州地區 10 個縣市的方言均讀作［ui］，而其促聲韻字均為僻字，現代漳州方言均無法讀出［uiʔ］，現只能依韻書將歸韻擬作［ui/uiʔ］。

5. 嘉部：《渡江書十五音》嘉韻韻字不是來源於《彙集雅俗通十五音》的嘉韻［ε/εʔ］，而是來源於膠韻［a/aʔ］。據考察，《渡江書十五音》有 128 個韻字來源於《彙集雅俗通十五音》膠韻（165 個韻字），占其總數的 77. 58% 。此韻韻字如“蜊笆膠巧干打叱早傻鴉疤叉孝”和“蠟百甲搭打塔鬧押肉插”等，在漳州方言裡均讀作［a/aʔ］，而廈門方言也均讀作［a/aʔ］。根據這種現像，我們將該韻擬作［a/aʔ］。但是，《渡江書十五音》嘉韻還有部分韻字，“加笳袈佳查渣楂紗叉差把靶啞嫁駕架百爬琶牙蝦夏廈下”諸字，在漳州地區的讀音不盡相同：漳州、龍海、華安（部分人）、南靖、平和、漳浦、雲霄、詔安等地讀作［ε/εʔ］；長泰、華安（部分人）、東山、廈門等地則讀作［a/aʔ］。請看下表：

韻字	漳州	廈門	龍海	長泰	華安	南靖	平和	漳浦	雲霄	東山	詔安
嘉	kε	ka	kε	ka	ka	kε	kε	kε	kε	ka	kε
查	tsε	tsa	tsε	tsa	tsa	tsε	tsε	tsε	tsε	tsa	tsε
紗	sε	sa	sε	sa	sa	sε	sε	sε	sε	sa	sε
帕	p‘εʔ	p‘aʔ	p‘εʔ	p‘aʔ	p‘aʔ	p‘εʔ	p‘εʔ	p‘εʔ	p‘εʔ	p‘aʔ	p‘εʔ
百	pεʔ	paʔ	pεʔ	paʔ	paʔ	pεʔ	pεʔ	pεʔ	pεʔ	paʔ	pεʔ

《渡江書十五音》嘉韻與《彙集雅俗通十五音》嘉韻不同，卻與《彙集雅俗通十五音》膠韻同，說明《渡江書十五音》沒有［ε］音，所讀音則與長泰等地讀音同。今根據長泰方言將嘉韻擬為［a/aʔ］。

（二）“干公乖經官”五部音值的擬測

6. 干部：《渡江書十五音》干韻有 288 個韻字來源於《彙集雅俗通十五音》的干韻［an/at］（349 個韻字），占其總數的 82. 52% 。此韻舒聲韻在漳州地區 10 個縣市的方言均讀作［an］，促聲韻擬作［at］，現根據長泰方言將干韻擬作［an/at］。

7. 公部：《渡江書十五音》公韻有 629 個韻字來源於《彙集雅俗通十

五音》的公韻［ɔŋ/ɔk］（839 個韻字），占其總數的 74.97%。此韻舒聲韻在漳州地區 10 個縣市的方言均讀作［ɔŋ］，促聲韻擬作［ɔk］，現根據長泰方言將公韻擬作［ɔŋ/ɔk］。

8. 乖部：《渡江書十五音》乖韻有 24 個韻字來源於《彙集雅俗通十五音》的乖韻［uai/uaiʔ］（33 個韻字），占其總數的 72.73%。此韻舒聲韻在漳州地區 10 個縣市的方言均讀作［uai］，而其促聲韻字均為僻字，現代漳州方言均無法讀出［uaiʔ］，現只能依韻書和長泰方言將乖韻擬作［uai/uaiʔ］。

9. 經部：《渡江書十五音》經韻有 760 個韻字來源於《彙集雅俗通十五音》經韻（1044 個韻字），占其總數的 72.80%。此韻韻字在漳州地區方言裡讀音不一，如“冷兵經輕丁烹汀貞生嬰仍明迎幸”和“栗百革克德魄惕則色益默策赫”等韻字，漳州、龍海、華安、南靖均讀作［iŋ/ik］，長泰、平和、雲霄、東山、詔安讀作［eŋ/ek］，漳浦讀作［ɛŋ/ɛk］。今依漳州市長泰縣方言將該韻擬作［eŋ/ek］。請看下表：

韻字	漳州	廈門	龍海	長泰	華安	南靖	平和	漳浦	雲霄	東山	詔安
冰	piŋ^{1}	piŋ^{1}	piŋ^{1}	peŋ^{1}	piŋ^{1}	piŋ^{1}	peŋ^{1}	pɛŋ^{1}	peŋ^{1}	peŋ^{1}	piŋ^{1}/ eŋ^{1}
經	kiŋ^{1}	kiŋ^{1}	kiŋ^{1}	keŋ^{1}	kiŋ^{1}	kiŋ^{1}	keŋ^{1}	kɛŋ^{1}	keŋ^{1}	keŋ^{1}	kiŋ^{1}/eŋ^{1}
丁	tiŋ^{1}	tiŋ^{1}	tiŋ^{1}	teŋ^{1}	tiŋ^{1}	tiŋ^{1}	teŋ^{1}	tɛŋ^{1}	teŋ^{1}	teŋ^{1}	tiŋ^{1}/eŋ^{1}
貞	tsiŋ^{1}	tsiŋ^{1}	tsiŋ^{1}	tseŋ^{1}	tsiŋ^{1}	tsiŋ^{1}	tseŋ^{1}	tsɛŋ^{1}	tseŋ^{1}	tseŋ^{1}	tsiŋ^{1}/eŋ^{1}
百	pik^{4}	pik^{4}	pek^{4}	pik^{4}	pik^{4}	pek^{4}	pek^{4}	pɛŋ^{4}	pek^{4}	pek^{4}	pik/ek^{4}
革	kik^{4}	kik^{4}	kik^{4}	kek^{4}	kik^{4}	kik^{4}	kek^{4}	kɛk^{4}	kek^{4}	kek^{4}	kik^{4}/ek^{4}
力	lik^{8}	lik^{8}	lik^{8}	lek^{8}	lik^{8}	lik^{8}	lek^{8}	lɛk^{8}	lek^{8}	lek^{8}	lik′/ek^{8}

10. 官部：《渡江書十五音》官韻有 407 個韻字來源於《彙集雅俗通十五音》的觀韻［uan/uat］（583 個韻字），占其總數的 69.81%。此韻舒聲韻在漳州地區 10 個縣市的方言均讀作［uan］，促聲韻擬作［uat］，現根據長泰方言將官韻擬作［uan/uat］。

（三）“姑嬌雞恭高”五部音值的擬測

11. 姑部：《渡江書十五音》姑韻有 408 個韻字來源於《彙集雅俗通

十五音》沽韻（517 個韻字），占其總數的 78. 92%。此韻韻字在漳州地區方言讀音不一，如“姑菩虜許呼蘇畝兔吳胡”等韻字，漳州、龍海、華安、南靖以及廈門均讀作［ɔ］，長泰讀作［eu］，平和、漳浦、詔安讀作［ɔu］，雲霄、東山讀作［ou］。此韻的上入聲和下入聲韻字均讀偏僻字，現代漳州方言無法一一與之對應，今依韻書和長泰方言將該韻擬音作［eu/euʔ］。請看下表：

韻字	漳州	廈門	龍海	長泰	華安	南靖	平和	漳浦	雲霄	東山	詔安
姑	kɔ^{1}	kɔ^{1}	kɔ^{1}	keu^{1}	kɔ^{1}	kɔ^{1}	kɔu^{1}	kɔu^{1}	kou^{1}	kou^{1}	kɔu^{1}
菩	p‘ɔ^{1}	p‘ɔ^{1}	p‘ɔ^{1}	p‘eu^{1}	p‘ɔ^{1}	p‘ɔ^{1}	p‘ɔu^{1}	p‘ɔu^{1}	p‘ou^{1}	p‘ou^{1}	p‘ɔu^{1}
吳	gɔ^{5}	gɔ^{5}	gɔ^{5}	geu^{5}	gɔ^{5}	gɔ^{5}	gɔu^{5}	gɔu^{5}	gou^{5}	gou^{5}	gɔu^{5}
胡	ɔ^{5}	ɔ^{5}	ɔ^{5}	eu^{5}	ɔ^{5}	ɔ^{5}	ɔu^{5}	ɔu^{5}	ou^{5}	ou^{5}	ɔu^{5}
鷇 keuʔ^{5}	—	—	—	—	—	—	—	—	—	—	—

12. 嬌部：《渡江書十五音》嬌韻有 304 個韻字來源於《彙集雅俗通十五音》的嬌韻［iau/iauʔ］（409 個韻字），占其總數的 74. 33%。此韻舒聲韻在漳州地區 10 個縣市的方言均讀作［iau］，而其促聲韻字均為僻字，現代漳州方言均無法讀出［iauʔ］，現只能依韻書和長泰方言將嬌韻擬作［iau/iauʔ］。

13. 雞部：《渡江書十五音》雞韻韻字有兩個來源：一是有 184 個韻字來源於《彙集雅俗通十五音》稽韻［ei］（245 個韻字），占其總數的 75. 10%；二是有 35 個韻字來源於《彙集雅俗通十五音》伽韻［e］（61 個韻字），占其總數的 57. 38%。《彙集雅俗通十五音》稽韻［ei］與伽韻［e］是對立的，反映了漳浦方言讀音特點。而《渡江書十五音》則將伽韻併入雞韻，《彙集雅俗通十五音》伽韻（61 個韻字）中有 35 個韻字併入《渡江書十五音》的雞韻，因此不存在稽［ei］與伽［e］的對立。如《彙集雅俗通十五音》稽韻字“禮篦街啟底批濟梳挨倪買妻奚”和“螺笠拔鍥箆袋胎坐雪矮賣系”，漳州、龍海、華安、南靖、東山、長泰等方言均讀作［e/eʔ］，平和、漳浦、雲霄、詔安方言均讀作［iei］或［ei］。《渡江書十五音》還有部分韻字分別反映了漳州、龍海、南靖、平和、漳浦、雲霄、詔安和長泰、華安、東山、廈門兩種方言：前者讀作［ɛ/

ɛʔ]，後者讀作 [e/eʔ]。今依漳州市長泰縣方言將該韻擬作 [e/eʔ]。請看下表：

韻字	漳州	廈門	龍海	長泰	華安	南靖	平和	漳浦	雲霄	東山	詔安
渣	tsɛ^{1}	tse^{1}	tsɛ^{1}	tse^{1}	tsɛ/e^{1}	tsɛ^{1}	tsɛ^{1}	tsɛ^{1}	tsɛ^{1}	tse^{1}	tsɛ^{1}
紗	sɛ^{1}	se^{1}	sɛ^{1}	se^{1}	sɛ/e^{1}	sɛ^{1}	sɛ^{1}	sɛ^{1}	sɛ^{1}	se^{1}	sɛ^{1}
假	kɛ^{2}	ke^{2}	kɛ^{2}	ke^{2}	kɛ/e^{2}	kɛ^{2}	kɛ^{2}	kɛ^{2}	kɛ^{2}	ke^{2}	kɛ^{2}
啞	ɛ^{2}	e^{2}	ɛ^{2}	e^{2}	ɛ/e^{2}	ɛ^{2}	ɛ^{2}	ɛ^{2}	ɛ^{2}	e^{2}	ɛ^{2}
鈀	pɛ^{2}	pe^{2}	pɛ^{2}	pe^{2}	pɛ/e^{2}	pɛ^{2}	pɛ^{2}	pɛ^{2}	pɛ^{2}	pe^{2}	pɛ^{2}
蝦	hɛ^{5}	he^{5}	hɛ^{5}	he^{5}	hɛ/e^{5}	hɛ^{5}	hɛ^{5}	hɛ^{5}	hɛ^{5}	he^{5}	hɛ^{5}
客	k‘ɛʔ^{4}	k‘eʔ^{4}	k‘ɛʔ^{4}	k‘eʔ^{4}	k‘ɛ/eʔ^{4}	k‘ɛʔ^{4}	k‘ɛʔ^{4}	k‘ɛʔ^{4}	k‘ɛʔ^{4}	k‘eʔ^{4}	k‘ɛʔ^{4}
裼	t‘ɛʔ^{4}	k‘eʔ^{4}	t‘ɛʔ^{4}	t‘eʔ^{4}	t‘ɛ/eʔ^{4}	t‘ɛʔ^{4}	t‘ɛʔ^{4}	t‘ɛʔ^{4}	t‘ɛʔ^{4}	t‘eʔ^{4}	t‘ɛʔ^{4}
宅	t‘ɛʔ^{82}	t‘eʔ^{8}	t‘ɛʔ^{8}	t‘eʔ^{8}	t‘ɛ/eʔ^{8}	t‘ɛʔ^{8}	t‘ɛʔ^{8}	t‘ɛʔ^{8}	t‘ɛʔ^{8}	t‘eʔ^{8}	t‘ɛʔ^{8}
麥	bɛʔ^{8}	beʔ^{8}	bɛʔ^{8}	beʔ^{8}	bɛ/eʔ^{8}	bɛʔ^{8}	bɛʔ^{8}	bɛʔ^{8}	bɛʔ^{8}	beʔ^{8}	bɛʔ^{8}

14. 恭部：《渡江書十五音》恭韻有 270 個韻字來源於《彙集雅俗通十五音》恭韻（355 個韻字），占其總數的 76.06%。如“龍共恐中寵鐘聳雍沖凶”和“六菊曲築祝褥宿育玉促蓄”等韻字，在漳州地區方言均讀作 [iɔŋ] 和 [iɔk]。這是筆者將此韻擬作 [iɔŋ/iɔk] 的主要依據。請看下表：

韻字	漳州	廈門	龍海	長泰	華安	南靖	平和	漳浦	雲霄	東山	詔安
龍	liɔŋ^{5}	liɔŋ^{5}	liɔŋ^{5}	liɔŋ^{5}	liɔŋ^{5}	liɔŋ^{5}	liɔŋ^{5}	liɔŋ^{5}	liɔŋ^{5}	liɔŋ^{5}	liɔŋ^{5}
共	kiɔŋ^{7}	kiɔŋ^{7}	kiɔŋ^{7}	kiɔŋ^{7}	kiɔŋ^{7}	kiɔŋ^{7}	kiɔŋ^{7}	kiɔŋ^{7}	kiɔŋ^{7}	kiɔŋ^{7}	kiɔŋ^{7}
促	ts‘iɔk^{4}	ts‘iɔk^{4}	ts‘iɔk^{4}	ts‘iɔk^{4}	ts‘iɔk^{4}	ts‘iɔk^{4}	ts‘iɔk^{4}	ts‘iɔk^{4}	ts‘iɔk^{4}	ts‘iɔk^{4}	ts‘iɔk^{4}
蓄	hiɔk^{4}	hiɔk^{4}	hiɔk^{4}	hiɔk^{4}	hiɔk^{4}	hiɔk^{4}	hiɔk^{4}	hiɔk^{4}	hiɔk^{4}	hiɔk^{4}	hiɔk^{4}

但是，《渡江書十五音》中有部分“恭韻”[iɔŋ] 字如“羌章湘鄉兩長仰唱陽”等，只有廈門方言讀作 [iɔŋ]，漳州地區則讀作 [iaŋ]，然而這些韻字又同時出現在“薑韻”[iaŋ] 裡，這不僅反映了漳州方音特點，也反映了廈門方音特點。詔安方言則讀作 [ian]，比較特殊。請看下表：

韻字	漳州	廈門	龍海	長泰	華安	南靖	平和	漳浦	雲霄	東山	詔安
羌	kiaŋ^{1}	kiɔŋ^{1}	kiaŋ^{1}	kiaŋ^{1}	kiaŋ^{1}	kiaŋ^{1}	kiaŋ^{1}	kiaŋ^{1}	kiaŋ^{1}	kiaŋ^{1}	kian^{1}
章	tsiaŋ^{1}	tsiɔŋ^{1}	tsiaŋ^{1}	tsiaŋ^{1}	tsiaŋ^{1}	tsiaŋ^{1}	tsiaŋ^{1}	tsiaŋ^{1}	tsiaŋ^{1}	tsiaŋ^{1}	tsian^{1}
湘	siaŋ^{1}	siɔŋ^{1}	siaŋ^{1}	siaŋ^{1}	siaŋ^{1}	siaŋ^{1}	siaŋ^{1}	siaŋ^{1}	siaŋ^{1}	siaŋ^{1}	sian^{1}
鄉	hiaŋ^{1}	hiɔŋ^{1}	hiaŋ^{1}	hiaŋ^{1}	hiaŋ^{1}	hiaŋ^{1}	hiaŋ^{1}	hiaŋ^{1}	hiaŋ^{1}	hiaŋ^{1}	hian^{1}
兩	liaŋ^{2}	liɔŋ^{2}	liaŋ^{2}	liaŋ^{2}	liaŋ^{2}	liaŋ^{2}	liaŋ^{2}	liaŋ^{2}	liaŋ^{2}	liaŋ^{2}	lian^{2}

15. 高部：《渡江書十五音》高韻有 322 個韻字來源於《彙集雅俗通十五音》高韻（448 個韻字），占其總數的 71.88%。此韻韻字在漳州地區方言裡有兩種讀音。如“惱褒歌可倒破套佐鎖阿傲母草好”和“落薄各桌朴拓作索學莫鶴”，漳州、龍海、華安、南靖、平和、漳浦、雲霄、東山以及廈門方言均讀作［o/oʔ］；只有長泰、詔安方言讀作［ɔ/ɔʔ］。今依長泰方言將高部擬作［ɔ/ɔʔ］。請看下表：

韻字	漳州	廈門	龍海	長泰	華安	南靖	平和	漳浦	雲霄	東山	詔安
惱	lo^{2}	lo^{2}	lo^{2}	lɔ^{2}	lo^{2}	lo^{2}	lo^{2}	lo^{2}	lo^{2}	lo^{2}	lɔ^{2}
褒	po^{1}	po^{1}	po^{1}	lɔ^{1}	po^{1}	po^{1}	po^{1}	po^{1}	po^{1}	po^{1}	lɔ^{1}
莫	boʔ^{8}	boʔ^{8}	boʔ^{8}	ɔʔ^{8}	boʔ^{8}	boʔ^{8}	boʔ^{8}	boʔ^{8}	boʔ^{8}	boʔ^{8}	ɔʔ^{8}
鶴	hoʔ^{8}	hoʔ^{8}	hoʔ^{8}	ɔʔ^{8}	hoʔ^{8}	hoʔ^{8}	hoʔ^{8}	hoʔ^{8}	hoʔ^{8}	hoʔ^{8}	ɔʔ^{8}

（四）“皆根姜甘瓜”五部音值的擬測

16. 皆部：《渡江書十五音》皆韻有 245 個韻字來源於《彙集雅俗通十五音》的皆韻［ai］（290 個韻字），占其總數的 84.48%。此韻的舒聲韻在漳州地區 10 個縣市的方言均讀作［ai］，而其促聲韻字均為僻字，現代漳州方言均無法讀出［aiʔ］，現只能依韻書和長泰方言將皆韻擬作［ai/aiʔ］。

17. 根部：《渡江書十五音》根韻有 382 個韻字來源於《彙集雅俗通十五音》巾韻（450 個韻字），占其總數的 84.89%。此韻韻字如“斤均跟巾恩芹銀垠齦”等，在漳州地區方言裡均讀作［in］，這是我們將該韻擬作［in］的主要依據。請看下表：

韻字	漳州	廈門	龍海	長泰	華安	南靖	平和	漳浦	雲霄	東山	詔安
斤	kin^1	kun^1	kin^1	kin^1	kin^1	kin^1	kin^1	kin^1	kin^1	kin^1	kin^1
均	kin^1	kun^1	kin^1	kin^1	kin^1	kin^1	kin^1	kin^1	kin^1	kin^1	kin^1
跟	kin^1	kun^1	kin^1	kin^1	kin^1	kin^1	kin^1	kin^1	kin^1	kin^1	kin^1
巾	kin^1	kun^1	kin^1	kin^1	kin^1	kin^1	kin^1	kin^1	kin^1	kin^1	kin^1

這些韻字只出現在《渡江書十五音》的根韻［in］裡，而不見於《渡江書十五音》的君韻［un］，與《彙集雅俗通十五音》巾韻［in］和君韻［un］對立一樣。這些韻字廈門方言讀作［un］，說明此韻所反映的不是廈門方言，而是漳州方言。此韻舒聲韻在漳州地區 10 個縣市的方言均讀作［in］，促聲韻擬作［it］，現根據長泰方言將根韻擬作［in/it］。

18. 姜部：《渡江書十五音》姜韻有 245 個韻字來源於《彙集雅俗通十五音》羌韻（294 個韻字），占其總數的 83. 33%。此韻舒聲韻在漳州地區 10 個縣市的方言（除詔安話外）均讀作［iaŋ］，促聲韻讀作［iak］，現根據長泰方言將姜韻擬作［iaŋ/iak］。但是，如“涼疆腔長暢漳相養仰昌薌”和“略劇怯躑灼若削約虐鵲”等韻字，漳州方言（除詔安話外）均讀作［iaŋ］和［iak］，而廈門方言則讀作［iɔŋ］和［iɔk］，所反映的不是廈門方言。請看下表：

韻字	漳州	廈門	龍海	長泰	華安	南靖	平和	漳浦	雲霄	東山	詔安
涼	liaŋ^5	liɔŋ^5	liaŋ^5	liaŋ^5	liaŋ^5	liaŋ^5	liaŋ^5	liaŋ^5	liaŋ^5	liaŋ^5	liaŋ^5
疆	kiaŋ^1	kiɔŋ^1	kiaŋ^1	kiaŋ^1	kiaŋ^1	kiaŋ^1	kiaŋ^1	kiaŋ^1	kiaŋ^1	kiaŋ^1	kiaŋ^1
略	liak^8	liɔk^8	liak^8	liak^8	liak^8	liak^8	liak^8	liak^8	liak^8	liak^8	liak^8
劇	kiak^8	kiɔk^8	kiak^8	kiak^8	kiak^8	kiak^8	kiak^8	kiak^8	kiak^8	kiak^8	kiak^8

19. 甘部：《渡江書十五音》甘韻有 263 個韻字來源於《彙集雅俗通十五音》的甘韻［am/ap］（354 個韻字），占其總數的 74. 29%。此韻舒聲韻在漳州地區 10 個縣市的方言均讀作［am］，促聲韻讀作［ap］，現根據長泰方言將甘韻擬作［am/ap］。

20. 瓜部:《渡江書十五音》瓜韻有 128 個韻字來源於《彙集雅俗通十五音》的瓜韻［ua］(169 個韻字),占其總數的 75.74%。此韻舒聲韻在漳州地區(除雲霄、詔安部分字讀作［uɛ］外)的方言讀作［ua］,促聲韻讀作［uaʔ］,廈門方言則讀作［ue］和［ua］。現根據長泰方言將瓜韻擬作［ua/uaʔ］。

(五)"江兼交加葩"五部音值的擬測

21. 江部:《渡江書十五音》江韻有 203 個韻字來源於《彙集雅俗通十五音》的江韻［aŋ/ak］(234 個韻字),占其總數的 86.75%。此韻舒聲韻在漳州地區 10 個縣市的方言均讀作［aŋ］,促聲韻讀作［ak］,現根據長泰方言將江韻擬作［aŋ/ak］。

22. 兼部:《渡江書十五音》兼韻有 246 個韻字來源於《彙集雅俗通十五音》的兼韻［iam/iap］(296 個韻字),占其總數的 83.11%。此韻舒聲韻在漳州地區 10 個縣市的方言均讀作［iam］,促聲韻讀作［iap］,現根據長泰方言將兼韻擬作［iam/iap］。

23. 交部:《渡江書十五音》交韻有 187 個韻字來源於《彙集雅俗通十五音》的交韻［au/auʔ］(216 個韻字),占其總數的 86.57%。此韻舒聲韻在漳州地區 10 個縣市的方言均讀作［au］,促聲韻讀作［auʔ］,現根據長泰方言將交韻擬作［au/auʔ］。

24. 迦部:《渡江書十五音》迦韻有 120 個韻字來源於《彙集雅俗通十五音》的迦韻［ia/iaʔ］(144 個韻字),占其總數的 83.33%。此韻舒聲韻在漳州地區 10 個縣市的方言均讀作［ia］,促聲韻讀作［iaʔ］,現根據長泰方言將加韻擬作［ia/iaʔ］。

25. 葩部:《渡江書十五音》葩韻有 196 個韻字來源於《彙集雅俗通十五音》檜韻(共收 261 個韻字),占其總數的 75.10%。此韻韻字如"飛剮炊尾粿髓火過從課垂被"和"郭缺說月啜襪血"等,漳州、龍海、長泰、華安、南靖、平和、雲霄、東山、詔安等方言讀作［ue/ueʔ］,漳浦方言讀作［uɛ/uɛʔ］,惟獨廈門方言讀作［e/eʔ］。現根據長泰方言將葩韻擬作［ue/ueʔ］。

韻字	漳州	廈門	龍海	長泰	華安	南靖	平和	漳浦	雲霄	東山	詔安
飛	pue^{1}	pe^{1}	pue^{1}	pue^{1}	pue^{1}	pue^{1}	pue^{1}	puɛ^{1}	pue^{1}	pue^{1}	pue^{1}
火	hue^{2}	he^{2}	hue^{2}	hue^{2}	hue^{2}	hue^{2}	hue^{2}	huɛ^{2}	hue^{2}	hue^{2}	hue^{2}
襪	bueʔ^{8}	beʔ^{8}	bueʔ^{8}	bueʔ^{8}	bueʔ^{8}	bueʔ^{8}	bueʔ^{8}	buɛʔ^{8}	bueʔ^{8}	bueʔ^{8}	bueʔ^{8}
血	hueʔ^{4}	heʔ^{4}	hueʔ^{4}	hueʔ^{4}	hueʔ^{4}	hueʔ^{4}	hueʔ^{4}	huɛʔ^{4}	hueʔ^{4}	hueʔ^{4}	hueʔ^{4}

以上韻字僅出現在《渡江書十五音》[illegible]韻［ue］裡，雞韻［e］不見。這裡所反映的就是漳州一帶的方言。

（六）“他朱槍幾鳩”五部音值的擬測

26. 他部：《渡江書十五音》他韻有 46 個韻字來源於《彙集雅俗通十五音》的監韻［ã/ãʔ］（55 個韻字），占其總數的 83. 64％。此韻舒聲韻在漳州地區 10 個縣市的方言均讀作［ã］，促聲韻讀作［ãʔ］，現根據長泰方言將他韻擬作［ã/ãʔ］。

27. 朱部：《渡江書十五音》朱韻有 275 個韻字來源於《彙集雅俗通十五音》艍韻（331 個韻字），占其總數的 83. 08％。此韻舒聲韻字如“汝富龜邱蛛浮朱乳思汙武牛次夫”等，漳州地區方言均讀作［u］，促聲韻字均讀偏僻字，現代漳州方言無法一一與之對應。現依韻書和長泰方言將朱韻擬為［u/uʔ］。但是，此韻也有部分韻字如“豬旅舉貯煮死宇語鼠許去”等，在漳州地區方言裡是不讀［u］，而是讀作［i］，說明此韻夾雜著廈門個別方言韻類。

28. 槍部：《渡江書十五音》槍韻有 78 個韻字來源於《彙集雅俗通十五音》薑韻（84 個韻字），占其總數的 92. 86％。此韻韻字在漳州地區方言裡有不同讀音：如“梁獐腔張章箱鴦唱鄉”等韻字，漳州、龍海、長泰、華安、東山、詔安均讀作［iɔ̃］；南靖、平和、漳浦、雲霄均讀作［iũ］。今依長泰腔將該韻擬作［iɔ̃］。此韻的上入聲和下入聲韻字均為偏僻字，現代漳州方言無法一一與之對應。今依韻書和長泰方言將槍韻擬為［iɔ̃/iɔ̃ʔ］。

29. 幾部：《渡江書十五音》幾韻有 576 個韻字來源於《彙集雅俗通十五音》居韻（1147 個韻字），占其總數的 50. 22％。此韻韻字如“李悲機欺知披恥支詩伊美癡希”和“裂築缺滴鐵舌薛廿篋嘻”在漳州地區方言裡均讀作［i/iʔ］，這是我們將該韻擬作［i/iʔ］的主要依據。《渡江書十五音》幾字韻有少數字廈門方言並不讀作［i］，而讀作［u］，說明此韻反映的是漳州方言。請看下表：

韻字	漳州	廈門	龍海	長泰	華安	南靖	平和	漳浦	雲霄	東山	詔安
椐	ki	ku	ki	ki	ki	ki	ki	ki	ki	ki	ki
糍	tsi	tsu	tsi	tsi	tsi	tsi	tsi	tsi	tsi	tsi	tsi
豫	i	u	i	i	i	i	i	i	i	i	i

30. 鳩部：《渡江書十五音》鳩韻有250個韻字來源於《彙集雅俗通十五音》的丩韻［iu/iuʔ］（300個韻字），占其總數的83.33%。此韻舒聲韻在漳州地區10個縣市的方言均讀作［iu］，促聲韻讀作［iuʔ］，現根據長泰方言將鳩韻擬作［iu/iuʔ］。

（七）“箴寡尼儺茅乃貓且雅浯姆麼缸”十三部音值的擬測

31. 箴部：《渡江書十五音》箴韻有9個韻字來源於《彙集雅俗通十五音》箴韻（共收13個韻字），占其總數的69.23%。此韻韻字在漳州、龍海、長泰、華安、南靖、平和、漳浦、詔安等方言裡均讀作［ɔm］，在雲霄、東山方言裡讀作［om］。這是我們將該韻擬作［ɔm］的主要依據。此韻的上入聲和下入聲韻字均為偏僻字，現代漳州方言無法一一與之對應。今依韻書和長泰方言將箴韻擬為［ɔm/ɔp］。廈門無［ɔm］韻，說明此韻反映的應該是漳州地區方言。例如：

韻字	漳州	廈門	龍海	長泰	華安	南靖	平和	漳浦	雲霄	東山	詔安
森	sɔm^{1}	sim^{1}	sɔm^{1}	sɔm^{1}	sɔm^{1}	sɔm^{1}	sɔm^{1}	sɔm^{1}	som^{1}	som^{1}	sɔm^{1}
参	sɔm^{1}	sim^{1}	sɔm^{1}	sɔm^{1}	sɔm^{1}	sɔm^{1}	sɔm^{1}	sɔm^{1}	som^{1}	som^{1}	sɔm^{1}
蚋	lɔp^{8}	lap^{8}	lɔp^{8}	lɔp^{8}	lɔp^{8}	lɔp^{8}	lɔp^{8}	lɔp^{8}	lop^{8}	lop^{8}	lɔp^{8}

32. 寡部：《渡江書十五音》寡韻有89個韻字來源於《彙集雅俗通十五音》官韻（共收103個韻字），占其總數的86.41%。此韻舒聲韻字在漳州地區方言裡均讀作［uã］，促聲韻的上入聲和下入聲韻字均為偏僻

字，現代漳州方言無法一一與之對應。今依韻書和長泰方言將寡韻擬為
[uã/uãʔ]。

33. 尼部：《渡江書十五音》尼韻有兩個來源：一是有52個韻字來源
於《彙集雅俗通十五音》梔韻（64個韻字），占其總數的81.25%。如：
"染丸面淺圓院匾辮年豉鼻蒞莉異你泥"等今均讀作 [−ĩ]。尼韻促聲韻
在現代漳州方言裡均讀作 [ĩʔ]。如"物"字今均讀作 [mĩʔ]。二是有3
個韻字來源於《彙集雅俗通十五音》的更韻（83個韻字），占其總數的
3.61%，這3個韻字"腥平彭"在漳州、龍海、南靖、平和、漳浦、詔安
方言讀作 [ɛ̃]，長泰、華安、東山方言均讀作 [ẽ]，只有雲霄、廈門方言
讀作 [ĩ]。綜上所見，今依韻書和長泰方言將寡韻擬為 [ĩ/ĩʔ]。

34. 儾部：《渡江書十五音》儾韻有兩個來源：一是有32個韻字來源
於《彙集雅俗通十五音》扛韻（47個韻字），占其總數的68.09%；二是
有55個韻字來源於《彙集雅俗通十五音》的鋼韻（64個韻字），占其總
數的85.94%。此韻韻字如"扛慷康湯裝霜喪秧芒滄方鋼蕩長腸糖床撞
杖"和"麼膜"在漳州地區方言除了長泰方言讀作 [ɔ̃] 以外，其餘方
言均讀作 [ŋ]。此韻的上入聲和下入聲韻字均為偏僻字，現代漳州方言
無法一一與之對應。今依韻書和長泰方言將儾韻擬為 [ɔ̃/ɔ̃ʔ]。請看
下表：

韻字	漳州	廈門	龍海	長泰	華安	南靖	平和	漳浦	雲霄	東山	詔安
糖	t'ŋ⁵	t'ŋ⁵	t'ŋ⁵	t'ɔ̃⁵	t'ŋ⁵	t'ŋ⁵	t'ŋ⁵	t'ŋ⁵	t'ŋ⁵	t'ŋ⁵	t'ŋ⁵
床	ts'ŋ⁵	ts'ŋ⁵	ts'ŋ⁵	ts'ɔ̃⁵	ts'ŋ⁵	ts'ŋ⁵	ts'ŋ⁵	ts'ŋ⁵	ts'ŋ⁵	ts'ŋ⁵	ts'ŋ⁵
扛	kŋ¹	kŋ¹	kŋ¹	kɔ̃¹	kŋ¹	kŋ¹	kŋ¹	kŋ¹	kŋ¹	kŋ¹	kŋ¹
慷	k'ŋ¹	k'ŋ¹	k'ŋ¹	k'ɔ̃¹	k'ŋ¹	k'ŋ¹	k'ŋ¹	k'ŋ¹	k'ŋ¹	k'ŋ¹	k'ŋ¹
康	k'ŋ¹	k'ŋ¹	k'ŋ¹	k'ɔ̃¹	k'ŋ¹	k'ŋ¹	k'ŋ¹	k'ŋ¹	k'ŋ¹	k'ŋ¹	k'ŋ¹
湯	t'ŋ¹	t'ŋ¹	t'ŋ¹	t'ɔ̃¹	t'ŋ¹	t'ŋ¹	t'ŋ¹	t'ŋ¹	t'ŋ¹	t'ŋ¹	t'ŋ¹
裝	tsŋ¹	tsŋ¹	tsŋ¹	tsɔ̃¹	tsŋ¹	tsŋ¹	tsŋ¹	tsŋ¹	tsŋ¹	tsŋ¹	tsŋ¹
霜	sŋ¹	sŋ¹	sŋ¹	sɔ̃¹	sŋ¹	sŋ¹	sŋ¹	sŋ¹	sŋ¹	sŋ¹	sŋ¹
喪	sŋ¹	sŋ¹	sŋ¹	sɔ̃¹	sŋ¹	sŋ¹	sŋ¹	sŋ¹	sŋ¹	sŋ¹	sŋ¹
秧	ŋ¹	ŋ¹	ŋ¹	ɔ̃¹	ŋ¹	ŋ¹	ŋ¹	ŋ¹	ŋ¹	ŋ¹	ŋ¹
芒	mŋ¹	mŋ¹	mŋ¹	mɔ̃¹	mŋ¹	mŋ¹	mŋ¹	mŋ¹	mŋ¹	mŋ¹	mŋ¹
麼	bŋʔ⁴	bŋʔ⁴	bŋʔ⁴	bɔ̃ʔ⁴	bŋʔ⁴	bŋʔ⁴	bŋʔ⁴	bŋʔ⁴	bŋʔ⁴	bŋʔ⁴	bŋʔ⁴
膜	bŋʔ⁸	bŋʔ⁸	bŋʔ⁸	bɔ̃ʔ⁸	bŋʔ⁸	bŋʔ⁸	bŋʔ⁸	bŋʔ⁸	bŋʔ⁸	bŋʔ⁸	bŋʔ⁸

35. 茅部：《渡江書十五音》茅韻有20個韻字來源於《彙集雅俗通十五音》爻韻（29個韻字），占其總數的68.97%。此韻舒聲韻字在漳州地區方言讀作［ãu］，其促聲韻韻字均為偏僻字，現代漳州方言無法一一與之對應。今依韻書和長泰方言將茅韻擬為［ãu/ãuʔ］。

36. 乃部：《渡江書十五音》乃韻有24個韻字來源於《彙集雅俗通十五音》閑韻（42個韻字），占其總數的57.14%。此韻舒聲韻字在漳州地區方言讀作［ãi］，其促聲韻韻字均為偏僻字，現代漳州方言無法一一與之對應。今依韻書和長泰方言將乃韻擬為［ãi/ãiʔ］。

37. 貓部：《渡江書十五音》貓韻有4個韻字來源於《彙集雅俗通十五音》嘄韻（9個韻字），占其總數的44.44%。此韻舒聲韻字在漳州地區方言讀作［iãu］，其促聲韻韻字均為偏僻字，現代漳州方言無法一一與之對應。今依韻書和長泰方言將貓韻擬為［iãu/iãuʔ］。

38. 且部：《渡江書十五音》且韻有34個韻字來源於《彙集雅俗通十五音》驚韻（41個韻字），占其總數的82.93%。此韻舒聲韻字在漳州地區方言讀作［iã］，其促聲韻韻字均為偏僻字，現代漳州方言無法一一與之對應。今依韻書和長泰方言將且韻擬為［iã/iãʔ］。

39. 雅部：《渡江書十五音》雅韻有69個韻字來源於《彙集雅俗通十五音》更韻（83個韻字），占其總數的83.13%。此韻韻字如“嬰奶罵庚坑撐爭生星平彭楹硬鄭”和“脈咩挾夾”等，在漳州地區方言裡有不同的讀音：廈門方言讀作［ĩ/ĩʔ］；長泰、華安、東山等地讀作［ẽ/ẽʔ］；漳州、龍海、南靖、平和、漳浦、雲霄、詔安等方言讀作［ɛ̃/ɛ̃ʔ］。今依長泰方言將此韻擬作［ẽ/ẽʔ］。請看下表：

韻字	漳州	廈門	龍海	長泰	華安	南靖	平和	漳浦	雲霄	東山	詔安
拎	nɛ̃^{1}	n ĩ^{1}	nɛ̃^{1}	nẽ^{1}	nẽ^{1}	nɛ̃^{1}	nɛ̃^{1}	nɛ̃^{1}	nɛ̃^{1}	nẽ^{1}	nẽ^{1}
拼	pɛ̃^{1}	p ĩ^{1}	pɛ̃^{1}	pẽ^{1}	pẽ^{1}	pɛ̃^{1}	pɛ̃^{1}	pɛ̃^{1}	pɛ̃^{1}	pẽ^{1}	pẽ^{1}
庚	kɛ̃^{1}	k ĩ^{1}	kɛ̃^{1}	kẽ^{1}	kẽ^{1}	kɛ̃^{1}	kɛ̃^{1}	kɛ̃^{1}	kɛ̃^{1}	kẽ^{1}	kẽ^{1}
坑	kʿɛ^{1}	k‘ ĩ^{1}	kʿɛ^{1}	kʿe^{1}	kʿe^{1}	kʿɛ^{1}	kʿɛ^{1}	kʿɛ^{1}	kʿɛ^{1}	kʿe^{1}	kʿe^{1}
瞑	mɛ̃^{5}	m ĩ^{5}	mɛ̃^{5}	mẽ^{5}	mẽ^{5}	mɛ̃^{5}	mɛ̃^{5}	mɛ̃^{5}	mɛ̃^{5}	mẽ^{5}	mẽ^{5}

40. 浯部：浯韻有11個韻字來源於《彙集雅俗通十五音》姑韻（共

收18個韻字)，占其總數的61.11%。此韻韻字在漳州地區方言裡有些字已經不讀作鼻化韻了，只有“奴駑怒偶午五摸”等字讀作鼻化韻，而且有幾種不同讀音：漳州、龍海、華安、南靖、雲霄以及廈門均讀作［ɔ̃］；長泰讀作［ẽu］或［ɔ̃］；平和讀作［õu］或［ɔ̃］；漳浦、東山、詔安等地讀作［ɔ̃u］或［ɔ̃］。今依長泰方言將該韻擬作［ẽu］。此韻的上入聲和下入聲韻字均為偏僻字，現代漳州方言無法一一與之對應。今依韻書和長泰方言將浯韻擬為［［ẽu/ẽuʔ］。請看下表：

韻字	漳州	廈門	龍海	長泰	華安	南靖	平和	漳浦	雲霄	東山	詔安
摸	mɔ̃^{1}	mɔ̃^{1}	mɔ̃^{1}	mẽu^{1}	mɔ̃^{1}	mɔ̃^{1}	mõu^{1}	mɔ̃u^{1}	mɔ̃^{1}	mɔ̃u^{1}	mɔ̃u/ɔ̃^{1}
五	ŋɔ̃^{2}	ŋɔ̃^{2}	ŋɔ̃^{2}	ŋẽu^{2}	ŋɔ̃^{2}	ŋɔ̃^{2}	ŋõu^{2}	ŋɔ̃u^{2}	ŋɔ̃^{2}	ŋɔ̃u^{2}	ŋɔ̃u/ɔ̃^{2}
奴	nɔ̃^{5}	nɔ̃^{5}	nɔ̃^{5}	nẽu^{5}	nɔ̃^{5}	nɔ̃^{5}	nõu^{5}	nɔ̃u^{5}	nɔ̃^{5}	nɔ̃u^{5}	nɔ̃u/ɔ̃^{5}
䤍 mẽuʔ^{8}	—	—	—	—	—	—	—	—	—	—	—
錯 tsẽuʔ^{8}	—	—	—	—	—	—	—	—	—	—	—

41. 姆部：《渡江書十五音》姆韻有1個韻字來源於《彙集雅俗通十五音》姆韻（5個韻字)，占其總數的20.00%，但姆韻韻字很多，在漳州地區方言裡有些字無法一一與之對應。今依韻書和長泰方言將姆韻擬為［m/mʔ］。

42. 麼部：《渡江書十五音》麼韻有55個韻字來源於《彙集雅俗通十五音》茄韻（73個韻字)，占總數的75.34%。《渡江書十五音》麼韻韻字如“蜊表叫竅票釣挑蕉燒腰描笑”在漳州地區方言裡大部分均讀作［io］，“略腳卻著石惜藥席葉”等在漳州地區方言裡大部分均讀作［ioʔ］，只有長泰方言讀作［iɔ］或［iɔʔ］。今依韻書和長泰方言把此韻擬作［iɔ/iɔʔ］。

韻字	漳州	廈門	龍海	長泰	華安	南靖	平和	漳浦	雲霄	東山	詔安
表	pio^{2}	pio^{2}	pio^{2}	pio^{2}	pio^{2}	pio^{2}	pio^{2}	pio^{2}	pio^{2}	pio^{2}	pio^{2}
叫	kio^{3}	kio^{3}	kio^{3}	kio^{3}	kio^{3}	kio^{3}	kio^{3}	kio^{3}	kio^{3}	kio^{3}	kio^{3}
藥	ioʔ^{8}	ioʔ^{8}	ioʔ^{8}	iɔʔ^{8}	ioʔ^{8}	ioʔ^{8}	ioʔ^{8}	ioʔ^{8}	ioʔ^{8}	ioʔ^{8}	ioʔ^{8}
葉	hioʔ^{8}	hioʔ^{8}	hioʔ^{8}	hiɔʔ^{8}	hioʔ^{8}	hioʔ^{8}	hioʔ^{8}	hioʔ^{8}	hioʔ^{8}	hioʔ^{8}	hioʔ^{8}

43. 缸部：《渡江書十五音》缸韻韻字有兩個來源：一是有 56 個韻字來源於《彙集雅俗通十五音》鋼韻（64 個韻字），占其總數的 87. 50%；二是有 68 個韻字來源於《彙集雅俗通十五音》褌韻［ui］（79 個韻字），占其總數的 86. 08%。《渡江書十五音》缸韻韻字如“方風光磚黃酸穿川園昏荒軟管轉”等，在漳州地區方言裡有不同讀音：漳州、龍海、華安、南靖、平和、漳浦、雲霄、東山、詔安均讀作［u ĩ］；長泰以及廈門方言均讀作［ŋ］，今依長泰方言將該韻擬作［ŋ］。此韻的上入聲和下入聲韻字均為偏僻字，現代漳州方言無法一一與之對應。今依韻書和長泰方言將缸韻擬為［ŋ/ŋʔ］。

韻字	漳州	廈門	龍海	長泰	華安	南靖	平和	漳浦	雲霄	東山	詔安
方	pu ĩ^{1}	pŋ^{1}	pu ĩ^{1}	pŋ^{1}	pu ĩ^{1}	pu ĩ^{1}	pu ĩ^{1}	pu ĩ^{1}	pu ĩ^{1}	pu ĩ^{1}	pu ĩ^{1}
軟	nu ĩ^{2}	nŋ^{2}	nu ĩ^{2}	nŋ^{2}	nu ĩ^{2}	nu ĩ^{2}	nu ĩ^{2}	nu ĩ^{2}	nu ĩ^{2}	nu ĩ^{2}	nu ĩ^{2}
管	ku ĩ^{2}	kŋ^{2}	ku ĩ^{2}	kŋ^{2}	ku ĩ^{2}	ku ĩ^{2}	ku ĩ^{2}	ku ĩ^{2}	ku ĩ^{2}	ku ĩ^{2}	ku ĩ^{2}
轉	tu ĩ^{2}	tŋ^{2}	tu ĩ^{2}	tŋ^{2}	tu ĩ^{2}	tu ĩ^{2}	tu ĩ^{2}	tu ĩ^{2}	tu ĩ^{2}	tu ĩ^{2}	tu ĩ^{2}

通過《渡江書十五音》與《彙集雅俗通十五音》韻母系統的比較考察，筆者發現，前者 43 個韻部 86 個韻母，後者 50 個韻部 85 個韻母。二者讀音基本上相同的有以下 24 個韻部：君［un/ut］、堅［ian/iat］、今［im/p］、歸［ui/uiʔ］、干［an/at］、公［ɔŋ/ɔk］、乖［uai/uaiʔ］、官［uan/uat］、嬌［iau/iauʔ］、皆［ai/aiʔ］、甘［am/ap］、瓜［ua/uaʔ］、江［aŋ/ak］、兼［iam/iap］、交［au/auʔ］、加［ia/iaʔ］、他［ã/ãʔ］、鳩［iu/iuʔ］、且［iã/iãʔ］、寡［uã/uãʔ］、乃［ãi/ãiʔ］、姆［m/mʔ］、貓［iãu/iãuʔ］、茅［ãu/ãuʔ］。二者讀音有參差的韻部有 19 個：嘉韻［a/aʔ］、經韻［eŋ/ek］、姑韻［eu/euʔ］、雞韻［e/eʔ］、恭韻［iɔŋ/iɔk］、高韻［ɔ/ɔʔ］、根韻［in/it］、薑韻［iaŋ/iak］、蔵韻［ue/ueʔ］、朱韻［u/uʔ］、槍韻［iɔ̃/iɔ̃ʔ］、幾韻［i/iʔ］、箴韻［ɔm/ɔp］、尼［ĩ/ĩʔ］、儺韻［ɔ̃/ɔ̃ʔ］、雅韻［ẽ/ẽʔ］、浯韻［ẽu/ẽuʔ］、麼韻［iɔ/iɔʔ］、缸韻［ŋ/ŋʔ］。讀音有參差則反映了該韻書本身固有的音系性質。

《渡江書十五音》43 個韻部均有相配的入聲韻：陽聲韻部分別配有［-p］、［-t］、［-k］收尾的入聲韻，每個陰聲韻也均配有［-ʔ］收尾的入聲韻。這是《渡江書十五音》不同於《彙集雅俗通十五音》的顯著特點之一。而《彙集雅俗通十五音》並不是每個韻部均配有入聲韻，否則韻母應是100個，而不是85個。現把《渡江書十五音》43個韻部86個韻母排比如下：

1. 君 [un/ut]	2. 堅 [ian/iat]	3. 今 [im/ip]	4. 歸 [ui/uiʔ]	5. 嘉 [a/aʔ]
6. 干 [an/at]	7. 公 [ɔŋ/ɔk]	8. 乖 [uai/uaiʔ]	9. 京 [eŋ/ek]	10. 官 [uan/uat]
11. 姑 [eu/euʔ]	12. 嬌 [iau/iauʔ]	13. 雞 [e/eʔ]	14. 恭 [iɔŋ/iɔk]	15. 高 [ɔ/ɔʔ]
16. 皆 [ai/aiʔ]	17. 根 [in/it]	18. 姜 [iaŋ/iak]	19. 甘 [am/ap]	20. 瓜 [ua/uaʔ]
21. 江 [aŋ/ak]	22. 兼 [iam/iap]	23. 交 [au/auʔ]	24. 迦 [ia/iaʔ]	25. 蕨 [ue/ueʔ]
26. 他 [ã/ãʔ]	27. 朱 [u/uʔ]	28. 槍 [iɔ̃/iɔ̃ʔ]	29. 幾 [i/iʔ]	30 鳩 [iu/iuʔ]
31. 箴 [ɔm/ɔp]	32. 寡 [uã/uãʔ]	33. 尼 [ĩ/ĩʔ]	34. 儺 [ɔ̃/ɔ̃ʔ]	35 茅 [ãu/ãuʔ]
36. 乃 [ãi/ãiʔ]	37 貓 [iãu/iãuʔ]	38. 且 [iã/iãʔ]	39. 雅 [ẽ/ẽʔ]	40. 五 [ẽu/ẽuʔ]
41. 姆 [m/mʔ]	42. 麼 [iɔ/iɔʔ]	43. 缸 [ŋ/ŋʔ]		

【參考文獻】

謝秀嵐：《彙集雅俗通十五音》，臺灣高雄慶芳書局1818年影印本。

佚名：《渡江書十五音》，東京外國語大學亞非文化言語研究所1987年影印本。

李榮：《渡江書十五音序》，東京外國語大學亞非文化言語研究所1987年影印本。

洪惟仁：《漳州三種十五音之源流及其音系》，《臺灣風物》1990年第3期。

黃典誠：《〈渡江書十五音〉的本腔是什麼》，《廈門民俗方言》1991年第5期。

李熙泰：《渡江書十五音·跋》，《廈門民俗方言》1991年第3期。

馬重奇：《〈渡江書十五音〉音系性質研究》，《中國語言學報》2001年第10輯，商務印書館2001年版。

野間晃：《〈渡江書十五音〉與〈彙音寶鑒〉的音系》，《第一屆臺灣語言國際研討會論文集》，1995年。

林寶卿:《對〈渡江書十五音〉是何地音的探討》,第四屆國際閩方言研討會論文,1995 年。

王順隆:《〈渡江書十五音〉韻母研究》,《方言》1996 年第 2 期。

周長楫等:《廈門方言研究》,福建人民出版社 1998 年版。

新編《渡江書十五音》

馬重奇　陸招英　新著

無名氏　原著

渡江書十五音序

李　榮

《渡江書十五音》是閩南方言韻書，沒聽說有刻本，鈔本見於《涵芬樓燼餘書錄》，原注云："為閩人方言而作。"也沒有聽說還有其他書目提到本書的。想不到一九五八年六月二十七日，李熙泰同學在廈門思明北路舊書攤買到此鈔本。全書二百七十九葉，第一葉首題"渡江書"，二七九葉末題"十五音全終"，中缺四葉。有幾葉略有破損，偶缺一二字。

此鈔本無序跋，不署編者姓名和年代。閩語韻書常用"十五音"指聲母，也常用"十五音"為書名。本書封面和扉葉就用"渡江書十五音"為書名，點出這是閩語韻書。當然也可以說"渡江書"。

本書是閩語韻書，內證很多，只要指出古知徹澄三母讀如端透定三母，歸到十五音的治他兩母就行了。本書第十葉群韻治母收脣字，一六九葉江韻他母收窗字，二二〇葉已韻去母收齒字，從這三個字的音韻地位，以及其他內證，還可以進一步推定本書是閩南方言韻書。

平常都說閩南話有泉州腔、廈門腔、漳州腔、潮州腔之分。本書一一九葉拱韻喜母："享，泉啌。"一二九葉閣韻門母："蔔，泉啌。"一四七葉近韻喜母："恨，恨心也，泉啌。"二〇一葉 提韵語母，"雅，泉啌。"同葉彖韵治母，"說，說話，潮啌。"這裡的"說"是訓讀字，本地俗字作"呾"。啌字就是腔字，見本書一四八葉、二一四葉。拿來跟本書卷首"以本啌呼之"對比，似乎本啌指本書依據的方言。參考《彙音妙悟》明說"悉用泉音"，管部注"漳腔，有音無字。"本書還有一處糖字注"本啌"，現在把有關的音列表如下：

六一~六二　狂　餹，飴也。　　　　　餹，飴也。糖，同上。餳，飴~。

二四九　　　儺　長，~短。腸，~肚。糖，本啌。

二七八　　　桄　長，~短。腸，肝~　糖，樜~。傳，~子，~孫。

糖字有三個寫法四個音。長腸兩字是列上備參考的。儺韻治他兩母字全錄，其他兩韻都是節錄。注裏竪线代替本字。飴就是高粱飴的飴。樜糖就是蔗糖，本書一九一葉寄韻曾母："樜，可煮糖也。蔗，甘蔗。"糖字狂韻的音是所謂文讀，其他兩韻的音是白讀。儺韻的音注明"本啌"，也許對桄韻的音是受外地影響而言，有待研究。

就今天的方言來說，在廈門漳州之間，本書的音韻系統更接近於廈門。

本書跟其他閩南話韻書，尤其是《雅俗通十五音》的關係，須要仔細對比。現在只指出一點。本書四十三部，《雅俗通十五音》五十部，兩書卷首都列有全書韻目。前頭二十五部兩書韻目次序完全相同，韻目用字大致相同。本書有上上聲無下上聲，《雅俗通十五音》上上聲跟下上聲韻目相同。

《渡江書十五音》編撰年代待考，可以確定的是在《康熙字典》之後。《康熙字典》序題康熙五十五年，即公元一七一六年。（《彙音妙悟》序題嘉庆五年，即公元一八〇〇年。）本書三四葉鬼韻求母云：

> **求**　**鬼**一神宿名　**宄**姦也外為盜内為一　**軌**車轍跡又法也　**軓**仝上　**傀**一儡木戲　**傀**大貌也又笑也　**瓌**人部傀字　**𡾋**一然独立　**琓**玉名　**氿**水名　**謉**一詐　**窓**毁也

瓌字注"人部傀字"費解。本書依音排列，"人部傀字"說的是依形（部首）排列，並且傀字就在上文。按《康熙字典》午集上玉部瓌字注云：

> 《廣韻》同傀，詳人部傀字注。

《渡江書十五音》編者據此列字，略去此注首尾六字，留下令人費解的“人部傀字”。我們由此可以推定《渡江書十五音》出於《康熙字典》之後。

傀字《廣韻》平聲灰韻公回切、賄韻口猥切兩見，今據商務印書館影印宋巾箱本節錄這兩個音如下：

傀大貌又美也盛也偉也亦怪異公回切十　瓌同上　㒑亦同　瑰瓊瑰石次玉又音回　瓌上同　䪋说文云韦绣也又求位切　櫰山海經雲中曲山有木如棠而圓葉赤實如木瓜食之多力又音懷　膭肥皃　䐶畜胎　蒐菜名又乎罪切

䫥大頭說文曰頭不正也口猥切　殨殨殨多皃　傀俗作傀儡子也　顝首大骨又口瓦切　磈磈礧石也

《廣韻》瓌同傀是平聲公回切，見母不送氣。傀儡的傀是上聲，口猥切，溪母送氣。《渡江書十五音》傀列上聲求母（十五音求母不送氣，去母送氣）下，注云“傀儡，木戲。”又把瓌字列在傀㒑之下，實在是個誤會。（《渡江書十五音》㒑字注“又笑也”當據《廣韻》注作“又美也”。）《康熙字典》子集中人部傀字下有按語，討論《字彙》和《正字通》的注音，這裏不具引。

方言研究以實地調查為本。方言的歷史比較研究如有文獻印證，猶如腳踏實地。早期方言韻書的重要性就在乎此。本書破音字多，訓讀字多，這是閩南話的特點。最引人注意的是幾乎每個聲韻調組合都有字。四十三部分七聲一共三百零一韻，每韻十五個聲母，合計四千五百一十五個音，有音無字的極少。一二五葉高韻缺少相連的治波他曾入時英七母字，這裏的常用字很多，例如治母的多字刀字，顯然是抄寫遺漏。此外三十葉級韻無門母字，一二四葉局韻無邊母字，一五七葉感韻無入母字，二五二葉茅韻無出喜兩母字，二五四葉乃韻無去母字（也許是第六行頭上漏鈔聲母去字），考慮到一六四葉瓜韻出母補在喜母之後，一九三葉極韻時母補在喜母之後（下葉），二五三葉貌韻喜母補在下一韻韻目之下，二七一葉嗡韻出喜兩母補在書眉，缺字可能是漏抄。單字音超過四千五百，不免令人設想，本書除記錄“本腔”外，還用其他方言和字書補充。現在只舉最明顯的例子。

上文已提到泉喀潮喀。四一葉嘉韻邊母，一〇五葉叫韻喜母，一八四姣韻治母都引“官音”。官音就是官話的音。二二八葉技韻語母有兩個字注云“未詳”。

語 **義**思一利之反也 **議**一論謀一擬一諍一 **誼**仝上 **咲**笑也 **毅**剛一果一強也 **劓**割也刑截其鼻 **桀**未詳 **桀**豕属 **亯**古文 [illegible]未詳

這兩個注“未詳”的字分別見於《康熙字典》辰集中木部，未集上米部，注都引《字彙》云“音義未詳”。《字彙》兩字注相同，都是“見揚子雲《蜀都賦》，音義未詳”。“音義未詳”是說讀音和意義都不知道。編者一時疏忽，以為“音義”是直音，說這兩字的音都和“義”字相同，“未詳”是說意義不知道。因此把這兩字都列于技韻語母“義”字之下，注云“未詳”。

二四〇葉寡韻柳母，“[illegible]，義闕”。《康熙字典》備考木部此字注云：“《字彙補》拿上聲。”《字彙補》木部注云：“乃寡切，拿上聲。”本書的音也是折合出來的。

一六五葉凹韻曾母，“紙，文房四寶。[illegible]，貝彙篇”。按《大廣益會玉篇》一部第一有“[illegible]，竹瓦切”。《康熙字典》子集中人部也引《玉篇》竹瓦切。“貝彙篇”當作見《玉篇》。紙字閩南話讀［ᶜtsua］。竹瓦切跟紙字同音，可見是根據這個反切的官音折合，竹字拍合為曾母；依閩南話折合，竹字就是治母了。

本書卷首“字祖三十字，又附音十三字，共四十三字”，指四十三個韻部。“以本喀呼之，別爲序次如左”，是說列舉本喀每個韻部的七個韻母。四十三部（韻部）共有三百零一韻（韻母）。比方君部有：

君，上平聲　滾，上上聲　棍，上去聲　骨，上入聲

羣，下平聲　　　　　　　郡，下去聲　滑，下入聲

七韻。每個韻依照“柳邊求去治波他曾入時英門語出喜”十五音的次序列字。

書中每部開始時列舉本韻部七個韻目，不再單列上平聲的韻目，只有第壹部君字上注明“上平聲”，其他四十四部一律不注“上平聲”。每部的上上聲至下入六韻只列本韻韻目，同時注明四聲，只有四二葉絞韻未注“上上聲”。

為了閱讀查考引用的方便，我們在書前加了個目錄。全書韻目用字略有重複，且前後文韻目用字不盡一致。目錄裏每個韻部頭上寫明次第，從“壹，貳”至“肆貳，肆三”，每個韻目右側用阿拉伯數字寫明葉碼。有了次第，“拾官部”跟“三貳官部”說起來就有個分別。目錄裏韻目用字一律以最後見的為准。因此，目錄裏的韻目跟原書卷首的韻目就略有差別。

此鈔本原缺二四三、二四五、二六〇、二六二等葉。現根據上下文寫出韻目和十五音。將來如有另一鈔本發現，讀者可用來補抄成全書。

本書據鈔本影印，高度寬度縮至十分之七，不改動原有文字。韻目用字前後文不同不改。四二葉韻目絞下缺注“上上聲”不補。韻目下四聲注錯的不改。一一一葉計下去聲當作上去聲。一二三葉共下平聲當作下去聲，局平入聲當作下入聲。二四四葉屨上去聲當作上上聲。有的字顯然是讀者後來加的，刪去。如二四四葉用紅鋼筆注“脫漏嗶拈兩字”，指原鈔本缺二四三葉這兩韻。七八葉第三行鮮字，一一二葉書眉勢字，一三一葉末了趖字，筆跡跟原鈔本不同，可能是補抄的，都保留不刪。

李熙泰同學建議出版本書。這實在是保存孤本利用古籍的惟一方法。涵芬樓所藏抄本毀為劫灰。此抄本經十年動亂，今日居然出版。故樂為之序。

中國社會科學院　語言研究所

李　榮　一九八七年六月十五日

渡江書字祖三十字附音十三字

君堅今歸嘉 干公乖經官 姑嬌雞恭高

皆根姜甘瓜 江兼交加談 他朱鎗幾鳩

又附音十三字

箴寡尼儺茅乃貓且雅五姆么缸共四十三字字母

順口十五音歌已字為首

柳里邊比求已去起治底波鄙他恥曾只入耳時始

英以門米語擬出齒喜喜

以卷中字祖三十字又附音寸三字共四十三

以本腔呼之別為序次如左

君滾棍骨羣郡滑　堅蹇見吉鍵徤杰

金錦禁級類妗及　規鬼桂靰馗跽劫

嘉絞駕鉀珈齩犌　干簡諫葛稚干䰞

公廣貢國狂鏗咯　乖柺怪祴硊呆栔

經景敬革鯨梗極　官管貫适權倦槩

姑古故鶻糊詁鈷　嬌矯叫勪喬轎噭

雞改計鍥鮭易拯　恭拱供菊窮共局

高果告閣鞲鍋窖　皆解介觧甄盍絯

根謹艮桔釿近劤　姜襁鼉腳強譽臄

甘感監鴿唅矙頷　瓜凹卦割橡秸舚

江講降角忓共磔　兼檢劍夾監剡鞅

交姣教餃猴厚嚆　迦假寄挈夯崎屐

蔸粿檜郭葵⿰足于⿰飠會 他提⿸尸⿱日水詥膛艷祏
朱主註慟慈自味 鎗搶⿰飠昌⿰飠彖墻象⿰飠足
幾己記钦其技啹 鳩九究⿱癶心求舊叴
箴怎譖⿰口屚撢⿰扌朁⿰口帀 官寡鑵挌寒汗噒
拈⿸厂婁沕⿱目叉年⿱艹泣擒 灘蓏⿱艹⿰禾尞⿰身鄉儺懦⿰牜切
⿰禾苗⿰忄某⿰歹兒扒茅貌⿱貌心 ⿸疒而乃⿰系毛⿰扌⿱宀夫⿰月兒賴躝
貓鳥⿳⺍冖目⿰扌鳥撩繆⿰氵茼 箮且倩碃⿰石虘⿰扌首⿰言未
⿰言段雅⿰舟眷嗄⿰鬼支硬⿱叟女 浯五⿱吾心魯⿰足化⿰月午籍
喑姆叭⿰酉黃嗡⿱⿰夕乂女嘍 么⿰目勿熎約窰鷂藥
扛管槓逬桄節銛

渡江書十五音

卷一字母

君堅金規嘉

1 君滾棍骨羣郡滑

君上平聲

○柳 縮 |頭音夙 陯 陷也 貐 獸名 婨 女字 棆 木名 幰 以巾擱之

○邊 分 均|对|平||文 崘 山形似瓮 魵 魚名

○求 君 尊也王也又|臣也 軍 行||伍 皸 皮折凍裂 裙 褻| 歙 後曰殿之呻又曰戶音店 宎 古字 頵 |貌 皲 墾田 桾 櫏木 涒 水名

畚 墾田 纏 東也 菎 香草 覒 大視 豲 豕名 鮶 魚名 蚐 虫名 袀 里衣 妁 女始

○去 昆 仝也兄弟 崑 |崙山祖 晜 亦兄弟也 坤 乾| 鯤 大魚 蜫 虫之揔名 鵾 大雞 髡 鬗髮 琨 美玉 罤 仝昆 錕 長尺餘切鉄如泥西戎番之利劍也

麕 鹿之揔名 囷 圓廪|聚 獯 狼屬 ⿱方土 古字 猑 齒也 鶤 鳥名 顐 無髮

○治 敦 厚也大也 墩 平地起堆曰|墳墓| 啍 壯健 譈 言不忠也 噋 仝上 窀 |穸下棺也又|厚之也 肫 懇誠之意 迍 |邅 暾 性不爽利曰|言不熟不冷也

⿱敦山 畜勢 鈍 刀不利也 憞 烟| 焞 仝上 杶 木名 ⿰享瓦 陶器 脝 |或又月光省作 諄 姓也誨言 ⿰言𦎧 仝上 弴 畫弓 橔 枯也 ⿰享瓦 陶甌

○波 逩 疾也走也 奔 仝上 犇 牛| 賁 虎|勇也餴也 歕 吹氣吐也噀也 餴 洗米|也 渀 泔 俱仝上 ⿰馬奔 馬也

○他 吞 |吐|并咽也滅也 椿 |萱長壽之樹 涒 歲在甲曰|灘 暾 日出之貌 旽 仝上 ⿰阝否 阮也地名 朜 月光 軘 下官車也 燉 焞 盛貌

⿰享黃 黃色人名

○曾 尊卑也敬也長者｜厚 樽酒器 遵循也率也行也｜命 蹲踞也坐也 鐏戈戟底鋭曰｜也 嶟山高 鱒魚名 甎酒器 濆身寒曰｜

⿰王尊玉名 墫玉變色也

○入 潤上平聲 ⿰糸閏撫系

○時 孫子｜姓也 蓀香草 猻猴屬 搎捫搎 槂木名

○英 溫姓也太原府｜暖和氣 殷姓也盛也｜富 膃藥名｜肉臍出番邦 氳｜氤元氣交变 瘟｜疫病多 蘊臭也 薀｜藻水草 媼老女之称 鰛魚名 瓰｜⿰瓜虒瓜屬

嗢日暖 煴鬱烟 ⿰馬昷駿馬 豱豚不｜今人也 慇｜勤 膃肥也 轀車后 ⿰昷阝鄉名 奫深廣之水 衮｜酒 瑥玉器人名 昷和也 褞衣也｜

○門 琝玉文 琓玉色 ⿰毛㒼毛赤

○語 ⿸疒需手足之麻痹 ⿸虍元虎聲

○出 春四季之長 萅字古 萶仝上 𣌠古字 旾篆文 鶞鳥名 媋美也 瑃玉名 鰆魚名

○喜 勳成大功曰｜ 分｜別｜文｜釐对｜｜毫｜開 婚｜姻 紛｜乱｜雜 芬草名 氛祥氣妖氣 棼｜亂 雰霧也 昏｜昧日冥 昬仝上 葷卒臭之菜蒽韮蒜之類也

壎｜之｜動也 塤樂器 惛心不瘵也 闇守門之人 勛古字 昐日光 薰香草 燻大氣盛也 曛日入餘光 矄日暗也 醺｜醉

獯匈奴名号 纁淺縫 殙亡也病也又不明也 煇灼也 焄香氣 鳻依頒鳥鑿 衯衣長 忿恨也 烟御寒之物 扮木名 楎仝上 㖧仝吟

翁飛也 歆不可知之 毨毛落 熏煙火出上以火｜物 餴蒸飯 雰雪貌

滾上上聲

○柳 恖瞳丨行無廉隅 輪束禾 稐全上 忍丨氣丨意 㖮收口 焫熟也 糾黃色之系 碖石貌 埨土壟

○邊 本根本始也 畚盛土器也 奔土進之義 床姓也 苯草名 㨮車弓 𦨭覆鵃之帆 奋古字 畬盛種

○求 滾丨沸又大水也 衮衣裳九章 鯀禹之父名又大水也 緄繩也縫也 窘急也困也 吻吐也 㖧全上 㨰轉也 𧧻丨笑 䑳全鯀

㥥亂也 輥車輪動也 磙鐘病聲也 䯾細骨 𦔭再耕 𣝗大束 㯻全上 𣰋轉也

○去 懇丨求 壼宮中衖也 壼壸古字俱全上 悃丨迫 窘全上 墾開丨治圃 綑丨碖丨䌶丨屨丨織 捆織也叩椓 慁憂也辱也

箘竹器 稛丨束 梱门橛 閫丨範婦人閨丨 裍縛衣 捆全上 捃丨攈拾取 莙草名 貇齒物 硱丨碖石落 閫宮中門也

○治 盾劍丨又于櫓之屬 楯欄丨砧丨 𥗦石丨 碠全上 𤞻收錢了訖 𦳝蓮也 揗安慰者旬

○波 栩飛起走也 𢪔全上 𦑣全上飛也 𢸒上車 栩全上飛也 蹸走也 噴口丨水也 桻車弓

○他 黗黑狀 腯肥丨 氽水堆物也 汆全上 惷愚丨 㖺痴貌 𧼮走也丨路 䛳丨詪 腯肥貌 腠全上

○曾 準丨則丨度平丨佐也 凖全上 准丨許肯也 隼鳥名 鶽急疾之鳥 鱒魚名 撙丨節裁也 鎨金之明生曰丨 埻射也 𥈠鈍目

蓴禾穳 綧亂系 𢮊剡木 僔恭敬

○入 氄象也聚也 蠕虫動也 㖮吮也 蒳草名

○時 笋竹丨 筍仝上 損丨傷失也 籄所以懸物也 穩火聚安也 ⿰忄巽弱貌 榫剡木入孔 箸竹器 䐃熟肉內有血和

○英 ⿱乂儿信也肯也 允仝上 穩安也聚也 狁玁丨匈奴之名 吮漱也 殞丨殁 隕從高墜下 愪仝上 玧耳玉 ⿰目允未考 隱安也

⿳宀口巾古字 夽大也 抎聲也 ⿱夽土仝隱 ⿰木囱鄉名 檼屋脊棟也 濦水名 溵仝上 癮丨疹皮外小起

○門 蚊飛虫 蚉仝上 吻口脣邊曰丨也 捫摸也 ⿰夗阝地名 呡口丨 勄敬也 ⿰月召合口 悗忘也 潓煩也 抆拭也 溵水名

伆斷也 跛細丨 ⿰氵問水名

○語 崀山名 刖不安也 ⿰舟元仝上 齳老人無齒

○出 忖丨度思也疾也 蠢心動愚也 抙截也 蠢愚丨作也虫動 ⿱春虫仝上 舛丨錯差也 荈茶晚 閫門內 踳雜也 ⿰月春肥也

賰厚也富也 刌割也 ⿰白春白也 腮胸丨 ⿰虫耑虫動

○喜 粉脂丨可抹面也 憤丨恨丨怨 忿仝上 扮握也假也 ⿰扌忿仝上 僨什也斷也 狠丨戾 坌泥丨 份仝上

棍上去聲

○柳 嫩柔也 ⿱困心員丨丨也 棆擇也 ⿰女要弱也 嫰弱小 淪曳般 腝肉丨

○邊 糞泥丨屎也音訓 ⿰土粦掃除 ⿱艹異草土之穢 坌仝㙖 ⿱癶土仝上 ⿸疒賁病悶

○求 棍木丨光棒也 呁吐也 諢摩人 庫儲積 沟水名 瀶仝上 ⿰舜刂削也 璭玉也光也 菌草名

○去 困丨窮丨若丨病力也 睏丨眠 睡仝上音端 臥仝上音餓 朩古字 涃水名

○治 頓丨音安丨 扽引也撼也 ⿱艹肩牛唇草也 頵顆丨委也 ⿰屯支仝頓 稕禾丨

○波 噴嚏也 ⿰口盆吐也 泍水急 ○他 ⿰足吞丨蹋 ⿸疒吞病善食餓丨也 飩厚味

○曾 俊丨秀丨傑清丨 雋仝上 浚水溝深也 圳即水丨也 駿良馬急也 畯勸農之官 峻山高險也 ⿰山雋仝上長也 陖仝上 ⿱陘土仝上

濬深丨通川 鐫刻也剛也斷也 儁衛也勝也 逡丨巡畏縮 餕所食之餘 鵔丨鸃鷩鳥山雞似鳳 狻丨獸 竣事畢也 朘循丨 ⿰夋殳築也

鱒魚丨走也 夋音俊 晙早也明也 焌燃火 ⿰夋兔狡兎之名

○入 ⿰氵剌柔長不斷 鋏柔銀

○時 舜虞帝之号 蕣木僅花名 巽卦名長女 瞬丨息霎時 遜順也謙也 潠噴也 ⿰口舜唅忍 噀唅水噴也 巽卦名 橓木長植也

橓木名 眴目使人也 瞚開闔目也 瞬仝上 葟仝舜之考 鬊乱髮 ⿰舜鳥鳥名

○英 慍心有積怨而發怒也 縕積也潔也包藏 韞丨意包藏 蘊丨積丨藏 搵按物水中汁也 醞丨釀丨藉 薀水菜 塭海丨 賱丨賭富有 榅柱也

○門 ⿰酉勿酒器 妏生也 ⿰衤免喪服 ○語 ⿰言貫順口 ⿰言袞仝上 ⿰禾豈⿰食豈也

○出 寸尺|度名 封|多|少

○喜 訓教|誨也|解|說 奮|楊強也張也 顐禿也 諢大言 ⿱巛言古字 夆車甲跳也 衅車甲|也 釁|由|鐘仝衅也 橐棄|

骨上入聲

○柳 甪出也斧伤 ⿹气乙仝上 扒仝上 肉难言 ⿰饣攵敝| 笴|箭 ⿰鬼占刹也 ⿰禾率祖米

○邊 不非也未也 扒|手 杁無齒杷也

○求 骨筋||肉 蓇大|草也 ⿰歹骨坏也 愲心乱 杚平斗斛也 汩沒也 榾木名 ⿰禾骨莖| 搰用力 ⿸疒骨瘛病

○去 屈姓也狂|又欝也 ⿸尾出短尾鳥又仝上 窟土|穴也地孔 堀仝上 詘枉曲塞也 朏屈也天神絳也 泏水名 矻用心 ⿰氵窟水深也

⿰貴骨突也 曲|尺也

○治 咄呵也嗟也驚怪|哰也 ⿰木屈榾木也又短| 鶌鳥名 ⿰亻出短也 笜筭也 ⿰出隹髻也 泏水出貌也 ⿰忄出心憂 ⿰飠出餶|兜麵粿也 嚉呵也

⿰木突大木 ⿰忄突慙也赧顏 鍎褁也 逫走也 娺怒也 ⿰巛隹谷名 柮短木 ⿸疒突下部之病

○波 竮按物之聲 朏月未盛明 昢日出貌

○他 黜屑|貶斥 黜仝上 禿無毛髮也 怵|惕恐傷 ⿱日兂入水出貌 宊出見 鳲|鷲鳥名 跊|踢獸名 ⿰足隶足| ⿰扌禿|指 詘密言

誘仝上 茁草出地能壯牛羊 鈯利也 䝔獸名 迌訊貌 㾗首瘍 捸滑利

○曾 卒兵｜倉｜終也夫死曰｜ 卆仝上 𣨛仝上死也 倅人佰為｜ 𠦃古字兵｜ 𩷺鯈名 𣢷吮也 捽持頭毛也 䨺暗｜｜也

○入 絶未考 顝大骨頭也

○時 戌十二支名又藏也 㖅口吹 率｜循｜領皆也略也 𣧌殂也尽也又音雪也 恤憂｜愍｜賑｜收｜憐 帥｜尊 卹解少他名 𤭛不能行也

賉賑｜ 蟀蟋｜飛虫能鳴 窣穴中卒出蟋｜聲也 𧗿仝率 𢕟行也 𣘦木名 𤣲玉器 𤥿玉名 摔棄于他也 䘹短衣 䘤經也

䴢索也 𧒻虫名 訹誘也 𨛦頪｜

○英 欝幽也不通也又姓 鬱仝上 欎｜氣滯｜｜抑 宛｜大種也 熨以火伸繒促工接下 爩仝上又煙氣也 蔚姓也草名 殟心悶 𡾰山烟貌

頞納水頭中

○門 示細少 頛面前 伆断｜ 䏚無際 𥻆朱饘

○語 兀九子父名 訖終也明也 阢他名 鋗無考 扤探動 舠船行不安 𦨕仝上 䖸虫名

○出 出生｜之對也斥也曰也退也 炪火｜火光 怵念也 𤞞獸名

○喜 笏平版象牙玉｜朝見天子用之 忽倏｜輕忘｜滅也 弗不可不然無也 彿彷｜ 咈遺｜ 拂｜去｜拭矯｜ 怫｜逸 𩂐雷聲

雭 雨下 紱 去也除也朱丨 髴 髣丨見不審也若似也 紼 繫印組引索 祓 除惡祭也 韍 蔽膝又印組也 祓 仝上 曶 仝忽 㔰 古器 惚 失意恍丨

黻 黑與青粗次又蔽貌 由 鬼头 茀 所以引柩也 肷 牛內 寣 臥驚 㾍 多睡 㔔 日未甚明 砩 以石遇水曰丨 昴 冢屬 仏 伂 見不莫亦彷丨

畐 滿也 𠩐 佛名 唿 憂也 欻 风吹起也 綍 大索 柫 滾水 隶 仝上 茀 草名 𧺺 走也 𨑨 遠也 𨛍 姓也 怴 狂也 𣂜 吹火

𪐺 濁垢 榴 高也 溜 青黑色也 嗄 吹火 唿 雜念 𩗢 疾風 艴 去除

群下平聲

○柳 倫 人丨土丨 侖 天形 輪 車丨栓回轉 崙 崐丨山名 綸 經丨絲丨彌丨 淪 丨沒水名 掄 擇也 圇 圂丨仝吞 惀 心思 錀 仝上 蜦 狀似蛇也

鯩 名魚 腀 皮丨骨丨 䑳 舟名 菕 露草 棆 木名

○邊 歎 口氣吹也 吹 仝上 𩆍 去行貌也 膹 由糞 魵 魚名 蒯 草名

○求 群 聚也象也 羣 仝上 裙 丨褲下衣 帬 仝上 𤸷 痺癢 訽 欺言 宭 丨居 𢋵 仝上 䅎 禾草 䳶 鳥走獸名 鶤 仝上 琿 玉美

悃 心思 帍 帷丨 輑 車相連也 攟 東也 𢧵 明侵 𢩆 肢侵

○去 懃 慇丨 勤 丨儉丨緊 梱 木名髮丨聚也 蝈 蛇蝹丨也 緄 紩丨 𥑮 石貌

○治 唇 口丨 脣 仝上 豚 丨豕行踵也又猪蹄 漘 水涯上平曰丨又深曰丨 魨 河丨魚名 臀 腿厭面又底也 臋 仝上 迍 丨邅 𦾭 草名

屯丨田丨聚 豘猪兒 豚古文 沌水名 㞘髀也 軘兵車 霕大雲 㩸撈也

〇波 盆姓也出盖也 湓水丨驟雨 瓫盎也 鳻丨鳩
〇他 塵烟丨又音陳 坌仝上 豚猪丨

〇曾 存丨心丨恤在也 船渡人又音旋 郇丨鄖縣名 澊水名
〇入 胸腮盎名也 鉁金色

〇時 荀姓也草名 旬十昌丨 峋山有起狀 毥毛也 殉丨從求也從葬隅人 殉仝上 欨信也又氣逆也 淳丨厚丨信 純丨粹丨仝又不什也

狥順也 郇溫恭姓氏地名欒也 醇厚也丨醲澆酒 紃縧絛 循次序之貌 洵揮涕水名信也 犉黃牛赤唇 瞤目動又胸跳也 蓴鳧葵藥名

鶉鳥名 鴝丨鸇鵨鶉名也 袧領耑音宣 馴順也 陙小阜 珣玉名 滣水厓 詢咨丨丨問 恂丨信嚴謹 徇撫丨順也

揗手相安也 焞明也 蚼虫名 迿迫走 諄言也 奄大也 徇法斬仝象 梬太木 槆木名 駨馬走 萛名也 𣸩水名

韗粉也 蒓菜名

〇英 云說也言起 沄丨水轉流 坛仝上地名 芸去草 澐江水文也 妘姓也 耘鋤丨

〇門 文丨章丨詞丨華丨理礼丨又姓也 旻秋天曰丨天也 捫撫也持也摸也 聞耳受聲也 紋丨緒丨錦纖也 門丨戶 玟丨名次玉 璊赤玉

雯雲行成章 穈赤梁粟也 䎽仝聞 珳玉名 闅县名 枌木名植也 鳼鳥有錦彩 彣仝上 鶉有文之鳥 鼤班尾鼠也 炆熅也

梤香木 蟁虫名 駇鳥赤尾也 魰魚名 虋仝上 𣯚毛赤

○語釿斷木器也⿱雨君雨意

○出鰆魚名⿹勹夋狀退僔｜敬輴載柩之車⿰忄存溫｜｜心輴蠢象動

○喜雲｜雨渾水流清濁之｜焚火｜魂神｜陰｜又三｜七魄入相隨⿰車艮車輦坟｜墓墳仝上⿰女軍里名音云蕡香草槐木名

⿱卉鼓大鼓日｜忶大闷⿱竹賁師｜弦也梤香木枌白楡曰｜⿰言云語不定也⿰車軍車相避也痕瘢｜疤｜⿱𣪘金上金之名鞎車前濆水涯

汾仝上羵大首羊也⿰亻軍姓也幩鑣飾餛綘也緄｜飩⿸疒軍痴貌棻姓也人名憤恨也炃仝焚⿰月艮足後也拫急引

愧匈也鼖大鼓眃視不明也轒仝戰車也閿縣名⿰賁隹鳥尾馚香氣⿱分金古人名也撌拭也

郡下去聲

○柳論議｜新｜談｜｜語閏｜月崙山｜侖敘也｜如拳也潤｜澤婹嫩弱也少也⿰豸侖獸屬⿸疒侖指病

○邊笨貯谷之｜⿰忄夲忖｜性不慧輧車橫木也⿸广本也姓拼手乱也

○求郡｜縣人所共聚鶤雞無尾曰｜菌香味之根⿱艹郡芝屬捃持｜攈收拾攟仝捃⿰言勻欺言豩豕求食也珺美玉

○去硍石出聲也睔目露⿰口困口｜⿰革欠革也⿰山衮山形⿰日侖日光狠齒｜

○治遯退隱避也遁仝上退走屯物之始生｜然｜積沌混不開通也鈍不利頑也腯肥貌⿰王瓜瓜屬伅倱｜⿰豸隹痴鳥飩食也

嗔山名也 庿倉也 䭿仙去 遂仝走退也

○波 𢗐吐氣 莝以草為介 遳走也 噆濺也 ○他 坉丨地丨土 捂搌把

○曾 㤿一丨心悶 拵丨物 捘仝上 洊水丨出也 綧系丨 ⿰舟尊舟底孔也 鐏戈也 ⿰目尊赤也 ⿰金存鑽也

○入 潤丨澤 嫩勿丨 腰縮也 ⿰山閏地名 橍木名 ○時 順役也不逆 慎古字 ⿰阝盾階也 容深通川也 揗手相安慰

○英 運用也命丨行轉丨動 韻和也音丨 韵仝上 暈日月旁氣 鄆姓也地名 餫野饋 惲丨謀丨厚议也重也 ⿱山火山也 瘨病也 ⿰員見姓也視鄉

○門 悶心丨煩也愁也 問聲丨審動丨 捫撫持模也音蚊 汶水名沾辱 紊自乱 們丨渾肥滿 聞丨聲丨響 妏生也 璺器破未離

絻始發喪之際也 ⿰酉勿酒器

○語 ⿰食艮餒也 ⿱艹艮乱草 ○出 ⿰食存剤也 ⿰金存鑽也 捘剤也招也 ⿺走夋行也 ⿰夋攵動也 譐喜也 皴仝上 ⿰衤夋袴裥

○喜 混丨雜 恨怨丨 溷憂也又污辱也 分名丨又量也 ⿰忄圂仝慁 渾丨然無圭角也 餛丨飩 ⿰酉軍酒相沃也 惃仝恨 ⿰忄完仝上 ⿰軍欠氣逆

琿玉名 ⿰目昆大目 ⿰禾昆束禾 鯇魚名 ⿰麥昆不碎麥也 焜光也 ⿱林力乱也 ⿰言昆謀也 ⿰扌圂手推

滑下入聲

○柳 律丨名法丨 訥口不出口遲鈍也 繂大繩 朏月未盛明 膟腸問脂也 ⿰扌聿捧也手持 ⿰黑聿黑也 肭貌肥 嵂山高貌也 揀仝抐 ⿰忄率闷也

抐 按物水中　硉 碓也　殿 不滑利也　歾 殟丨心乱　⿰虫聿 虫名　虤 虎行　⿰扌聿 去滓汁曰丨也

○邊 勃 卒敢又變色貌　⿰火勃 烟走　浡 丨海又起具也　桲 果名　孛 慧星怪氣變色　侼 強狠　鵓 鳥名　渤 仝丨海也　葧 丨薺藥名　教 卒族放視

垺 塵也　⿰孛乚 丨之誤也　⿰孛毛 毛短　郣 丨海地名　⿱木了 草不盛貌　馞 香也　⿰馬孛 獸名　艴 怒色

○求 滑 丨乱丨利不麗也稐恢該也姓也　掘 丨地罕也　鶻 鳥名狡也乱也　⿸尸⿱夂火 丨斂不滑利也　⿰魚骨 魚名　⿸尾骨 鳥短尾也　猾 丨乱丨狡　磆 藥名

倔 丨强便戾貌　崛 丨起　泊 乱也汲也沒也　愲 心乱　抇 持也　⿰木屈 断木　⿰歹屈 死不朽也　⿰氵⿰屈頁 言不了也　⿰王屈 玉名

○去 榾 無枝葉也　⿸尾出 鳥短尾也　⿸尾骨 仝上　⿰木屈 断木　淈 水尽　⿰骨鬼 無頭鬼也　⿰乞攵 不利也

○治 突 凡卒相見謂之丨觸也欺也沖起也　⿰亻突 傗丨不遜　揬 搪丨　祋 兵器　凸 丨出高也　秫 糯米　⿰叕舀 雞見出殼之聲　黜 獸名　⿰禾突 禾開　⿰犭突 獸名

⿰王突 玉瑱　鍎 裻丨　⿸疒突 不病

○波 ⿱雨出 雲也　⿰米孛 米也　⿱勃心 昏乱　⿰香出 香貌　⿰女孛 女肥貌也　餑 麵丨　⿰立孛 按物聲也

○他 ⿰窋刂 刺入　鈯 小刀　⿰忄聿 不悵　突 丨出　⿰扌聿 滑利　⿱日叏 入水又出　⿰氵突 滑也　⿺辶冃 誘貌

○曾 秫 軟米　术 藥名　崒 山危　⿰扌切 摩也　捽 仝上又手丨也　貲 曰聲也　拶 手丨　椊 柱頭　⿰卒欠 飲聲　⿰卒毛 毛生

○入 ⿰角卒 角初生也　拶 拭也　⿰衤出 亡人帶襦

○時述|修纘|薯|紀人之事也術心机|道菜也响飲酒貌也鉞鋸聲也鉥頭針建|走欰虫鳴|之蒁水流|之沭水名

潏沚水曰|淬速沒鷸小鳥

○英鷸鳥名聿意也抭擊也䁊見也𠰚鳥聲趉老也趞行也汩水流欥調也

○門勿禁也托辭芴非也没无也终也物人|事|件相度歿无也死也尽也终也歾全上玬玉屬粅|之粉也𣨊臨死不死豰豕別名也

○語兀高貌又則是也扤搖動汩沒也乱也又通波也杌木無枝葉䘕|脆老貌卼|脆仉律矹崖不急貌

○出絀索也𩨸小骨扨千結也𧺝圭貌欪無慙意也猝犬從草也

○喜佛又也而天圣神伕道經佛字核菓于|紇速也絲也柿木名欻吹火咈違也戾也不然之辭黻理也颮大風之聲𦨴舟行

鉘鐵|聉耳聲紬縷|2敷破也柫打谷歘急怒炪火起肷牛肉狒犬貌

2堅蹇見結鍵健傑

堅上平聲

○柳嗹嘮哩|戲曲也𤞬貐|𨍰車|郁鄉名嫾花言蓮善美

○邊邉姓也傍也山也鞭馬|編簡也列也籩竹氣|豆甂水盆大口而卑下也夋馬策趨走意䢭全上𤅐水名澷全上媥輕也

○求 堅姓也｜固｜動又則強 慳｜吝｜心 肩｜皆膝下 鏗｜鏘金玉之聲 鈃似鐘而頸長也 豣三歲豕也 絙古人名 鵳鵳｜鳥名

彊了弭 雔鳥名 鞬勇也 ⿱幵牛平上 梋木名 ⿰扌身古字

○去 騫馬服熟也又虧少 牽｜引｜連又｜挽 牵仝上 愆｜禍｜罪｜矢｜允 搴拔取 褰揭衣 扃門｜ 幵兩平对举也 开仝上

僁禍也 虔｜誠 ⿰口處歡樂 汧水名 蚈火虫 ⿰木褰木名 攑｜挽

○治 巔山瑱 顛姓也｜倒⿱覀天也 癲｜狂病也 瘨仝上 滇水名 顛仝顛 蹎足｜ ⿰亶黽似蜘蛛遼東人也食之即雞 ⿰衤乚衣領耑也 槙木花而直

⿰面真面甚 慎｜倒 瘨病也

○波 篇簡｜又成章也 偏｜頗｜房 翩睽｜｜次疾飛 編｜次 蹁躚也走也 甂磁器 艑小船 扁仝上 覑｜見也

猵似猴狗頭能食魚蝦 㾫半枯

○他 天｜理｜地｜氣｜時 芺草名 ⿰舌占舌白色也 詽恕也 莄古字 靝兲⿱⺊天⿱穴天关⿱一先俱古字

○曾 煎｜炒熬也 箋表也事也 牋仝上 戔見貌又淺少也 鱣大魚似鱏無鱗口哺上鼻長也 旃然也旃曲抦也 旜仝物上生 栴｜檀香木

邅迍｜坎坷難行不進 毡 氈仝毛葉也 棧香木 饘厚粥 飦仝上 ⿺走亶難行 驙良馬 鸇鷙鳥日又名晨風 偂進也 逮仝上

○入 袻衣下展也 蹨行不進也

○時 仙【天上神】 傳【仝上】 屳【山長生曰丨】 先【進也前也丨後首也丨先早也始也故也】 枯【木名】 褼【褊丨】 秈【稉稻】 苮【草名】 鱻【丨魚生肉】

羴【羊昊】 ⿰毛千【毛也】 ⿰毛亶【仝上】 毨【毛整理也】 蹮【蹁丨】 ⿰女山【女字】 姺【媥丨】 ⿰耒山【仝秈】

○英 淵【正水】 ⿰山𣶒【仝上深也】 燕【國名】 焉【何也又語辭也】 煙【火鬱氣也】 烟【火丨】 婣【和也合婚】 ⿰女囙【仝上】 ⿰月囙【丨脂】 ⿰麥垔【仝上】 ⿰口囙【丨喉】

嫣【美貌】 漹【水名】 湮【丨沉丨没落也塞也】 鳶【鳥名】 ⿴囗垔【丨闍城门外之副城】 鄄【邑名地名】 陻【塞也】 囦【古字】 棩【曲木】 蔫【物不新也】

菸【色不新也】 臙【仝胭】 弲【角弓】 珚【俾出多丨玉也】 ⿱夗女【婉也】 ⿰禾垔【香草】 鼘【鼓聲】 ⿰弓𣶒【弓彄】

○門 ⿰臱頁【美也】 蠠【没也】 ⿰言臱【慧也】 ⿰酉臱【汗血】 ⿰貝臱【賬也】 婂【女字】 ⿰忄臱【忘也】 ⿰忄䜌【懽也】 芇【草名】 ⿰臱鳥【鳥名】 ⿰歹民【不明也】 ⿰言民【誘言】

○語 妍【慧也安也善美好也】 研【丨究丨穷礲也】 汧【水名】 岍【山名】 琂【石似玉也】 訮【怒也】 婩【好也美也】 ⿰犭岸【好也】 ⿱艹言【姓也草名】 蕑【仝妍】 ⿱丘皿【醆也】

○出 千【十百為丨】 仟【千人之長曰丨】 遷【丨移】 迁【進也丨墓】 阡【田間道路曰丨】 峑【山顛頂曰】 汘【水名】 躚【丨戲丨蹶】 ⿰千土【三里曰為丨也】

圱【仝上】 芊【草盛貌也】 櫏【杆也】 躚【蹁丨】 ⿰火遷【火起貌】 ⿱竹千【竹盛貌也】 吀【聲也】 ⿰遷阝【地名】 櫏【棍丨木名】 ⿱與升【升高】 恮【謹貌】

謜【言語和說】

○喜 軒【丨昂丨車廂轉重也】 掀【以手高舉又丨起也】 靬【弓衣】 ⿰亶羽【飛貌】 ⿰車⿹勹畐 嘕【俱笑語也】 嫣【美也】 屳【輕夆貌也】 鶱【飛也】 ⿸尸肙【尻也】 ⿰扌⿹勹畐【擊聲】

昍【朋也】 祆【神名】 訮【爭也訟也】 諠【大聲】 ⿸厂次【櫃也】 ⿰扌軒【手丨】

蹇上上聲

○柳 璉瑚|宗廟祭器 輦車|人步挽車又搬運也 撚躁也措也手|物也 蓮美貌 鄻周邑 ⿰革忍車| 摙搬運 僆双生子曰子 輾轢物|轉

碾轢物器也 蹨仝上 膦|腫無力 讞|于公也 ⿰車𠬝仝車|也 姩美貌 撖仝撚 摙水名 ⿰氵蓮水名 ⿰酉然少貌又少也 ⿸尸又柔也

尺仝上

○邊 扁牌|又不員也 匾器之道也又仝上 貶|損|抑讁也前也 褊衣|急名|少 蝙|蝙一名伏翼也又名仙鼠也 ⿰亻乏刺也 辡罪人相訟

藊豆名 砭以石針刺病也 諞巧言 ⿰衤員|小 楄木名 ⿰車扁車也 惼性狹 辨憂心 ⿰氵辡水名 昪仝貶 揙揀|

○求 蹇姓也難也跛也又卦名也 褰揚衣涉水 ⿰馬蹇|驢 謇巧言 ⿰言蹇姓也正言 ⿰扌⿱𡨄乞仝建 ⿰亻蹇偃|傲也 ⿱刊黑黑皮 ⿰口謇乞也 ⿱𡨄弓弓彊

囝俗名|見 筧以竹道水過所 梘仝上木通水也 涀涉水 ⿱𡨄火火熾 繭|細 絸仝上 ⿰扌搴雙手取也 挸拭面也 ⿰扌繭仝上

⿰木繭木名 湕水名 纋縮也 ⿱夭黑皮異色也

○去 繾|綣不相離也 遣著|絎也送也逐也發也|人去 畎甲中溝也兩山合中之流水道曰| 甽 ⿰田巛 ⿰田巛俱仝上 犬守夜之狗也大者縣蹄曰|

⿱⺮⿰角甬|籥 肯|用 ⿰亻遣|開 ⿸户⿱夂巾蟠係 ⿰弓隹草名

○治 典姓也|當主也經| 展姓也誠也 輾|轉|之平也轉也 蹍仝上 殄絕也尽也 費古字 碾挨轉 ⿰女展美也 ⿰口展痴貌 孨

軉裸体無可蔽身 旂旗類 橏樹長 皽膜也 ⿰革展仝上

○波 ⿵門咼扉聲又閉門也 ⿵門冏仝上 ⿵門冎仝上 ⿰咼鳥鷹鷲鶬屬鳥名 覑視也 貧財長 ⿸疒扁半枯

○他 覥厚也名也 琠玉名 淟垢濁 錪取也 覥仝上又而曰也 靦人面獸心 倎仝上 ⿰土典｜土 賟富足也 ⿰歹尔｜絕｜尽｜滅 ⿰歹氺仝上

⿱竹典竹器 ⿰典皮皮起 痶病貌

○曾 戩福祥尽也 剪誘｜ 翦裁也斷也殺也 踐｜踏｜履 棧枰也又閣木為｜也 餞送之 諓｜語 俴淺也 ⿰歬刀斷也仝上翦也 ⿰歬羽截也殺也

吮敕也 雋肥鳥 揃滅也 ⿰言煎語煩 譾淺也 ⿰王前玉名 ⿰扌煎搣也

○入 撚酸小棗又染也 撚躁物又指｜也 涊垢澤 ⿱竹奠竹名 ⿰酉然少貌 ⿰忄然意難

○時 鮮善也少也布也 蘚苔｜ 跣捗足從足履也 ⿸疒先｜疥 癬仝上 毨毛落便生整理 銑金之泽之又有光鋻 ⿱先毛仝毨 筅｜帚 ⿱先豕野送

獮殺也秋獮曰｜ ⿰木鮮木名 尟少也 洒汲水雪也 ⿱艹先草名 ⿰氵鮮水名 ⿰木先木名 ⿰先阝國名 赻走不及也 ⿺麥善大麥新熟 鱻仝鮮

○英 偃蹇｜息｜什｜服｜卧 演水長流又｜戲 沇木名 兗州名 鰋魚名 堰壅水埭也 衍仝｜溢也上豐水寬｜多也雅也茂盛 衍仝上

琰璧玉美色 蝘虫名｜蜓又名弁宮 鶠｜鳳其嶋言百鳥見之偃伏也 ⿰女岸好也音岸 ⿰魚旱古字 ⿰阝兗高貌 縯長也 ⿰扌兗搖動 ⿰言㕣善言

⿺辶羨庶也移也 㫃旌旃 ⿰木㐱木名

○門勉｜強勖也熄也劝｜免事之相及也罷也脫也釋也冕冠也帝帽不溽邪視浼污也水流沔水流入江溤水名娩姏｜生子湎溺也鮸魚名

愍憂也憐也人死｜忘緬｜遠鬼｜丏避箭短墻愐上也⿰歹艮矜也⿱艹丏草名

○語研｜究又｜布石研仝上⿰氵⿰羽羽鳥名碾轢物器也豣豕名趼足胝⿱研玉｜破

○出淺不深又｜布闐陶也大也｜顯天明幝車敝貌也燀炊也火起棧盛菓之器祭杞蕆角臭也忏恕也⿰牜蚩牛緩

○喜顯｜明｜著睍明貌視也峴山名蜆小蛤俔譬也喻也諜也咺哀泣不止也又｜著貌⿰阝見地名抮引房⿰阝憲地名狼戾⿵門顯開除

⿰革㬎焉皆曰｜⿱㬎女細腰⿰扌㬎戾也攇手約物也⿰扌斬仝上晛日氣⿰金㬎劍也⿸疒憲寒病⿰言憲狼戾

見上去聲

○柳圝員｜二也⿰扌廛手｜轉也⿰車忍車｜碾所以轉也嬿姓也

○邊變｜化｜易改｜權｜通｜災｜遍仝上週也｜野徧仝上窆葬柩又下棺也諞誦也巧也⿰彖攵古文字也⿰彖彡⿰彖彡俱同上⿰貞彡古文變仝上

○求建｜置｜立又福｜省見相｜面也俔喻也蜆小蛤

○去譴｜貴｜怒｜同讁也俴｜俠倢｜倈緊｜栺菣香草⿰豸農豁也悓擊也涀水名⿺辶見過也

○治殿奔｜⿰臣欠義厥唸叩名⿰𡱝殳孛｜壂玉也

○波片水｜木｜騙誑｜又跳上馬諞巧言語也

○他 瑱 以玉擊手紌又塞耳 腆 肥也 殄 死也

○曾 戰 丨聞恐也丨懼丨慄 薦 藉也進也舉丨無牲而祭曰丨 荐 屢凶再也通也重也草也席也 箭 矢也 臻 仝荐 卉 仝上 濺 水激汨也 洊 水仍至也

顫 四肢寒動曰丨又手丨也 𢷨 手丨轉也 牮 璧針用丨 戒 福祥 栫 籬也 洊 水名 袸 衣山帶也

○入 肰 肥也 墠 平塲 鄯 國名

○時 扇 鐽也以竹編門曰丨又推揚之物 𣓌 丨门 煽 使火熾也又山烒也 搧 動也搖也 先 宜後而前曰丨 燹 野火 毨 整理換親 羶 胡羊

綫 衣襴丨 諞 以言惑人 烻 火光 傓 仝煽

○英 燕 丨喜丨息丨安鳥名姓也 嬿 女佷 嚥 丨吞 咽 仝上 讌 合也 䀂 目也 宴 丨安丨喜丨息丨飲 鷰 鳥名 醼 壽酉也 曣 日禾明也

隁 畜水也 𧶠 物相當也 𨓻 遮也 椻 積木

○門 緬 細也 眄 邪視 寡 屋無人也 偭 鄉名 ○語 䚌 小貌丨瘦 牪 牛伴

○出 倩 好附也美貌又丨工 蒨 草木盛也 襯 近身衣也 茜 染紅之草 藽 草名 輤 載柩之車上覆餙也 棈 木名 帤 掩也 玔 玉環

○喜 獻 是也進也差也質人 献 仝上 絢 文彩貌也 瀗 水名 甗 峯似甑也 巘 峯似甗也 𤸫 寒病 楥 履範 憲 法也興盛 楦 木名 㦥 懼也

戲 法也 磛 丨丨名落貌也 譴 言有所求 䞁 走意 獻 古字

結上入聲

○柳 腜｜牒小笑 哩口聲 涅｜呵 瘟病也 翟啄木鳥也 蛚蟋蟀 迾遮也 擸釋典 捏聚也 浖山上水也 埕塞也

○邊 別分｜办｜離也 鼈甲虫｜名何伯又宇神也 鱉仝上 襒｜袖標袂也 鷩｜鳥大也 彆弓戾也 鄨县名 繁綜絕 蛂甲虫 瘢滿闷皮裂

瘸枯病 抋擊也 詉分契 傰仝上

○求 結｜果締｜糾｜ 袺以衣貯物而非其难 潔仝上 偈用力也 羯羊粘犗也胡戎為｜ 揭高舉揚｜負也 碣｜石地石海山 鍥鈎｜鉾｜

桔柑屬 纈擊也 髻灶神 吉｜祥 䕷草名 絜麻耑也清也 擷汲水 迼跳也 挈｜清 欅汲水 魝治魚夙之力也

○去 挈提也 恝無憂愁也 孑｜然車也健也餘也 詰｜问責治也平旦日｜朝也 頡倉｜古更官制字也 訐面斥人攻人之院过又陰私 劼謹也動也又用力也

襭仝袺 戛戟也常也 刮剥面 拮｜據手口共作之貌 擷招取 鴶鳥名 纈擊也文繒 朅武貌 愒貪羨 洯水名 獺獸名 譎詭詐

○治 哲明也知也 喆仝上 闥開也 𠯑塞也 悊仝哲 𣏌撮取

○波 撆山擊也又暑也也引也 撇引虱氣也暑也 瞥旦目 暼日求 蹩跛也｜足 䮠跳上馬也 㕎大｜飲器 𢋕仝上 丿字畫左戾 嫳輕薄

潎水相潎也 馝小香

○他 鐵姓也黑金 鉄仝上 銕古字 撤 撤抽也撥也又除去也 徹通明也也達也又均除 澈水澄清也 驖馬黑色也 戴大也盛也

○曾 節 年｜儉也｜操｜制驗也｜次 櫛 梳篦揔名 圻 地方重 浙 ｜江省也 拆 開也｜斷物｜屈曲 幯 以中拭物 晢 星名煌也名也 晣 明也

捪 仝上 歽 夭死 岊 山高 鰤 魚名 蜇 虫名 𧼮 旋倒 癤 瘡｜軟｜ 孅 好也 扻 治髮 欇 虎豆 𤢽 豕也 楶 欂柱短

○入 鏩 斷也 銍 至也斷也

○時 設 施｜置也｜陳｜合也 契 堯之司徒湯之祇也 㛃 慢也 紲 擊也 絏 縲｜ 泄 ｜瀉又音異也 洩 漏也 𡄯 壞也 媟 嬻也慢也污也

褻 和服捭也破壞之餘 燮 和也熱也 爇 燒｜ 爕 仝上 焫 仝上 媚 ｜貌 屧 履中荐也 渫 治井借也除之清也 𣳾 仝泄 汜 仝上 枻 木名

蒒 草名 薛 姓也又國名也 絬 仝褻 慸 不安也 薛 地名 㥠 憂也 齛 羊反鄒嚼曰｜ 䘐 臆巾肉也 蔎 香草 餟 食也 楔 门｜

榍 木名

○英 謁 請見也曰也請也訪也告也 咽 哽｜悲也吞也 嚥 仝上 讌 仝上 暍 即日署也 噎 食窒氣不通也 蠮 ｜螉土虫 蝎 螫人毒虫也一名蝤蠐 蠍 仝上

庽 屋迫 擫 捺也 敧 相反 𤊧 熱也 㹞 獸名 睨 目玩 閱 見也明也真也 黬 色杯

○門 莫 火不明也 䀇 目不正也 蔑 微也 𥌒 ｜頡 𦿉 巇也 擮 不方正也 栰 木倒 䁶 面也

○語 嚙 噬也 嚙 仝上 齧 仝上 嘎 𣂁 量也 䶐 不安 蛪 虫名

○出 切 ｜要苟且割也皖也近也 忉 仝上 砌 階也 䜺 小語 𢪃 摩也

○喜 血|氣|結 歇體息氣俏 猲短噏火也 ⿸免力拽也 蠍毒虫 謔戲也 訦怒也 沉邪辟 ⿰歹戈尽也 臚中也 ⿺走亦走也

⿰車見擊牛頸也 ⿺辶夬走也 臾無至分也 ⿰女烕滅也 ⿺尢穴足病 桖木名 泬水出穴也 ⿱穴血穴也 纈繫也 藹草名

鍵下平聲

○柳 連姓也相||合續| 蓮花名荷| 漣風動水盛又又之血|也 嗹|嘍言也 ⿱連心沒下 慩仝上 鰱魚名 年四時八節成了|節

秊仝上古字 鄻縣名 ⿱秊山山名 謰|縷 ⿰缶年盛香氣也 縺|縷 聯|字|对 ⿰氵聯水名 ⿰日聯日光 ⿰目聯見也

○邊 玭玉名 鍽金色 緶絳衣 騈胼也 緶仝緶 骿筋骨聯合為一|也 胼|底皮厚 扁广東也 楄方木

○求 鍵上也断也 騝馬黃色也 ⿱竹鍵鳴也 ⿱艹鍵草名 笏筋本 腱大筋 𡿨水小流也 ⿰石虔石名也

○去 乾|坤堅也勤也卦也 虔|恭固殺截也 墘邊也 ⿰扌虔持也 ⿰虔刂割也 漧噪也 ⿰阝建古文 乹仝乾 榩椹曰|也 揵夆也

○治 田姓也|園 畋獵也 鈿金華色也 廛市人廊舍 纏|繞約也求也繳 壥仝上 鄽仝上 躔踐也仝也 廛一夫曰居曰|

闐盛也滿也 ⿱天火棪也 ⿰車田車痕 搷擊也揚也 屇穴也 窴國名音佃

○波 覑視也 猵獸名 萹草名 囨垂聲 瀕水際 ⿰言乏出釋典也

○他 填|補塞也滿加也 䐜仝上 寘仝上 嗔盛器 闐國名滿也盛也 ⿰耳天玉器 謄|寫移出傳抄 磌仝上 嵮山名 寘滿也加也

○曾 前（丨後） 寿（仝上） 錢（姓也丨財） 媊（女星名居面斗） ⿰木前（木名） 㳄（口中液非次字）

○入 然（語辭是也） 燃（焚也） 肰（狗肉） 蹨（蹂上） ⿱難夂（刑酷丨炭） ⿱難灬（借上） ⿱竹然（竹名） 撚（手丨物也） 臑（嫩耎） ⿰犭然（獸名） ⿰目然（劣也）

繎（系然理也） ⿰然鳥（鳥名）

○時 禪（靜也得圖家有丨說） 禅（仝上） ⿰弓丸（彈也） ⿰金單（器也） 栓（木方） 蟬（鳴虫） 蟺（仝上） 單（丨子匈奴名也） 嬋（丨娟美態） ⿴囗單（面圓）

⿱艹亶（草木動貌） 挻（取也） 儃（態也） 澶（淵也） ⿲辛羊辛（義闕）

○英 緣（姻丨有因之親） 筵（丨席竹席） 延（丨遠丨長丨引進施） ⿰日㕣（日行） 涎（口中丨也） 梴（難机） 辿（緩步） 沿（從流眾又循也） 鉛（錫類）

蜒（龍貌丨蛐虫也） 沿（仝沿） 郔（鄉名） 挻（取也） 妍（美好） 櫞（木名） 㳂（仝涎） 莚（蔓丨草不斷根也） 愈（大上作出） 攀（手摘物也）

綖（冠上垂也） ⿰日延（日光）

○門 聯（相丨不絕又丨對也） 綿（丨絮丨續系丨不絕） 棉（花名樹名） 緜（古字） 眠（合眼睡也） 岷（山名） 緡（丨蠻鳥聲） ⿱䜌反（板也） 櫋（屋邊條又簷也）

山（交稞深堂） 媔（目美貌也） 矊（遠視） ⿰木丏（木名） ⿰木面（仝棉） 臱（古字） ⿰言帛（欺也） 芇（相當） 棉（木名）

○語 言（丨語） 妍（美也慧也安也） 研（究也） 䬧（餂也）

○出 ⿰金刂（剔也） 絟（細布） ⿰羊豖（羊長尾也） 䙴（升高） 竣（退走音逡）

○喜 賢丨良丨能有德之人 玄黑而有赤色也 弦弓丨又半之明月 泫水腹名病 ⿱艹弦草名 絃琴丨 舷舟名 蚿虫名 眩头丨又目无瞳子

炫丨耀光明 衒自矜買也 伭往編急也 鉉鼎耳 贙古字 痃小腹之病 伱根也 慈急也 狗獸似而小者 粥丨弦 ⿰弓系古字

臤古字 ⿺走玄走也 妶守志之婦 ⿱冃弓木草之盛 ⿰弓妾姓也 ⿱玄廾美玉次子名也 ⿰革玄刀室 ⿰玄頁顒后 ⿰木玆木名 ⿰言玆急也 懸丨望丨掛

健下去聲

○柳 練者熟絲也簡丨小祥 煉爍治金也 瑓煆丨鐵丨 揀丨選丨擇 楝林名開花子可浣衣 敕槌打物又較也 極仝上 姩美女 潄丨鐵 ⿸疒連惡病

堜丨塘墟也

○邊 便丨利丨宜丨安順也即也处也 辦致力也又变也 辨丨別林干 辯仝上 辧股閒 瓣瓜巾觚蟋 辮衣也繆也 ⿰氵便水名 汴仝上 忭喜樂

卞姓也县名 抃拊手擊手 ⿰扁毛毛⿰毛卞 ⿰氵弁導水 玣玉名 諞巧言 ⿸疒扁肉丨 ⿰言穵出釋

○求 健康丨亢也不倦強也 鍵關丨 件物丨條丨 ⿰麦頁麥莖 旔捷也 楗门丨

○去 ⿰飠遣乾麵餅也 涀水名 歾沒也 睯怡內 ⿰豕遣豕三歲也 ⿱臤牛牛不從引 ⿰衤遣褰衣 ⿰飠遣黏也

○治 殿堂高大也又帝丨也 甸千里之內曰丨 佃獵也治田 鈿螺丨 電雷丨仝氣而為先 畛車間道又音振 奠丨定荐也致祭酒也 ⿱奠廾仝上 殄絕也音也

靛以染色也著丨 ⿸厂⿰甲欠呷也 ⿰念欠仝上 畋姓也 ⿸广奠重也 ⿱竹奠竹器 殿本殿字也 ⿱宀奠國名 ⿰糸奠繪文 淀淺水 ⿱艹殿草名 蜍守官殿名

樸木名高也

○波 昪日光 昪仝上 抃掛手 瘺肉| ⿰扁頁冠名 ⿰言窆也釋典也 郱|郭也名 覍冕也 栟木名

○他 斺旗旌屬也 斺仝上 憏迷乱 ⿰牛夭牛食草也 ⿰目夭視也 瑱玉器

○曾 賤貴|貧| 濺水疾流也 顫轉倨頭視曰| ⿰月壽臇也 ⿰面韱面貌 ⿸疒戔小痒 諓善言

○入 瞖高也 ⿰目然睆| ⿰忄叚懦弱也 究柔皮也 橪小枣

○時 善良也大也言也 繕補也緝也 墡白土 膳饔食 鐥仝上 單|父县名 樿木名 墠|畔平聲 擅自專也 鱔魚名

⿰石善白玉石也 鱓魚名 嬗女字 熯乾地竭也 疝膀胱之病 ⿰亶瓦瓦器 譱古字 僐人之|也 譠欺也 鄯地名 敾補也

⿰麥善大麥新收

○英 院堅也幾宅逢有垣墻曰|室也 衍溢也推也豐也寬也延也多也 掾官屬 掾屋|擦桶 緣衣也 羨延也|餘 ⿰木羨用也 衮州名 歐大呼用力

⿱艹袁草名長也 ⿺走袁走也 ⿺辶羨遮也移也 郾县名 ⿰弓彖弓| ⿰片頁|狡

○門 面|目頭| 麵麥粉 ⿰麥囟仝上 靣古字 ⿴囗面仝上 麪 ⿱宀丏冥合 ⿰氵丏大水 ⿱艹㒼草名 ⿰言民詞也

○語 ⿰酉面醉人 ⿱罒面仝上

○出 偝 人形長貌 揣 緩日｜也 ⿰口展 痴貌 蒨 草盛 箐 行弓 縩 偏縩 輤 車名 ⿰言彖 散也 ⿰衤青 衣綯 ⿰羊彖 羊尾長也 繟 緩也 睛 白也 清 痢病

揣 折也 遄 行也

○喜 現 顯也露也 硯 文房四寶 莧 菜名 縣 郡｜ 掾 官音桷也 㦓 思也音难 ⿰口开 小兒嘔乳也 徹 危也匿也 鋧 鐿也 ⿱雨⿺辶見 雲行貌也

誢 諍語 寰 縣名州名 覞 小也吐乳兒 垷 土除

傑下入聲

○柳 列 布｜得｜部也分｜解也位序也 烈 貞｜功｜猛也毒也 洌 寒氣嚴也 冽 水清潔也 裂 破也 ⿰土列 塍也 捩 折也 ⿰⿱歹彡刂 古字 ⿰日羸 日落

銐 ｜二聲也 咧 鳥鳴｜二 ⿱巛⿰月刂 水流 ⿱𢆶刀 仝上 ⿱列心 憂心 栵 茅櫟 ⿰氵⿱巛⿰月刂 仝洌 ⿰⿱列大瓦 蹈瓦之聲 ⿰禾列 黍也 茢 桃｜掃陰不祥

○邊 別 離｜ ⿸疒扁 古病 ⿱⿵冂八大 行不正也 ⿸疒敝 腫闷 頻 短貌

○求 傑 才過人也豪傑佐也 杰 桀 日｜則貌栖也 磔 列也張也開也剔也 竭 ｜力事親 碣 近經山石 ⿱穴桀 裸也 揭 舉而竪之｜芊而旗 頁 頭也書冊

⿱艹桀 草長也 ⿰木曆 仝揭木針 偈 用力 揭 尽力負也 楬 木名 榤 棲找 滐 水激

○去 ⿰言瓜 多言 嵒 仝上 闑 门聲 絜 界也 ⿰足㓞 跳也 硈 磈｜ 狊 犬視貌非臭字 ⿸疒夫 瘸也 ⿱㓞石 硬也

○治 耋 老至八十曰｜ 徹 通也名也均也 轍 畫｜馬跳 耋 均也至也 垤 仝上 絰 喪服麻在首在腰曰｜也 秩 次也常也也整也 迭 更架代遞

軼侵也突也車相出也瓞小瓜多⿰瓜至仝上⿰瓜弟仝上⿰瓜遞仝上跌踢也蓋也足天據也蛈丨蝪蛭蟷虫名也蛭仝上紩縫也

駃鋪長之鳥徹古字⿰夫隹鳥名袠囊也又十年為丨⿱耂灬采也铁以鐵丨為衣也垤塚也仝耋⿺走截走也苜目不正也⿸疒袠古字

臷大也澈水澄清也⿰氵徹仝上清也恎惡性

○波⿰月敝急飛走貌撆削也⿱敝力仝上手擊撆仝上擘仝上蹩跛也⿰巾或中從凨聲⿰扌畢舉也

○他迠行也⿱丘口塞也

○曾捷報勝曰丨速也截斷也止也截仝上睫目邊毛也押接倢丨好婦官婕仝上箑扇也寁速也⿱山疌疾也刦仝截⿰月疌接也髑也

○入熱火氣盛又炎也熱仝上䙝出釋典也

○時舌信也口中丨能言別味碟治皮禼姓也⿰米悉合米⿰革及輕舉見鞋⿰言色出釋躠蹩丨旋行⿰𦬇斤斷草之聲秷刈禾聲

○英悅心丨喜丨說下入聲仝上⿰木扇丨凨噦口聲焆煙蛙貌牛撒捺也

○門篾破竹為丨蔑無也輕易也衊污血滅丨沒無也絕息也烕仝上苗目不正也⿰米丙糒丨韈足衣襪仝上袜仝上省文⿰糸蔑仝上

蠛丨蠓細虫名也⿰扌蔑丨揳⿰目蔑目丨搣拔也撚也櫗木索

○語孽度子曰丨揹樹之有生也又盛稀也涅水巾黑垷⿰氵臬水名嵲山高⿰長并長也掜提也糱麪丨也櫱傍牙出也臬射得法也

鈀 不安 闑 門中擨也 蠥 虫丨妖丨 鼿 丨尶不安貌也 陧 仝上地名 碮 磨石 瘑 瘵也 槷 知高底也

○出 跍 得車履也 蜨 海味似蠏 葥 割聲 瞭 聽明

○喜 穴 土室也窟曠也 泬 水從丨出 絜 度也約束而知大小也 瞀 睡目 関 開丨無门 𥘒 開孔

3 金錦禁急頮妗及

金上平聲

○柳 啉 丨酒 滈 仝上 顉 俯首 鬵 水決 㝝 屋深 拰 搖也 ○邊 𥨾 深遠 彬 文貌 𤬪 瓜也

○求 金 姓也五行之首 今 古丨 裣 交衽 衿 仝上 号 伯也

○去 欽 敬也賜也 衾 大被丨枕 衿 衣領小帶 紟 单皮 襟 衣之交衽处又丨表兄弟 嵚 口丨執高 欽 欠貌又敬也 㾣 惡寒振也 𦢅 仝上

○治 深 水聚 堔 土也 䰼 鬼精之屬 魕 空中之鬼 泆 水送 鈂 乗屬 魫 魚名 㤊忱忼 時深切又娃也

○波 宎 火步行也 䁥 自不見也 ○他 琛 玉名 賝 宝也 郴 县名 琛 玉名 綝 繕也

○曾 斟 丨酌勺也盛也 椹 櫈擊木跃 碪 椿繒石也 砧 仝上 𨔣 坐立不移 卄 國名 鍼 音斟所以縫也俗作字 葴 茅也 瑊 石次王名

唚 口相丨也 揕 丨開又牛丨也 愖 遲疑 𦽲 水深

○入 勳县名 係机纓 羊言稍甚也 妊孕也

○時 心身｜｜主｜思｜火 ⿰忄心惻也⿰忄列也 湥水逐也 鈊利也 杺木名 ⿱艹沁苗兒也也 ⿰車心車心

○英 音｜韻聲｜ 愔安和貌也 陰姓也｜陽 阥 阴 侌仝上俱｜陽 瘖｜瘂 霒雲宋日也 ⿱雨黔鳥｜蔽也 ⿸广音地名 ⿸疒侌水滿

○門 ⿱民目睡意 岷山名

○語 乑立也 ⿰衤侌前袂 尖助也 崟山名 ⿰石替石也

○出 深｜淺 侵漸遠又｜取也 祲陰陽之氣相｜ 駸馬疾走也 祲塞暑相｜ ⿰豆𠬶豆名 ⿰魚𠬶魚名

○喜 欣｜喜｜幸 忻仝上 惞仝｜ 昕旦明日將出之時也 歆美也好也神｜ 訢敬也恭也 忺悅也 炘火貌 廞陳輿服于庭也 妡女字 ⿰斤鳥鳥名 昕自不明也

錦上上聲

○柳 廩藏谷曰倉藏米也｜ 懍危也懼也 凜寒也 稟供也給也受也 ⿰貝㐭貪食 澶水名 ⿰月扁腱子肉也 菻高屬

○邊 ⿰目鳥鳥名 ⿰貝夌長氏 ⿱艹稟藤也

○求 錦五彩系織為｜ ⿰禁頁切齒恨也 ⿸疒敢唇瘍 ⿰石禁石名

○去 昑明也 ⿱臤殳堅皮 坅坎也 澿寒也 趛疾走

○治 顲臨火氣也 戡斫也 酤苦茉 魫名魚

○波 ⿱口巛竝也 ⿰皮皮破皮

○他 趻走也 戡深擊 ⿰單展大笑貌也 彤行也 綝止也 踸行無常也 瞫姓也 ⿰甚頁劣也 郴地名

○曾 枕｜頭 ⿰冘頁項｜頭后骨也 嬸叔之妻也 昣同明也 縝結也 ⿰車真車｜ 魫魚首骨也

○入 忍安｜耐｜ 荏｜苒蘇屬百菽豆 餁熟食 衽衣襟也臥席也 稔谷熟也一年為一｜ 棯菓名 軠紡車 妊孕也 恁如此也

荏草名 栠木弱枝也 栣仝上 凭仝上 秹禾弱

○時 審｜詳｜问熟究也 沈姓也水名 哂微笑 吲仝上 頣仝上 諗謀告也相思念也 邥地名 蕈菌生木上百地菌 矤長也

伈恐貌韓愈祭鱷魚之文 瀾水乱串也 淰水名 稔作办審也 ⿰木審木名 瘁寒病 宷古字 弞笑不破顏 滲水動 瀋汁也

○英 飲｜食 㱃仝上 飠今仝上 嶔山岑 ⿱臾大歠也 ⿱罒弓所依

○門 ⿰車沓車奇 弫旗也 赺疾低頭也

○語 顉低首 趛疾行 錦色也

○出 寑臥也懸也堂室 鋟刻版 ⿰貝參酢味 墋不清貌 梫桂也 㾛貌醜 伈恐貌

○喜 ⿱臭馬況物水也 ⿸疒希創敗何也 脪瘡口吐肉 ⿺辶希迎也 ⿴行希開也 桼木匱 ⿰火建熖餘 廞大屋

禁上去聲

○柳 ⿰目刃眩也 ⿱大奇火走 ⿰口闌鳥聲 ⿵冂夊大貌

○邊 絣咸系 軿輜輕

○求禁天子所居曰|制也止也噤|口不語⿴行金制也桊樽按㩒格也澿寒也僸仰視

○去頷首動搇按也⿰糹衾被也⿰足禁坐也⿺走禁|走⿰日禁燥也⿰牜今牛古病也⿸尸殳皮厚齽齒貌

○治抗深擊柳門柙鈂掘地市也栚橫槌榺仝上炈下擊上也鴆毒死人曰|毒

○波⿰月罙病朋皮也皮開覾暫見

○他疢善也病也又青救⿸疒夾善哮為病⿸广火仝上侉|頭⿰冂見和出視也⿰舟見出頭視也鴆毒鳥以其毛癧酒飲之能破人也⿰舟彡船行⿵門另後门出入

○曾浸進也沉也寖水名⿰氵⿱曰又漑|濅仝上⿰曾隹鳥名⿰曾殳擊也

○入韌堅柔难断刃鋒日肕堅柔忍安於不仁也沁水名⿸广任大屋軔輪之木也紝機縷訒言不易叢鵀鳥名賃借也

○時槮樹枝不硬|也⿰氵杉水名抌揷也滲水|⿺走尋長也⿰木朁木|枝木名眒疾貌⿰身申仝人

○英廕庇|蔭陽日曰|窨地空⿱艹⿰阝音今蔭篰不平⿸疒侌心中病也⿰言欠啼不止也

○門⿰月監汗面痕病也

○語涔水名⿱艹涔水菜隮挽|

○出⿸广罙廕|大屋沁水名又北人以物探水曰|也⿰罙刂剋也⿱雨心雲行貌也抌播也揷也

○喜廞猛意也⿰火欽炙也|火⿵風吉|風也肸天也佛也肹仝上趛走也⿴行音暗行釁仝上

級上入聲

○柳 眹目使人也 拉抬也 砬石乱也 ⿰犭出善捕鼡也

○邊 ⿰舟畢大舟撞石 藁籐也 鴡鳥名

○求 級等｜次第也 給口捷佚也俱｜ 急疾也｜迫緊｜ 𨀁行遲進足 彶行緊 ⿰火急｜燒 蒿激也 ⿰急鳥鳥名 ⿰馬丙仝上

○去 吸氣出為呼氣入為｜ 泣哭之細聲 噏敬乾 汲姓也｜水 伋子鬼之名 芨藥名合｜ 笈書箱 ⿰鼻及鼻息 ⿰口霅眾聲疾貌 ⿱汲金鋤屬

噏日乾物也 ⿰月立肉美 ⿰月㬎胸脯 湆幽溼 湇肉汁 訯

○治 釟治金 湒水流貌也 囚搖動 ⿰月歷屈也

○波 ⿰日巠燥也 ⿰火匹熱也 ⿱艹⿰糹甫苑草

○他 湁水流 ⿰甘易味清

○曾 執待守也捕也扣也晉也囚也 执仝上 縶絆馬足也 嗶鳥鳴 馽絆馬 ⿸尸畢仝上 瓡县名北海也 ⿱執言入言 𠏉｜事

○入 ⿺走咠走相｜也 涾水動

○時 隰原｜上平曰原下平曰｜ 濕波下曰｜ 溼仝上 ⿰阝十县名 霫雨足｜大雨 ⿰口習忍寒聲 ⿰耳㬎牛耳動也 ⿱艹死螟虫食苗 ⿺走立走也 溼波曰｜

○英 邑姓也都｜县｜ 揖拱手也 挹酌也抒也 俋勇狀貌也 唈嗚｜ 悒憂不安也 浥清也 熠盛光貌也 ⿱竹邑捕魚具也 裛纏也

⿰阝邑陜也 ⿰食邑臭食 ⿸疒邑病也

○語 蠓 行也 艤 船尾之俱 廠 大屋

○出 緝 繼續 戢 藏歛 ⿰忄咠 心不正也 咠 口舌 ⿱吅耳 古字 葺 修補 楫 舟｜短又耀緲具也 輯 歛也私也 濈 和也 湒 藏也止也

漆 木有液能黏黑白飾物也 膝 脛骨節也又｜下也 蝔 海虫付千蚱殼也 ⿰角咠 多用也 ⿰馬咠 ｜之馬行又和通也 戢 山名 巢 太白山名

⿰彳咠 行也 ⿰忄咠 心不正也 ⿰衤疌 襟也 諿 和也

○喜 翕 合也順也動也 歙 縮鼻也氣也县名也 咭 笑也 噏 仝吸 潝 水流疾聲 ⿰言翕 疾言也 闟 闟也 ⿰翕攴 擊也 汔 涸也法下 ⿸疒咸 頭痛

類下平聲

○柳 林 姓也樹｜ 琳 美玉 霖 及時雨曰甘下淫雨 淋 ｜漓 臨 居上｜下 玪 仝琳 瀶 谷也又曰寒也 痳 小便难也 棽 木校條也又音琛

○邊 ⿰貝粦 居陡曰 賧 仝上 ⿰王并 玉名

○求 嶺 俯首也 紟 結也 耹 音也 黅 黃也 ⿰今阝 亭名 ⿸疒今 寒也 惍 利也 軡 地名 ⿰禁頁 怒也

○去 琴 姓也｜瑟樂器 禽 姓也二足二翼曰｜飛鳥之總名 檎 林木草名 擒 捉也獲也又提也急也持也 捦 仝上 㩒 仝上 芩 藥名黃｜ ⿱珡金 古字

鳹 鳥名 蚙 虫名 ⿰王丩 玉名

○治 沉 浮｜之沒又｜溺也 ⿸疒冘 腹內痼疾 ⿰鼠冘 水鼠 霃 仝上 霃 久雨 霃 仝上

○波 [illegible]目不明也 [illegible]系絮結也 ○他 㾓腹病曰丨 彤船行貌 [illegible]私視

○曾 蟳海味蠏屬 覃姓也 [illegible]繹理也 稄錐別名也 梣青皮木又果名

○入 壬十干名成也又善也 賃借也稅厝 妊懷孕也 庄下也 棯菓名 銋鞏也

○時 尋丨常求也 潯水涯 燖火熟物也 葚桑丨 鬵即甑也 [illegible]仝上 璕美石次玉 [illegible]仝上 煁無釜之灶 諶誠實 忱情寔

[illegible]姓也 熸火盛 樳木名 覃姓也 蕈菌生木上 枔木葉 梣青皮木也 魫魚子 㾓伏病

○英 滛丨慾乱好 媱好丨私迭 霪深雨久下 蟫書中白魚 究深也 [illegible]水名 [illegible]佳覃 [illegible]也病 霪久雨 烎明也 䍃食也 銋無孝

○門 [illegible][illegible]也 [illegible]目毛多也

○語 吟丨嘆丨詠 唫仝上口丨 砛丨石 岑山小而高姓也 涔漬也 碒磣也 芩草名藥名 崟山名 尖仝上 [illegible]仝上入山之深

鵀鳥名 [illegible]高貌

○出 [illegible]石似玉也 鋟刻版 駸高疾行也 ○喜 熊姓也獸名 [illegible]仝上

妗下去聲

○柳 [illegible]面屬 [illegible]眩也 [illegible]向前也 [illegible]少毛 [illegible]貪也 [illegible]山名 檁横木 瀾水也 [illegible]俯首 箖竹名 [illegible]親見也

閃烛火光輝明也 擲扶持也

○邊 鑌番铁為刀甚利 朓肉踈貌也 髕膝耑也 ○求 妗母舅之妻曰丨 襟心堅固也 舲蜀人呼船曰丨 鞈鞋丨 庈人名 怜心堅固也

○去 欶古人名也 絵正文也 ⿺走堅走也 噤口不能言 ⿰齒堇丨断齒貌 嶔山不正也 齽齒也 鈙止上

○治 朕天子目称曰丨 眹目也子童 ⿰火朕隔水者揚曰丨 煁仝上 ⿰自巳古文字曰 ⿰氵朕不流貌也

○波 ⿰舌令古卷貌也 ⿸疒聘睡貌 ⿰舌甹合口 ○他 踸行也 鍖丨鉦 ⿰舟見和出視也 ⿰火見見也

○曾 ⿰酉朁酒味妙也 鑯頭也 ⿰車几車行跡也 ⿱山覃山名 戡斫也 ⿰扌𠬶取也 揕擊也 杓梳系

○入 任丨用信于明友 妊孕也 賃傭貨僦也 刄鑺刀 刃仝上 仞八尺曰丨 訒言不與易 認誰言 牣充滿 紝机縷 餁熟食

軔礙車輪木也輪動而行也

○時 甚大丨過久也无安樂也 茜草名 ⿰覃見深視 訦信也 ⿱雨朁雨貌 ⿸厂黽雉入水所化也

○英 許怒言啼不止也 ⿰氵闇水名 ⿰革卬木屐有腳 霒日蔽雲也 酌女空飲緊 喑聲也 癊心病 ⿰臼冘兒名

○門 ⿰口㐭罶也 ⿰耳侖耳目不明 ○語 ⿰口頁首動也 梣青皮也 ⿰扌岑丨在手也 ⿰阝朁挽丨地名 涔丨之雨多 ⿰禾朁禾欲秀也

○出 ⿰魚𠬶魚名 ⿱⺮⿰彳𠬶匠人之用 諗謀也 ⿰豆𠬶山豆野月 寑卧也 ⿸广罙大屋 ⿰言𠬶私語 ⿰身弱弱也 ⿱艹𠬶褁也 ⿱艹怨草木菜死 ⿰日𠬶日光輝也 ⿰扌心揷也

○喜 噤（丨口不言也） 歀（仝上） 牪（牛聲） 瘬（腫起） 廠（物新美也）

及下入聲

○柳 立（豎也建也成也） 笠（箬丨可蔽日雨） 苙（蘭草） ⿰口立（丨之送舟貌也） 鴗（小翠也魚也名鳥食拏也） 粒（米丨） ⿱大厶（古字） ⿰飠立（胡食器也）

○邊 鵖（戴勝鳥名）

○求 及（至也大也） 笈（書相） ⿰鬲及（新羅謂絹曰丨） ⿺辶⿱艹聿（古文） ⿱艹⿰立瓜（冬瓜）

○去 圾（階也） ⿰目㬎（目中拈也） 芨（草名） ⿸户及（即门鑋也）

○治 ⿸尸立（前後相次） ⿴囗入（動也） ⿸尸巠（屈曰丨也） ⿱宀入（入也） 栟（椳之横也） ⿰木⿸尸巠（木名） ⿵几比（青皮） 蟄（虫名）

○波 ⿰禾㬎（以火乾物） ⿸厂畐（禾齊） ⿰米菐（米丨）

○他 ⿴囗馬（馬名） ⿰犭敕（連延） 漐（汗出） ⿰甚十（会集）

○曾 集（聚也安也同也雜也象也） 亼（三合也） 輯（車輯） ⿰口集（口丨貌也） ⿰耳十（詞之丨也） 雧（古字） ⿰木集（地名） 潗（鉄丨） ⿱艹集（草名） ⿰馬集（象馬）

○入 入（出丨也）

○時 十（一成放丨） 習（文丨童丨串丨） 什（丨人為丨丨物丨具） 拾（掇也收也） ⿰口習（忍氣也） ⿰土亩（瓦器） ⿰習戈（輕師掩其不俻） ⿰卄阝（丨加县名） 槢（木名）

○英 ⿱竹邑（竹器） 唈（短氣） ⿸尸及（屐也） ⿰火显（火光） ⿸疒邑（鬱病） ⿰氵急（水流） ⿱艹挹（草名）

○門 ⿰金覓（鍜也） ⿰革外（皮革）

○語 岌（馬也危也不安也） 芨（藥名白丨） ⿰口岌（丨之象聲） ⿰亻岌（仝上象聲又） ⿰歹及（危也） ⿰歹立（仝上） ⿰虫岌（虫名）

○出 嘰喻也 屆從後躡也 雲大雨 驖馬行

○喜 雵小雨 欯笑也 吸氣出 鄎地名 赩赤色 趌行也 念合也 㥦心熟 瞈視也 鶲鳥名 譆疾言

4 規鬼桂軌葵跽劸

規上平聲

○柳 腄癬眂也 睩視貌 摟姜丨 躷足踏丨也 莱草名 癗皮皮小起 鐳搠也 縲

○邊 琲玉名 痱凮病 悲慈丨佛語

○求 歸姓也入也不也回也 圭上圓下方端也玉為之回丨 閨宮中小门又曰丨女 窺私也小視 闚碩頭门外邪視 規丨矩方員之器 雉子規鳥名

珪仝丨壬名 奎八佰名 亀萬壽之靈 龜仝上也 鴂戰丨叫春 邽縣名 槼木名圓也 扶星名 鬹甂下孔也 竈丨龍

刲割也 𠟍仝上 嬀女名 溈水名 槻木名 玌治玉 睽目不視也 摫作木舌也 蘬草名 鈘器血 瑰珠名 瞡小視

○去 虧丨缺少也勿也 虧仝上 闚隙也牖也音開 開椎丨不合 亏仝上 暌日入也許逆也乖異也 䯓六畜長骨

○治 堆聚士為丨丨積滿之 追逐也遠也 磓聚石也又以石投水 鵻鳥短毛也 騅馬色 巣离丨 洎水中象士 瑻治玉 瘇睡也 痽病也

誰摘也 觹小鳥也 頧頭不正也

○波 ⿰犭否（貍子） 豾（赤成之器） 秠（禾也） 焯（火熟） 痞（痴也） ○他 梯（木階也） 捂（擊也） 推（｜委）

○曾 錐（銳也器也鑽也） 椎（鉄｜塢也） ⿱規火（火也） 臎（鳥毛上肉） 榛（菓名似栗而小者曰｜） 臎（雞尾｜也） 凸（凹之對也）

○入 ⿰亻萎（姜｜） ⿰扌萎（仝上） ⿰豸生（草木宋也） ⿰足萎（兩足相踏）

○時 綏（安也退也） 荽（胡｜菓多） ⿰亻萑（偏也） 簑（稼｜雨衣） 錐（說辭也） 甀（捌也） ⿰金萑（仝支瓦器） 雖（語詞） ⿰竞毛（頭毛｜也） 浽（小雨） 濉（水名）

睢（蜥瘍） 萑（草名） 挼（擊也）

○英 威（英｜嚴｜） 葳（｜蕤草木盛也） 逶（｜迤行也） ⿰月威（胎｜） 衣（寒｜） 隇（｜陜險阻） 揻（｜空） 媙（美貌） ⿰歹委（病也） 溾（沒也） 蝛（虫名）

⿰女頁（女隨人也） ⿰言有（呼人）

○門 昧（目輕視也） ⿰貝微（仝上） 宷（深遠音述） ⿰貝微（仝視） 溦（小雨） ○語 覣（視貌） 詭（許也） 犩（山名）

○出 崔（姓也｜嵬高也） 推（擇移窮語） ⿱艹維（孟母草也） 摧（挫也抑也奉也折也擇也） 吹（｜噓） ⿰口風（仝上） 催（｜促｜迫投也） 龡（古字） 倠（｜促） 炊（爨也）

婎（女字） 璀（玉名） 漼（水名）

○喜 輝（光｜） 飛（｜鳥） 非（不是也） 扉（柴｜又门｜戶扇也） 妃（后｜嬪天子之嫡也） 緋（雨雪零貌） 蜚（害苗虫也） 暉（日｜） 煇（光｜） 翬（雉名）

撝（裂也） 揮（奮動振散） 麾（指｜） 騑（馬行不止） 徽（美也琴也） 徽（魚名） 徽（州｜又美） ⿱非毛（細毛） 媯（妃｜） 溈（水名） 剕（員足） ⿰足非（仝上）

翡 仝无　撝 手丨　纗 綱縄　媈 女名　徽 幑也　旜 動也　暃 日色　潬 竭也　犤 黎牛頭也　睢 仰目視也　斐 姓也　𥄎 大目

𤛆 獸似牛白首也　馡 丨之香味　騑 旁馬　倠 仳丨醜貌　飛 丨翔

鬼上上聲

○柳　頪 頭不正也　磊 象石也又丨落　儡 硯丨又傀丨石貌木戲　礧 硯丨石貌　蘲 葛丨　讄 累其功德以文哀之也　誄 丨詞　𥳍 礧也

累 姓也增也黏也　絫 十黍為丨　傫 傀丨西木戲也　虆 葛丨　𧩫 謚也　蘽 木名　㠥 丨山也　𤮚 甂也　垒 古字　櫐 藤丨

猚 猴屬　𤢖 鼠形无也

○邊　吡 不為　恬 丨恃　秕 穢也　恬 丨恃　疕 瘍也　鑼 報也　𢓎 從也　朼 祭器　㔥 丨停也　癗 病也　皉 明白　祀 祀司命也

聛 耳匡　肶 肉也　髀 脾骨　捭 扶持

○求　鬼 丨神宿名　宄 姦也外為盜內為丨　軌 車轍跡又法也　軓 仝上　傀 丨儡木戲　𠑇 大貌也又笑也　瓌 人部傀字　崛 丨然独立　𤥷 玉名

氿 水名　謉 丨詐　𥨍 毀也　晷 日影　𦬺 香草　𧗳 迹也　鳩 布穀　殳 仝完　厬 水泂

○去　詭 詐也異也戾也　𨚕 山名　晷 日影也　簋 祭器　軌 車轍　垝 墻坏　磈 丨礧石貌　頍 弁貌　趌 一舉足曰步丨三尺六　𥍢 短矛

跬 丨趌　瑰 石之次玉　嬄 竦身　恑 悔也　磋　硊 傻也　潞 泉也　𥦗 文也

○治 劻著刀牽也 摴用力起也 鐓牙戟 沝多水 ⿰禹馬馬小小重騎曰｜｜ ⿰骨台骨起也

○波 怀心動乱也 瘖痴也 秳禾名 ○他 腿腳｜股｜ 蹆仝上 骽仝上 俀弱又古人名也 ⿰歹妥㱬｜不知

○曾 水人所食也｜火 觜宿名 ⿱此束鳥啄也又誠也藏也 嘴口｜ ⿸危乂｜伹短貌 璻玉色 峻赤子陰也

○入 病病瘦 窳器中空也 ○時 水五行之｜ 惢帶也杷也 辠愆也罪也 灵河玉知水 濢下濕 瀡滑也

○英 偉大也又奇也 韋姓也熟皮言其大也 唯應諾之聲 委曲也安也積也 煒光明 ⿰扌遺棄也 ⿰扌韋送迫 ⿰鬼韋鬼名 骩屈曲 蘬草名

葦蘆｜ 韡草盛貌 蔿草也姓也 洧水名璘也 鮪魚名 ⿱艹違 韙俱是也 渭水也 暐日明 虺虫也又音灰也 ⿱毀手傷擊也

痏病也 瘣仝上 媦女名 潿水濁不流 瑋美玉 賄贈送 ⿸疒韋｜弱

○門 ⿰尾頁閑也靜也 ⿰山尾山名 ⿺風尾風聲 覹身隨 ⿰赤尾赤也 ⿰石尾石名 ⿱艹溦草名

○語 隗陮｜高也 姽好貌 峗高也 硊石也 ⿰危見面貌 ⿰扌危思也 頠靜也 蛫虫名 磈石也 ⿱穴頠閑習

○出 揣｜摩其心 遄車也 惴懼也 漼深也 髓骨｜ ⿰豸卒獸名 ⿰酉隹肉酒 嗺山曲 ⿰崔攵試也 ⿱夋火火久 璀山名 皠白玉之大曰也

䙡重祭

○喜 斐文貌 匪非也 悱敬言而不能也 棐輔也菓也 菲芴也 誹｜謗 翡｜翠 蜚蝗｜ 篚員箱 毀｜坏 燬火焚坏也

虺蛇屬 烜舉火 蜰蠦｜ 檓大木 𤳳湯之｜相｜ 譭｜謗 喟嘆也 䅏禾｜ 朏月未明也 猒甘棗 柀木名

炟火勢 俳 誹仝｜謗也 毀惡也 榧木名 樻木名 毇春也 洈水流 粿為火 辈耕也

桂上去聲

○柳 頪难也曉也 餟祭器 鬌髮乱 類萷也 銇鑽也 郲陽｜县名 酹以酒沃地

○邊 沸｜滾泉多 匐鄉名 疿倍日生｜仔也 疕仝上

○求 貴｜子又富｜也 桂花名也 癸十干名又归也 筀竹器 季姓也小也未也 䝿古字仝貴 悸心動也 劌｜子首也 翽翼也

猘狂大為｜犬所傷食蝦蟆而念也 昋姓也 冎物不賤也 庪祭山之名 殃㛅｜貌死 潰水名

○去 愧慚也恥也 媿仝上 悸言語艰也 怫心｜ 氣怒｜沖天又出｜ 禬衣系

○治 對答也相｜ 对仝上省久 甋器名 𠑃市也或曰互惠與人对姑從｜也

○波 屁下氣音譬 𥧢仝上 𡳐仝上 歕吐也

○他 迶長｜短新｜旧 遈仝上 腇肥貌

○曾 醉酒｜ 竁寒穴 鋷錐也 綷五彩繒也 晬生子一歲 祽月祭之名 䘹縫也 悴朽木 瘁焦｜

○入 慇笋物生也

○時 粹純丨不雜 邃深遠貌 睟潤澤 祟神禍 戍守邊所也 睡合眼以丨 唾口液也 帥主丨統也領也 讆相毀 賥貨之憒也

琙珂也 繀締丨

○英 畏驚也怯也丨忌丨敬 ⿱叞心安之以慍其情之也 尉交丨丨侯 煨火炉 蔚茂也 椳木名 熨火氣 叞仝上 ⿸厂⿰示寸仝上 ⿱叞心仝上

叞仝上 霨雲起貌也 ⿷匚畏仝畏 褽荐也 ⿱甶木又仝畏字之字 ⿱叞手以手物布

○門 ⿰貝每以石債也 挴貪也

○語 蛫獸名 ⿱魏牛獸如牛也 ⿰酉豈醉貌

○出 翠青丨鳥名 碎破丨 啐咄丨呼也 脺顏色澤潤 焠燒也 脆物水要也 嘴口丨 ⿰石妻破物幼也 毳獸弱 ⿱毳衣重褥禱也 ⿰口翠鳥聲

埣之不黏也 ⿰卒瓦破丨 ⿱穴⿰卒殳寒也 臎毛上之內曰丨 ⿱毄心謹也 濢新水 ⿰氵罪仝上 脃小要物易断也

○喜 諱阬丨避也忌也 廢失于也坏也弛也圮也 費用也姓了耗也損也完了明也 芾木成貌也 ⿰扌費擊也 狒獸名 癈痼疾 ⿰土廢坡也 婓女字好也

厞陋也 翽翼也 巿蔽也 櫠木名 ⿱癶⿰弓由賊斂 ⿱癶⿰豆殳仝上 ⿰角巿弋射收繳 ⿰言貝言長 疿小瘡 ⿰毋卜卦之上體

執上入聲

○柳 跦足跌 ⿰⿱罒糸瓦甎屬 ⿰雷瓦棟瓦 ⿰言系銘也 ⿰犭⿱罒糸獸名

○邊 ⿱山庇崩聲 ⿰忄發心起

○求 ⿰革九 革也 嫢 細也 飮 疲極 盇 黍稷器也 ○去 瘣 难言 ⿱竹危 跂也 ⿸厂愧 忠也直也

○治 ⿰隹方 鳥名 憝 壯也 懟 怨也 緋 系縣 ○波 啡 息吐聲也 ⿰米兑 屑也

○他 ⿰目追 目不明也 ⿰耳頁 癡也 ○曾 ⿰忄率 心悶也 ⿰山隹 住也

○入 緣 綏也 ○時 帷 虫名 篲 掃丨 繸 玉也 ⿰忄遂 深也 ⿱艹隨 丨草 瓗 玉名 ⿱唯虫 虫名

○英 ⿰糹爲 系器 霨 勃赴 鏸 銳也 踓 走也 ⿳十田廾 草木盛也 ⿰石兑 消也 ○門 懜 慙也 ⿰忄曆 目深 ⿰米尾 未也

○語 ⿰豕危 頭短貌也 脆 肥也

○出 ⿱毳心 孰心 ⿱毳米 米再舂也 ⿰足最 行也 ⿰馬卒 馬卒 脃 輕也 脆 仝上 臎 鳥尾上肉 ⿰巾最 古服 琗 珠玉 ⿰臼最 小舂 蒩 苹名 蔌 草名

⿰足敢 行貌 ⿰毛隹 毛髮

○喜 憓 愛也順也 嚖 小星 ⿰飛惠 飛也 ⿰言員 言長 ⿰阝惠 隨身也 ⿱非巾 隱也 嘒 聲小 嘳 乾物 ⿰火尾 火也 ⿰犭犮 犬聲 ⿸疒叀 病也 厞 陋也 ⿰巂鳥 鷉丨

⿸疒貴 孰問

檤下平聲

○柳 雷 姓也丨公又電母也 縲 黑索也 擂 丨物丨幼 癗 痱丨波也 ⿱畕缶 酒器盥也 罍 仝上 纍 仝上 樏 上山不跌 ⿰畾畾 橐系宮田古田田田由甲

鑐 瓶也 攃 理也

○邊 肥 好漢多肉 腓 足肚病也

○求 馗 唐朝有鐘丨今歸仙矢 逵 通也道也 葵 花名菜名 戣 戟屬 ⿺九且 仝馗 ⿰忄癸 悚也 躨 動貌 頯 面顴 騤 馬行威儀 揆 持也

頄 而顴骨 幵 持弓 楑 木名 ⿰癸見 媱視 ⿰⻊⿱夂非 脛肉 鄈 比名

○去 ⿱毀衣 細衣 ⿱艹⿰豸刂 草名

○治 搥 擊也 殳 称丨 錘 称丨又知輕重 ⿰衤鳥 丨衣裳也 ⿰扌阜 撲物

○波 ⿸疒晉 目無明也 ⿰耒罷 粔頪

○他 槌 木要之丨 錘 称丨 鎚 鉄丨 ⿰耳垂 耳丨也 ⿸疒追 瘯丨 奈 不針也丨尾也

○曾 ⿰坴刂 丨斷 ⿸尸⿱夂又 丨入又砂丨也 ⿱⿰丰日大 取也 ⿱宀⿰臼又 塞也 ⿰木焉 地名也

○入 踒 頤丨 ⿱艹⿰扌委 草萌 蕤 草生 桵 白丨小木 甤 仝草生也 ⿰禾委 禾四把也 ⿱艹倭 薑丨 ⿰亻且 短也

○時 隨 卦名相丨從也順也 垂 自上而下 誰 孰也何也又詰何也 陲 遠邊也 箠 扙也打也 隋 姓也國名 ⿰王⿱口勿 草名 ⿱竹隋 竹名

倕 重也又音瑞也 ⿰王有 玉名 豩 草葉丨也 ⿰豕隋 豕牡 ⿸广垂 屋邪 鬌 髮落

○英 為作也佐也 圍週丨守也固也 唯語詞 帷帳丨 遺魄也矢也亡也 桅船也丨 維絡也係也回也 違離也逆也 闈宮中小门宮丨

褘失也婦人丨身裙也 魋鬼也土神也 瀢水濁流也 濰仝水名也 惟思也謀也 𠕌古字 敳矣也 夒裹也 厜古惟 琟石似玉也

眭姓也 雈鳥飛 蚘腹虫

○門 𦱀草尾 蓶芒草 浘水名 萎姜丨

○語 巍高大貌 嵬崔丨 危丨儉不安 峗高峻之山 隗高也又地名也 甪古人名也 厃古字 鵤鳥名 闔閉门 𡵓滅矣 痽病也

鮠魚名

○出 滜水深 漼仝上 錐丨銘鱗甲

○喜 肥肉多又丨瘦也 淝地名又水名也 腓足肚倚也 磁瓦器總名 徽丨州地名 脆月光也 痱小腫 敳妙也 萉避也

跽下去聲

○柳 類種丨品丨善丨好丨 彙字丨茂也 淚目丨眼液 累帶丨車丨坐也 擂敲鐘丨鼓 殍病也 㱕仝上 勴推也 礌石丨 𡑺塊丨

唳鶴鳴 泪眼丨 礧轉石以自自而下 酹以酒沃地 洡足跌 頪疾也 毸毛色斑也

○邊 吠犬丨大聲 蟦樹丨臭虫 蜚塵也 樻木名 秠黑黍 䎱耕名

○求 匱 ｜乏匣也 跽 兩膝肉地而立身曰｜也 跪 仝上拜｜ 蕢 草器菜名 簣 土籠 櫃 藏物之｜又床｜也 饋 進酒食于尊長餉也 餽 仝上

鐀 金｜也 籄 竹簣 蹪 仝跪 鐆 仝上 鞼 馬韁 楑 木下垂也 膭 仝跪 趡 拜｜ 撌 檻也 㕟 餉也

○去 蕢 不在也 䟴 舉也

○治 墜 ｜落 隊 ｜伍 隧 以豕懸物 縋 仝上 懟 怒恨 怼 仝上省文 憝 仝上 駾 窒也 隤 ｜底 䨺 雪見 譈 兄民因不｜也言也

絑 仝｜下也 䐢 茂也 逯 足不前

○波 蓖 草頭 𣨚 坏也

○他 㨃 ｜物 揹 落也

○曾 萃 聚也 悴 憔｜憂也 瘁 勞｜焦｜ 顇 顦｜憂也 崒 山危峻也 蕞 ｜尔小貌 誰 是｜ 誶 詬｜ 睟 清和潤澤之貌 殦 殘敗

椊 朽木 牲 象生竝立貌也

○入 萕 草名 鋭 因也

○時 遂 ｜成違｜就也因｜｜進 燧 可以取木也 瑞 ｜氣吉祥 璲 ｜玉珮玉 隧 禾秀 檖 木名 穗 禾款 𤸊 扁｜不能仃重 憽 意氣思深

㥞 仝上也 旞 旗屬也 采 禾成秀也 𢅏 疊巾 椽 木名 稼 禾｜

○英 位 ｜正列｜ 謂 與之言也 渭 水名地名 胃 宿名又谷腑脾｜也 蝟 獸長全身有莿 愲 佛｜不安貌又慷慨 磑 磨也 伷 仝胃謂也

○叡明深通達也 猬獸名 蕈草木 鵗|鳩 壝土埒 煟火熾 ⿰貝遺贈也 轊車軸 憓明也 槥小棺一統天下

璏劍鼻玉也 惠未軸 ⿰魚胃魚名

○門 吠犬| ⿸疒賁腫盛 鼣犬吠

○語 魏象|教令之書姓也 ⿱魏香阿|香藥名也 僞非直又詐也 譌仝上 ⿱魏牛獸似件也 ⿱魏虫再蚕

○出 ⿰弓鳥鳥名 皠白也 竁細毛鳥也 毴毛也 磪鬼| 竁寅廣 ⿱髟隹毛也 摧山林|移 趡動也 綷繚衣 ⿱彖毛動捧

○喜 惠思|慈|之賜 蕙草名花名 蟪|姑虫也 慧性通也解又|巧也妍也賢 彗仝上 嘒小聲明貌 吠犬| 篲竹掃也 ⿰丙鳥鳥鳴

緯縱曰經橫曰| 橞木名 嚖仝小聲也 卉草禾總名 芔仝上 恚怒恨 繐仝經|也 鼣如大名曰|鼠 蜚|盧虫也又獸名狀如牛白首一目蛇尾

⿰鼠欠仝上鼠名 喙息也易| 譓多謀智也 萬猩匕啼而就擒|笑而被格也 ⿰面每面肥 暳小星 ⿰扌彗裂也 ⿰扌惠仝上 嘒微笑也 僡|賜

諰思也 蒠仝上 殨爍也 ⿵門冋仝上萬 ⿰言貝言長

劫下入聲

○柳 轠車聲轉也 頪疾也 ⿰口雋口聲 ⿰畾攴推也 ⿰彐毛毛斑 灅水名 ⿰目累視也 纇絲節 誄銘也

○邊 瘣病也 ⿰矢皮短人 ⿰食易軟也

○求 ⿰支力 力也 闚 中視 摫 裁製 炔 姓也 觤 角不齊也 撅 揭衣而行 ⿸疒隸 熟痳也

○去 髖 開骨 ⿱毀衣 細也 ⿰彖危 獸名 蟦 虫名 ⿰目開 目｜

○治 ⿰口追 口未入也 ⿰垂隹 鵻鳥 陲 危險 ⿰糸耒 繩懸 ⿸广隹 屋上平聲 椎 ｜鈍 甀 瓦器 硾 鎮也 ⿰言朶 言誇 顀 眷骨

○波 ⿰貝悲 頸余 ⿰歹非 死也

○他 ⿱竹追 竹似弓也 ⿰目梯 目不明

○曾 欇 木名 ⿰木最 禾節 蟕 黽屬 羧 羊病 ⿰彳兆 短也 濢 下濕

○入 ⿰言芮 言不定也 蘂 花心

○時 ⿰口燧 火炎 脽 尻也 嬬 多態 睡 地名 ⿱艹隨 草名

○英 ⿰月韋 皮也 喂 起也 畀 聲也 ⿰耒委 田器 ⿰豕爲 小豕 ⿰木爲 木名 湋 水名

○門 ⿰月焱 月不明也 ⿰目微 深通

○語 ⿴行可 遠行 ⿰口危 鳥聲

○出 嗺 指也 ⿰片崔 屋破

○喜 ⿰血貴 血而 噅 呌也 ⿱雨虫 雷聲 ⿱非火 塵也 ⿰非毳 毛紛飛也 婎 醜貌 ⿸广女 姿也 毄 刺也 毇 糲米 ⿰牛隹 牛也 ⿱竹肥 竹名 蟦 糞中虫也

5 嘉絞駕鉀珈齩⿰犭加

嘉上平聲

○柳 ⿰皀刂 擊也 諏 多端言語 洌 水清潔也 說 言不正也 拏 沾溼

○邊 葩 丨蕉菓名 豝 牝豕也 蝁 虫名 皅 鼻病 爬 搔也 疤 瘡痕 𨑳 短貌 皅 白草 䰾 魚名 吧 盼 天地仝紀 笆 籬丨

䶕 齒不正也 羓 猪屬 粑 米落地也 舥 舟也 肌 官音肌丨 吱 歛也

○求 嘉 丨美褒也 加 增也施也著也 珈 人髖飾 笳 胡丨 茄 菜名 跏 丨趺屋足生也 痂 瘡疙 葭 兼丨花名 佳 好也美也 猳 獸名

貑 仝上 騢 善馬也 毠 毛衣 袈 丨裟僧衣也 膠 粘也丨漆皮煑成丨 茭 乾芻草也 鮫 魚名 鴐 丨鵝能人言語 筊 丨簫 筹 丨笔

尻 丨脊也 鉸 丨剪丨衣服也 虼 丨蚤 毦 丨毟

○去 脚 丨手也 足 仝上 ○治 礁 海丨 乾 燥也丨家 瘵 瘡痕

○波 脬 尿丨 膘 曰丨皮也 髱 丨鬚 胞 丨囊 奄 大也 ○他 庛 開張室也 家 深遠 崇 嶇丨 瘵 瘡痕 觰 挐獸

○曾 查 丨闷丨实 渣 丨滓 揸 探也 楂 水中浮木 槎 邪斫木浮也 樝 菓名 咱 我也 柤 木闭 浾 滓也 皻 凨寒薄丨

○入 篋 竹器 㕦 收除

○時 柵 木丨 紗 丨綿布帛 沙 土丨 砂 仝上 裟 袈丨 魦 魚名 鈔 丨鑼 莎 草名 桫 木名 桬 丨木 毟 長毛

○英 阿 姓也見聲 鵶 鳥丨鳥名 鴉 仝上 啞 聲也小見本語之聲 呵 仝上 𡹤 丨崇態也 砑 石名

○門 腜 肉成丨也 疤 痕也 罵 燕地

○語 訝誇言 枒車軸

○出 差錯也使也 叉双手相丨 摅以拳丨物 扠吱板木也 侘丨憏禾定 艖河溪小舟 嗏言諸之聲 嵯山名丨峩 鎈錢也

○喜 颬開口吐氣 嘘仝上 呀恨口 瘖丨瘷 咳無聲 嗄喘息 欬仝上 谺谷空 欭口聲 痄病甚 蚜虫名

絞上上聲

○柳 頋靜也 荍草名 袃衣也 丨說言不正也 懌心乱 癴病也 鬖髮乱

○邊 飽飫丨 弝短貌 把丨特 跁丨踊 靶革也

○求 絞急也纏也縊也縛也 㾌斟中 疞仝上 𦤎自重之也 摎挍接長之物 舜玉爵也 㸐交木然也 椵柚屬 樌山楸 灚水聲

鵙鳥名 䀊目視也 𦤎自重皮也 𩪠姓也 盞器也

○去 巧丨姓奇丨才能 𡚻賢女子也 𨸝地名 扝古字

○治 頦醜貌 𦧟舌也 陼丘名

○波 葩草名短貌 𨑳仝上 豝飛也 𧥮擊也

○他 觰犛獸 詫誑言 陊落也地名 𧨈異言 宊

○曾 早丨晚 蚤仝上 𨛋地名

○入 𥬘地名玉上好竹 𢼽收也

○時 傻輕彗 㶭火能丨鑠 稍藕根也 𣇈暖也明也 貗獸名 閜開也 𧦝古文

○英啞丨口不能言也妸丨娜美貌閜门頷也⿰口頁傾頭視貌⿰面幼⿰面丂面瘂不能言也

○門香不見曬日無色也⿸厤山山名
○語庌廡也砑礙石迓迎也笌竹名

○出炒煎丨煼仝上⿱芻灬仝上⿱芻鬲仝上⿰口閜大笑⿰面丂⿰面幼丨⿱取火乾也謅弄言

○喜叱開口鏬裂也⿰口閜笑聲廈大屋⿰夏鳥鳥名

駕上去聲

○柳縿帕丨見情鬖髿丨髮乱

○邊霸把也佔也諸侯之長豹虎丨壩障木堰也垻仝上障也杷柄也弝弓弣中手執处

灞水名爸吳人呼父曰丨⿰鳥勺丨鳥欛刀柄⿱罒冃古文字也⿰扌霸把也

○求教訓丨丨習窖長丨岗之地名也嫁娶丨丨女稼禾丨駕貴丨尊丨架丨馬幏黄布⿰忄家心不安

○去扣擊也⿱扠木木丨

○治⿱竹卓竹器雞丨⿱覀衣也罩仝上帳蚊丨⿺走周走飛貌也釣仝⿱竹卓

○波⿰忄霸驚也懼也浠水清觕牛角舥仝上帊帛之幅曰丨也帕手丨衣裳也

○他 奓推開 托仝上 叱怒聲 耖重耕曰園也

○曾 詐無實言欺也譌也 舴|艋小舟 詐慙語 溠縣名 砟碑石 窄穴中 苲黃芩 醡造酒 蜡大虫

○入 𩗗急風逆也 蹟好也

○時 誜妄言 晒曝也 掃|箒 𦢊𦙶|雜肉 刈雞刺 潲鼻汁 梢角鈧 𥟃日乾物也

○英 亞次也少也就也衣也 婭兩婿相謂曰| 㥑心鬱 晉姓也 䂊|矲短貌 㰳歐|鸕鳴 俹倚也 㝞懸貌

○門 禡祭名 𥇣視也 榪牀長橫木 獁獸名 𤸱目病 𩬜結飾

○語 琊骨似玉也 𥁢酒杯 訝獶長尾也 砑碾也 迓迎也

○出 鈔錢| 痄|痄病也 侘|傺失又志也 吒怒也 咤仝上 詫誇也又誑言也 䡴車弓 𤱈|田

○喜 鋍相| 鋍咄啐之貌 哱列也孔| 嚇笑聲 孝|服 寞|隙同罅 㹀猶聲 㦡誑言 歇咽聲

鉀上入聲

○柳 𦙶|𦢊 悖心乱

○邊 佰數名十而成|也 百仝上 弝弓弣中手 𠛘刀|

○求 鉀 鉄丨 甲 十干之首又丨胄也 ⿰衤甲 襦也鎧也 胛 肩丨 戞 戟也長矛擊法也轢也丨之齟之貌 ⿰禾革 草名 扮 手指丨也 玾 玉名 閘 丨膠

○去 籗 取魚椇也 笚 仝上 絡 一紗苧織成曰丨 ⿰糸草 仝上

○治 搭 褡丨合也 塔 仝上 ⿰舟乇 丨船 搨 手打 瘩 疙丨血氣不行 ⿰金耷 丨鉤 ⿰耷皮 皮瘦寬貌 ⿸广乍 屋禾成也 ⿱艹沓 荷⿰衤畏水也 ⿰扌沓 指痕 ⿰忄耷 恐也

⿰扌豕 擊也丨水 ⿰角荅 廣也 ⿰犭絲 獸名 ⿰耒乇 黏也 ⿱髟衣 至地之衣

○波 打 相丨 技 仝上 扑 仝上

○他 塔 浮屠寶丨 墖 仝上 ⿱高土 仝古字上 遢 不謹事也 踏 丨堆又山脊也 榻 閣丨 ⿰沓羽 飛貌 絹 以索絹物

○曾 ⿰扌乏 擊也打丨 托 抄開 緬 丨布婦所用也 折 抄丨 摺 仝上

○入 鏩 去草椇也 瑵 玉丨

○時 ⿰少刂 刺也 ⿰口冊 啞丨 鎩 長牙 ⿸尸臿 门聲 ⿰豸殺 獸名

○英 鴨 雞丨家禽 押 簽丨丨運 閘 興脉謂仝也 ⿱穴甲 入腺刺穴謂之丨也 ⿰氵甲 下溼 ⿰鳥邑 水丨 ⿰魚乚 魚名

○門 肉 皮丨 月 仝上

○語 ⿰歹子 赤子曰丨 ⿺辶卿 迎也 樺 丨鼓

○出 挿 丨花也 膠 閘丨 挿 丨入 ⿰石臿 石貌 ⿰禾臿 稷也

○喜 ⿰口或 大笑 呷 鼻息大也 炠 火丨 煆 熱也 ⿰火蒦 熱也 ⿰魚甲 魚名 ⿰火者 天光

珈下平聲

○柳 醪 酒濁曰| 膋 猪|油也 膀 仝上 磟 |碡平田 攏 |壅|開 嚨 |喉 熮 火|郊也 蜊 |仔蚌屬 鯪 |鯉 螿 |蝸蜘屬

鐃 |鈸 旅 |弓

○邊 爬 搔||癢 杷 |扒枇|菓名 琶 琵|湖器 筢 有齒|用能取草即|仔 鈀 鉄|兵器 妑 女兒雙髻 ⿰木琶 業也

○求 珈 婦人玉| ⿰山加 眾山 ⿰禾加 禾也 鴐 鳥名 豭 壯豕 ⿰月叚 腸病 ⿺辶珈 不行 ⿱加石 石也

○去 ⿰石囪 未燒之瓦 ⿸疒卸 軟病

○治 秅 禾百秉也 ⿰荼阝 地名 嗏 聲也 痄 病也

○波 焦 傷手七也 噍 聲蹴也 耙 |桠 䎱 擊也 舥 浮梁 ⿱髟巴 多鬚

○曾 ⿱雨差 大雨 艖 |開巷船 醝 造酒 楂 水中浮也

○他 ⿰忄叉 不修也 ⿰目荼 目不明也 ⿱穴祭 深遠也

○入 戢 小春也

○時 畲 姓也 畬 仝上 ⿱此牛 牛名

○英 瘕 腹中病也 ⿰豸叫 謂豬 嘗 鴉鳴

○門 媌 娥|磨回又也今人叫妓曰| 貓 野獸 貓 仝上 猫 仝上 ⿸麻隹 雞屬 蝥 盤|毒虫 痳 |痺|瘋 癠 偏病 ⿱麻心 肥也 犘 |牛 ⿰麻頁 难也

○語 ⿰禾牙 稷| 牙 克名 ⿰御阝 县名 犽 赤子曰| 玡 骨似玉也 ⿰骨牙 骼也

○出 柴輕也｜草 材棺｜音才 祡燒祭天神 䄍古字

○喜 縖束物 遐走也 鍜鈕｜ ⿰革叚履跟 蝦｜蟆｜魚 赮赤色 徦速也 猳豕也 瑕玉名 碬石破

齩下去聲

○柳 憦心乱 ⿰目良曬干曝也 撈沉取也 攍擊物之名

○邊 罷休也已也默也廢也 ⿰犭罷｜短猪頸｜ ⿺辶卑短人立也 ⿺辶畀仝上

○求 齩齧也口｜也 咬仝上 ⿱艹⿱从車車軸頭鉄

○去 ⿰考瓦盛酒器也 ⿰忄豪慙也 ⿰酉可苦酒

○治 膝肢也 樵木枯 ⿸疒桼瘦也

○波 皱皺｜ 泡皮起｜也

○他 睒候視 埮瑙也

○曾 ⿰糟阝姓也地名 昨｜日 淖水流聲也 蛇即蚱也 ⿰車乍車破又裂也 ⿰木垂木名 宱寬也 ⿱髟乍多毛 苲泽也草名 ⿰糸乍索也 ⿰氵窄水名

○入 ⿰耳奏耳不明也 螨虫名

○時 ⿸疒虎痰｜ ⿸广虘屋敬坏也 ⿸疒漆瘦也 ⿱日所明也 攃草木動也

○英 ⿸厂爱美也 ⿰言爱應聲也

○門 峇合也 ⿰刍巴色变 盼紛｜｜之 鰢魚名

○語 厊準也 迓迎也 ⿰言御仝上 鬖髮乱

○出 嚐細言 ⿰口爭 ⿵風巴風聲 紁襠衣 嘍惡言 ⿰石多石多 吵鳥聲

○喜 夏春｜秋冬 廈｜门 下上｜天｜ 嚇笑語嘆聲 丅古字 ⿱亼耳姓也 ⿱亼耳仝上

㹢下入聲

○柳 蠟蜂｜｜燭 獵打｜逐山林之禽獸 爉｜肉即臘肉也 蚋仝蜂｜｜炒地 六小兒中｜

○邊 鰍海魚名也 蝨蟲名 湣水名 ○求 㹢兕獸如人 庯屋深

○去 瘦瘸｜ 扨捋也 酠苦酒 㚫美也女字 庢閉戶 㮰木名 吹聲也 ○治 踏踐｜ 嵴仝上 坍水衝岸也｜車也 䵬無賢不肖

○波 罷網具 匏共也 豝飛貌 ○他 㽇重疊 疊仝上 榙桂｜頭也

○曾 截斷也 閘水｜ 喋嗹｜也 牐仝上 戲手按物也 濬水貌 灹火聲

○入 䖲屈也 𥢶秀禾 ○時 煠傷｜ 焟乾也

○英 匣櫃也 趇走也 庘屋坏 梎鐮柄 珨甲所飾也 ○門 覔不正 㝠仝上不見 覓仝上 曆緩視

○語 扨萌屈 鉚金色 ○出 嗏語辭 哂仝上 慞心亂

○喜 箬竹殼｜笠 喊大笑 繕束身曰｜ 稶麥稷盛貌 籜仝筍殼也 裓帶也 㥾怒也 㤪仝上 悖無志 歇笑聲 篛仝箬

卷一終

渡江書十五音

卷二字母

干公乖經官

6干簡諫葛稚軋⿰哥斤

干上平聲

○柳 蘭（荷｜番名） 跰（足｜） 癱（病也） 奻（訟也） 囒（呀｜）

○邊 班（姓也列也別也次也） 編（｜爛不純） 頒（分也布也賜也） 㼎（瑞瓜也） 肦（頒通也） 便（｜宜） 馭（馬色不純） ⿱髟般（虎｜色也） 班（兩班文武） 般（古文） 癶（古文字也）

○求 干（若｜盾也求也列也次也） 玕（崑崙有瑯｜也槲美石次玉） 奸（｜謠｜臣） 姦（｜詐｜究｜⿰牜干） 肝（｜肺） 竿（竹挺） 艱（｜难） 間（厝｜中｜） 蕳（蘭也）

研（中｜磁器） 杆（欄｜） 櫚（仝上） 鈃（磁｜｜仔） 攼（進也） ⿱艹姦（草名） 乾（昷也無水） ⿰乾阝（地名） ⿱旱心（惟勇）

○去 看（視也） 刊（｜刻也又削也） 牽（｜挽絆也） 衎（和樂也） 撁（相｜手也） 攑（仝｜挽也） ⿱臤聿（堅硬） 栞（木名槎也）

○治 丹（赤色黃｜） 單（孤｜） 单（仝上又數名） 簞（盛器棋也） 彤（飭也音動） 殫（盡也竭也） 砃（白石） ⿺九亶（太上傷見毫州老君牌也） 癉（火熮｜小見病）

禪（衣無裏也） 鄲（邯｜縣名） ⿰月山 匰（宗廟盛主器也）

○波 攀（｜援自上｜下） 扳（｜引仝上） 攸（借作扳字） 拚（持也） ⿱般白（白貌） ⿰又七（仝上）

○他 灘（溪｜水｜） 攤（開也布也） 蟶（海味蠔蚌屬｜） 蛏（仝上省文） 嘽（象盛貌也） 譠（｜讇也） ⿰扌炭（擊｜宛轉） ⿰月單（大腹） ⿰巾聖（車幌） ⿰巾曾（仝上）

幝（仝上） 暺（明也） 癱（凮｜）

○曾 曾姓也 罾大｜魚棖

○入 繖系难理也 鏾錐屬

○時 山姓也｜水 删｜訂又除削也 珊｜瑚樹也 姍好也詐也 跚蹣｜跛行貌 潸涕流貌也 芟刈也又除陰也草也 衫小襦衣也

⿰山阝地名鄉名 ⿱田山仝上 毛｜陽鎮也 狦猪羊胎也 ⿰冊阝地名 ⿲木冊占木名有黏之樹 ⿰歹冊番名

○英 安｜靜平何也心無愧也 鞍馬｜ 峖山名地名 垵仝上地名 ⿱安韋仝馬｜也 侒晏也仝安 按手｜ ⿰犭武飛貌 ⿰安阝鄉名縣名 ⿺尢山辛苦难言

朁姓也 謭仝上

○門 ⿰王⿱罒又玉名 ⿰王殳仝上 鏝長戟 ⿰豕㒼豕屬 娨傲慢 摱擊打

○語 槮木似橦也 ⿰弓艮強眼 硏石貌 虤虎怒

○出 餐熟食 飡吞食 孱懦不 潺水緩流而出也 僝見也 ⿰氵桑水流聲也 ⿱竹殘竹｜定物 ⿰金孱小鑿 ⿰魚桑臭名

○喜 頇顢大貌也而 ⿰韋番群也 ⿸广番時屋 ⿱番豆充兆 噃聲也 ⿰木頁楼也 ⿰木閒木名 橎仝上 ⿰歹閒小見病瘨

簡上上聲

○柳 懶｜惰 赧面慙而赤 嬾仝上 ⿰酉皮色慙 戁恭也悚也懼也 ⿱罒難緼也 咱自我 孏懈息 ⿰忄柬｜惰 ⿰木囟木名

○邊 版木片 板反側不正 昄意｜明也 舨販也 阪漳也坡也 坂仝上 ⿸疒反｜瘡也

○求 簡畧也選也要也 裥裙襵 柬分別選笑也擇 榦以手伸物 ⿰衤旱汗衣 繭信曰|袖 絸仝上 揀擇也 蕳花名 笴箒也

橺大木 ⿰氵簡洗米

○去 侃剛直也和悅也 衎信也樂也 ⿰亻幵仝上

○治 等望也候也 ⿱艹等仝上 僤篤也 刑割也 ⿸广亶偏合 狚獸名

○波 眅目多白也膜侵謂之|睛也 閭門中視也 亶車破

○他 坦厚也寬也安也 疸癀| 亶大也成也厚也多也 邅毛蓆 毯仝上 袒脫衣 怛慘也 跙|踼 ⿺疋旦并足不能行也 ⿸疒車泄也

妲|妃 殫尽也 忐|忐怯也

○曾 瓚宗庙器 餞送行 盞酒| 琖玉棧 驏馬不施安 ⿰犭戔花也 趲逼也走也 拃橫也 ⿰木盞木名 儹聚也

○入 ⿰舟然舟索 ⿱⿰目卯土泥不濕也

○時 產姓也|業又生|也 鏟平木之器 散疏流不聚姓也藥| 瘦肉不多也 ⿰車串灭肉棋也 線龟| ⿰忄延憐念 ⿰木產木名 瘓 瘦並同|也

纖纖系 霽雨溫 摌撈也

○英 見姓也 俺我也大也 院高也

○門 挽撙|取也引也相和 睌負目視也 娩妢| 鋔引也 ⿱⿲木缶木亶 輓車引也

○語 眼|目也 豣飛貌

○出 剷剃也 鏟平木之器

○喜 罕少也布也 閈閣也理也 悍性勇急又強| 僩盛嚴貌也 ⿵門見仝視 瞯仝上 暵曝也 鼾睡息 厂石岩 ⿰口間象言爭訟 扞抵也

捍仝上　癇小兒瘨病　涆濕潤　嫺靜也雅也　嫻仝上　⿱日旱日出　⿰日間仝上　⿰言旱多言大言　⿱艹鷳草名

諫上去聲

○柳　⿰歹柬敗也　⿰酉柬慙也　⿱日柬溫濕　⿰日難暖壯

○邊　⿰米半米貌　⿱⿰米半女嫌｜也無宜

○求　諫直言證也　干能事也正才也　⿰木倝檀木　⿱艹⿰卓干草名　⿰糸間文錦　襉仝上　鐧車軸　澗溪｜　間｜隙｜廁代也非也　瞯視也音閑

⿰虫間｜蛙蚌屬　鐧金色真也　⿰目鳥｜鳥　⿰旱攴衛也　磵山夾水也　⿰旱攴衛也　榦楨｜築墻　汧｜之水流

○去　看覌｜｜視　⿰旱鳥｜鳴　攤揀也

○治　旦早也明也　担挑｜　膻｜肉　誕人生日曰壽｜　柦木撖　鴠鳥名　⿸疒詹瘰也　⿱詹手負也

○波　⿰目今顧也視名眸子黑白分明　盼仝上　⿰金攀帶｜面也　襻鈕卜　⿰扌斑絆也

○他　歎大息門美　嘆｜氣　炭火｜　湠｜漫　⿺走炭踐也冢也又相｜也　組補也縫也　⿰女炭無宜適也　⿰炭攴無彩色也　⿰木歎木名　歎仝歎

○曾　贊參也相也助也明也　讚稱｜｜美　纘継也維也集也　酇地名　層重疊級也　⿰弓贊弓去　簪竹也登也笠也　諓多言　瓚三玉二石

⿰礻贊祝神通作贊也　賛參｜　攢聚也　囋｜美　灒汗也　瀐水名　欑木名　⿰歹內食餘

○入穳（早禾）

○時傘（涼|盖也）散（不聚也）霰（雪粒）訕（謗也）線（針|）汕（餌散也）𢿱（襟肉）疝（心|）廠（舍也）𥨍（仝上）殅（匈奴名也）

𢿭（不聚也）繖絤（俱仝線也）潵（水|）狦（惡催之大）𥻆（美|）

○英晏（燕安晚也）宴（仝上）按（仰也考也）案（几|）案（韉禾也今西農家取厚法也）鴳（鳥名）𠪚（大也）姲（女|字）

○門蔄（姓也）奱（蠎也）僈（舒遲）鄤（鄉名）

○語偐（偽物也）𨲛（長也）听（聲也）𣸽（浮貌）

○出燦（光明也爛也察也美也飯也）粲（仝上）璨（仝又琟玉上珠也）𤩽（仝上）綻（衣縫解也）姦（三女為|）孫（二女曰|）帑（幪頭掩也）畛（田隴）

蔾（草可為蓆也）

○喜漢（天河江|）僕（姓也男子|又罗|佛号）暵（燥也）熯（熟物也）鷬（鳥名）㵄（古文）暵（麥地）獏（飛貌）耩（耕也）

葛上入聲

○柳勅（姓也）梾（木名）喇（言急）捺（手按）䙡（双人之衣）漯（水名）庩（獄室）瑓（玉名）疤（瘡也）睞（目不正也）萘（草名）

○邊八（數名）捌（仝上又破聲也）仈（姓也）扒（把也）玐（玉名）釟（磁器）叭（聲也）

○求葛（姓也又草名又夏布）割（截也断也）獦（獸名）褐（粗衣）嗑（齒也）扮（握也）墼（土|）㵣（水廣）甏（瓦器）轕（雜乱）

○去　渴口乾丨也　戞丨玉　剅剥面也　戞手丨　塹土丨　敧敲丨　襤袍也　瓟用另　瘍傷熱　掐爪刺

○治　妲商之丨妃名也　噠番國名蕭丨也　詚不靜　鵫鳥名　黕白又白黑曰丨　○波　汃坡相激也　矾磊貌也　齗齒也

○他　撻打也擊也　獺獸名能捕魚蝦食之　達逃也　躂足指受傷曰丨　闥禁門　幸小羊　㚔仝上　怛慘也音归　汏過也　踼以足蹙物

鞁足觸石而皮起　漯水名　潽丨水音色　蠍蜊丨虫名　塞丨孔音色　澾仝水名也　磜石名　敎古文　少步字從丨　怚　怛　㤴悲伤

○曾　節竹目色又骨丨音折　莭仝上　浵水濺　札信丨書丨之次也　懫心慎怠也　㞚好也　歹L癘病　扎拨也

○入　紮丨引

○時　薩姓也菩丨佛号　殺誅也慙也　杀仝上省文　希仝上　𣪠仝上　薩仝菩丨也　煞神丨　鎩長矛之器　撒丨發　摋仝上

檫草木動也　虱臭虫入液所生目也　䋏丨人也　㬟仝殺古字　𥽿流放罪人苦散米也　詧神咒　譫散言　糲糝也　檫木動

○英　遏止也绳也　頞額也鼻也　按仝上　軋車輾　揠拨也　洝溟水　鶡鳥名丨旦　矻石老多也　椻木名　𤺄跛病　𩦠馬行

擛手擦　稖繒也　㵎丨水　閼阻塞

○門　眑悪視　識相丨　䊂皮也　鞢皮鞨　襫中邪　悚忘也　○語　岸山高　啐拒也　愿賽也　𢹂擊也

○出　察省丨視也知也審也　擦摸也　漆膠丨　爁丨碗燒起煙貌音揞　詧丨思丨言　𣝍木名　憏審也　檫木名　䵩黑也

○喜 曷何也正也 喝訶也怒聲 鶡鳥名 轄車軸長铁 轄提丨 縖束物 瞎目育 豁流通丨達 褐毛布 楬怨聲 轄車丨

暍傷暑 害止也 髺內突出也 搳攜也 毼毛布 濄水名 睋視高 饚食餘 顎健也

稚下平聲

○柳 蘭花名草名 欄丨杆 闌遮也晚也門大布也 斕班丨色不純也 瀾波丨安丨 攔遮丨 藺姓也 難不易也 鱗魚丨 𪉭丨皺少也

零丨碎 𣁋班丨不純

○邊 瓶酒丨花丨 鉼仝上 𤖒片也 瓬九器 𨋼仝上

○求 稚鵠鶻 忏擾也 戰盾也 鄿地名鄉名 顀郎老

○去 鑋堅更 靬國名 玕瑯丨 婜美也 㹂獸名 𧢈視也 鬝鬢禿

○治 陳姓也音滕 檀香木 聅笑耳貫 軙古字 潬水中沙也 𤢦獸名

○波 彪虎屬

○他 壇祭場乃社稷也 𡊄仝上登也 檀木名丨香 彈丨琴又乱丨戲 撣仝上

○曾 殘零落傷也丨謝 𣦼殺宮也 𢿨仝殘 盞檻丨 𠭊穿也 殂禽獸所食 𧵩害物貪物 𠭏牢也

○入 戩 忽也 ○時 麥 麥也 散 襟肉 𨐨 多也

○英 峖 山名 𧫦 山名人彩 掠 束緊 㡋 頭橐也 饪 服也 𣗋 木名 盦 蓋也 𤁮 破也 黶 黑色

○門 曼 丨長路遠 𤪌 墻壁之餙 漫 水廣大貌 蠻 鳥聲 鰻 丨長魚名 鮸 餜名丨頭 墁 粘丨墻壁 鬘 美髮 閩 福建曰丨浙江曰越 澷 仝漫

𤢊 獸似貍也 鬘 仝美髮也

○語 顏 姓也丨客色 楌 木名 䮗 行馬 𦍩 羊臭 𤢽 犬爭聲也 顔 額也 𧹞 仝頰 𩠐 古字 𧇾 虎怒

○出 田 姓也田業 紃 紗丨 蠶 米虫

○喜 韓 姓也國名 寒 丨暑冷也 閑 闌也防丨正也法也 閒 丨暇習也又安也 嫺 靜也習也 鷴 白丨鳥名 𧑹 丨蠕即蚯蚓也 𡐦 人名 𡊄 姓也元草

輶 清酒 膰 祭餘肉也 甝 白虎 𦺇 蔣草 𩦃 大馬 蛝 虫名

乹下去聲

○柳 爤 燦丨亮丨熟也 爛 仝上 瀾 丨曼淋漓 難 患丨急也 㱫 敗壞 𥗽 玉石丨之 𡳐 男子陽物 𦢉 熟也 𦢉 仝上 𢒉 燦丨 瓓 玉采

○邊 辦 丨事買丨 辧 仝上 扮 打丨粧丨 瓣 卦中觚膦也又版版也 辨 致力 卞 姓也法也手持 汴 州名 玣 玉名 忭 欣丨喜也樂也

○求 乹 光也 桿 柄也 骭 丨而殺也 擀 以手伸物 稈 禾菜 𦽏 草莖 衦 展衣 皯 面黑

○去 礍石也 𦊓豕也 掔堅也

○治 但徒也几也轉接字眼語詞 袒脫衣 襢仝上 誕放也信也敬也壽之曰 彈激闔丨子 憚忌丨畏难惧也 叚姓也体丨片 𣊹日未明也

僤速也 蛋明也 靛以藍染物 𢅏衣不速也 䀡明也 組補縫

○波 靽在后 𦈢腰帶面丨 𢴇絆也 眅眼多白也 辨白眼 詖諏也

○他 𨶜門傍木也 蜑夷種 觛小觶 趄行也 𢷋宛轉 璮玉也 㪔

○曾 助相丨幫丨 諓善言 醆法酒 菚 䏼俱仝獸食 濺雨聲 𤩷玉也 㹽暴也 拃摸丨

○入 㺒短飛 𨱗長而弱也

○時 嗖鳥聲 𥳑竹名 𧮳谷名 霫露也 繖蓋也 棧高也 𥗽電光 ○英 限界也量也胡也 尪意蘭 衽服也 腎五脏

○門 萬姓也十千為丨 万仝上省文 慢惰也急也怠丨 謾帷也 曼未也且也作引也 嫚侮丨易丨 命且也 縵琴絃也 𢁉姓也

購貨也 鄭鄉名 夆古字

○語 鴈序次而飛 雁仝上丨鳥 贗偽物 崖水涯 岸池丨水迹 諺俗語 彥美事 岍仝岸 唁弔失失國又弔生人日丨也 喭粗俗

犴仝岸 鳱鳥名 遃遊也 𣧑仝唁 𠪚仝唁

○出 攦捶也 綻縫衣 轏卧車 㹌㹌也 鬖髮光 鰵魚名

○喜 翰丨林笔也書詞飛鳥 瀚比海 旰日晚 汗人液 旱亢陽不雨 屽山名 皔白貌 弙短弓 戰質也又戈日开之聲也 蔊菜味辛也

䓍仝上日上 捍丨衛 螒虫名 䱍魚名 扞仝捍 銲臂甲 釬仝上 閈理门 骭脛骨 皯面黑 豻獸名 悍煩也

肒搔生瘡也 詽多言 邗丨汪地名 䣁縣名 限寬丨 哻丨睡也 嬎兔子 𢈈门闌 杲仝上 𣯃獸毛 䏷瘡藥 草草名

𩸞魚名 犴獸名

倝下入聲

○柳 辣辛菜芥丨 辢仝上 剌僻也又戾也 揦揆丨 鯻魚名 鰳仝上 捺手丨

栗丨子蒲也 癧瘰丨痰火 癧仝上 疬仝上 力人之氣丨 聻听不相当 𠜱拂著 楋樹名

○邊 魃鳥名 𦶚草名 玐玉名 玻仝上

○求 倝丨豎也 鄡鄉名

○去 骯長後之骨 瘍病也

○治 達通央也生也 薘草名 笛簫丨 值丨錢也 㦬不惻 跋出釋

○波 𪖐鼻不正也 轗車破聲也

○他 澾水速尽也 𣽟仝上 炟爆聲 𤿭皮起 躂跌也 撻擊也

○曾 鰂墨丨魚名 蠈仝上 鱡魚名仝上 𥤉稅名 𧽆急迫 𢷢遍丨 蹭行也 𢤱心慢

○入 啐破聲 寁穴中多出

○時 懨中之幅也 瀠水名 鵞迅瘼 獙獸名 ○英 犝牛尾色變 耩如耕似作 趥急行 稖繪也 盦蓋也

○門 密不疏也 貓豕也 聡惡視 榓草木盛貌 冐不見 靺|鞨 眜師| 搳打也 偺|偺健也 袹音陌

○語 屵高山 歹殘骨 謀笑語 不水折復生枝也 嶭山貌 恩賽也 髴光見貌 枡木名 骨高骨 硆多石之名 轍高載之動

○出 賊盜偷之| ○喜 觳|觫牛懼貌也 觳仝上 听鴨聲 麫餅餘 貐|餗多也 歆啜|也

7 工廣貢谷狂叿咯

工上平聲

○柳 瑯瓏|小鼓 礱仝上 鑨鐘聲 磬仝上 鋃|鐺鐘聲 谾山深|之 櫳|攏 烺火貌

○邊 嗙高聲 嗙仝上 弸弓聲 梆敲| 滂水聲 痹腹脹病也 艕習水

○求 公祖父曰|至|無私 工官也近也巧也 功|動勞大小|服 缸磁器 攻|擊|伐|習堅也 玜玉名 玒仝上 崗山脊 岡仝上

綱|繼法度|紀 蚣蜈| 忓心急 疘脫| 扛橫濶对舉 剛|強勁也 剛古文 光明也輝也 悯然老貌也 吅象口也 罡天|

眶敗肐 鋼堅鉄 鋼仝上字也 甌大甕 耵耳聞 兊仝光 洸武貌|之 垙陌也 晄仝上 胱膀| 侊小兒 觥酒杯

蠹無私 瓨罌也 剠古字 魟魚名 岡山脊 鮅魚名 棡高木

○去　康（姓也健寧安也）　空（虛也）　漮（虛也）　⿺康瓦（器也）　倥（無知之貌）　悾（仝上）　崆（古峒山名）　硿（磁器）　箜（｜篌樂器飯也）　匡（姓也正也）

眶（目｜）　筐（｜仔飯俱）　糠（粗｜米皮）　粇（仝上）　亢（高也过也蔽也）　框（棺门）　慷（｜慨）　埪（龜謂之｜）　⿱穴康（屋｜寢也）　涳（虛也水也）

洭（仝上）　框（木名）　邼（地名）　⿰月匡（肉也）　腔（仝上骨体）　忼（帷也）　嫝（女名）　槺（木名）

○治　冬（四時之佟）　東（四方之首）　佟（姓也）　艡（⿰舟氐｜）　當（抵｜）　璫（玎｜）　鐺（銀｜鎖｜）　襠（袴也）　⿱髟當（｜鬆髮乱）　澢（佩玉之聲也）　⿱雨冬（雨貌）

[illegible]（有｜）　簹（竹器）　⿰當瓦（⿰是瓦｜）　⿰忄東（愚也）　⿸疒東（病也）　⿰犭當（獸名）　⿰飠當（飯俱）　噹（叮｜）　苳（木名茹｜）　畽（重耕）　备（古文）

⿰羊東（獸名狀如羊一角一目也在耳後也）　倲（儱｜仵劣貌也）　⿰黍冬（似貌有角）　澢（水名）　⿰犭當（獸名）　⿰當瓜（瓜中）

○波　磅（｜礡隕石聲貌）　滂（水聲名）　雱（大雨）　⿰豈工（虛張也）　⿰月冰（腹脹）

○他　通（達也）　湯（姓也熱｜商王之聲）　鏜（鼓聲｜之）　⿱湯手（手推）　鼕（仝鼓聲也）　⿰車東（仝上）　⿱竹通（竹器）　蓪（竹又草器名）　⿰火甬（熱也）　盪（祭器）

囲（策也）　闛（仝鼓聲也）　鼞（鼓聲）　餔（甲時食也音步）　⿰女通（女名）　樋（木名）　⿰氵通（水名）　熥（火煖也）

○曾　宗（祖｜尊也王也）　悰（樂也）　淙（水名）　琮（瑞玉）　鬃（項毛）　騌（馬｜）　莊（姓也｜嚴端｜）　臧（姓也善也匿也恕也）　椶（可作欀也木名）

棕（木名）　庄（人眾也）　妝（餙｜）　朡（三｜國名）　戕（擊用大栈）　⿰車夋（車輪）　粧（｜次婦人梳｜）　糚（粉｜）　裝（行｜之速｜運）　踪（｜跡）

蹤（仝上）　牂（｜羊）　贓（吏使人私｜也）　椿（橛也）　艐（船著沙不行也又至也）　棕（赤｜簑也）　賊（受賄之賊）　綜（紘｜）　賍（賊｜）　粽（粿類）

猣 大生三子曰| ⿰犭嵏 仝上 猔 獸名 豵 仝上 倧 古神 糉 仝粽 葼 草名 ⿰石㚇 石貌 ⿰女㚇 女字 鬷 釜屬也

○入 ⿰音㚇 釭聲

○時 霜 |雪清| 孀 孤|寡| 雙 兩也對也 雙 仝上 双 仝上 艭 船名 喪 |服侍也孝也 桑 姓也木名 ⿱雨雙 雨見 驦 良馬 礵 砒|

鎟 聲也 ⿰足雙 降|踈也 ⿰忄雙 惧也 欆 棹船飛也 ⿳罒口虫 虫名

○英 翁 長名之称姓也 蓊 郁盛貌 螉 蠮|細腰虫也 汪 姓也深也 尫 僂也神明 尪 仝上 㺋 豬也 滃 鳥名 鶲 ⿱羽鳥 雉名其鳴曰呼

⿱公女 女名 ⿰王翁 玉名 弘 弓聲 泓 深也 ⿰氵⿱丷王 仝上 ⿰氵⿹乛厶 仝上

○門 ⿰阝蒙 草名 ⿰目尨 因睹 摸 手| 鄸 邑也 ⿰耳罔 耳病 ⿰言蒙 言不明也 ⿰冡阝 鄉名 浝 仝知 曚 日未明也 溕 小雨 ⿱雨蒙 仝上

○語 ⿰音卬 聲也 ⿰口頁 |長 枊 屋角 ⿱艹卬 菖蒲

○出 聰 |明聦仝上 悤 思也 ⿰月悤 赤色 牕 小门曰| 窻 仝上天| 窓 仝上 倉 貯谷曰| 仓 仝上 蔥 葷菜 茐 仝上 驄 馬有黑色

滄 |浪|海 蒼 |天|生 瑲 玉聲 鶬 |鶊 牄 牛名 瘡 疿疾 刅 傷| 蹌 |惶 ⿱山日 日敬夜也 ⿱山云 古文 捴 按也 ⿰土悤 |地

斨 害也

○喜 風 |雨姓也 凬 古字 楓 木名 瘋 頭| ⿰車逢 車聲 丰 面貌|資 妦 |資好貌 峯 山尖高也 峰 仝上 烽 |火 烘 |炉

鋒 刀｜又利也 豐 大也盛也 豊 全上 灃 水名 洚 全上 酆 都｜邑名 封 ｜疆｜合｜建大也 芳 ｜菲盛貌香也 葑 蔓菁菜名也 巟 蕪薉

荒 全上 方 姓也正也四｜ 坊 牌｜ 枋 木名 慌 ｜忙 ⿰日巟 旱熟 豐 古文 魴 ｜魚 峯 古文 凮 見夏承牌風字 ⿱髟丰 古文 韹 鐘鼓聲也

錄 大鐘聲也 ⿵門夆 開也香也 ⿰丹方 丹也 鋒 利刀 ⿰革夆 擊也打也 淓 水名 犎 牛名 秏 禾不熟也 ⿰禾巟 全上 ⿰巟阝 縣名 瓬 屋响 勢

祊 祭四方也 葑 山名 ⿱夆虫 虫名 ⿰犭風 兇獸似獅而飛

廣上上聲

○柳 朗 明｜ 晃 寬大光也 幌 慢也 榥 帷屏之屬 裉 ｜褬 癑 痛也 曩 昔日 ⿰巾見 箱也 籠 全上 烺 火也 ⿰豸農 ｜二多也 ⿰骨月 江兩賊名

⿰月良 全朗 ⿰目爾 全上 ⿸广良 高屋酒｜ 茛 草名

○邊 榜 金｜标｜ 榜 全上 菶 草木盛貌 膀 小｜大也 玤 次玉 琫 佩玉首饰 ⿰革音 聲也 ⿰丰毛 方久 ⿰毛豊 全上 綁 笞也 ⿰夆見 親視也

髈 腿股 ⿰丰鳥 鳥飛

○求 廣 大也潤也 ⿰廣欠 光貌 櫎 芒粟 礦 石聲 ⿰廣鳥 鳥名 榥 讀書狀也 ⿰革黃 生皮

○去 孔 姓也菌也 倥 穴也 慷 ｜慨 忼 全上 ⿰足廣 遠也 ⿰巾空 衣袂 ⿸厂瓦 陶器

○治 黨 鄉｜相助｜匪非曰｜也 党 姓也全上 攩 ｜眾｜喝 ⿰扌党 全上 鼞 ｜之鼓聲 讜 善言直語 儻 卓异 董 古｜姓也｜事 懂 ｜佛也

瞳日不明也 像放也 敞地名 眮目顧視也

○波 拼双手丨物 ⿰夆見視物 ⿸尸奉虫名 ⿰豆寸寸丨豆 ⿸尸春屁丨藥名 咔聲也 搿双手合也

○他 統總也物御也緒也系也一丨 倘假也忽也止也 ⿱穴童穴也 ⿵几昜大瓜 傷長也 儻偽然 桶水木器 ⿰目党丨瞵 ⿰忄党丨慌 捅丨進

⿰同頁真項 垌姓也任丨 儻或然之詞令倘 ⿰身同⿰身龍丨身不安也 ⿰女甬夆貌 ⿰彳同直行 曭日無光也

○曾 總統也令也共也 揔仝上 摠仝上 鬉丨角 ⿰衤悤束也 鬃丨牌纘髮 駔駿馬

騻良馬

○入 韡毳餙 ⿰革茸仝上 ⿰車苪車丨 ⿱穴辱不肖 戚戟屬 ⿰衤宂長衣

○時 顙額也 磉柱不石也 搡投擲之勢 爽薇明 爽列也猛也成也清決 繱箸也 竦懼也 慡木名

⿱髟桑很丨 慡明也

○英 往丨來去也 枉冤丨丨屈 徃仝丨來也 任急也 ⿰月邕肥也 蓊草名 ⿰火翁烟貌 迂古文

忹曲也姓也 汪大水 ⿰目王光也視也

○門 罔譯也又丨極無知 網魚丨 网仝上 ⿰言莽誷丨言不定也 棢木器車丨 㴘水名 惘丨然失志之貌 輞車輪外圍 魍丨魍川澤之神

莽 面|葛且 蟒 大蛇|袉 鈵 鈁|熨斗 漭 大水 㬒 不明 誷 誣語 松 古文 霿 雲色

○語 ⿰馬卬 馬高大又白腹曰| ⿰馬亢 仝上 ⿰鳥卬 鳥名 ⿰革卬 屐長 茚 草名 昂 目視

○出 愴 悽|悲非 扨 仞也 總 稂也 甍 破瓦 摤 瓦石先物

○喜 訪 |問謀也 謊 狂言 彷 |佛 仿 仝上 紡 |績 昉 旦初明也 舫 兩般并也 髣 |髴 怳 |惚 倣 依也 唪 大笑 捧 手|

貺 賜也 况 寒水 諷 |誦 㬋 早熟 况 形| 珖 石次玉也 榥 帷屏之司 幌 幔也 俸 |禄 昉 始也 愰 心不定也 熀 寬明

焻 火乾物也 瓬 用家時填之士 咏 鳥聲 酐 苦酒 奣 開明 晄 明也 桻 木名 櫎 帷屏 渢 水風 瀇 深也 烪 火貌 ⿰目晃 視也

貢上去聲

○柳 ⿱宀食 |⿸广康 勆 有氣力也 挵 戲也 ⿰鬼镸 醜鬼 靇 |之雷聲 ⿱雨弄 雨聲 誏 開言 郱 邑名 庰 屏也 洴 水名也 ⿰衤弄 衣襲也 ⿰鼻多 多涕

齈 仝上 鬞 髪乱 ○邊 謗 毀也訕也 ⿰⿱壴木彡 门内祭神 ⿸厂丰 瓜多

○求 貢 稅也進也獻也 誑 欺言 鋼 堅铁 釭 仝上 焵 以大燒刀 槓 木竹之器 ⿱艹沆 項莊|貌 桄 機| 穔 上色 ⿰土虫 地名 ⿰扌黃 刺也 誆 謬言

○去 曠 大也空也又輪| 控 引也|指| 抗 扞也 鞚 馬勒也 頏 喉| 伉 |儷配偶 壙 |野墓| 骯 |倖也 纊 糸之細者

吭 仝喉|也 砊 |硠石聲 贛 端木也賜子貢姓名 犺 健大之猰|也 曠 古文視也 亢 宿也 曠 明也 廣 仝曠 ⿱宀康 ⿱宀食|寬大 ⿰虫廣 虫名

礦 破石 鑛 銑｜ 擴 大也 瀇 水名 廓 張大 擲 仝上

○治 棟 ｜樑柱也 凍 ｜餒令也冰也 當 典｜主｜ 㑌 正中也 蝀 虹也石｜ 闣 閃｜人也 擋 摒｜也 ⿱人當 古文｜字 ⿰當瓜 瓜中實也

湩 水濁貌也 甇 瓶貌 譡 言中理也

○波 炐 火文聲也 ⿰月敝 脹也 胖 仝上 ⿵几丰 ｜風 ⿰酉丰 而腫 ⿺毛旁 ｜毛

○他 痛 傷也阬也 疼 疾也恨也 恫 傷也悲也 盪 陸也得也舟也又滌器 ⿱穴甬 穴也 鍚 平木器也 ⿰月冬 仝疼

○曾 壯 ｜健 塟 埋｜｜坟 葬 仝上 粽 角黍 糉 仝上 偬 又音用也 綜 机縷即綜｜也 髒 骯｜ ⿱丰火 火貌 泄 ｜米入甑 ⿸疒隹 熱病

○入 ⿰音几 鐘聲 ○時 宋 姓也又國名也 送 餞也隨也 喪 死也失也

○英 瓮 甕也 塕 塵起 瞈 目不明也 坱 塵也 甕 ｜仔 ⿵几公 凨聲 ⿱翁皿 盆也 迋 勞也 罋 汲水瓶也 謚 聲也 慃 戾也 暀 光美

○門 ⿰忄莽 惑也 ⿰忄牲 獪也 ⿰言望 責｜ ⿱⺮⿱亡口 簣也 ⿰音貢 大鐘之聲 ⿱艹⿱非皿 尾草 ⿰言妄 譯也 ⿰忄尨 愚戇 ⿰立王 谷名

○語 岇 剡界縣名 ⿰口段 炮聲 ○出 創 ｜置｜造 刱 ｜業 戧 古文 ⿰倉阝 地名

○喜 放 肆也去也 况 發語詞也 況 引｜ 吽 咒語 貺 賜也興也 ⿰貝光 仝上 ⿰日兄 陽明 ⿰月兄 山名

各上入聲

○柳
用 獸名漢有四語｜里先生
瞌 見牙視
⿰鼻辱 鼻血也
傉 庫官氏
搙 捻｜
衂 刀傷
衄 仝上
⿰足丑 緩步
楉 抽籤｜也
橐 雨傘｜也

皺 皮肉起也
⿰盍巨
⿰盍丑 皺也

○邊
北 四方之末
卜 姓也筮也卜卦
濮 水名
⿰氵卜 仝上
⿰女菐 乃古昌意之妻名曰｜
樸 棗也叢也
鳪 雉之種雉黃色鳴自呼
攴 擊也
樸 棗名

熇 火乾物也

○求
國 山曰邦大曰｜
国 仝上又省
穀 五｜
穀 皮可為紙
轂 車｜
谷 山中流水曰｜
各 ｜件倶｜
袼 ｜下衣也
胳 面中下｜
閣 ｜下水｜

岕 山名
幗 婦人喪衣
郭 姓也度也城｜
槨 棺｜之｜
椁 仝上
鞹 皮去毛也
縠 縐紗
⿰歹角 ｜殊死也犯也音独
咯 鳥名又曰雉鳴
㱿 音名五｜

⿰目郭 人耳也
⿰石郭 仝槨
⿰礻瓦 視也
⿰國瓦 瓦器
摑 批打
⿰石享 石聲
⿱穴郭 穴也

○去
廓 開也
哭 聲｜哀泣
酷 苛政慘刻
告 ｜命
梏 手担手撼
牿 牧牛馬也
擴 推廣也又張山使大也
钁 木鈕
攫 爪持
⿰阝咢 國名

焅 早氣也
⿰禾告 禾熟
⿰阝告 大牢

○治
篤 厚也實也
督 ｜撫官名貴｜
琢 治玉石也
卓 姓也高也立也遠也
倬 大也
棹 椅｜
啄 鳥｜物也
⿰金豖 擊也
⿰扌豖 仝上
⿰石豖 仝上磨石

⿰金斲 金也
⿰卓隹 白｜
⿰馬卓 馬行不前
⿱竹畐 厚也
裻 衣也
涿 彫｜他名
斵 制也
斲 仝上
趠 越懃
涿 郡名
⿱各石 落石
瓟 器以盛醋

⿸豖瓜 瓜名
⿰豸屋 星名
椓 擊｜
⿰氵斲 水名
涿 彫｜水名

○波 璞玉未琢也 撲擊也 樸素也 墣土| 濮水名 扑杖也 ⿰石卜|硝 朴|實 搏乐| 愽廣也天也晉也 膊肩| 髆肩甲

鎛田器 攴擊也 ⿰攵支仝上 ⿰米菐米| 粕糟| 濮水名 ⿰貝卜美才又取財也 ⿰王卜仝璞也 犦牛領上肉 技打也 欂|櫨也 颮飛聲 鬌髮美

○他 託寄| 杔木名 托傭| 拓|開 瑰落|貧無家業 籜竹皮也 橐無劣曰| 柝夜行以擊則盜必知 ⿰衤乇內衣曰| 𥨊穿也 飥|麪

固古字 榑仝拆 彙木葉垂也 橐人聚 ⿰王乇玉名

○曾 作造也為也始也起也 胙肉也 作興起也圣人作而方物睹也 柞櫟也 糳穿|

○入 ⿰舟几舟名 ⿱雨复囊也

○時 束姓也縛也約也 速緊也疾也君也 鋉鏤|多也 鍊金也 嗽口| 觫觳|懼牛 餗鼎食 樕樸|木名 蔌菜名 遬脊| 槊矛屬

數煩| 朔初一曰| 殐殗| ⿰月屰一月一日始也 ⿰木栗縣名 ⿰氵夙|之車聲 溯水名 ⿰扌索摸| 窣穴中出也 ⿱朔言古文 樕小木

○英 屋室|合也居也 ⿱屋土仝上 惡善| 堊涂也 蠖仲虫 ⿰屋阝地名 ⿱竹屋竹器 渥|水也 媉好也 矆勇也 ⿰屋毛|毦毛貌 ⿱屋玉白玉

僫不善过也 ⿱惡鳥 ⿰禾屋芒也

○門 雅野鳥高飛 ⿰貝力勤也 絉系成 苜草名 藐仝上 ⿰火莫大貌

○語 哈魚|水也 鄂地名又口上|也 咢仝上 顎仝上 諤不開也 愕仝上

○出 錯差｜離也交也誤也 剒治犀 棤木皮粕也 鏃箭｜利也 簇仝上也 齪齷｜ 篘傘帶 荎車聲 戮刀｜ 遣交｜乱也

⿰石族聚石 ⿺辶參走也行也

○喜 福祐也德也善也詳也 幅｜巾 輻輪｜ 覆反｜窮也審也 腹五脏之總 蝠蝙｜名伏異也 復還也 複上下有人 涸水碣也

籗藜｜ 霍姓也 癨｜乱吐瀉 幗布帛廣也 侐靜也 洫溝｜ 壑谷也堀也 嗃嚴厲 熇熟貌 馥香也 輹車｜

⿱欲土仝壑 ⿰糸畐治系 藿藥名 ⿱艹靃草名 ⿰谷聖杭也谷也 ⿱穴复鳥抱夘也 ⿰木霍手反也搖手曰插反手面轉曰｜ 彏弓急 豿仝上

⿰亻复除也史全年白祖半年今作也 躩足｜如也 奞飛高 ⿰月隺肉羹 ⿰言矍妄言

⿱𣦼山人壑 ⿱艹⿰山隻山名 矐暫明 檴木名 諨言偪 ⿰豸菐獸名 鶝鳥名 ⿱艹⿰豕乇豕吼

狂下平聲

○柳 郎姓也官名男子之稱曰令｜也 農土｜工商 儂原也淡也 穠草木稠多 蕽蓬｜芦花 膿｜血 醲厚酒 廊廡也 榔梹｜ 浪滄｜

琅｜玶似珠 稂禾不成穗 蜋螳｜即草猴也 瑯｜玡地名 瓏玲｜ 閬门高也｜空曠也涬下不係也 ⿰豸良獸名 狼｜狽獸名 聾耳無聞也

飲｜飲貪貌 囊袋也 鋃｜鎖 筤篬｜ 籠鳥｜ 蓈莠｜ 嚨喉｜ 擃刺也 礱石｜ ⿰禾郎仝稂 ⿰歹倉死也 ⿸疒龍耳病

⿰歹良甚名 硠｜磕石聲又鼓聲也 ⿱臼農古農 桹桄｜ 櫪正也

○邊房姓也宿也｜分又室之內｜旁側｜也㝑仝上傍近也倚也仝上徬｜徨膀｜胱螃｜蟹滂｜沱馮姓也幚惟｜

㻂玉名韸鼓聲𪔵仝上

○求狂猛也忘也志願大高㾆熟｜鵟鳥似鴟有冠也㳰池水不流𣶏水貌也

○去奆士大聲也劻劝心𨀁行也眶又音匡字殸控也擊也

○治同齊也合也共也仝仝上峒山名桐梧｜䑶般名筒竹｜衕通｜銅赤金鮦魚名侗無知㼧｜壯瓦器

童姓也｜子十歲以下曰｜僮頑也潼水名犝無角羊也瞳目中｜子穜禾先種後熟也罿捕魚網也艟戰｜彤赤色

鼜鼓聲唐国名篖竹斷為｜傏｜倓不達鼞鼓聲塘蟬也曈日出貌也朣月出曰｜堂听｜祠｜棠女名花石

瑭玉名鏜鼓名幢｜幡螳｜螂又草猴𢏳弓飾䡟鐵｜鼔空聲絧布名又鴻｜相通貌蓎蕪菁一名蕨｜也

勭成人粡粽也又粗米也硐摩也箽草名禟祐助之也磄岸名秱和得時為長也甋｜甀甃也甎仝上瓺旄毛有文

𦑣飛也𨞎地名憧兇頑𠐊｜倥也佟姓也墥獸所踏也燑熱氣蹱不進也䭚喫貌𦈕鍗水齊也

饄飴也撞擊也搪｜揆觸也䌊大绳痌疼也瘡也鄣姓也茼草名蓎｜蒙溏池｜𥗮石貌浵汪｜水深

𤞧急行鄌國名鶶鳥名

○波 滂｜沱水聲 篷舟｜ 磅石名 膀｜胱水府 螃｜蠏 雱雨雪貌又雨潤 傍側也 ⿰黑旁黑色

○他 餹飴也 糖仝上 餳飴｜ 鏜聲也

○曾 藏隱也貯也 叢草木｜生 䕺仝上 藂仝上 崇高也允也敬也 琮瑞王 潈水｜ 欉樹｜ ⿰崇刂器石 ⿷匚宗古琮 賨戎稅

⿰宗阝國名 婃女字也 誴含也 慒慮也謀也 瘲病也

○入 ⿰叢几樹坏 ⿰叢毛草毛厚也

○時 傖｜儜 惷未諸 ⿱春虫頑虫 嗓喉聲 繱色不成淺黄也 鬆髮多 ⿰酉桑乳酒 ⿰馬桑騯｜ ⿸疒桑馬病

○英 王姓也君｜主也盛也 蚟｜孫虫名 ⿰魚王魚名

○門 蒙承｜ 幪巾也 濛日未明也 朦月將又｜出也朧也 肓膏｜ 曚青｜ 艨戰艦 亡死也 亾仝上 忘忽｜ ⿱艹亾｜薊

滋水貌也 邙山名 忙惶｜ 鋩鋒｜利也 盲心上隔下 雺天氣下地不應曰｜ 娏女字 蠓朽坏樹虫飛出螘則鳳君眷則雨也

茫｜然 㤀｜恩負義 ⿰日亡日未光也 ⿰日亡視不明曰｜之 ⿰蒙阝地名 茫洋名 杗屋大梁也 ⿰糸蒙系也緒也 ⿱山忘杜榮 ⿰石亡｜碭山名

崈山名 懵｜之無知 ⿰土蒙芫穀 硭｜硝藥名 顭頭貌也 ⿰衤蒙衣領 ⿰禾亡禾｜ ⿰言蒙｜言 饛食也 釯仝餂 ⿱髟蒙髮幼 檬木名

莣裀麥｜也 鄸地名 ⿰日亡旱熟 ⿱艹盳目不明也 霿鄙吝 ⿱亡虫虫名 庬病困 檬⿰目攵斂

○語 昂日升 卬我也高也 茚葛蒲藥名 柳擊馬柱也

○出 牀|臥 床仝上 ⿰禾倉禾穎 ⿰飠從愛食也

○喜 紅赤色 虹蝶| 洪大也姓也 鴻雁之大能傳也 黃姓也中央土也 璜半璧 潢積承池又天河謂天|又銀| 黌學名 簧笙竽管中金葉

鐄大鐘 癀|疸起| 皇君也大也 凰|鳳 媓母也 喤小兒泣聲 徨徬| 湟水名 惶感也|恐 煌焜| 蝗苗虫即蜈蜞也

篁竹器 ⿰皇阝地名|都 遑暇| 艎船名艅| 隍城| 鍠鐘聲 妨|害也 防隄| 魴|魚 逢迎| 縫|衣 蓬蒿也

⿱髟夂|手鬆 芃草盛 洚水名 娂女字 弘大也 ⿱穴厷大也 紭水深也 紘冠也兄之系 閎巷门 航船名 ⿰亢鳥鳥高飛而下也

宏大也 杭|州 帆船| 獚|大 篷船中|也 弦屋聲 ⿰夆隹花藥榮也 粠陳臭米也 鰉魚名 ⿰犭皇犬聲 ⿰犭方獸名 摓持也

蟥虫名 鄺地名 芃草名 訌乱也 灴火也 硡石聲 肪脂也 谹谷中响也 谹仝上 谼大壑 ⿰巾共懈類 ⿰忄逢悅也 ⿰氵虹水沸

⿰氵縣大波 瑝玉聲 ⿰衤黃小被 ⿰音工大聲 馬县名 苰籐胡 揘秘也

⿰金罜下去聲

○柳 弄玩也戲| 美仝上 ⿰氵弄水名 哢鳥吟 浪波| 閬|風仙苑 ⿰目良曬| 烺花| ⿰衤弄衣襱 ⿰王弄穿也 ⿱穴弄穴也仝⿰土弄 梇木名

⿺走良|⿺走良逸游

○邊 ⿰風逢風走 傍倚也 唪聲也 ⿰車旁車聲 ⿰牛旁將牛 ⿰王并石次玉也 鞛軍器

○求鏗大聲烱仝上迸走也誆狂言抂攘也霣雷聲轒車聲叿市人之聲|二軖紡車㞷草木妄生

○去甂|乱高下不平也䯫仝上隁遲也硄石聲康|崀楨琴聲𢽴打也炕火|犺不順砊石聲邟縣名

○治動|静又摇|也慟哀過⿰石冬墜石之聲洞山|水|憁恫|撞撃勿沖|碭石之有文者又山|硐石|磁器蕩放|浪|廣遠

盪推|踢跌|閕門不開也逿倒也宕洞室也放|也菪莨|草名憧仝慟暘春也鼞鼓聲璗金之美興玉同色韻鐘聲

戙船板木也菪莨|草名簜竹器姛女字咔噫|⿰鼓董鼓聲痋|痛

○波吽|聲靚視物⿱雨弄雷聲膨|脝腹脹汸水名炐火聲胮腹脹髈腰小⿸疒夆腹脹病也

○他⿰口鼕鼓聲揚排|

○曾狀|元形|⿰片犬大也⿰氵狀水|⿱壯女水名⿰忄壯不悦臟五||腑脏仝上⿰車藏飾車⿱壯車仝上⿰豕宗壯豕⿰忄壯不悦

○入瓤心不安也

○時咔不高聲也恦念也⿹𢦏舟捍船木也⿰禾爽禾也

○英旺興|王下去聲迋姓也⿰目狂義闕

○門望瞻|仰|朢月滿曰|妄誣|無|夣仝上梦仝上懜惛也墓墳|朢全月滿也址止也⿱雨豕霜聲⿰言妄謗謂之言懋慰也煩也

○語⿱顒心由忍|心不安也岇山名仰戲|⿰鳥卬鳥名

○出 刱（造法） 謥（言急） ⿺辶倉（过也） 賶（貨也） 嗆（喉中） 愡（不得意也） 漎（水聲） 漴（仝上） ⿰禾倉（禾穎） ⿰食倉（倉也）

○喜 鳳（姓也瑞鳥） 凨（仝上） 奉（承也祀也献也） 俸（｜祿） ⿰耳永（耳口鳴也） ⿰虫共（眾鳴聲也） 韸（鼓聲） ⿰火風（熱氣） 凬（風聲） 賵（贈死者之物件曰｜）

⿰歹奉（死也） 絖（衣竿）

咯下入聲

○柳 諾（许｜应词） 洛（水名） 烙（烧灼） 珞（瓔｜颈飾） 搦（按也） ⿰言彔（謔也） 絡（經｜） 駱（｜駝姓也） 酪（乳漿） ⿱竹洛（籬｜） 落（衰謝下也）

祿（俸｜福｜） 碌（勞｜多石） 椂（木名） 鹿（山獸多壽） 漉（瀝也） 簏（竹｜） 麓（山名） ⿱艹麓（仝上） 轆（｜轤井上汲水之物） 鏕（地名）

馲（｜駝也） 樂（喜｜悅｜） 貉（獸似狐貍之貌） 淥（姓也） 麓（山足） ⿰鹿瓦（瓴甋｜磚） ⿰歹鹿（｜蜀人理鹿臭而食） ⿰忄录（心從心人音退也） 轆（車轉聲也）

⿰白各（大也） ⿰白隹（大白鳥也） 鵦（鳥名） 硌（磊｜） 鱳（魚名） ⿰录頁（項也） 琭（玉貌） 雒（鳥名） ⿰土鹿（地名） ⿰忄鹿（心閉） ⿰糸鹿（純也） ⿰舟鹿（舟名） 蹗（行也）

熝（糠也） ⿰衤鹿（領也） 樚（汲水木也） 狢（同貉） 濼（水聲） ⿰糸若（夷布） ⿰录見（共視） 娽（所無明建） ⿰鹿攴（獸皮有文）

○邊 薄（厚｜） ⿱艹泊（仝上） 幞（把也又｜長也） 襆（仝上） 僕（双｜） 簿（簾｜也） 泊（淡｜） 箔（｜笙） 亳（湯都邑名） 縛（擊也束也） 匐（匍｜）

蔔（蘿｜） ⿰目卜（目骨） 炦（烈大之聲） ⿰音攵（指聲） 骲（骨傷箭也） ⿰業毛（毛不黑也） 杲（日乾） 僰（｜偪） ⿱艹泊（偷｜｜荷） 濮（地名） 礴（石聲）

䪫（小鼓聲） 嚩（聲也） 复（故道） 毄（擊也） [illegible]（水沸出也）

○求 咯雞聲 ⿰矍阝地名 祰生祭 㱿足跗 ○去 钁大劍 ⿺走矍大聲 硞石貌 玃大母猴也 ⿰車矍車輻 攫待也

○治 獨自也孤也草也 躅躑｜行也 櫝櫃也 毒苦｜害也痛也 瀆昇｜ ⿰蜀阝縣名 纛大旗｜也 髑｜髏項骨 鐲鉦也 鐸大鈴也

匵匱也 櫝書版 牘仝上 瀆溝也 犢牛｜ 覿仝上見也牛子 度忖｜ 嬻媟嫚 ⿰忄度忖｜ 嬻 濁水不清也 沰水滴之聲

罜魚網 襗裕也 ⿰言度欺也 碡碌｜田根 ⿱艹毒仝毒乃害人之草也 ⿰金賣印匱 隫通溝 ⿱雨瀆｜之大雨 ⿱艹獨｜污藥名又草 瓄崑玉 ⿰女毒女名

⿰足睪跳足 殰坏胎

○波 暴日｜就也 曝日暑 爆烈大之聲 炆仝上 炦仝上 ⿰齒尃齒咬物聲 ⿰禾暴仝櫝 瀑飛泉懸也 懪心惶 ⿰扌暴擊聲也 ⿰饣犮仝上

烞竹六聲 ⿰石暴言石聲 ⿱雨溥大雨

○他 讀｜書 ⿰石賣石聲 ⿰言毛毀也 讟古字 ⿰月賣傷胎 ⿰扌賣抽也 ⿸疒由痛也

○曾 族宗｜自高祖生玄孫曰九｜也 昨隔一日曰｜ 鈼銙也 怍愧也 濯洗也 ⿰足鳥有鳥曰｜ ⿰凿殳仝凿 ⿸厂矢古字 ⿰矢失仝上 ⿸厂矢仝上

酢酬也 柞櫟也 擢技也 瘯疥｜ 鷟神鳥風屬 ⿰貝乍財也貨也 ⿱山矢古文 ⿱犬谷犬聲 ⿰氵族水名 糳九丰為｜ 莋縣名

⿰穛阝姓也 ⿱族手斂也 ⿰糸乍索也 ⿱𣪠言詈也

○入 ⿱艹机草木不盛

○時 拺緊也 剌細切 脨病瘦

○英 喔鳥聲 齷樂聲 雅鳥名 矆約明也 鄚鄉名 幄四合布也 蠖屈伸虫也 ⿺辶矍行不往也

○門 木姓也樹木五行之 沐姓也｜洛 霂霢｜小雨 目眼｜倏｜ 睦和｜也 苜｜蓿 穆昭｜ ⿱莫歹死殺｜也 ⿰翏殳姓也 繆惡謚也

牧姓也守養六畜｜重 ⿰歹莫仝募 莫無也 寞寂｜ 瘼病也 鏌｜鋣劍也 漠沙｜ 幕惟左旁惟｜左上曰又六曰六｜也 育仝上

楘木車 塻地名殷近郊地 暯冥也 稚鴨仔 鶩郊外之鳥 ⿱雨木木名 摸手｜ 炑火熾 ⿱敄豆豆其名也 ⿰車楘車轅 婺美貌

⿸疒目病也 罞思也 ⿱雨毛渀羽

○語 鱷大魚名也 蕚草名 蘁仝上 咢擊鼓 愕錯｜ 諤驚｜ 鶚鷲鳥善也 鵠鳥名射者以為明也 鍔忍劍 鄂州名姓也也名 ⿰氵咢水名

⿰黑告各言史記放本之｜二也 ⿰木咢木名 ⿰木噩華盛 ⿰亻咢多也

○出 鑿鮮明貌也精也 鑿仝上 鎐姓也 ⿰歹就姈也 ⿰亻戚姓也 鐲亦利器也 ⿰言足言急 ⿱殹言詈也 逹仝｜ ⿰酉敄酒也

○喜 伏偃也潛也匿也 服衣｜ 茯｜苓 袱包｜ 復反｜重｜ 虙姓也 鶴仙｜鳥名 隺仝上 垘土擁｜崩 ⿺辶复邪也 鵩號屬｜夜鳴惡聲难飞｜

⿰亻鳥鳥名 ⿱穴復地室｜空 ⿹勹复仝上 ⿱亠复莒｜ ⿱艹往草名 ⿱羽高飛也 箙竹器 ⿰舟犬舟名 栿木名 澓水滿 輹車伏 ⿰方欠飲｜貪貌

澓姓也外名 ⿰⿱⿱士冖犬殳犬屬 ⿰麥复大視 ⿺走复趙｜小兒地行 棴木名

8 乖 枴 怪 ⿰禾攴 ⿰石函 呆 ⿱臬木

乖上平聲

○柳嚭大宰膗膘|醜覞硃聚石 ○邊⿰木罷木名柸信也

○求乖|巧異也⿰鬼見臭名⿱癶犬犬也娃女貌⿸疒乖悪瘡 ○去闖門不正也⿰乖力有力咼口戾不正擓摩也⿰扌匯仝上

○治探度也⿰石朵瓦器碢聚也 ○波虾虫名⿰咅瓜瓜|

○他⿰虫体虫身寸長⿰目体不明 ○曾撾擊也擺|倒損也

○入⿰歹爽仝上樉椎木 ○時檖赤纚⿸疒褱耗也病也

○英歪不正坬仝上喎口|䯞巫倚竵亦不正也⿰鹵畏|盐崴不正⿰言离不正樆不止

○門⿱罒尋雉纚腅脊肉 ○語⿰言厄|倖頠謹也⿰豸頁蔽長

○出熣煙塵也 ○喜嚅口廉⿰鹵褱戎狄之地⿰犭褱獸名⿰豸希獸名⿰女褱松安⿱山褱山谷不平⿰山褱仝上瀤比水⿰牛褱獸似牛也瀤仝地水也

拐上上聲

○柳⿰牛累求子牛也腇輴弱瓠瓜名 ○邊聛听也朼性体

○求枴老人杖也拐奸||騙蒯姓也草名夬決也⿰金另銀|⿰木刪木|跐腳內|也楇仝枴歄與謂嘖又音義

○去䩷（帶具）蔽（梟屬）摧（摩也）闖（門不正也）𥳉（竹箭）

○治𦁎（前垂）朶（樹前垂丨）䅜（小積）胎（大腫）埵（堅土）

○波𥲤（竹片）

○他槒（木名）

○曾栬（小栈也）𡢃（女字）𡺸（山名）

○入蚩（虫名）䗈（走虫）

○時鏙（瓦器）毸（毛長）

○英跬（足丨）捶（仝上）孬（足踏擺也）痿（不能行也）

○門𥆨（視不明也）蘔（草名）

○語顡（蔽頭）蛫（毒虫）聵（耳聾）

○出䊛（赤米）㸑（火盛）𢶡（摸也）

○喜柀（杉名）糉（八斗）昲（物乾也）攘（攢也）櫰（壞木）

怪上去聲

○柳蒳（草名）㑂（卻也）

○邊扒（拔也）灞（水名）庍（到剝）廦（山瀾）

○求怪（丨異音丨鬼丨）恠（仝上）硜（石似玉也）𢾊（大也）巜（水流侩也）

○去快（丨異丨意又夾丨也）𦀵（細系）駃（疾也）塊（土丨也也地又大丨天）樻（水名笣腫可為杖也）𩲡（大身）噲（咽也）鄶（地名）

○治𥐕（聚石也）胎（腫也）䛕（言相諍也）

○波𠹗（口語）狉（群走）𥲤（竹片）

○他𠹑（食音）䫌（癡也）脮（肥貌）

○曾撖（持也）䃎（小石）樶（木節）

○入汭水相入也殍敗竹	○時⿰王歲玉名宷深也
○英⿰黑會淺黑色也⿰鼻會喘急	○門⿰名未不語⿰犭未獸名
○語⿰豸頁蔽長⿰豙頁仝上聾耳聾	○出嘬齧也蕊芥菜
○喜逕渡也⿰口昏息氣⿰杀支毀也澉水名⿱衞木木名皮可牽舟絓練也⿰魚大魚名	
⿰乘支上入聲	
○柳肭朔曲見月⿱竹畾籠也	○邊⿰禾不一丨二米
○求⿰乘支邪也芇羊角⿰犭夬狡也⿰糹夬細系	○去⿰扌雁摩也⿰犭⿱大冃獸名獪仝上
○治綐細紬⿰忄雈強也	○波⿰虫瓜小飛虫也荓草名
○他⿰月毛內毛	○曾⿰牜雈牛白色也
○入⿰舟兑承奭舟也舟行	○時腈肉之謂丨⿱雨夫疾雨
○英啘聲出柬草木⿰扌映丨月⿱穴夾深丨	○門篃大如扇也
○語⿰虫蚤毛虫	○出⿺毛隹毛髮搭乱

○喜 ⿰木害禾轉也 ⿱竹毅春米 ⿱艹⿰豕吉毅| ⿰豕羽小鳥飛也

嚷下平聲

○柳 ⿰巾内旃垂 膘|催貌丑 瞉義闕　○邊 ⿰忄卑|悔自容 ⿱一肉肉臠

○求 ⿸疒希惡瘡 ⿰石希石碎 嚷呼也 ⿰巾鬼幃綵 瓖玉也　○去 ⿰禾力大力之人 蒐草名

○治 ⿰忄雁縱弛 ⿰衤敫覆也 ⿸疒褱陰痛 ⿰扌皁摘也 珆治玉　○波 ⿰月咅肉醬 启辱也

○他 ⿰火追燖毛 ⿸疒兑疗屬　○曾 揆木節 檌倒損 ⿰垂欠邪也 ⿰扌罪拉也 蕞小草

○入 ⿱罪毛罪皮 ⿰牛罪聚虫　○時 睟和也潤澤 毸張羽貌也

○英 挼擊也 ⿸厂⿰火里行灶　○門 猸獸也 ⿰舟每船不行也 ⿰扌⿸广東|莀

○語 ⿱艹顀用也 ⿰虫皆言不實也　○出 ⿰木崔木可杖也

○喜 懷思也安也藏也|抱 怀仝上 隗姓也高也山名也 淮水名 槐木可染色 ⿰衤褱同懷字 ⿰月褱|胎 褱心所思也 ⿰石褱石不平也

朶下去聲

○柳 瓃玉器 ⿰目罪視也　○邊 怖恨怒 ⿰扌孛整也

○求槑行不正也跃丨足紻細系

○去匋姓也⿰虚支息也⿰革夸帶具

○治樹車箱硾鎮也⿱雨尌雲也⿰豕青豕也⿰米兑屑也

○波⿰舟半舟索狧貍也⿰糸巿系粗

○他⿺尢委病痿煺奇火

○曾⿱㲋虫虫名⿰扌罪招也⿰禾叕禾貌⿰犭遺悖豚⿸疒遺腫病

○入說膝也⿱竹鋭篷也

○時穢小官

○英⿰扌裔不正⿱艹倪草物生也

○門⿱罒貝不正⿱竹首冬笋

○语⿰目雪目白⿰豤頁癡不腮也

○出橇禹泥行所重也⿰酉最揷也⿱竹毳春也⿰米罪赤米

○喜壞自取也破也⿰隶弗雲外逕度也⿰㕣土古文⿰扌褱仝壞⿰壴殳仝上⿰歹褱腐也

槼下入聲

○柳掾理也膘醜貌⿱艹華草名

○邊栝木名⿰舌舌無也

○求⿱契木圓也犪牛名銛無知扢磨也⿰芺攴皺也祮視也祭器

○去⿰帀刂斷也⿵門舌門不正也

○治桵不木也⿰垂隹鶍鳥也

○波⿰月鬼腸胃⿰歹立死也

○他檄退木枝也⿰歹退氣尽

○曾嗺膬丨⿰山最止色

○入 檵虫名 ○時 ⿱⿰虫宊木虫食禾聲 援擊也

○英 橋禾不过也 ⿰石委不平 ○門 ⿰九尾安也 酶酉母 殊⿰歹丂也

○語 ⿰氐⿱水虫水虫 ○出 彙數祭

○喜 ⿰立需不正 ⿱⿴行亶木樹皮潤澤 裹袖也

9 經景敬革鯨梗極

經上平聲

○柳 軨羊子 嬭胸前｜也 呤耳聲 朎｜朧月光 乳人｜又音汝 湩人上 龜⿱宀虫虫 ⿰年阝地名 棱威也⿸疒瓜也

○邊 氷霜雪 冰仝上 兵軍也｜卒 崩山坏也天子死曰｜ 仌水涼 伻使也急也 弸子強 ⿰女朋謹也 ⿰革朋 絣布名 ⿰山并懶也

⿰朋斤斷也 浜溝納舟也 ⿸疒朋婦人血病 ⿱竹并絮也 蠯蚌也 栟櫚梭 掤箭箙 鞛古同琫

○求 經｜綸｜書｜界典常也往來也 京大也天子之都曰｜ 荊姓也木名 驚恐也惶也駭也 涇水清 莖草翰 矜憫也驕｜自息 兢｜之不自安也

庚便也十干名也 鶊倉｜鳥名 鹷苦也 賡續｜再歌 更改漏也文｜鼓 耕｜農 畊田｜｜園 羹五味和也 鬻仝上 ⿰耳井神也

埂秦晉謂坑為｜也 倞彊也彷云｜也為言也 帘仝京 ⿱艹⿰方力古文 鵛鳥名 ⿱覀更粳之不黏 䋁仝上 坰郊外之地 扃閉外之閾 駉牧馬苑聲

肱臂上一節 供丨壯丨食 弓丨矢 牼牛膝骨也 黥面形 勍彊也 ⿺辶更兔經 逕近也 莄草名 ⿱耿心憫也 浭水名 ⿰犭更獸名

○去 輕不動 傾側也欹也服也 卿六丨諸侯也三丨家中干也 阬陷也 坑山溝 筐綵丨 鋻葢也丨也 ⿱輕足輕足夆也 ⿰音巠鐘聲 娙丨婦好貌

○治 丁姓也當也直也人丁 叮丨嚀 釘鉄丨 疔瘡丨 登姓也高也明也 燈丨烛丨大 灯仝上 簦笠有柄也 仃零丨 ⿰耑攵古字 玎玉名

鐙錠也馬鞍也 罜罜丨小網 ⿸疒登病甚 ⿰衤登毛帶 璒石之似玉 甄九器也瓦菩也 矴鐘舟石或作铁 帄補衣裳也 彝祭礼器也 ⿰彳亂國名

澂水靜也 靪履丨

○波 烹煑也 娉丨婷美貌 砰石聲 雱雨雪 苹草名 怦心急 俜使也補也 ⿱雨甹雨貌 砯水礉山崖又音利足衣漉水 ⿰氵甹水名 ⿰糸甹敝絮

拼使也 ⿰面并面黄 駍象聲 痭血丨 ⿰扌亨打也 ⿰言甹言也 㛹行不正也

○他 汀水漈地名 廳丨堂 厛仝上 聽耳丨上平聲 听仝上 檸撥也 擰仝上 瞠直視 鐺大鎖 渟水名 綎系經帶也 ⿰糸呈仝上

⿰車丁車矢 ⿰禾丁地名 ⿰骨丁骨也 听圭也

○曾 貞正也表也列也 曾姓也乃也峯也 禎丨祥 偵丨深知也 增加也添也 憎丨怒 繒帛也 矰結繳于矢 正丨鵠上平聲 征正也丨伐

鉦小锣也銅丨 媜古人名 戩矢也 楨木名 滂水名 寊人名 ⿰言烝仍言 癥結病 毄擊也 ⿰丞阝國名 罾魚網大丨 爭辨也相丨

箏樂也 崢丨嶸山峻 精丨神丨細丨純 鶄鵁丨養之可壓火災 旌丨表 晶水丨 ⿰扌從打也 蜻丨蜓 ⿰彳烝不正 ⿰扌曾加也 睛目丨

鄉國名 鐘酒| 顴頭不正也 脏賁魚 飷|餅 舂|米 僧和爭犂工尚末木也 晸日出貌也 蟗|蛩蟋蟀 癥腹內|肚病也

鴊題眉|又鳥結病也名也 眐|二行也 ⿰衤正|松小見衣也 ⿸疒烝骨|火也 揁引也 姃女名 磳砷|石兒 璔玉器 征|伀惧也

猙獸名 帪惟| 錚聲也 湞水名 橧九|木也 炡炝器 熷仝上 綪屈也 ⿱穴正木作橙也 延正行 𨑨仝上

○入 芿舊草|芟新草初生也 艿仝上 ⿱𦥑嬰不知也也 扔牽引

○時 生產也出也又變化九窮也 牲畜||礼 笙乐器 甥奴妹之子外又|婿|旧也 星宿名布列位又日月|辰 惺慧也 猩||能言獸也

腥生肉 鯹魚| 胜|熟 升十合為| 昇月上也|平也 陞登也高也 阩地名 勝任也上平聲 苼草名 聲|氣|音石|

鉎鼎| 殅死而更生 狌貓屬 曐古文 珄金色 鼪鼠由鼠而也捕鼠不如狂 ⿰衤星憐光著衣見也 ⿰石星石名 ⿰亻井水出為| ⿱山二進也起也

⿰口声仝聲 曐古字 瑆玉名 殸仝聲字 ⿱山生山名 鉎甤屬 ⿰生毛毛起 湦人名 煋木烈 ⿰禾星少也 ⿰虫星虫名 ⿰生鳥鳥名 泩水漲

○英 嬰如也|兒 孾|孩 英華也俊也賢也 偀傑也 媖女人之称 瑛玉色 楧木名 碤水中石也 朠月色 嚶鳥鳴 攖捉也

櫻|桃 瓔石似玉也 瀴水流 癭|瘤頸| 䧹鳥名 罌瓶之揔名 纓|雨天帽| 鸚|鵡鳥名 膺胸也 鷹黃鳥 轟群車之聲

薨公侯死曰|也 癰瘡也 應當也合|二誃 鶯鳥名 ⿰牛嬰牛也 癕仝瘡|也 ⿰矢嬰短也 甇仝罌 ⿵門英門中 蘡草名 鑍鈴聲

鍈仝上 鸎鳥名 賏連頸 ⿰谷英谷名 渶水名

○門 嫇 甖密也 ⿰冥頁貽也 蝱貝母草也 鄳縣名 鄍邑名 榠木名 溟小雨 ⿰犭冥獸名 眳瞶不悅也 ⿰糸名細系 蝱死虫也 ⿰金夢重鐶

○語 ⿰目迎行視 ⿰目巠直視

○出 青五色之長又草水丨 清潔也澄也 鯖魚名 赬赤色 圊溷也 稱揚也峯也道也 称仝上 蟶丨蠔 餳飴也 蜻丨蜓

菁芽有莿也 偁仝称 ⿱雨青女神 檉木名 埥精也 ⿰青頁仝赬

○喜 亨通也 兄大也長也又丨帶也 馨香遠開也 ⿰歹亨瀕丨胖也 ⿰女兄嬉也 興起也 ⿰木刑机也 螟飛虫 ⿰貝句貨也

景上上聲

○柳 冷姓也寒也本也 嶺山丨路也 領受也衣丨 ⿰寧頁項顛 囹丨圄牢也 砱石名 聹耳牛垢也 ⿸疒夌凨病 ⿰寍頁項也

○邊 秉丨執持把也十亡斛也 丙姓也十干名也 誁助言 炳明也 昺仝上 迸近逐 餅麥為之丨 鞞刀鞍 苪姓也草也 胼丨胝也

駢車也 屏帷丨 鞞皮帶 郱白蟬 鈵固也堅也 ⿰丙刂鄭邑名也 偋除也 鉼傾金艮之類也 ⿺火丙光也見也川隋函也 窉三月丨曰丨

陃古人名 怲憂也 昞目明 ⿱雨并雷聲 鮩蚌也

○求 景光也明也 璟玉光彩也 璄仝上 骾骨丨喉中 鯁魚丨不下咽也 憬竟悟 竟究丨 境丨內丨界 儆丨戒後來 警丨戒

耿火也始也丨介 熲火光 烱炎丨 炯寥遠 褧禪衣 絅仝上 泂遠也 哽咽丨 檠木丨 梘木丨水过也 璥玉名 扃外門

頮 火光　[illegible] 蘊丨紬丨　䌹 仝上　駉 馬名　[illegible] 憂也　勍 強也丨敵　擎 扱搞持高　筧 丨水過所　[illegible] 憶也　[illegible] 木名　[illegible] 鑿柄　餇 飽也

○去 肯 丨綮　苘 丨蔴　擷 竟也　肎 仝肯　頃 俄丨　潁 百畝田也　檾 丨蔴　謦 丨欬之聲　肯 仝肯　[illegible] 泉出　絅 布名

○治 頂 頭丨　酊 酩丨醉貌　町 田埒　等 齊丨丨級　[illegible] 仝上　戥 称屬知輕重也　[illegible] 丨灶木丨　鼎 仝上贊也　[illegible] 仝上　[illegible] 行也　奵 自持也

[illegible] 梧也

○波 鄳 國名　閍　皏 白貌　頩 縹色　娉 使也　艵 仝頩　誁 說也　[illegible] 觔骨　恲 腹懷痛也　楟 木弩　梬 木名

○他 逞 遇也快也疚也矜也而自呈　郢 姓也又地名也　珽 玉石也　鞓 皮帶　廷 成也　挺 真也杖也　艇 小舟名也　梃 杖也　頲 狹長　珽 笏也

[illegible] 空也　侹 長貌一曰暑地一曰代也　[illegible] 亦紅　頂 直也又非項字　崚 上也

○曾 [illegible] 丨齊　[illegible] 仝上　[illegible] 仝上　井 汲水之处　種 丨子　腫 脤丨　整 仝齊丨也　靚 粉白黛黑之丨　畻 水田　[illegible] 車後登也　婧 貞潔

最 日出　煄 火丨　灯 急也　紅 緊直　[illegible] 搜也救也　[illegible] 悍也

○入 [illegible] 轉眼視也　[illegible] 土色

○時 省 禁署也　[illegible] 痕也　醒 醉丨　眚 目病醫也　惺 仝丨竟也　甦 蘇也　[illegible] [illegible]　圊 廁也　[illegible] 悞也又丨覺也　清 水名　[illegible] 仝丨悟也

甑 麥也　渻 水名

○英 永長也遠也久也引也 穎姓也驚也 影物也陰｜形｜ 穎禾禾也 潁水名 穎木名 郢楚地名又姓也 霙深也 瀅水清口也名

邛地名 泂仝泳 湧｜地 澋水回 ⿰賏頁瘤也

○門 猛威也褁也勇也暴也 皿食器 艋小舟名又化石｜⿰舟卑也 蜢蚱｜蝗蝦蟆也 酩｜酊 甑甑帶 黽句｜ 慏｜惺不尽 盌地名

黽蛙｜水虫 鄳縣名 卄古字 姳好貌

○語 研｜未 ⿰矢夭短少 ⿵門舄閉｜ 眼倍田龍｜ 甓破也 ⿰犭巠狩也

○出 請祈也謁也問也和也乞也 箐竹箕 ⿰青毛毛｜ 拯扱也 丞仝上 ⿰氵丞沒也

○喜 悻狼心也又怨也 ⿰矢幸小貌 詗明也 ⿱艹迥草名 婞明也 ⿰忄巠恨也 夐求也 緈直也 ⿰幸鳥水鳥 穎木名 ⿰扌景橫也

敬上去聲

○柳 踜｜｜足貌 跉仝上 倰行也 矃｜視 ⿰馬夌馬病 ⿸疒夌風病

○邊 柄權｜木｜ 併相｜競｜ 并皆也曾也 並仝上 帡帷｜ 棅仝柄 摒除也

○求 敬恭也動也肅也 徑水路山｜ 逕仝上 鏡鑑也可照面也 競盛也事也彊也逐也 亙極也 桱｜木 供齊｜｜棹 ⿰王巠玉名 絚大绳

勁健也堅也 ⿰木敬木名 ⿱敬廾擊也 殑｜殑敬死 獍食文之獸 ⿰鬲巠隔也 摬中取 黥姓也古人名｜布

格上入聲

○去
慶 ｜賀｜祝
罄 樂之石聲
磬 仝上又空也
謦 言也
殸 省文
⿱穴巠 空也瓶之｜美
⿸广⿱叀心 古字
⿱殸足 一足也

○治
訂 平諠
釘 ｜仔
磴 小坂
鐙 馬踏｜也
蹬 仝上
凳 仝上
⿰革登 仝上
⿰韋登 仝上
鋥 摩｜
毃 揬也

○波
聘 禮也訪也開也放也
騁 走也
娉 聚問也又美貌

○他
聽 耳受受聲
听 仝上省文
橕 以柱｜物

○曾
正 公｜平｜
政 以法｜人
種 栽｜
諍 諫｜
證 奸｜
証 仝上
帪 心丙｜帪
⿱一足 古正

○入
⿰木乃 木名
釢 甕也

○時
聖 ｜人
姓 ｜氏
性 人｜理也
𦔻 仝｜人也
⿰虫朿 刺也
貹 財富
勝 得｜

○英
應 答也調也當也｜分
譍 仝上
壅 ｜五谷｜草菜
甕 ｜菜

○門
⿸疒曹 病行
⿰豸頁 小豚
嫸 好也

○語
⿰犭巫 狩也
⿰豸卬 惡豕

○出
稱 度也
称 權也錘也
⿰貝覞 供齊｜礼
擤 ｜鼻
掅 捽也
襯 近身衣也
⿰食呈 餅也
⿰赤丞 再染
⿰子乂 川也
銃 大｜

○喜
⿰忄興 愛也
⿰忄⿱只八 仝上
興 悅也
嬹 喜意
啈 利聲
⿰言幸 ｜直也
⿰酉巠 獻｜

○柳栗果名堅也謹也敬也慄仝上惧也篥觱丨茄也惄飢也憂也思也桌仝上榧樹高百丈櫟木名[犭栗]獸名溧丨水縣名[月屈]屈丨足骨

襵丨摺曬親丨傈廟主[糹栗]丨絆鑠丨也[厤殳]乱也爍内也[羊歷]豭羊躒動也踐也酈地名忇思也[忄歷]内愧

○邊百数名佰百人之長伯長也交之兄曰丨也栢松丨迫急也近也逼迨丨愊悃丨偪仝上煏以火丨物[火白]仝上璧丨玉

壁墻丨擘分丨檗黄丨[艹栢]藍也別也甋甋丨井甓也[阝白]岸也地名[囗凶]姓也湢水名[米畐]仝煏絔頭巾[馬畐]馬名

○求格魚也隔塞也障丨又別所也膈胸丨心脾之國鬲仝上翮羽丨[竹鬲]竹丨戟兵器棘荊丨即莿林也竅楊貌殛諫也

擊扣丨也革更易亟急也狊大視嗝雞聲[火大]溺也假至也激蕩也感丨裓衣前衿也[穴目車]除易[言鬲]智慧[山亟]山名

譤詐也[歹风]持也愅變也諽謹也[言亟]訥言挌開也[雨鬼]雨見[革亟]急也轚車相迫也[氵虢]水裂槅大車槐也

○去客寄也賓丨刻時丨剝丨也又雕克勝也忌也能也尅殺丨剋仝上隙孔也丨也絡粗葛曲歌丨也虢姓也國名闃寂靜

闇仝上字也郤仝孔丨也硌堅石[户亯]仝克壓帝心之情刪古刻[户亯]仝上[几山]仝上毄堅硬[豸虎]獸名[屮刂]刻也[犭邑]赤色

[谷京]嫌根[氵閱]水滿也虩恐惧[口虩]驚聲而惧也

○治德恩丨道丨思也丨行惪仝上古字悳仝上[亻悳]仝上得丨失㝵仝上淂仝上[罒寸]古字的明也丨实菂大也草名

嫡正室曰丨滴水丨摘手取丨花適視也鏑鋒丨利刀窄迫也蹢蹄也謫青也竹菜丨炮望見火也[木惪]木名

玓｜礫明珠色也 商本也本根菓葉獸蹄皆曰｜也 ⿰弓勺射盾即正鵠也 瓋瑕也寸玉必有瑕也 豴獸名 甋鐍｜謂之臂也 礫小石 磔裂也

⿰貝寸古字 靮馬韁 ⿱罒木兔細 ⿰寻毛毛少

○波 珀琥｜ 碧石文青文 拍｜阪 魄人生始札曰｜ ⿱白鬼仝上 辟君也偏也 躃二足廢也 繴織也 霹｜靂 僻偏｜ ⿱辟力｜也

闢塞也 躄不能行也 廦陋也 澼漂絮 癖腹聚｜福癖病 壁墻｜ 礕石｜ 糪飯米半生熟也 襞摺衣疊衣 ⿰歹辟｜殊歹也又欲死也

嬖 隔陜也 ⿱珀土土｜ 躄｜足 擘｜手 擽｜手 擗開也｜踴 繴捕鳥 ⿰白羽飛也 ⿰畐攴敬也 楅橫木

○他 惕敬也懼也憂也 剔解骨 揚挑也 踢以足盛物 逷遠也 逖仝上 裼祖｜赤身 忒羞｜ 歡痛也 ⿰言底｜誘 徏升也進也

忑忐｜ 倜｜儻 陟登也 叱呵｜ 斥黜｜大也点也 慝悪｜ 畜｜生 蜴虫名 趯躍也 咤叱也 咜仝上 ⿺走昜⿺走昜｜狂走

⿰扌㝵打也 ⿱髟剔鬃髮 勑｜勅

○曾 則法也凡制度邑式皆曰｜也 ⿰鼎刂古文 ⿰員刂仝上 卽就也 喞出聲｜｜ 堲疾也 鯽魚名 鰂魚名 鶺鳥名 鰿魚名誚也

責誚也 ⿺辶隺姓也 ⿰氵戠黏也 勣功｜ 積累｜ 嘖大呌 磧水渚朋石 績緝麻 幘巾｜ 蝍虫名 昃 簀床｜ 賾深也多也

跡足｜ 迹仝上 ⿰虫乚虫名 ⿰牛畟牛名 蹟脚爪曰｜ 稷似麥而小 畟進也 隻草也 𢕌從也 仄平｜ 聻鬼死白｜ 迮迫｜

窄狹｜ 蹠脚掌盜｜ 跖盜｜ 叔伯｜ ⿰犭畟犬生生子曰｜ 燭火｜蚋｜ 勣功也事業 蠘虫名 脊背｜ 崱山高 ⿰亻鳥鳥名雅｜魁也

積（今之福攝）剔（刻也）趚（側行）捑（打也）樍（樫木）

○入 趧（圭｜人也）⿺走脊（病走）摽（以｜理物如果移之類）

○時 色（顏｜）昔（前也｜日）惜（愛也）晳（白也）析（分｜）淅（沃米）焟（乾肉）錯（舍置）錫（鉛類）緆（細布）舄（重底履也）釋（置改也也放也）

適（往也至也如也）螫（虫行也又衣也）溹（雨丁）奭（古字）腊（买肉）樢（水鳥）栻（木局）⿰木易（大履）歒（悲意）⿱執女（敬死）嬕（女名也）

奭（監也赤也）餙（修｜文｜）襫（襏｜）⿰氵昔（壅水）畟（進也）嗇（慳也）稷（谷成百收債也）穡（仝上）索（象也）㨨（摸也）蝨（蛆虫）倏（｜忽）

瑟（琴｜）斮（斬也）⿰昔阝（鄉名）塞（充｜密色）瘜（惡肉）⿸疒索（脈動）歒（悲｜）縤（绳｜）踖（蹴也）⿰赤瑟（赤青色也）息（信｜消｜）⿰阝息（地名）

⿱宀奭（洞靈直經不贊｜其業履之也）舄（亦昔也）蝨（目｜虫名）⿱寒土（仝塞）賉（賑｜）[illegible]（古文）⿰日昔（日前）

○英 益（增也進也卦名）嗌（更咽）搤（持也按也）軛（轅端横木駕領馬者）扼（仝上）厄（难也）戹（仝上）阨（仝上）億（十万曰｜）臆（寻｜）

抑（反語辭也）啞（笑聲）憶（記｜）⿰⿱巛石頁（面部）厄（｜運）音（佚也）⿰土卬（地名）⿰土卯（仝上）檍（木名）⿱林林（古益）繶（條繩）癔（心意病也）

○門 ⿸广祭（履也）寬（突前）幦（軾皮）⿱不日（不見）熐（燒憒）窨（深視也）蛨（虫名）

○語 ⿰革鬲（鞴履）峉（山高）額（長｜）⿰手乚（受也）⿰赤犬（犬怒）⿰口逆（嘔也）⿰弓鬲（東弓之其）⿰峉頁（山不齊也）⿺走乞（直行）⿰糸逆（綬維）⿰角鬲（角利）

○出 策（謀也計也）戚（親｜）慼（痛也憂也）尺（十寸為｜）赤（白｜色｜）測（｜度）惻（旁也）窺（仝頼）刺（穿也）千（小舟）冊（簡也立也）

坼裂也　**穀**糧｜音容　**粟**五谷未子　**促**倘｜　**赬**仝赤色也　**傶**憂俱　**⿰米東**糯｜坏米　**磩**碶｜石之次玉　**郝**地名　**汳**水反轉也　**叱**｜聲

⿱大火火中起也　**疋**火｜　**㮚**仝粟　**踖**磨豆　**規**面柔現｜山　**㯃**木名可為杖也　**漆**膠｜　**旱**田器　**揲**國有倚也

○**喜**　**黑**比方｜色　**赫**怒也　**郝**姓也　**虩**恐惧貌也　**爆**火煙　**殈**鳥卵破也　**侐**寂也得也　**訹**私訟也　**㕡**溝也　**⿰忄赤**心不安失　**⿰黑欠**殿也

騞破聲　**⿰火害**光火　**⿰歹或**殘裂　**洫**溝也　**潶**火煙　**⿰氵閾**水也　**⿰氵闃**沐也　**⿰黑益**山名

鯨下平聲

○**柳**　**寧**安｜　**伶**｜人乐官　**怜**弓弩　**玲**｜瓏　**聆**听也　**蛉**｜螟　**鈴**則鐘令｜　**零**｜落｜丁　**齡**年｜　**舲**船｜　**羚**山羊　**拎**手捉也

瓴似瓶有耳　**⿰扌零**手拾物也　**櫺**窗隔子也　**⿰木零**仝上　**⿸疒令**瘦也　**⿸广令**懸通　**紷**絮也　**孁**女字　**菱**｜角　**薐**菠｜菜也　**綾**｜緞

鯪｜鯉　**稜**神｜之成　**踜**足｜　**棱**四方木也　**楞**威也　**能**才｜　**⿰氵能**水名　**龍**｜虎变化無穷　**⿰目零**目｜　**⿱零灬**善也福也　**掕**上馬　**苓**茯｜

翎鳥利　**鴒**鶺｜　**囹**｜圄獄名　**囹**仝上　**靈**神｜　**櫺**窗隔子也　**夌**｜⿰亻屖　**凌**水室又欺｜｜人也　**淩**水名　**㥄**憐｜　**⿰夌欠**欺｜

倰高走　**⿱穴⿱罒木**螻古虫名　**⿰㗊殳**古｜又搶｜又乱也昔也　**⿰衤零**衣光　**祾**登名神之福也　**⿱霝弱**善也福也感也　**⿰令瓜**小瓜曰｜　**⿱霝王**仝灵　**瓴**公瓦似瓶

⿰吅吅仝靈之字　**⿱霝囟**人頂冐也　**⿱竹聆**竹名　**⿰月夌**久欠箆也　**蘦**草乱　**閝**门｜　**靇**電聲　**龗**天｜　**⿱罒令**｜小　**儜**弱也　**酃**地名　**⿰零阝**縣名

蔆菜名　**⿰衤霝**衣光　**姈**女子　**⿰缶瓦**瓦器　**紉**線貫針也　**⿱吅零**多端　**⿰令虎**似虎面小　**⿰氵霝**木曲　**跉**｜跰孤独　**⿰毛令**毛結

○邊 平均也大成也正也 朋|友 枰戲| 棚檯也 錋兵器 鉼酒具 堋|土 玶玉名 ⿰由并伋也 栟木名 洴漂濁 焩火貌

評|品 伻上仝 鮃魚名即比目魚

○求 擎拓也 檠灯| 窮貧|

○去 瓊|花 煢|獨 㷀上仝 鯨大魚 ⿰貝享貨也 赹獨行 輂車柔 ⿰馬京馬名 勍 享敬拜 ⿱𤇾几個正 ⿱艹㷀草名 ⿱艹复上仝

藑上仝 ⿰扌㷀投子 ⿰亻㷀好也

○治 澄水|清縣名也 橙桔也 亭|舍 婷|娉 廷朝| 渟止水曰| 庭门|又家| 霆雷|疾聲

呈平也|敬 程邑|又下情陳子上曰|式章| 醒酒未醒也 攆負擔 懲|創 膡張口聘|貌又姓也

縢繩絇 藤幾草蔓延也|皆曰| 傖吳人謂中州曰|州 裎裸|露身 重|疊 蜓蜻| ⿱⺮呈筳也竹也者也 娗|客貌威儀

妍慧也安也足好 ⿰鬼登穴口也门開曰| 閏门|也又门開曰| 瀓水清 珽玉名 筳絮簀 謄傳抄 ⿰貞阝地名 榳長木也

滕波浪 振撞也 幐囊也

○波 評|論 鵬鳥名大| 苹藾蒿 萍浮生水面 蟚蠏屬 彭姓也又道也 鬅乱髮 澎|湖地名 輣兵車 ⿰歹彭|殊器人臘也

坐玉名 甹輕財 泙水名 玶毛名 棚榛也 坪山海之| 堋上仝

○他 停 止息 騰 躍| 謄 格書傳抄 螣 虫名 榳 数| 幐 袋也 渟 水名 ⿰目桼 美目 諪 |調 ⿸疒膝 痛也

○曾 情 人||理 晴 乾| 層 楼| 前 |後 腈 肉| 睛 蚚聽 ⿰豸曾 豕也 殅 星見 鄫 國名 餳 |餹 騬 犗馬 ⿰青頁 長木正也

○入 仍 成也福也田也 礽 仝上 ⿱仍玉 玉器 陾 築墻之聲 ⿰木乃 木名 迈 往也 ⿰言乃 就也重也 卣 往也

○時 成 就也平也 誠 信也敬也 城 |郭|池 筬 織具 盛 黍稷在器曰| 承 受也 乘 仝上 ⿰成鳥 鳥名 ⿸尸成 仝成 ⿰阝成 地名 珹 木名

宬 室深也 丞 仝成 譝 戒也 憴 仝上 繩 索也 澠 水名 ⿰成瓦 瓦器 ⿰目丞 畔也 晟 再染 ⿰忄成 敬也

○英 榮 華也茂也 塋 墓也 熒 灯也又光 螢 火金星 縈 收誊 營 經|造||寨 瀠 水名 嶸 山峻 盈 充|滿也 楹 往也

⿰木營 木多 贏 獲利也 嬴 姓也 瀛 水海 蠑 蜥蝪謂之|螈 ⿰虫營 虫名腸中虫也 ⿱艹榮 草名 ⿸疒營 病作 褮 衣開孔也 ⿰亻榮 殘也

⿱𤇾山 仝上 滎 水名 濙 水田 ⿰氵榮 水名 ⿱𤇾谷 山深 謍 小聲 籯 籠箱 ⿱𤇾竹 竹器 ⿰口榮 虫聲 ⿰口熒 仝上

○門 明 光||白 眀 視也 盟 挿血以結信曰| 萌 |芽 名 |號|字 銘 誌|刻| ⿰冥頁 眉目 ⿰木萌 木名 㝠 昏暗 冥 幽|

溟 海也小雨 暝 夕也 螟 食苗虫又|蛉桑蟲 瞑 胡因 蓂 |莢 盲 目鳥童子曰| 甍 揀也 蝱 齧人飛虫 榠 菓名 茗 烹|茶也

⿰目黽 直視 覭 眉目小見 ⿰米名 潰米 ⿰礻冥 福也 ⿱穴冥 見漢裖婕為揭君也 莔 即國母樂 鄍 縣名 酩 |酊醉甚 ⿰日名 日睛 瞢 目不明

○語 迎 过也接也逆也 凝 水堅也又定也 ⿰貝疑 肥也 ⿰木疑 礙 不行也

○出 榕樹| 松栢| 剻鐘屬 蠶沙喬食桑 粹末也 棖木名 蚕借曰沙|

○喜 形|象|杖|体|影 行步也路也又五| 刑罰也法也|戮 刑仝上 型鑄金模也 硎砥石 鉶羹器 邢國名 珩佩首橫玉

衡權|平也 恒常|發也 姮|娥 横縱| 蘅 桁木名 桓仝上 衙行也 ⿰衤黃|裕小被 瓶似鑽面頸長又酒器 ⿰黃瓦小瓦謂之|也

坓古型 ⿰車弘車中輥也 鋞溫器 磺硫|

梗下去聲

○柳 令善也法|月| 侫巧瑫捷給一曰才也 另|所又即開也 濘泥| 魿魚名 ⿰歹夌|⿰歹登用病 傿嫣|飼能人言 佟苦| 謦告也

棱木名 ⿰歹夌病也 詅賣也 ○邊 並皆也比也 竝仝上 病疾| ⿸广艮僻處無人

○求 梗直也木名 脛腳|骨也 勁堅也健也 頸頭| 競強|爭| 綆汲水繩也 莄草| 烴溫也 ⿰魚骨魚| 涇水名 莖草名

葝鼠尾之草也 絚大繩 郠莒邑 ⿰目更月光 ⿰彡⿱冃豕清也 ⿸疒更病也 誩爭言 痙風強 挭|撓 ⿰亻奔送行

○去 相木名生字可作油也 ⿰木亙仝上 柏木名 虹日月相照變成紅| ⿰車昔車鞭 攋竟也 ⿰虍瓦石器 高小堂

○治 定安|平||靜| 錠銀| 鄭姓也邑名 掟|出 鄧姓也邑也 有|有 誔詭詐 ⿰享殳義園 墱道也 ⿰登攴擊也 桸負擔

⿰歹登病因

○波 頩美貌 ⿰足馬聲也踊也 㧛撞也 ⿱穴朋束官 ⿱艹毛草盛 ⿰毛蓬在毛

○他 遪尽也 忊｜膽不得志也 ⿰身廷身又直也

○曾 靜寂｜安｜定｜息 靖思也理也定也姓也 靚明也 淨清也潔也 諍諫｜ 睜怒目視也 穽陷｜坑也 贈縜也 埩耕治 ⿰衤曾汀襦

竫停安 譄加也 ⿰虘又坑｜穿也 撜開帐書繒 憕仝上 ⿰貝青受賜 桼古文 姘靜也

○入 訯厚也就也 ⿱夗玉玉名 瀙水行 迈往也 芿新章生日

○時 乘御也駕也 盛茂｜大也 晟明不熾也 剩長也餘也 橀大者藏谷小者｜籃 娍長好貌也 溗水不流也 嵊山名在剡縣也 賸餘也

⿱穴乘車也 ⿰言乘促言 ⿰乘阝縣名 ⿰氵窼波淩

○英 詠吟也 咏仝上 泳潛行水也 榮禳祭風雨 濴汀｜水｜ ⿰酉永酳酒 醟酒也 ⿰忄瑩志恨 禜禳兩祭也 ⿰舟米母名

○門 命天｜性｜ 孟姓也長也勉也孟子 寗姓也所願也 ⿱艹胄闷也 ⿰子孟仝孟 ⿰黽色闭孕 ⿰目孟視也 詺亦別物名

○語 硬堅｜強｜ 迎親｜來迓之使 粳糙米也 ⿰矢夭短小也 峺仝硬也 ⿰目巠直視

○出 穿｜衣裳也音川 ⿰土監盛監器也 ⿱⺮鉼蠶苗也為｜ 郬地名 崝捽也 ⿰青彡羽張貌也

○喜 杏花名 荇菜名 行身心｜德 幸喜｜ 㚔妖死曰不｜ 倖僥｜ 絎衣邊 魟鬼也又斗星名 ⿰幸瓦｜甑瓶有耳也 ⿰言幸直言之也 擤捻鼻齆也

極下入聲

○柳 曆 歲時節氣之序 歷 經|葉|匕練 櫪 牛馬牢也 轣 車轣道也 ⿰魚歷 鮫|小漏 癧 瘰|小病 ⿱竹歷 笈|竹器 瀝 水尽也 ⿸厂⿱秝衣 纆壓 ⿱穴歷 穿也

⿸厂⿱秝分 分也 ⿰歹歷 欲死 ⿱艹瀝 水草 玏 次玉 泐 解散 櫟 陽|名縣 讈 詠|言不明也 ⿰酉忍 愁貌 掿 手| ⿰木弱 木名 ⿺辶歷 近也 ⿸厂⿱秝瓦 九器或作甌也

⿱罒歷 皿幕|煙貌 ⿸尸歷 櫪丁 ⿸厂⿱秝攴 乱也 ⿱艹瀝 刈也 力 氣|強也 屴 山勢相連 氻 水名 扐 筮者著著夲向 肋 肋骨 勒 抑力 鰳 魚名

鳨 鳥似鳧而小能唱也 ⿰氵⿴囗力 濕| 慝 藏也陷也 忇 思也 ⿰犭力 大爭貌也 玏 石之次玉 礫 石轉 泐 水名 酈 地名 ⿰石力 石聲也 仂 粉|

惄 憂貌 䓯 竹|笠| 溺 沉| 搦 按也 匿 藏| 靂 霹| 蛙 紅|鮮名 綠 |色 惄 憂心 芀 丁| 阞 地之力也

○邊 白 姓也中|也方一色 帛 幣 舶 海中大船 ⿰白鳥 |郁鳥卵佳也 ⿰白鳥 屏不泥也 ⿱⿰白方女 |凘訪死貌也 ⿺走白 逝走 苩 姓也草名 鮊 魚名

○求 極 太|至窮也中也又棟也 ⿱大亟 仝上 屐 木| 劇 增| 襋 衣領 ○去 ⿰革亟 涉鞭 ⿱雨劉 木解 ⿰口卻 笑聲 隙 裂也 欽 吹聲

○治 澤 潤也恩也 擇 選| 特 獨也 樀 卷系之| 狄 北方夷者 荻 蘆| 迪 進也開發 擲 投也 躑 踏| 翟 姓也由雉

敵 拒也當也選也匹也 滌 洗|淨也 糴 買谷曰|賣谷曰糶 ⿰牜㝵 鈍也 ⿰氵縶 小雨 笛 樂器 篴 仝上 歒 小笑貌 鴃 |鴂

礋 西方有人長短如人羊長簇 趯 跳也 苖 草名 ⿰彳由 行也 楸 臧棹 樲 代也

○波 甓 磚| ⿱髟是 蹋他聲也 ⿸厂辟 陋也 ⿵門畐 塞也 欂 壁柱 ⿰阝复 崩山 愎 戾也 躄 不能行也 稫 禾密 ⿰白頁 白也

○他 宅厝丨 毴毛而生也 鴾丨鶾鳥名 檡棘也 垞仝宅 厇古文 鬄鬚髮 覫赤目 侘忠正 愀劳也 蹟正也 歽裂也

○曾 籍鄉丨簡丨 耤仝上 藉狼丨 宗無人聲也 賊丨盜 ⿰亻疾妒也毒也 崱山貌 鯽魚名 ⿸疒責瘦病 疾丨病急也 槉開也木名

檝木名 ⿰昔欠錯喉聲也 瘠瘦也 ⿰言疾言急 ⿰月疾病也

○入 ⿰口叔嗼也 ⿰貝若坏也

○時 石姓也山丨 碩大也 夕朝丨 汐海水潮丨 妬女無子曰丨女 席筵丨 蓆床丨 射以弓丨物 熟物不生也 䳭鳥名又⿰目賣列也

鼫五枝鼠名 褯小兒衣曰繃丨 祏病中藏木玉也又石室也 启古文 ⿸厂囟古文 穸墓穴幽也 ⿰飠石敗瘡 ⿰虫石蛇蝍

○英 亦是也總也旁也之辭 奕累又圍也棋也 帟殯上小幕 譯傳遞夏言之通事也 斁壓也 懌悅也 繹尋丨忠丨 驛遞馬丨也

易姓也卦名之書 瘍瘡丨腫病 蜴字宮之虫 湙水深 廙行屋之聲 液津涎 洂仝上 腋肘脅下也 役職丨 晝卦丨

劃剖丨開也 ⿰君刂破丨 帙書卷編次 翌明日 翼羽丨 翊仝上 弋檿也激也 杙木丨溪丨 黓黑也 射无丨律名 疫瘟丨疾病

浴洗身也 ⿸疒睪病也 ⿸尸易支丨 ⿸疒異痒丨 掖木名 ⿰衤弋衣丨衫也 ⿰礻睪祭之明日 熠燿丨 堆財鳥 夾雨丨 埸地名 ⿰糸羽輔也

瀾水流也 殺腊也 惑水流 埸地名 ⿰糸羽輔也

○門 墨膠煤為之 默不語曰丨 嘿仝上 麥谷名 貉北方國名 貊仝上 陌阡丨田閒之道 脈血丨氣丨 脉仝上 覓求也尋也

覔仝上 糸細系 驀上馬 ⿱莫夕寂也 帞長巾 ⿸虍白白虎 洦水流 ⿰氵覓水名 ⿰礻𠂢神也 銆刀軍 塓塗也 幦裓軾之皮

幭 褁食巾也 冪 仝上 貊 北狄 韈 鞋| 冖 覆也 覛 邪視 陌 田岸 潌 |水 纆 黑系 ⿸广系 青系長也 ⿸广素 仝上 貘 豕黑長也

○語 額 面上頭|顯也 頟 仝上 逆 作|不順|乱 逆 仝上 鷁 經鳥 刿 不齊之山 殁 老也 ⿱乡夕 水流 ⿰口屰 嘔| 鳽 似鳧腳高毛冠一名鵁鶄

⿰魚契 魚名 ⿰魚客 仝上 虉 雜草葉也 虉 仝上 詻 訟也

○出 攄 拂著 ⿺辶翟 踏也 畟 治稼 遫 張也 ⿰土屰 裂也 傗 不坤 卤 姓也 ⿰彳畟 速行 ⿰石咠 石名 諎 聲也 靚 覌 ⿰足巽 行貌 摵 落也

⿰氵畟 水勢 ⿰谷瓦 瓶也 ⿰米束 損米

○喜 獲 得也|利 覈 考之使实 核 菓曰之子内| 檄 號名書曰 覡 男| 齕 齧也 或 疑而未定之辭 惑 速| 域 區|界限 緎 裘之縫界

棫 木名 罭 罟也 閾 門限 馘 軍法斬首又截耳也 聝 仝上 蜮 短狐也一名射景也 ⿰口畫 自中至貌也 ⿰藿欠 吐氣 ⿰享或 郡也 ⿸厂或 通作

⿰白頁 白髮 ⿱大或 一色大也 ⿰忄畫 不慧也 稷 種田俱也 ⿰木畟 鏡| 檄 急即鳥遷行| 浩 露光 淢 城溝 琙 古人名也 矜 長矛 殺 仝上

10 官管慣适權倦槩

官上平聲

○柳 ⿰糸帶 |帶 ⿸疒帶 |病 螮 |踞虫名 蹛 足病 摕 擇也 ⿱帶日 日昏 ⿰帶欠 欠也 ⿱帶水 漏流 撊 洗也 嫡 順也

○邊 般 運也移也 搬 仝上 ⿰舟犬 仝上 ⿰舟攴 仝般 瘢 瘡| ⿱般衣 衣表 ⿰石般 石文石鋪 ⿰犭般 狐屬 螌 毒虫 ⿱髟般 髮半白也

○求
官 同也官也職也
倌 駕主
棺 丨槨
觀 姓也視也
冠 丨笄帽也
關 姓也用也界上门曰丨也
瘝 病也
鰥 老而無妻曰丨
娟 嬋丨

涓 潔丨
鵑 杜丨鳥名
捐 棄丨
蠲 明也除也
棬 栝也十盂也
涫 沸也
鷁 明也潔也
嚾 鳥鳴
嬽 女名
鋗 郡銅銚可煮也

鏍 犂針
捲 用力也
蜎 虫名
莞 蒲席
絣 織絹以系
撊 手相関也
梋 椀也
萺 丨萌
䄅 福也

○去
寬 丨裕丨柔
髖 火骨
圈 養畜之閉
𡧍 古字官地名也

○治
端 丨正
剬 刺止餙也
煓 火盛
貒 獸也似豕而肥
䚩 角丨獸名
𦼷 草名
褍 衣正幅不棄禾
䮘 肥馬
𨻶 險也
媏 女名
鍴 鎖也

偳 仯丨小也

○波
潘 姓地水名
藩 垣也
鄱 丨陽水名
籓 丨籬
潘 丨水
𤮊 丨胡大瓳甎也
墦 冢也
𢋴 屋也
𤺌 病極而死

○他
湍 波流激也縈廻急漸
黗 黑色
䵊 黃色
𪏻 仝上
貒 豕屬
煓 火盛

○曾
專 一也誠也又是自也
甎 瓦器
磚 仝上
鱄 魚名
蓴 菜名
顓 謹也
耑 發也 丨
瑼 玉名
礶 行不正也
鄟 地名
嫥 可愛

○入
壖 塗也
禯 祭器
䁥 目睡
輲 無輪車也
蠕 虫微動也
堧 河邊地也

○時
宣 布也明也探也
撏 引也
亙 仝宣
酸 酢也寒丨
揎 仝引也
痠 身体痛也
痠
𡳐 門丨
𢹿 大丨
諠 丨譁
喧 叫也

暄 日暖
諼 詐也忘也
𩅰 小丙
萱 草名一名宜男草也一名曰鹿蔥又曰忘憂也
烜 乾也
咺 寬綽貌也
瑄 大璧
𦛗 日丨
䶜 齒丨

吅仝暄 淀泉水 ⿰角雚揮角 訕左也 絙緩也 譞多言 ⿺走睘走也 煊煴也

○英 彎曲也引也 灣水溝曲也 剜刻也削也 鴛｜鴦鳥名 寃｜枉 ⿰言彎言之曲也 ⿰魚彖魚名 ⿰木彎曲木 ⿰氵冤水名 ⿰氵冤 潫水深

⿰虫彎螐｜ ⿰食免舍食

○門 ⿱雨曼露漢 ⿱宀曼黑貌 ⿰日㒼日昏 縵級也繪也 蘰草名 ⿺走曼行遲 ⿰山曼山形 槾朽也 漫水廣 蹣踰也 ⿰曼攵數也 摱稞也

○語 岏巑｜山高｜也 刓削也｜角 忨貪也 ⿰目元視也 䯈骼也骿也 羱野羊 貆豕屬 ⿰彳元失途 蚖蠑｜蛇也 黿仝上

○出 川山｜｜流 穿鑽也貫也｜衣 拴揀也 痊病愈 筌取魚竹器 詮解論詳事論理 銓衡也 悛改也正也 顓姓也 遄急也

耑題也 ⿺辶正｜安求也步謂緩步 ⿱穴身亢也孔也通也 家仝上 村鄉社 椯木名 ⿰耑瓦盆也

○喜 歡｜喜 懽仝上 驩馬也 番次也改也 幡幢｜ 拚飛也 旛旗屬 潘断米水汁 翻反也飛也 畨｜國 蕃｜盛多也

犿宛轉貌相從也 繙風吹旗見繹也 嬏女字 鄱邑名 蟠曲也 磻溪名 燔炙也 膰祭肉 墦冢也 轓車箱 籓大箕也又｜竹

嚾不知其非 飜飛轉 ⿰米亘白米 獾壯狼 灌大波 爟雉也 ⿰雚隹鶴名 鴅鳥名 腸四出名也

管上上聲

○柳 煖溫｜火氣 煗仝上 暖柔也和也 卵凡物無四足者有羽生｜ 𠨰仝上 軟綿也 渜水名 ⿰口耎仝暖

○邊 鈑金｜ 扳｜爛米純也也 粄屑東餅也 ⿰食半米餌 ⿰禾半相和 姅婦人貌也 ⿰米半仝粄 舨小船

○求 管 姓也｜絃 琯 玉名 痯 飛貌 錧 公｜書｜ 館 仝上 綰 擊也 逭 逃也轉也 筦 ｜絃姓也 卷 收也 捲 用力之勢 罥 星｜網也

盥 ｜手洗也 晉 掌｜ 輨 車轂耑鉄 䘾 袴襱 矔 轉視 ⿱龹廾 搏也 悹 ｜之無體 ⿳宀𠂤心 仝上 誸 誘也

○去 綣 繾｜厚音也不分離也 窾 室也空也 欵 叩｜也至也又｜式也 款 衷曲 ⿱艹款 藥名也冬花｜ ⿰彳款 行也 ⿰扌款 捉也 梡 ｜嶡 ⿰⿱士氺欠 水名

欵 仝上 ⿰氵欵 水流貌也

○治 短 不長也｜捉也 ⿰革段 后帖 ⿰貝耑 腕｜小有利也 踹 足踢 ⿰扌豆 皿掬 ⿰扌𢇍 轉籆

○波 般 縣名 咺 哀聲不止 ⿱𢇍衣 衣也 ⿺走半 走也 牉 分也

○他 疃 西｜舍旁隙地 畽 仝上 ⿰扌𢇍 轉也 ⿰豸彖 豕也 ⿰言𢇍 譴｜言不定也 ⿰忄𢇍 心惛 瘓 病也 褖 黑衣

○曾 轉 動也運也 囀 鳥鳴韻也 ⿺辶專 等也

○入 餪 今探房曰｜亦之敬 軟 柔也潤也 輭 ｜衣 耎 罷也 ⿰耎刂 刺也 ⿺辶面 行遲 愞 弱也 ⿰木耎 木名 檽 仝上 ⿰皮耎 柔皮 ⿱竹耎 竹名 緛 縮也

○時 選 ｜擇 ⿰扌⿱巛夂 ｜逼 ⿰木⿱巛夂 木名 潠 水名 ⿷匚巽 音選竹器 渲 水小流也

○英 遠 ｜近遙也｜避也 宛 ｜然 婉 順也美也｜轉也 埦 飯器 碗 仝上 盌 仝上 畹 嫵媚 苑 養獸印也 浣 濯垢 ⿰𧾷完 踠 掌后之所

⿱臤玉 似玉之白色 ⿰舟宛 舟木 阮 姓也 筦 ｜仔 ⿺辶⿱止早 古文 莞 菜名 朊 月光 薳 草名 ⿱鳥宛 鳥名 ⿱臤玉 石似玉也 ⿰火宛 火貌 ⿰歹宛 死也

晼明火 綩紘也 䝹丨驪小有利也 衏 綩絯也 畹田二十畝也

○門 滿姓也盈也足也 懣煩也 晚暮也 挽引也 輓引車 䘼喪服衫也 鋄鉄盾金文 䰴仝晚 䅋禾名 篱竹器

○語 阮依也姓也 玩丨好弄也 翫壓也 蚖蛇屬 睆賞丨 朊仝上 謜和悅 邧地名 妧好貌

○出 喘息也丨疾 歼老午 縓染也 朴度也知也刈也 歂丨息

○喜 反褁也 返还也 辺仝上也 飯食也 坂坡丨 岅大坂不手平之地拿 仮陂也澤障又曰山脅 殀坂也 䞣赤色 軓車首反出

嬔偶也 𤵸吐也 仮不順

慣上去聲

○柳 鐦銀色 虊葵草 孿一乳二子 癵病也

○邊 半对丨物中方也 袢衣無色也 絆馬絆足曰丨倒 迸去也 姅污婦又傷胎也 料量物分丨

○求 貫鄉丨穿也 慣丨習 灌丨溉法也 瓘玉名 觀道宮曰丨 狷狂丨才不足而守有餙也 祼鬱兕之酒所丨也降神也 睊側耳相視 獧輕也

癯病也 娟女字 絹繪也 卷經也 睠四顧 絭曲也 夘束髮如犀角也 冠男子二十曰丨 桊牛鼻丨環 弓子卷之 号道經字丨

鑵汲水之器 劵曲也 礶茶丨 罐仝上 眷親丨 鱹魚名 鸛鳥名 爟火丨 瓘玉名 埢冢也丨也 𤼵摶飯 𧶠裝具穿也

衝車搖 矔轉目視也 惓回顧 樌木名 ⿰歹貫殫｜ 粿火也 ⿰衤雚衣帶 摜｜帶 綣音券繾｜

○去 勸｜勉｜助 券約也契也 ⿱龹廾穿作鼻也 ○治 斷決也截也 斵古字 鍜治金 鉊決｜ 躖獸踐

○波 泮｜水｜宮父子名 判剖也分｜ 泮水釋 奔大也 怑｜愌不順 沜水涯 ⿰氵⿰片半仝上 炍喚也 詊巧言 頖班也 ⿰馬半馬行

○他 彖易｜也一卦之體論 鍜磨也 煆煉也 篆刻｜ 椽｜盈桷也 瑑治玉 ⿰阝彖垣也 ⿰金彖圭璧上起兆也 肬月落有明 ⿸厂耑小卮有蓋

⿰土彖耕合也 槫載柩車也 潒水名 ⿰歹彖｜玉文也 ⿰豸鬼醜也

○曾 鑽穿物之｜ ⿰贊攵昨也 ⿱兟頁目也 攢持也 欑叢也 ○入 ⿰耎隹鳥名 ⿰金耎柔銀 ⿱耎瓦闢皮 礝次白玉也

○時 算計也筭也 蒜葷菜 ○英 怨｜恨 ⿱穴怨寃屈 ⿰宛風小風 箢竹器 ⿰食肙饜飫 ⿰言怨位也說也

○門 ⿰曼攵歎｜ ⿰口曼敗也 ⿰豸黃獸名 ⿰豸曼似貍 ⿰王反玉名 ○語 刓剸也 謜徐詐 ⿰豸原獸名 輐圓也 薍蒜根曰｜

○出 爨炊也氣上謂之｜也 篡述而奪取曰｜ 纂組也 篹｜集類也 竄逃也人｜散也 釧臂環 串穿也貫也 縓紬也可染色也 ⿰算殳除穀芸也

⿰歹餐｜考 毈小春 熶氣上 猭獸走 ⿰矛夋矛也 諯相｜類也 ⿰糸替積也 酇五鄉為｜ ⿰扌篡撰｜奪也逆也

○喜 煥光明 奐大也父也 喚呼｜ 渙｜散流｜ 瑍玉有文彩 換易｜ 汎浮｜ 泛仝上 氾仝上 販賣｜買｜行貨曰｜

幻｜言｜事 ⿰言乏言急 ⿰瓦白瓶也 ⿰貝耑晼｜小有明也 嗄使犬之聲 釩杯也 ⿰酉幷酒器 ⿱罒販仝販 愌怑｜不順 夐姓也

柼木皮可把為索也小 汳水名 澣濯衣垢也 潵水名 奐省文 皖｜城 盌杯也 眨仝上 ⿰目几大目 續以侵凤羽 胗浮腫 ⿰衤完衣褔

适上入聲

○柳 劣弱也鄙也少也 捋取也 ⿰寽斗量也 ⿰寽頁醜貌 ⿱罒寽網也 埒垣也 ⿰木寽惡木 寽撮取 鋝量名 ⿰牛寽牛白眷也

○邊 撥開｜移｜ 鉢食器盂屬 砵磁器 襏雨衣 跒足不正也 癹除草 雉鳥名 ⿰豕犮豕也 撥仝撒 畚田器 ⿰忄發心起 ⿰歹犮腐氣也

炦火氣 祓夷衣 ⿰舟發弋鳥 髮火髮

○求 适疾也 決斷｜絕｜ 訣別也 决仝上 ⿰弓夬縱法彄也 玦環之不同 鴂子規鳥也 駃良馬 鶪伯勞鳥也 括把｜才｜刷｜

活水流聲也 刮｜削｜摩取｜ 話諾語 譎詭｜ 鴰鳥名 劀乱也 姡女字 憩自用文意 栝禾名 獗賊勢猖 ⿰舌會首舌

○去 闕白姓也｜空｜ 闋終也 缺器破也老古也 闊廣也大也遠也疏也 濶仝上 ⿵門舌空也 ⿰禾夬仝上 厥其也突也 蕨菜名 劂剞｜曲刀

觼環有玉也 ⿰角舌仝上 ⿵門夐無門 ⿰氵⿵門夐仝上 蟨比肩獸也 蟩仝上 欮｜撥夬船音生舟劣 玦玉名 ⿰日夬日食色也 ⿰木夬椀也

臭獸名 ⿰瓜舌瓜名 瘚逆氣

○治 掇採｜終也 棳補｜破服 ⿰馬叕馬名 惙憂也 剟削也創也 綴聊也止也 輟正石以也敬也 敠破｜知輕車也 毲織毛成布 涰位也

莌活｜草名 裰破衣裳也

○波 潑澆也｜散 ⿱癶足以足踏夷草名 癹仝上 鏺刈草｜也 ⿰口發妄語 叭開口貌也 撥｜戢 ⿱龹色色也 蹳足｜物也 ⿰酉巿酒氣 ⿰扌巿推也

⿰氵草陂濼也 釙金｜ 馛大香

○他 脫解｜｜免 帨女子生曰｜也 蛻去皮 閱出｜ 稅｜冤 捝解｜ ⿰兌皮剝皮 ⿱艹脫草名

○曾 棁樑上短柱 拙痴｜不通 茁肥貌 䪼面秀 繓縫也 畷井田 棳仝梲 潗平也 ⿲木氵木水激石也 諁言多不正 蠿虫名

⿱穴朵仝梲 絀縫也 ⿰叕矢短也 噉口中｜也 纂以組而赤色乂川纘仝也 蕝束菜 捝持也 罬捕鳥具也 惙憂也 ⿰木纂木銀

○入 ⿰虫瓦甈也 ⿱臤瓦仝上 ⿱穴呈｜動貌也

○時 說解｜ 雪霜｜ 刷掃也拭也 ⿰雪刂割也削也 䨮古字

○英 ⿱穴乙｜手 乢山曲｜也 軋傾｜也 軨轉也｜族 捾取援也 剜刻削也 挖｜吼 刮削也 軋車轉 ⿸尸乙小門｜也 妜憂妬

婠倖態好貌 歄咽也中和

○門 妺塗｜ 沬昧也又水名又遊也 秣以穀食馬曰｜ 砞石名 韈足衣 瀎拭滅

○語 刖殺足斷也 玥神珠 頢而短 枂古樹皮

○出 撮戚足聚而指取也又改也 撖仝上 ⿰叕皮皮断 歠大飲 啜處也又仝正字也 嘬仝上 ⿰⿱叕口欠仝大飲也 樶木名 爆灼｜ 襮衣領

襊縫也 ⿱髟最髻也

○喜 法｜度常｜刑｜方｜ 發｜超興｜｜放畜｜ 灋古字 ⿱亼正仝法 㳒仝上 蕟草名 ⿰言發出言 髮長毛 發省文 匋古文 玬玉名

⿰女去矢也 娋仝頭毛也 ⿰女頁仝上

權下平聲

○柳 巒山峯 欒姓也木名 鑾金｜殿也 攣拘｜ 鸞鳳凰之佐 戀眷｜ 孌婉｜又美好也 ⿰女戀仝上

○邊 盤盛物之器 弁大也冠也 鎜樂器 般仝上 槃｜祖自得也 磐石｜ ⿸疒盤瘡｜ 鞶大帶 胖大也肥也 拚飛也 蹣｜蹄跛行

胼姓也 ⿱般足姓也足｜ 媻｜｜行貌 柈木名 ⿱般甘掌也 縏馬髦飾也

○求 權称鐘也｜宜｜柄經｜ 鬈鬚鬢好貌也 ⿰瓜雚瓜轉 高木底 婘美貌 孉仝上 ⿸疒卷皿病 [illegible]虫名 ⿱髟長長髮 ⿱𠔉皿甌也 犈牛黑脚也

⿰弓雚弓曲 攉｜變 顴頰骨

○去 拳掘手憂也 惓謹貌 圈屈木為卮肥之屬 卷曲也 婘美也 券納也 ⿱山𠔉地名 鐶耳｜ ⿰糹雚幘也 嬛輕貌 ⿱𠔉皿蓋也

○治 團｜圓 漙勞也又多露 慱勞也憂也 槫以手圓也 傳｜習 摶聚也 ⿰木團大木 鏄利也 剸刈也

○波 弁小｜人名 覍周冠名也 舁古字 槃木名 絣仝弁 胖大也 柈糖幸 ○他 傳｜授｜布｜送 ⿰牛專牛牯

○曾 全姓也｜備俱｜齊｜ 泉水｜ ⿷匚全箕也 ⿷匚公仝上 牷祭祀之牛体金曰｜ 瑔玉名 葲草名

○入 蠕虫微動也 𪆰鳥名 撋擷| 㨎持也 擩祭器 瑌次玉 䁡田也 腝月垂 䙇褐也 偄弱玉也璣

○時 旋盤|斡|回|轉 漩水回 淀仝上 璇美| 玧仝上 檈仝上 烜明貌 圓規也 姍嫛行貌 璇小貌 楥木名

○英 員官|方| 圓團| 幀福| 袁姓也 園田| 轅|门橫木 猿猴屬 完|明 丸彈|绊|藥| 紈索| 芄草名

雈細| 鵑鳥名 損除也 鳩|鵜鳥喙蛇尾 褤表衣 貆獸名 灣水名地名 溒姓也 䓸草名 洹水名 豲豕屬 𧺝易田而居

屷大也 榬姓也 簑絡系 寏月垣 綄仝縫 鋎舍色

○門 瞞欺| 慲忘也 顢大面貌也 䤍坏酢 鬗美也 蹣踰墻 脕澤也 鄤地名 䤼塗面 𩞀力也 㪻無彩色也 穇稻之名也

○語 原在也本也平也 元大也首也 源水本|也 黿大鱉 頑愚|不才文鈍也 刓刺也 邧邑名 嫄姜| 謜徐語貌也 獂乾山有獸其狀|如牛而王足曰

蒝草名 䬸餌也 厡仝源 䶕鼠名 蚖蠑|蛇也 邍古字 杬木名 沅水名 𤛙牛三足曰 𤸎痺病 𤺊仝上 芫草名

○出 銓燒金之器 拴|办 詮擇言 輇仝銓 烇火貌 硂石名 駩白馬黑口 絟細布 攔暨木找也

○喜 煩|惱 繁多也 樊姓也|籬 礬|名 璠寶玉 蕃|息|兹 寰天子之內幾也 圜統也 儇慧也利也 環玉||澆 還退|归|

鐶指| 鬟総髪 闤市| 桓姓也武貌也盤|進 垣墻|卑也|高曰殬 凡皆也大概 帆船上慢所以汎風也 擷捼也 還反也 蘩菜名

鐶耳| 環姓也又國名 羦獸似羊也 𡯁辛苦行不得也 橎木名 薠草名 䕰仝上 緐馬飾 𧢼觀|礦斬末容 宣地名 𡘋奢|火也

澴波貌⿰氵還水名莧山羊細角蠜皇螽⿰馬樊馬不行也鷭鳥名棥籬也

倦下去聲

○柳亂不治薍亦謂之澤⿰𤔔攴煩也⿰爾攴仝上 ○邊判⿰番刂也叛反|背|畔田之界也

○求倦懈|縣府|香現⿰亻劵仝倦⿰車卷牽回也冢車之之也⿰忄眷回顧帣袋也淃水名⿱龹毛藥毛豢摶飯也⿱罒具目圜

○去⿱竹卷曲竹⿰韋卷曲也⿰金款燒鐵炙也⿰木款為棬仝義⿰禾卷手相迫也⿰米卷粉也

○治斷截|傳經|左|緞紬|段姓也⿸厂段框物也田圜几|也㫁古字⿰叀斤仝上椴木名瑖石似玉也⿰面段面員

○波伴|侶相|靽革也絆|倒⿰米半粉|

○他⿰足彔遠也疃禽獸所踏之処貒野脈⿰足彖行移之也⿰耳專小聲有耳瘓|疤

○曾饌饗具⿰木巽造也則也噀食乳曰|銓度也次也鑽|匙僎珍也籑產除

○入⿰金耎柔銀⿰需刂刺也⿰金閏仝⿰金耎愞懦弱

○時羨餘也欣也琁|石硂仝上石名鐉门鉤匙也颴凤轉⿰扌旋轉也⿱亼卯火種⿰木旋犬線線|檈味捻縼以長繩擊牛馬

○英爰|取也又喚也媛美女緩舒|寬也援校助牽引拔|瑗大礼之璧諼詐也忘也鰀魚名澣濯垢遠漸|⿰彳爰行也晥白淨

曼 姓也 淒 漫丨又不分別 澼 取水也 晥 明星

○門 晚 色肥 鬘 美鬒 輓 引車 籓 竹器 ○語 願 欲也思也 愿 仝上心丨 寏 垣院 ⿸厂睘 古願 原 心丨謹厚善也 瑗 大孔 褑 佩也

○出 攥 摜丨 攥 仝上 鑹 短也 劗 斷也 眥 小謹 遺 行也 攛 擲也 涮 洗也 灒 飲也 毇 小卷 孿 一乳二子

○喜 範 法也 凡 大也丨事 患 憂也病也煩也 飯 米賁曰丨 宦 仕丨 幻 化也妖術 犯 丨罪奸丨 范 姓也 官 倍日官丨 倌 仝上 豢 豕也

緈 馬飭 椑 無名之木 逭 逃也失也 䣙 酒熟 尥 意闷 閟 古文 棵 斷木也 槵 木名 覃 劣也 㹕 仝豢 睆 大目 訖 言急

恢 急性褊狹 梵 丨文 擐 貫也

檿下入聲

○柳 辣 辛木 竦 竚立 聱 不相对也 埒 庳垣也 捋 掇取 寽 取之易也 ⿰木寽 木名 ⿰虫寽 蛔虫 蘊 草名 哷 圭聲 㕯 言难

○邊 拔 抽丨擧披 犮 走貌 跋 丨涉 炥 火貌 鈸 鐃丨 魃 旱丨 軷 行祭道也 詙 所言 茇 菜名 馛 香味大也 擈 以手治物

乭 塞石也 越 走也 犮 犬走也非友字 妭 女禿無髮又美婦也 秡 禾傷

○求 ⿱厥木 栈也 橛 仝上 ⿱艹舌 草名 趏 走也 ⿱厥女 見漢牌丨 銛 良也 ⿱厥隹 鳥也 乆 短也 ⿰阝夬 裂也 決 花黃 ⿰身夬 欠丨 疦 病也 ⿰女色 仝嬮

湉 水流之聲 ⿰骨舌 骨端也

○去 劂（曲刀剖丨） 鈌（制也） 赽（疾馬行也） 叏（短也） 𦡀（臂骨） 䓣（草名）

○治 奪（搶丨也強取也） 䟤（跳足） 𡙡（取速物去之人） 窡（穴中） 鮵（魚名） 敓（生也） 痥（馬病）

○波 拔（推也） 袚（衣褉） 馻（馬八歲也） 废（舍也） 柭（藤屬） 笩（箄也） [illegible]（不色深也）

○他 爣（丨烷燒起） 遾（竹拖而行）

○曾 絕（斷也音也遠也恩也） 𢇍（仝上） 瀐（滿也）

○入 𣖾（水激石也） 瓀（玉名）

○時 㔍（削聲） 茇（枯也） 𧷾（草名） 蜥（蟒虫） 嘬（卷舌曰之聲鳴以丨聲也） 鏇（轉軸之聲） 揎（引也） 潠（飲歃） 𧺆（去也） 脩（無憚）

○英 曰（語也謹也称也） 越（發楊也又超也起也） 閱（观也容也） 泧（大斧也黃丨也） 䛞（訂立） 取（指目也） 䁝（目深） 粵（審察之辞省曰丨又） 𪀗（鳥名也）

鉞（斧也鈇也） 越（國名） 絨（采章） 妜（憂姤） 樾（樹陰） 㮛（仝上）

○門 末（無也木枝也勿也端也又尽也） 袜（足衣） 刖（斬足） 軏（轅端上曲）

○語 玥（神珠） 明（墮耳） 鈅（鳥器） 訒（怒也訶也） 月（日丨太陽之精） 抈（折也） 跀（斷足） 枂（去樹皮也） 仴（地名）

○出 䃺（石鼓聲也） 𠿟（大食） 紉（索也） 醛（盐菹） 𨡋（酒味变也） 敪（皮斷） 灝（不淨）

○喜 伐（征丨） 活（生丨不死） 罰（賞也刑丨） 乏（無也） 閥（在左曰丨在右曰閱） 筏（桴也船也） 垡（耕起土也） 𤣩（反正為下） 䀨（視也） 𡯩（行貌）

⿰木戉 木名

橃 海中大舟

岱 地名

濊 水名

⿰牛舌 獸牛以也

佸 會也

卷二終

渡江書十五音

卷三字母

姑嬌雞恭高

11 姑古固鴣糊怙槔

姑上平聲

○柳 觚聚中水物 乳小兒 螻釵馬囊也 蠦蠷虫 ⿰云兔兔子

○邊 埔草｜｜坂 晡申時日半｜也 逋逃也人負不物｜欠 埠官牙長舶船｜⿱镸云 補｜莿 匍｜匐 莆草名｜姜 ⿱竹浦笼｜

○求 姑且也｜姨 孤称曰幼而無父也 酤買賣之酒皆曰 鴣鳥名鷓｜ 辜罪也保｜ 枯｜槁 骷腰膃膝骨 菰香｜ 孤｜負｜弱

罛魚窖 觚酒器鄉飲爵有稜也 勾手曲 鉤｜物縣曲也 溝水｜ 鮕魚名｜魠 岵山無草曰｜ ⿱㚘見姓也 㓌｜仔

媾婚姻和也 搆結｜ ⿰舟古小船 ⿰黽包鼃類 ⿰古隹仝鴣鳥名 夃秦人市買多得曰｜ ⿱罒衣船上魚網 嫴苟且 蛄蝦｜ ⿰舟古酒具

呱啼聲 ⿰弓古小弓 ⿰古瓜王瓜 ⿰歹古碯也 罛大網也 ⿱竹⿰金古竹｜ 軱戾大骨也 柧棱也 桍木名 ⿰氵句水名 茹葵｜ 餉半飽

○去 箍以篾下物 ⿰米凡末｜油｜豆｜ ⿱艹扎草名 彄姓也弓弩耑弦所居 椏米｜

⿰金⿸疒市以鐵｜物 ⿱竹⿸疒市仝竹束物

○治 都天子所居｜城 闍城上之臺城內外也 ⿰者刂伏行也 ⿰賭阝賭勝也 屠宰猪 醏｜醬

○波 鋪張｜｜文 菩｜薩佛號 ⿰麥甫小麥皮也 ⿰麥皮仝上 麩仝上 吥不明 葡｜萄 逋欠也逃也 ⿱逋皿申時食也 鵏鳥名 晡申時 ⿰扌⿵冂甫持也舒也

○他 偷首且霸也盜也丨坐 婾丨客苟合 睮日阴丨也 睮仝上 ⿰王余美玉 鍮丨石銅似金也 ⿰火余火熄 悇怀憂 杼木名

○曾 租丨稅 徂往也 鉏土耨 諏隅也 緅青赤色也 緅仝上 鯫小魚 棸木名 芻刈草章也 鄒姓也國名 ⿰舟芻姓也 掫獸名

⿰王取玉名 騶丨虞仁獸走馬獸神 蒭傳曰芯丨 鄹孔子鄉名 ⿱竹聚竹名 殂死也 菆叢也 聊地名

○入 鄒美國 ⿰舟芻艆丨每舟

○時 蘓姓也紫丨 蘇仝上 穌死而生也 甦仝上 酥酪屬牛羊乳為之丨 橅林可染緋 踈不親 筲竹器 梳齒丨理髮 廋匿也

廖仝上 鄋國名 溲使弱 艘船名 颼風聲 搜手拉尋也 䟽仝不親也 娖仝上通也音踈 ⿰歹蕉爛也 ⿸疒穌病也丨熱 ⿰𤴔延門戶疏窗

⿰木叟求也 ⿱艹踈草名 瘦病也 搜丨索 蒐治鬼 ⿺毛叟紝毛有父 ⿺毛㐬毛席 ⿺毛麗毛礫也 櫢抖丨起也

○英 烏果也反哺鳥也 鳴嘆辭 惡何也 謳丨歌 鷗水鳴 摀汲水提也 ⿰木烏即弔丨又仝上 塸墓也又聚砂也 歐姓也 ⿱區心愁也

○門 摸手丨 恈愛欲貌

○語 捂逆也 洖古人名也

○出 粗丨大 麤不精 麆踈也 ⿸尸粗糞也 ⿰目皮丨皮 ⿰米麁米不精也 ⿰口麁呵比入也 ⿰氵麁水名 怚古通粗

○喜 呼丨喚 戲於丨嘆詞 滹水名 雽仝上 泘水名 軤姓也 謼仝呼嘆也又出息 虖仝上虎乳又姓也 垀垀也地名 虍呼虎文也聲也

⿰乎鳥鳥名 嘑聲也 ⿰日乎日始出也 歑吹息氣也 ⿰虖欠仝上 訏大也 ⿰言乎 ⿰扌⿱吅木衣上擊也

古上上聲

○柳 魯 姓也國名鈍也 虜 掠也 櫖 仝上罷也 鏀 剪膠器又一曰斧柄曰｜ 鹵 ｜葬西方塩地東方謂之屈也西方謂之｜澤也 擄 搖動 櫓 擼之重也

努 用力 拏 獲｜提也 塿 埼｜｜ 樐 動也 瘻 痘疹 穀 乳之異也 擄 掠也 ⿱鹵土 砂也 ⿱鹵豆 豆也

○邊 補 填也綴也 ⿰糸甫 織｜ ⿰土尃 古人名也 ⿰王卜 玉器 ⿵門甫 门也 餔 食｜物也 脯 魚｜骨肉 補 完衣 ⿰目甫 視也

○求 古 ｜今昔也老也大也 鼓 鐘｜ 估 ｜價 牯 牛｜牡也 罟 網也魚棋 詁 訓也 盬 塩也 笱 取魚竹器 狗 守夜家獸也 耇 老人面曰｜也

苟 ｜且 枸 ｜杞 垢 油｜垢也 賈 姓也商｜ 鼓 擊也 股 髀｜又生理凡｜也 羖 仝上 蠱 感事也又卦名 冓 中止下｜也 覯 見｜

瞽 眼不明曰｜也 ⿱殸目 仝上 蝦 福也 姤 ｜怨｜惡 枯 ｜槁 雊 鳥名 夠 多積利也 夃 仝上 ⿰角句 綿｜不直 賈 仝商｜也

岣 ｜嶁山頂 鈷 仝｜

○去 苦 劳｜辛｜ 口 ｜舌飲食言語 許 姓也音甫 ⿰言口 詳問 筈 竹岩 ⿰女苦 乃｜姶也 叩 京兆鄉名 楛 木名

○治 斗 升斗量名宿名 覩 見也 ⿰王者 垣也 賭 ｜博 抖 ｜敝 枓 拱｜ 蚪 蝌｜ 堵 壁｜ ⿰山斗 山名 ⿰衤斗 衫袖 阧 峻也 睹 欲明之意 ⿰者攵 伴也

○波 浦 水名又南地名 剖 開也判也破也 普 姓也又｜施也 譜 世系施｜施也 誧 謀也 尌 ｜耐 圃 種菜曰｜也 溥 大也廣也深也

⿰咅欠 匹侵也者路也 ⿰言並 仝譜 ⿰咅隹 雀者 掊 擊也

○他　圡 地｜　⿰豆欠 唾也｜舌　凸 高山　⿱艹⿰頁圭 禾苗｜芽

○曾　祖 ｜宗　爼 ｜豆祭器也以盛牲醴也　組 印綬　阻 ｜隔　徂 往也　殂 死也落也　珇 珪瑑之称亞起也又美也好貌　姐 女兄曰｜

走 疾也又奔｜也　誰 鳥名　⿰歹乍 死也

○入　⿰歹瓜 枯死　⿰禾舄 禾名

○時　叟 長老之称　瞍 有耳無眸　瘦 肥｜　櫢 抖｜　⿸厂叟 仝叟　嫂 兄｜　所 ｜在然也　遡 逆流而上　藪 犬澤　叜　廋 仝上　溲 便溺

○英　鄔 姓也地名　隝 山河小障　塢 山高　埡 小障也又曰庳城也　嫗 老婦之称　嘔 ｜吐　歐 姓也　漚 水名　⿺走區 走輕貌也　謳 相毀

瑦 玉名　⿸疒烏 疾也

○門　母 父｜　姥 自称曰老｜也　牡 畜｜又｜丹花　某 未定｜人｜物　畝 田｜　畒 仝上　⿱艹⿰田厶 仝上　脢 大｜指也　扗 手指　⿰母鳥 能言之鳥

○語　偶 ｜然匹｜　⿰亞頁 頭巾　⿰耳吾 听也　吘 和也　⿰忄罘 倉卒　⿰舟吳 舟名

○出　楚 國名叢木　濋 水名　礎 柱不石也　檚 木名　憷 痛也　⿰阝楚 阪也　齼 五味鮮也　⿱林走 行也　⿸疒楚 苦｜

○喜　虎 猛獸　虝 蠅｜　滸 水｜又｜苔也　否 不然　缶 瓦器所盛酒醬　⿰忄咅 小怨　琥 ｜碧松膠入地所結　唬 聲也　哻 冠名　吼 嚷也

汻 水汲　⿰虫缶 蚕臥　⿸虍勿 古文

故上去聲

○柳 鏴金色 瀘痞病 瀫乳之異者 橀桐木 轁憂皮也 忞思也

○邊 佈可作衣也 布仝上 傅姓也 圃|地種菜 怖星懼 蛂蝜虫 播農耕曰| 誧諫言 捬|散 沛地名 希仝布帛也 痡竹也 譒言也

○求 固堅| 顧姓也視也 頋仝上省文 僱傭也|倩 故|事又死也物也 彀弓也矢也持滿 痼|疾旧病起也 詬恥|詈| 句|堂

夠足日|也 購以財有所求也 構|造冞也 遘遇也 搆牽也 覯見也 雊雌雄聲也 裯祭也又陽縣也 掴亦縣名也 詢不忍其|

錮鑄鉄銅塞隙也

○去 庫府|貯物 褲裙|下衣 袴仝上 扣|除 寇姓也群行強刼曰| 蔲荳|藥名 簆織| 釦金色飭器也 叩問也|镸 寇鈔也暴也

絝版衣 窛仝寇 秙草| 㤜動刀 瘔困也 鷇鳥生須母食之

○治 鬬姓也爭也 鬪仝上 閗仝上勇| 妒|忌以色曰| 妬女而無子名曰|也 㱙敗也 疕乳| 蠹蛀虫也 斁敗也 𧳜龍皇名也 黕毛深黑色

宕懸| 秖國名 蝨虫名

○波 鋪|堂十里為一| 鋪仝上 柿木名 誧諫諫言言 痡痞病

○他 兔十二生相 吐|瀉嘔| 鵵鳥似鴟鵂也 魋鳥有毛角 透通||露 菟草名

○曾 奏 進言於正曰｜ 輳 輻｜ 湊 水名 敊 古文 咀 咒｜ 腠 膚理 獨 婦人妊身 飵 謁食 蒩 菜名 祚 福也 蹀 酒醉而倒曰｜

𡗝 古文 奉 仝上 敊 仝上

○入 葅 魚腐 齣 古文無孝

○時 素 自也平也 愫 真情 傃 循常公也 數 ｜目算｜ 塑 束之象物也 玕 玉名 訴 告｜ 愬 思也 嘊 嗌｜ 瘷 刻｜ 溯 ｜水

縤 系也 塐 擬土象物 蔬 草菜之食皆白｜也 𧩫 諳｜ 嫊 女字 榡 木名 諍 仝𧩫

○英 惡 恥也起也憎也恨也 亞 音惡 㴽 貪也 ○門 慔 勉也 躌 履也

○語 𥶃 竹名 晤 明也爽也 忤 違疾也 𩢴 馬驅

○出 措 含置也 錯 棄也 醋 酒｜ 䄍 年佟祭名 蜡 合聚萬物索享百神 䐑 膳也 榨 木名 蕮 鳥名

○喜 屖 ｜斗 厗 仝上 𣿇 ｜水也

鷗上入聲

○柳 頭 面折 瘻 疾也 㢐 隘也 臑 內消 掴 手動 鼓 擊也 皺 ｜癈

○邊 麱 ｜麨也 榑 ｜櫨 𢦬 開也 𥻆 米中也 愔 什也 蜅 虫卵 䬝 細風

○求 雊 鳥聲 鴝 鳥名 鸜 仝上鳥名 ⿰貝句 給也 枸 楮木 袧 面側 訽 恥辱 ○去 棝 斗可射鼠 苦 草名 ⿱艹酤 草名

○治 ⿰鹵殳 鹵地 芏 草生海邊 瘉 穢也 癒 仝上

○波 ⿱艹菐 草盛 醭 白也 ⿰扌⿱吉厶 古字 姉 美女 ⿰莆攵 草虛聲也 ⿰咅欠 苦言 ⿰王圤 玉器 ⿰禾尃 大豆 鵏 鳥名

○他 靯 鞹也 ⿺走秀 跳也 ⿱艹趧 草名 托 藥也 ⿱𠂊臬 木葉 託 毀也

○曾 ⿱艹秨 水芋 ⿰氵窄 水名 ⿰乍阝 國名 ⿺走乍 走也 ⿰⿸尸乍殳 視也 葄 藉也 蒩 仝上

○入 鏃 箭針有毒 蘆 草花飛也 ○時 嗉 鳥胃食也 摗 取物 醙 酒器 鬉 白髮

○英 霙 雨也 謤 相毀之辭 趨 走急列也 嘌 聲鳴也 ⿸疒鳥 疾病也 ○門 鷡 鴟鳥 ⿰車無 車轆 ⿰犭母 獸母 ⿸疒無 病也

○語 ⿰吾隹 鳥飛 㹳 獸名 ⿰吾瓦 一曰缶也 ○出 楚 跂也 ⿰禾芻 稷也 ⿱取酉 取酒 ⿰牛虘 牛名 ⿸疒楚 痛也

○喜 戕 滅也 ⿰扌虎 掌耳 ⿱雨夏 大雨 翟 青年白頭 醫 濁灑 ⿰女亏 好貌 浽 ｜鹵貪也 嬳 恣態 ⿰山扈 山名 鳸 鶚屬

糊下平聲

○柳 盧 姓也 爐 香｜火｜ 瀘 水名 臚 鴻｜寺也 纑 練麻也 轤 轆｜ 艫 舟名 壚 酒｜ 鑪 瞿｜劍名 髗 髑｜首中之骨 鸕 鷀｜鳥名

⿱癶虫 水｜虫也 鸕 ｜鷀鳥善能食魚身黑色也所生者子也 樓 重｜ 摟 牽也 漊 水名 螻 ｜蟻 熡 ｜豬 慺 敬傴 蔞 草名 奴 ｜僕

鴑下乘 孥妻｜ 盧飯器 帑仝孥 ⿰魚户｜魚 呶谁聲 ⿰忄怒乱也 鐃似鈴無鼓 婁宿名 僂俯也 顱頭｜ 廬舍也

蘆草名又溫和也 鸕鳥名 瓤瓜舟｜ ⿰玄氏黑色｜弓 瓐碧玉 ⿰盧瓜瓜屬 櫨水名 ⿰盧瓦瓦器 鑪仝上 謱謰｜ ⿰豆婁｜豆生樹生上

⿰貝婁貪也 廔窗也

○邊 蒲蓮｜水草 逋｜迦｜負 莆縣名 艀艇也 捕樗｜擲以為戲 抔手掬物也 袍龍｜ 酺醬｜酒｜ ⿰月蒪雉｜

匍雉｜匐 葡｜萄 ⿱竹脯竹｜ ⿱艹脯魚也 ⿱艹⿰月吉草名

○求 糊｜物 ⿰黍胡仝上 軲姓也 ○去 郀地名 ⿸疒胡瘦｜物但滯也 痦痷｜

○治 荼神｜門神之名 啚嗇也吝也 塗泥也徐也 圖謀也昰也 屠姓也宰杀 ⿰余阝邑名 揄引也 ⿰木兔木名 ⿱余土土也 ⿸疒徒病也 鵌鳥名 ⿰阝⿱余土泥｜

投擲也 途路｜ 瘏馬病 涂姓也 酴｜酥好名酒也 徒空也步行流｜ 骰賭俱｜仔 ⿰鬼荼即神｜門神也 頭顱也 圗古文 圖河｜

辻行也 峹｜山

○波 捗收斂取也張也 ⿰虫步｜埒似蝌 ⿺走甫｜壚伏地 晡申時 ⿰立甫物之端也 揷持也

○他 頭首也 涂姓也 泥土也 土｜墩 ⿰豆鳥鸊｜似鳧 豛繇擊也 ⿱镸厶亦首也 ⿺走祭⿺走甫｜伏地 ⿰山余山名 ⿰香余香也 揄擲也

○曾 雛鴨仔 鯫小魚 掫取也 ⿰足芻獸名 媰姓娠 ⿰斗芻量也

○入 礐皮膚成粒 葷雜草

○時 鞹鞹皮 鞍仝上 嗹使犬之聲 髮白髮也 猤獸名 膆豕犬音臭 牧牛二歲也

○英 胡姓也何也 湖江丨 媩女名 瓳水丨 楂棗名买抽丨也 㠸山名 頶牛頷垂也 壺地名丨興

○門 謀丨猷義也計也 謨仝上 牟邑名姓也 模規丨 眸目童子也 麰大麥 侔同也 摹丨搽 嫫丨姆帝妃 膜胡人舛称肉丨

惎受媛謀音合也 泙丨厓 漠砂丨 鮮魚名 蛑虫名 募愗丨 聠耳聞 悔愛也 蟆蝦丨雌屬 恈愛貌 橅模也 毽毛叚

○語 吳姓也 吾我也 梧木名丨桐 珸美玉 鯃魚名 鯸仝上 祦福也 魖鬼大又神名也 鼯飛鼠 蜈丨蚣 浯水名 娪美玉

齬齒也

○出 愁慘也憂也悲也 皷皮散裂也 酣酒棋 謳就也 犞略也

○喜 侯姓也美也公丨諸丨 㑃仝上 湖大陂五丨四海 猢猿屬 瑚丨璉 蝴丨蝶 鶘丨鵜 糊粘丨 餬丨口寄食 狐丨貍 弧木弓

瓠匏丨 壺酒器投丨 猴獸名 喉咽丨 篌樂名 餱乾糧 鬍多鬚 搠丨飯 衚丨衕街也 㼌取起水中物也 瓠仝上 顲言不正也

歈仝上 鍭頸銀 睺米身為丨 葫丨蘆 箶籃丨 嘝何也啥也 衚丨街小街方也 䈸㮔也 㲋丨褕小衫也 褔祭衣福也 瓠丨禮瓢也

瓳甌器 乎語助疑詞 醐丨酥 霮大雨 楜木名 瓠娄丨 糇丨糧 谿谷名 廟平也 狩犴丨貉 楂枣名 篰竹丨取魚

怙下去聲

○柳路姓也道也露丨水白丨璐玉名潞水名丨州輅车也賂賄丨鷺丨鷀陋鄙丨瘺癰丨瘡瘻漏滲也怒恨也

⿰言屚詬忽弩丨弓滷塩丨蕗丨蕎香花簬丨弓竹器簵仝上耨草器即芸田草擻丨物也罶丨圈取魚具也槈田具

⿰氵乳水名浼漚丨⿰言外急惡言也

○邊部姓也分也界也搃也統也署也捕執也捉也摘也步行丨足丨歨仝上古字走仝上哺食在心內反出卷子埠丨頭官訝之所抽得拇大丨母指

瓿甂也⿰馬本馬名勏用力也⿰糸甫粽丨草賻以財相酬⿸疒步復病⿰米甫餹餅⿰米步仝上輔車菌荹乱草⿰虫步丨蜞蟛屬

○求怙準丨父死曰丨母死曰特⿰忄固仝上岵山名詁訓丨待也⿰歹乚敝也胍大腹苽彫丨⿱大瓜大也構絮也⿱⿰古畐皿器也

○去峋丨嶁也山名眗不明日也

○治竇姓也穿也穴也度法丨⿰王度玉名鍍以金丨物豆俎丨荳珠丨為名渡丨舶过丨⿸疒乇仝上痘疹丨逗畱也脰頸丨

土桑根之皮杜姓也木名絕也窬水聲⿰車豆車轂肚五臟之丨䓾香草⿰土鳥丨鵑鳥名敼火燒丨了讀句丨⿱竹豆祭器⿰口賣亦作讀也

⿰女豆姓也⿰口鬭多言也⿰歹度敗也皁古丨敷興杜仝又閉也⿱穴豆陷竇也皷白皮⿱穴亘空也決也⿰虫度丨蝳虫名芏草名

○波簿數丨又領也籍也手版也廍糖丨蔀蔗丨誧諫也

○他唋吐也度丨量⿺走秀跳也

○曾 祚福| 胙祭肉 阼東階 助相|佐|益| 驟疾速 傯 謥 潨水湍急也 𧬘恶聲 𧢆問視 柞木名 莋水芋 飵謁食

錯仝上 詛盟| 麆且往 虘生虎

○入 摵成也 豦恶獸

○時 須醜貌 諍訴也 藪起物舉也 漱飯完|口 𥖃樓|取也

○英 芋土菓春種而類秧父無入谷 蕷宗帝曰助軍粮即山藥也 蕷薯|仝上也 𥢶|籃竹器

○門 慕姓也思|戀| 募招| 墓坟| 幕帷| 幙仝上 戊十干名也 暮日晚 懋|免|美 茂|盛|勉草木多也 楙鄙名

㑎鄙名 摹舞| 瞀明也 懋美也 愗恂|急貌 蓩草名 姆女師 畝六尺為步百步尺| 貿|易交關 鄮姓生 莍細草

○語 晤覺|睡| 悟仝上 寤|寐 誤診也 悞謬也感也銘| 五數名 伍姓也仝上 㦜倉卒也 𢙣悦| 𢝬古文 午十二支名

仵驗尸|作 𥙲福也 俉迎也思也若哭若呼其人逢化言之也 䮏馬名

○出 怚心不動也 犓牧牛羊也 蘽鳥窠 濋水名 𦡞膳也 𧎹蟲名

○喜 戶肩门曰又民家曰偏戶也 扈姓也|偟也 后帝之妻日皇| 互交|曰| 冱寒疑 護雍也助也 䅎度| 穫割禾 蠖尺|屈伸虫也

雨天水 濩湯藥之名 鑊鼎| 逅邂|相逢 候司|氣|時| 後先|遲也 祜褊也 楛大名 厚忠||重 乎語而禾定之秤

槴取魚之具 怘堅也 摢擁障 𤝞犬吠之聲 醐醍|酪酥之積液也 鳸桑|结作青雀 𤪄玉名 昈明也 雽不雨 垕仝厚

護 左古救｜ ⿸户木 古｜ 郈 地名 ⿰扈阝 地名 滬 水名 茩 草名 ⿰風后 風聲 ⿰糸后 所以收系｜系｜紗 ⿰糸互 仝上｜腳 ⿺走后 寒得 堠 五里一｜

婟 恋惜 涹 仝貪也上 岵 小山 彟 青｜山名又武則天其父之名 枑 馬行 歑 脫｜ 沍 閉塞不通之水 洉 濡水 籆 鄧魚具也 綔 佩印名也

⿰糸后 短衣 詬 諰言 ⿰言互 仝上 ⿰青隻 青｜山名 ⿰女互 好貌 ⿰扌扈 抻｜不順理也

樟下入聲

○柳 嘍 多言 砮 石可為矢 ⿰鼠兔 兔子 慺 悅也 ⿰盧攴 隱也 熡 火灭 盧 癱類 ⿸疒慮 痞病

○邊 郙 地名 鵏 ｜鳥 ⿰甫刂 裁也 ⿰身甫 小也 蓓 竹名 犃 短頭牛也 ⿸疒尃 痞病 ⿰舟尃 艇也

○求 樟 山榆 ⿰瞿阝 地名 鈷 溫病 ⿱山鼓 山名 ⿱穴瞿 穴也 罟 縣名 ○去 刳 破也 ⿱山叩 地名

○治 ⿰忄豆 怪也 ⿰月户 犬腹 蠹 蛀虫 濐 水名 ⿱穴豆 深也 篼 馬篼 ○波 吥 吸也 ⿰卑隹 枝鳥 ⿰月薄 雉肉 峬 好山之形 ⿺辶浦 逋也 捊 掬也

○他 悇 怀憂貌也 ⿺走余 伏地之名 嶀 山高險也 ⿰王余 清美之玉 ⿰亻序 寄也

○曾 ⿱作心 大怪 敎 進也 ⿰虘且 且往 樶 草聚 胙 姓也又福肉也 ○入 揍 和除也 ⿰舟若 舟坏

○時 擻 取也 ⿰蘇阝 鄉名 ⿸广穌 草庵 ○英 噁 嗜｜ 歍 吐也 ⿰石烏 小障 螐 蟲名

○門 鉾 長牙 犛 投也 ⿱敄糸 縛也 ⿱罒某 張網 ⿱艹某 草名 ⿰虫母 虫名 墲 墓地 ⿰巾每 巾也 慔 勉也 ⿱罒示 張網 ⿱艹救 草叢 醭 酒醬 髳 髮至眉也

○語 𢓜行也 鋘員山形也 鋙｜山形也又出金 ○出 㗙叱聲 𡁷仝上 䕢鳥巢 篘酒｜ 𥼶粉也 𥽮米不精也

○喜 霍鳥名 縠牛羊乳也 繇佩印系也 憮大也 彀弓滿 㤧和解 𣗳杉木 𤬪瓜名 盥器也 篌樂器 葔砂草 𧮫谷名

12嬌皎叫勪橋轎噭

嬌上平聲

○柳 瘷縮也 廫空虛 顟深目

○邊 標木枝举也表也親為｜繋紀於上為｜也 嫖｜嫩 臕馬肥 瘭疽病 褾神端也卷裹飾 穮耘田也除草也 𩼛｜魚袂也長魚落也 膔鹿脯 瓢瓠｜

○求 嬌美也態也 驕｜迭自矜也姿也傲也 喬姓也高也 嘄｜陽獸名 簥樂器大管 𡢽女名 翹音喬 𣿅｜得散朴 県断首倒思

○去 蹺企也舉足又｜蹊也 嘺｜嘴不順 橇泥行所乘 撬举也起也 𧺆擊也 鄡臭也 趫绔紐 毃擊也

○治 朝早旦｜夕 彫｜琢｜寒 凋瘁也｜落 琱玉名 雕｜琢｜刻 鵰鷲｜ 貂｜鼠 刁｜斗軍中飯器 刟割断音貂 鼦亦｜鼠也

𠜾刻也 裯死也衣也 𢭏按也 䘹短衣

○波 標木抄也表也｜牟也 飄｜飆風貌又吹揚也 熛火飛 漂浮｜流動 飃尻聲 縹輕舉貌也 摽｜揚｜記｜摩 螵｜蛸子螳螂也

麃舞貌耘也 儦行貌象也 猋走疾也又大凨 飆暴風後上而下 飈仝上 杓北斗柄也 穮耘也 剽｜掠 磦小峯 瓢古文

飄瓠瓜 醥呷衣也 僄輕｜ 勡功劫 慓急性 翲｜飛 臕｜肥 旚旛旗揚也 瞟目際也 檦古文

○他 超｜躍｜逸｜过｜羣 弨弓｜木｜ 挑｜欃｜取 ⿰扌⿺乚毛｜担 佻獨行 偷｜旧 恌仝上 祧千遠祖庙 迢遠也 洮縣名

昭儀人之言又咽鳴也 刁古戰軍士所所也｜起今又难 ⿰舟句甲器 鳭不孝鳥也 ⿰禾兆稻也又奉潮也 ⿰犭鳥｜鷯似雀青痕长尾 鳭亦｜鷯也

旳日晦 朧祭名 欲歊｜氣上蒸也一曰健氣足也 ⿰衤⿺乚毛仝祧 忉｜怛 ⿰鳥丂鳥名 聎耳病 ⿸广⿰耳斗斗房耳也 貂犬短尾也

○曾 蕉芭｜草 焦姓也大傷手｜ 僬倅｜短人 膲頭至心上至臍上至足為上中下三｜以傳遺 醮面小也 椒楜｜蜀｜ 招手呼也

昭｜穆天｜明也 釗遠也見也勉也 瞧目｜ 鷦小鳥 鼂蝘｜虫名 顦｜顇之憂患也 譙望解 鉊大鎌 鐎刀斗溫器 駋馬名

嶕山名 噍｜呼 ⿰召皮皮上魂也 膲三｜厚明府也 癄病也宿也 卲仝｜穆也 樵柴也 藮仝上

○入 犪牛馴伏也 皺皮縐

○時 蕭姓也获也｜條寂寞貌又｜琴凤之聲也 簫樂器 瀟水名凤雨暴疾聲｜二也 彇弓耳镸也 消｜除｜尽｜滅｜息 綃綺屬 霄九｜雲｜夜也元｜

痟酸｜頭痛｜渴病也 蛸螵｜ 逍｜遙也 燒火｜ 銷鑠也 硝｜牙 焇速小 ⿰黑肖近天氣 翛｜條 ⿺毛肖｜息 魈獨足鬼也

蠨虫名 ⿱肖手殺小 ⿰日肖古文 撨擇取 ⿰扌蕭把也

○英 腰身｜ 要切｜也｜求逑約也欲也 夭｜｜和⿰金單也又少好貌也 妖巧也艷也美｜｜祥｜孽｜怪 祅天反時地反又為｜祥｜孽｜怪災也 么小也約也

幺小也約也 饑腹丨 飢仝上 ⿰要鳥鳥名 喓虫名又鳥聲 ⿰虫要毒虫 葽草名 ⿰衣要衣衿 ⿰禾要禾名 ⿰禾夭仝上 紗少也 枖木盛

⿰木要枣名 餋餳也

○門 飄風動 鏢刀削 ⿺走票行也 ⿰虫少虫名 ⿺風肅咳氣 ⿺鬼苗鬼也 ○語 嘵人聲 驍操也

○出 鍫垂丨 鍬仝上 搜丨狄丨尋 撨丨⿰糸畐 超丨猛丨度 櫟船中椇也 稍凶飾 櫂船椇 祒人名 ⿰黑喿生麻

○喜 囂喧丨又丨然欲自得之貌 枵盧也 鴞鴟丨惡聲鳥也 梟食母之禽不孝鳥夏至捕磔之以县桂木上今謂之桂首為丨首之也 嘵恐惧患愬之生 僥偽也丨什

儌丨倖觀兆望也 憿仝上 邀遮也招也求也丨要 徼求也司祭以為自有 咢仝上 噭猿啼聲也 臱仝梟 ⿰木臱不平直也 ⿴行育偪也

⿰口杰聲也 矯短犬 獥狼子 驍馬行 ⿰石羽羽毛 ⿱大杰長大 毊大磬曰丨 ⿺辶查遠也 ⿱艹鄙草名 ⿰言号大貌

矯上上聲

○柳 了丨利丨火又曉解也 瞭目睛明也 僚丨繞纏也 蓼辛草 繚丨繞纏也 嫋丨丨又曳也長弱也 嫽好貌 釕玦帶頭也飾也 鄝國名

臱靦美 ⿰扌臱搦也 ⿰亻臱誠心 ⿰山臱山貌 ⿰木了次弟 鄡邑名 ⿰面臱面白 ⿰魚了魚名

○邊 表丨裏丨文旌丨丨親 ⿱衣表古表 裱丨褙 殍餓丨 莩仝上 諘讚也 摽丨落 芰零落 褾福端 ⿰票見省見 ⿰扌尌仝表

○求 矯詐也強貌檀丨妄丨 皎潔也白也又月光也 佼丨仔丨美 ⿰木覺撓水之聲 烄木然 攪乱也撓也手動也擾也 曒明也 皦白也 ⿰金敫丨耳

繳 ｜回　蹻 武貌　皦 仝皎　⿰衤交 総褌　撟 強也　璬 玉珮　暤 明也　譑 發罪入也　晈 光明　⿰目臬 明也　窅 深也

○去　髜 高也　巧 人性｜也　⿰山髜 山名　⿰巾喬 褌｜　⿸广喬 高屋　鄡 縣名

○治　⿰禾勺 禾垂穩也　⿰阝刀 山穴　⿰皀攴 模也　⿰山髜 山貌　嘵 相啋　髫 小兒垂｜　⿰召毛 ⿰旨毛毛　⿲亻丨⿱夂虫 虫名　⿰衤鳥 短衣　岧 山名　誂 弄言　⿰勺刂 取禾　⿰亻翟 独也

○波　皫 禽毛色変而無潤澤　醥 清酒　膘 脅後髀前之肉　蔈 草木零落又盛草貌　瞟 一目也　犥 牛黃白色　縹 白色

○他　窕 窈｜善心曰窈善貌曰｜　掉 搖動　挑 ｜弄戲也引也調也又｜戰也　䠷 身長　嬥 好直又往采也　宨 放肆　眺 明也　朓 月見西方　⿰忄勺 憂也

○曾　沼 圓也曰池曰｜　鳥 飛禽揔名　柖 樹搖　菬 草名　鵃 鳥名　⿺辶焦 走也　姊 ｜天　⿰耳喿 耳明　屌 男子陽物　苕 草名　茱 茱莫藥名

擛 菜名　剿 杀也

○入　擾 ｜乱煩｜　繞 姓也仝流纒也圓也　⿰足憂 足動　抓 乱抽招也　爪 手足申又牙｜又仝上　⿰豸柔 獸名

○時　小 細微幼｜　少 不多　篠 小竹　嬲 男曰｜女曰嫐　謏 謝也

○英　窈 窈窕幽深靜遠之意　殀 短折｜寿　夭 仝上　妖 ｜渥戲女　舀 掃｜也又｜水　鷕 鴆雄聲鳥聲也　柪 折也　⿰口夭 多聲喘息貌也　殀 死也

⿰女幼 ｜嫪不順　⿰召召 掃｜　⿰女要 細弱　⿰幼鳥 鳥名　⿱宀⿺乚目 冥也　⿰氵晶 水法　宧 闇迓　⿰方要 旂也　⿰木羔 木長

○門　杳 ｜冥深寛｜寂　眇 一來也尺微｜日也｜小也　杪 木柔歲采　秒 禾苦　渺 水流　緲 微｜　淼 大水也小盛貌　邈 遠也｜小又輕視也

篛小管 藐|遠|小|弱又輕|也 窔室東南隔 晶明也顯也 仯悚也 邇仝邈 穮禾| ⿱日乚望遠合也

○語 譊言也 獟狂大 澆寒浞

○出 悄憂也靜也 稍漸也 愀憂也 ⿰忄小仝上 峭山名 陗地名 僺僥|

○喜 曉明也旦也慧也喻也智也 ⿸疒堯欲潰 皢传也明也

叫上去聲

○柳 窷穿也 ⿰镸襄柔镸 顟镸長 ⿱罒翏無罟 ⿰翏攴小文長也 炓火光 繚纏也

○邊 褾領也又袖口今又作糊| ⿰口吕犬祭祀夜呼也 颮狂凬

○求 叫呼| 噭仝上 ⿰彳斗人行 ⿱穴⿰丁斗|窱又深遠也 嘄獸名 譥疼呼 邀小道 嬓古人名也 歊歌也

○去 竅穴也空也 徼循也境也迂也小路也又邏卒也 ⿱敫手擊也 撽仝上 ⿰高几⿱穴亢|高下不平 ⿱⿰丂乚穴亦空穴也 ⿱穴⿰句刂仝上 ⿰犭咎犺健 躈徐廣

○治 弔問佟也又揚也愍也 吊倍曰仝上 ⿰糸弔以绳縛| 釣|魚 伄|儅不樣 窵|遠 瘹病也 ⿰糸鳥|物 魡取魚

○波 票搖動也又牌| 漂水中又|係絮白布 剽砭刺也行杀人又剝也又輕視 勡功刼也強取也 嫖|姚官名 驃|騎 鰾魚膠 嘌叫也 皫白也

○他 跳|躍 眺目動 頫俯首而吁也又大夫眾來曰| 糶賣谷曰| 佻輕|無定無常 眺不正目也 趒仝跳 糶谷名 仯驚悚也 超仝跳 窱罙也

○曾 照明也 炤仝上 詔告也又敬道也又上命之|也 醮齊|安宅 卲|問音縮 ⿱昭土仝炤 爝火不息也|火炮也 釂酒器 ⿰阝星耕体日也 誚相積

趭神驚鬼| ⿰米⿰焦欠酒尽 潐尽也

○入 鄒 面丨皮眉尾攢 ⿰衤芻 仝上衣版丨也 縐 絺之細又感也綻伸 绉 仝上丨紗 ⿰亻⿱丑⿰丑丑 任身 抓 乱搔招也 ⿰火瓜 ⿰衤旁也

○時 肖 似也類也又不丨也 少 多丨 俏 好貌 峭 山峻 哨 呆容也又吹笛以未警 誚 以詞相責 賑 目丨張音 鞘 刀丨 嘯 口呼風也 歗 魚也

○英 要 丨約切丨几也愛也 捘 戾也 宎 室東南隅曰丨睹也複室 ⿰龠見 視誤 ⿰女頁 不隨

○門 杪 木末 篎 藥名

○語 劋 削也 顤 高也長也 嘄 叫也 ⿰土皋 伏土 尿 小便

○出 笑 喜而解顏又解啟齒 咲 仝上 ⿺鬼女 艷美 ⿰口愁 小儿聲也 陗 險也 ⿰扌肅 打也

○喜 ⿰犭臭 獸似熊者 哮 官音 ⿰䖒攴 悲意 歊 熱氣

勪上入聲

○柳 嘹 丨喨 ⿰足翏 走也 ⿺辶翏 往也 鐐 采也

○邊 飈 暴風 ⿰矢票 矮也 ⿰衤鹿 衣袖

○求 勪 赽也 譑 發罪人也 ⿰彳斗 行也 撽 擊也 敽 仝上 ⿰金敫 丨耳

○去 扴 剖也 ⿱殺心 敕也 ⿰口勃 丨之聲 墧 堅也

○治 嘀 卒聲 淳 水聲 扚 手扚 ⿰木寺 橫槌木也 ⿱雨毛 小雨

○波 ⿰糹尌 黃色 蜱 虫名 飄 小風丨丨 ⿰耳票 行听 彯 飭也 ⿰扌剽 藥也 ⿰票攴 打也 旚 搖也 ⿰氵剽 水貌 ⿰糹剽 白也 顠 白毛 ⿰票鳥 鳥名

○他 ⿰目刁晦也 ⿰犭隹斤也

○曾 蹭小步 唽鳥名 ⿰隹見目赤 ⿰衤焦拭也 ⿰焦欠聲也

○入 ⿱目爪緩也 砙石芽

○時 ⿰扌蕭擊手把也 ⿱艹少草也 釗美金 繫系也

○英 嗂喜樂 ⿰氵要水名 ⿱艹䍃蒲葉 䚻視也 熎尽也

○門 ⿰扌頪打也 ⿰矢苗豆禾

○語 撓持也 撟屈伸 嗅吽也

○出 簫竹丨 箫仝上 唼丨丨跳也 筩亦竹丨也 趥走也 ⿰扌肅打也

○喜 嘲言語相丨 啁仝上音周 謿仝上 ⿰米敫谷皮不破殼 臚曲腳中也

橋下平聲

○柳 僚明丨丨友又官丨也 嘹嗚也又丨亮清徹之聲也 寮丨聽也今俗作田丨 撩理也挑弄 燎庭丨火烛 遼丨遠 寥空盧窾丨 聊丨且丨賴又語辭也 膋腸間脂也 橑柏木 漻水深 ⿰氵寥水清 獠呼鼠曰丨 鷯鷦丨小鳥巢所結于葦苕毛結 ⿸疒卯疾也 ⿸广卯人名 蹘走也 繚索也丨繞 ⿰卯刂丨枋 嶛丨險 療病也 爒大婁 鐐金之美也 璙玉也力弔 ⿰衤尞猶丨 瞭明也 窻空也穴也 ⿰言尞言不定曰丨也 尞國名 敹擇也 憭丨慓 飂風聲 ⿺走尞腳長過溪 轑轉也 ⿱山尞險也 ⿱艹寮草丨

○邊 鏢鋒刀 灬烈火 墂封土 ⿰山票山具 幖幟也 瞟惡視 穮耘也 ⿱艹猋草名 ⿱麃土尽死 ⿰扌麃仝上

○求 喬姓也高也 僑人名 嶠山鋭而高 橋水樑 鷮雉聲 翹鳥尾也丨企也危也又丨首也 荍錦葵丨麥 茄菜名 蕎仝上 ⿱穴喬室也

憍憐也 ⿰喬毛丨毷 鐈似鼎長頸 ⿰魚本魚名 藮藥名

○去 蹺丨蹊丨崎 繑細也 鄡丨縣 趫舉足曰丨 趬仝上 鄡縣名 ⿺走支擊也

○治 朝丨廷 調丨和揉伏 蜩丨蟬 條丨數丨貫丨目丨臥小枝也 鰷魚名 肇丨轡 苕花名 迢遠也 笤丨矛 髫丨髫小見垂髮

岧嶤山高也 潮州名丨汐 貂丨鼠 琱治玉 条每丨一丨 ⿰歹翟牛至死曰敗丨 朝日光 淖仝潮 卣地名 ⿷匚攸同篠字

○波 瓢瓠也尋也 薸萍也 ⿱艹瓢仝上 萍生于水面 嫖倡妓丨表 漂水流 橐橐也 瘭疽病

○他 鮡魚名花丨 ⿰虫兆仝上 ⿸疒兆西生丨也

○曾 樵丨夫 憔丨悴憂患 瞧偷观之貌 鷦鳥名 顦丨顇 譙城上楼也 撨釋取也 ⿰彳肖行開 撓搔起 ⿰⿱⺈云刂遠見 妱女字 ⿱艹朝姓也

○入 饒姓也曲⿱镸云也當也多也飭也 撓櫂之短也 嬈嬌丨妍媚 澆沃丨丨旧 蟯腹中虫也今又丨也 驍良馬 襓矢丨劍衣 蕘薪也丨革養馬

硇丨砂即藥名 隢地名

○時 韶紹也大舜樂 鞀擊也 玿美玉 ⿱殸召仝韶 ⿰爿召牀別名也

○英 遙遠也逍也 搖動丨撼也丨乱 瑤瓊丨美玉 謠徒歌巧言 徭使也復也 颻飄丨天上風行丨動了物 窯燒灰丨也 䍃瓶也又藏向器

媱美好 榣樹動 洮水名 烑光也 猺狗種 ⿰衤要衣也 ⿸疒䍃瘞丨 搖捂丨 軺小車 姚姓也 陶姓也 嗂喜樂

蘨 蒲葉 ⿲弓䍃弓 分利便也 ⿰䍃欠 氣出 ⿰䍃瓜 瓜名 鷂 鳥名 ⿰⿱爫言欠 仝⿰䍃欠 ⿰瓜系 瓜名 ⿱穴⿱䍃心 燒瓦 傜 使也喜也 愮 心思 ⿰䍃兆 蓤萇 ⿰𧾷䍃 跳也 窯 仝瓦丨也

鰩 飛魚 嗂 喜也 繇 走也

○門 苗 姓也禾丨 描 丨字畫也 貓 能捕鼠之家丨 猫 仝上 ⿺鬼苗 蟲鬼 錨 器也 鶓 鳥名

○語 堯 丨舜陶唐氏字 僥 僬丨氏二尺短之至丨 嶢 高貌 蕘 薪也 ⿰耒尭 古文

○出 揪 丨物 携 行取 磦 小拳 挑 高也 魹 顛毛 ○喜 ⿱㚣男 丨嬲不貞正也 嫐 仝上 橐 張大也

轎下去聲

○柳 料 丨度丨计丨理丨量 廖 姓也 療 治病 燎 炤維也又熾也 尥 行脛相交也牛行腳相交為丨

○邊 ⿰彳麃 行貌 殍 死也 ⿱麃貝 賞也三軍 裱 領中 ⿰歹甫 仝殍 ⿰扌表 持也 俵 立也 芟 零落

○求 轎 肩行之草也 簥 籃興 蕎 蕗丨 丩 相糾 穚 井上桔樟 ⿰扌戠 以木捫網省文舉也 ⿺尢喬 不順

○去 澆 寒促子名 盱 直視 趬 舉足 ⿰虎尢 不平

○治 兆 事先見也又十万丨 召 呼丨 趙 姓也國名利也趨也 銚 丨仔燒器 晁 姓也 ⿰扌周 刺也 調 姓也選丨音丨才丨也丨和韻也致也箕度也賦也

肇 始也擊也長也敬也 蓧 去草器也 鼂 姓也音潮 藋 藜丨草名 苕 草名 庫 開也始也謀也 垗 垓域又塋界也 卣 草名 旐 北方旗書花蛇之丨

䍜羊末卒歲笤仝箒又單屬鼂仝晁䏚几途莜仝蓨朓字|

○波㬓昨乾[illegible]髮白　○他柱杉|音自窱室也穴也頫低首而听庤亦柱入

○曾掉搖動也噍音嚼齧也漢書裹城無|类言无有復活而食也誚相貴進走也蹝馬阻蹄又音助摷拘擊

○入尿小便屎仝上㞙仝上溺白馬|也繞圍也尾仝尿　○時邵姓也勉也高也香也劭劝勉自強紹續也維也佋介|[illegible]古文

○英曜日光七|日月五星矅自光耀光照顯|燿光|炫|鷂善補鳥食習仝耀覞仝上曤白色傜倜|癡貌昊光也

○門妙姓神化不側謂之|玅精微竗仝上紗仝上廟宗廟　○語繆系成|也𥉻忠目視也

○出逍立也踃勷急病也佋介行綃生麻帩縛也挑高也麨燠也愀色变潲峻波陗險也

○喜颮凤聲逡去也歊氣盛

噭下入聲

○柳罶魚罟摎攦也遼遠也深也𡏅垣也𣩊敗也炓火光賚火祭髎尻骨漻水清蟉虫名衦小襖

○邊摽大落熛雷動|至䁁眼視　○求噭不知貌也躈覞也

○去碻堅也蹻足高行也嘺不知是誰𢐗引弓嶠仝蹻割聲也　○治跱||难行蹢鄭|啁嘐聲帎繒頭歒笑也擮相当也

○波 瞟（乾也） 鷅（鳥名） 嘌（疾吹） 瞟（日肉令乾）

○他 朓（晦而見月） 摿（拳打）

○曾 噍（丨食） 鳿（聲鳥） 踅（踰也） 幧（拭也）

○入 犪（牛桑謹也）

○時 勪（助力） 硯（見也） 趬（行聲） 𩛠（小食）

○英 擔（招搖） 喓（虫聲） 吆（聲也） 覦（視也） 嶅（山貌） 憢（惧也） 款（出氣） 殀（舍物） 蟔（虫名）

○門 渺（水中草也） 熛（大也） 緢（旄系）

○語 嗂（喜也） 撟（人疣俸餠展虫姓也） 彏（弓利） 虓（不安）

○出 㫐（人言） 啾（近也） 趪（难也） 彯（弓弛）

○喜 馨（似梨） 燆（仝熇） 臯（楸清） 梢（似欄） 𡾰（山峯） 彍（弓便利也） 旚（旂飛揚也）

13 雞改計莢鮭易極

雞上平聲

○柳 醯（乾酷） 髎（有利骨之勧丨） 緾（系條） 屘（水僚之止） 遼（緩也） 鄗（地名） 砳（石聲） 幣（斷絵） 鼇（國名） 㤠（恐人） 綊（線也）

○邊 篦（竹丨） 鎞（丨鑿工具） 㡙（車帷） 悂（誤也） 桂（板也） 𧢼（横角牛也） 詿（誤也）

○求 雞（丨禽） 鷄（仝上） 笄（簪也女子十五日丨冠丨） 街（大路通衢） 灘（丨瀨水鳥） 稽（姓也） 幾（危也） 纙（魚網） 諆（謀也） 要（丨奸男子間發生性行為）

○去稽｜考｜首首也谿水厓川曰｜也溪仝上磎仝上嵠仝上縘悪絜蹊蹺｜觭牛角一一俯一仰曰｜也螇出螽似蝗嵇姓也山名

乩古字⿰虫谷似蝗也⿰⿱匕月旨｜首䭫仝上

○治低卑也俯也氐至也又宿名也羝牡羊⿰氐氐首垂鳥也邸姓也舍也至也頣仝上⿺是刂首｜⿺尢遞尵｜不能行也為人所引曰尷尷也傒重貌

夳大也臭糞｜彿体息喝城名眂日下

○波批｜信｜示佃｜收｜披開也分也⿰歹皮剖肉開肉躧踦也⿰皀刂旧⿰扌能仝⿰歹皮

○他釵婦人頭上金｜梯木稽楷仝上鵜｜鶘鳥名⿰角叉角之別名搋以手加物稊穢草似稗布也而生胎婦人｜孕⿰言耆退言摧｜托

綏⿰歹畏｜頹頭不正也鷈鳥名⿰口是不也⿰片虒牌也⿰月弟鼻木正也

○曾渣藥｜賫｜即緩也⿰米差邪研木也⿰米乍禾荳滓也齎送也持貴人也隮升也騰也躋升也霽升也齏陰胙切細也又碎也儕等｜類輩

薺甘菜⿰扌齐束也剤分也穄票器臍肚｜⿰齊阝姓也釮利也擠陷也

○入蠆毒虫⿺辶⿰矢言遠貌

○時西東｜方也棲鳥宿曰｜又雞｜也栖仝上恓煩惱煌也捿居也凄｜寒踈親｜犀猛獸樨月桂木名廝散聲嘶馬聲

梳柴｜理髮具也筬絃｜織具卤仝上卥仝上紗棉｜絹類沙細石砂藥名珠｜裟僧衣袈｜鈔｜鑼銅｜粆蔗飴卥東｜

梀 仝梳 蔬 菜丨

○英 挨 丨揀 ⿰亻劬 逼也 ⿰圭力 仝上 逘 進也 烓 丨欽

○門 ⿰氵敏 大水 ⿱竹敏 篾也 ⿰歹其 坏也 醚 酔也 ⿰糸米 細末 攠 鐘愛擊也 ⿸广麊 坏也 ⿰巳見 病人視也

○語 說 言不正也 棿 木名 婗 婦人惡貌 櫇 木名 蘔 草名

○出 妻 婦也夫丨 初 始也 悽 丨慘 凄 涼也 萋 草盛貌也 ⿱堂女 仝妻 ⿱山女 仝上 ⿸厂⿱明山 仝初古字 𡔈 武則天所制初字也 犁 牛角也 差 丨使原丨

叉 丙羊相丨 ⿰牛叉 托也 ⿰忄宅 未定 扠 挾取也 ⿰垂隹 鳥名 擠 拳加物也 杈 校丨 芆 草芽

○喜 ⿱罒里 姓也 醯 醋也酸醬也 ⿰目奚 目動 咳 丨瘷 颬 口門出氣 謑 恥辱 榽 大樸樹丨 ⿰目开 能直視也 ⿰奚頁 髟不正也

改上上聲

○柳 禮 敬也理也又丨素也 礼 仝上省文 醴 帷丨酒丨 蠡 蠹木虫也 澧 水名 豊 古字丨器 ⿺乚几 仝礼 ⿰豊攴 掘也 鱧 魚名 ⿱乚虫 小小虫虫

欚 江中大船 盠 飲器 ⿰禾豊 穛屬 ⿰舟蠡 大舟

○邊 把 守也

○求 改 变也換也 解 仝上 椵 禾名 ⿰女叚 好也

○去 啟 丨祭丨開其意未也 闓 仝上 諬 仝上 ⿰启戈 仝上 綮 骨也丨筋信肯結处 ⿱启目 省親 晵 姓也兩而晝界日丨 ⿱启月 仝上 棨 戟衣 ⿱启衣 仝上

⿱竹乞 簞也 ⿰車多 礙也至也 ⿰車启 仝上

○治 齒 盛物平器 底 下也至也 短 不長 抵 當也 鯷 以塩絮魚 痄 大也 軧 車后 邸 地名 ⿰底阝 姓也 ⿰革氐 鞋｜
○波 ⿰面凡 面貌 ⿰面皮 仝上 ⿰面比 仝上
○他 體 身｜ 軆 仝上 体 仝上省文 夻 臭也 ⿰糸豊 縺也 醍 酒鎰赤而紅也 ⿰車豊 輻也 ⿰子弟 小兒 涕 淚也
○曾 嚌 嘗也又人相｜ 鱭 魚名 鮆 刀魚 濟 水名 躋 升也 姐 姊之稱也 這 ｜个 隮 朝｜雲氣升騰也又隨也 蠐 虫名 姊 弟呌曰｜ 擠 排也陷也
○入 ⿰金弱 捌也 蠚 虫名
○時 洗 濯｜ 黍 谷名 扉 姓也又代木聲 欸 吹起也 傻 行人 洒 清也 ⿰氵丽 ｜掃 ⿸疒虎 疫｜痛疾
○英 矮 ｜高 踒 仝上 啞 ｜曰不能言也 瘂 仝上 ⿰身委 坐倚貌　○門 買 ｜賣 馬 牛｜ 鰢 魚名 碼 石｜ 瑪 ｜瑙
○語 睨 睥｜人邪視也 鬩 閱也訟也 詣 追｜至也｜視 盻 恨視 豙 豕豨 家 仝上 斥 鹵｜ 郳 城上女墻 ⿰兒攵 敀也 栺 木名 ⿱兒木 才名
⿰氵齒 燒私枝取米也 猊 獅仔 ⿰衤兒 衣袖 晲 日佚 ⿸疒兒 眦恨 槸 木相磨也
○出 泚 汗出貌又清水 紕 帛文貌 批 捽也 ⿰目比 目相怀反 ⿰比馬 馬名 扯 相招為｜ 榰 木名
○喜 眭 目深恶貌 疚 病也 ⿰夂色 黃病 睡 仝眭 ⿰亻褱 開衣 謑 恥辱 ⿰目奚 目動
計上去聲

○柳 蟄綏也 颸急凬 㩮聲破裂也 迾||聲也 劙割破 綟線也 敳敵也 沵陰淄氣乱 ⿰氵隶水下 礰石聲 ⿰忄貳性快

○邊 蔽遮|擦| 鷩|雉似山雞而冠小 弊敗也恶也又姦欺也 獘仝上 敝破||坏 斃死也 幣帛也財也 鼈獸名

○求 計|策算| 繼紹也續也 ⿸疒齐瘡| ⿰虫㡭|嘆出名 檵枯杞 䜭古字 檵枯杞藥名地骨皮 架筆| 價|錢 嫁|女 薊姓也

⿱殹言言無次也 檕耑木 ⿰糸罽氈類

○去 契|字|券 喫食也 ⿰契見見也 ⿸尸⿱罒兒獸恨石動 禊臨水拂除不祈 欸吹火 愘多也 ⿸肉夸肥肉 甈瓦器 蟿螇蚸 ⿰忄契心安

○治 帝君也天子曰| 戴姓也 諦審也 蝃雷也虹也 蔕根| 嚏噴鼻氣也 滯水滴也 禘祭也 偙仝行 塊丁也 腣大腹

⿰氐瓦大瓮 㨟撮取 ⿰扌祭兩手當心持人也 趆走也 媂圍室神也 ⿰扌底摘也

○波 帕手|布| 紕紵|麻| ⿱分水分枲 ⿰糸𠂢散系

○他 替代也衰也 揥摘也 涕淚也 殢極困 啻正也不|言不止也 締|結|交 剃削髮 达行也 禘上者之大祭 退倒| 諦察也

洟代也 殀極也 鵜鳥名 屜鞍| 偙困劣 笶車節 挮拭也 揥|枝整麥 ⿰衤关補也 髢髲|

○曾 祭|祀至也 濟|度通也事成就也 ⿰歹析前也 ⿰巾齊麻斉山紵山名 淦古字 穄票名 際|會边| ⿱祭心孕病 瘵劳病 霽雲止也

縩|續布| 漈水名 嚌飲至齒也又|象也 債尔|負| 鮆鱼名 製剪| 制|勢|冕|臺 ⿰火乇火也 ⿱穴乇穴也 迣列也 ⿰祭阝邑名

⿰目祭光也 縩續｜布也 ⿰酉責酒器 ⿰彳啻步立

○入 ⿰骨意骨心之物 ⿱⿰歹耳心除惡氣也

○時 細｜小｜微｜祥 灑｜落｜流 洒仝上 ⿱殹肉｜肉也 婿女｜ 壻仝上 聟仝上 ⿰女匈女字 洶水出汝南 世后｜ ⿰氵⿱西日刺｜掃也

迸遊步 ⿰山匈山名 ⿰木匈陽山山名 ⿰少刂刺也

○英 泄洩也 嫕葉順 瘱靜也 ⿰氵葉烝蕙 袣衣袂也 ⿰車曳贈草馬也 ⿰忄曳習也明也 ⿸疒殹據聲 ⿱宀要婦人疾也 曳兵器 抴引也

○門 謎隱語也 ⿰目見病人視也 ⿱白小布帛 ⿰貝隹鳥名 ⿰忄迷慔也 ⿰歹米米坏 ⿸尾曳長尾也

○語 囈眾言 寱睡中之語 覞棗視 蘱草名 ⿰革曳寐言 讛仝上 ⿰女藝靜也 ⿰木藝木名 ⿸疒見眥恨 ⿰火虎息虎

○出 ⿰米祭米｜ ⿰米畐仝上 刷鏅｜ 耗仝上 ⿰口妻先尝 砌｜庭 妻以女嫁人曰｜ 瘥病少愈也 嗄破｜ 咤怒也 廁｜池

蠆尾長曰｜尾短曰蝎 蔡鳥巢 穄仝⿰米祭 ⿰耳祭听也 甈甃也 ⿰石刂階也 ⿰舟戚舟古｜文 還古文 ⿰扌祭挑取

○喜 槸木枝相磨 蹊待也 䫣一日恐也 欪笑也人氣超聲 潓水入廬江之聲 黊黃色 㥝恨走 妎心不了也

莢上入聲

○柳 ⿸疒麗一日｜瘦 唳見聲 劙｜開 栗樹名 霹雷疾聲也 綟綬也 ⿰忄列恐人

○邊 伯父之兄也 百十丨為丨 栢松丨 擘丨丨開也 叭開口也 八賬数 捌仝上 振丨裂 擽仝分丨也

○求 莢荳丨 骼骨丨 隔丨斷 膈心丨胸丨 䈇竹丨 搹丨開 格字丨丨局 蛒圡丨 夾皂丨藥名 裌丨裏 鍥仔丨刀屬

薊姓也地名 垍堅土 墼坭丨

○去 客人丨冥丨 揢多計 愘仝上 𥄎目丨 䀢目丨開口 䁈仝目丨也 𥳞竹丨 篋仝上 䁓仝上 碦石堅

○治 簀床丨 壓上而丨下 啄鳥食貌也 棏蚕丨 窄狹也迫也 㴑水落地也 𤗚仝床丨也

○波 𤗆破也 減水白也 珀丨玉 羃網也 敀附也 洦密也 糪米熟之米 䫙長也

○他 裼剎丨赤身 鯣丨少魚名 㦚心安 𤗪牌也 榙竹器 積白米

○曾 仄平丨 績紡丨 節年丨 揤拭也 楖梓也後也 椔不立死也 豈山也 瀄水梱偰也 雀孔丨鳥名 濈水丨乾也 椗手丨 昃

○入 凥止也 𣩅病也

○時 雪霜丨 雭丨丨小雨 涑水雨之水 厏狹丨 䛓釋典 䛓說丨話 刷漆丨音說 𥸤丨丨小雨 窄米迫 𩂢小石也

○英 厄丨運 𣲗水冷虎丨 軛犁興久車駕牛 伌當也也戹困從 呝隘喔聲也 戹喔丨聲也 局吐也 𧠟視驚貌也 㾜瘡餂 呃不平之聲

餇不得食也 欱笑語 𤜡豕也

○門 称(予也) 㥸(心感也) ⿰女迷(女字) ⿸尾鬼(尾長) 帛(布帛)

○語 鍝(以表識也) 栺(朽木名也) ⿰契阝(遂地名也) 碲(獸名)

○出 撮(三指為｜) 冊(書本) 笧(古文) 柵(豚｜) 哧(睹甚作事) ⿰忄責(耿介) ⿰言桼(譪｜和小語也) ⿰土臿(累土) ⿰豸白(柔取物也) ⿱冊曰(告也) ⿸疒惠(病也) ⿸疒享(仝上)

○喜 嚇(聲也) ⿰木赫(裂也) 宿(暫｜) ⿰赤見(見也) ⿰巾閲(赤紙) 榽(木名) 抚(拭也)

鮭下平聲

○柳 黎(姓也象也破也) ⿱𥝢心(恨也) 犂(耕具｜耙) 藜(可作杖也) 蔾(草名) 瓈(玻｜鏡也) 黧(黑色言愁思也愁積色面垢黑) 鑗(畚｜田器) ⿱𥝢手(手持也｜長也)

螺(海｜田｜) ⿱𥝢目(目閉) ⿱𥝢瓦(小瓦) ⿱艹⿰禾力(地名) 詉(譇｜) ⿰黎阝(地名) 樆(山｜) ⿰木黎(木名) ⿱𥝢隹(鳥名)

○邊 鈀(軍器｜戈) 爬(搔｜) 杷(枇｜菓名｜朳穀具) 琶(琵｜樂器) ⿱竹色(箱｜) ⿰忄圭(誤也) ⿰酉巴(醬也) 陎(階｜) ⿰酉畢(仝醉)

○求 枷(形罰罪人) 拁(仝上) 鮭(魚蝦之酢) 蛙(仝上) 畸(殘田)

○去 挎(抗也) ⿰目奇(目一隻也) 躸(脛也塞也) 屏(閉地) ⿰亻頻(方相) 徛(占橋) 攲(不正)

○治 題(品｜｜詩) 蹄(腳｜) 蹏(仝上) 媞(美好) 腣(仝蹄) 鶗(｜鴂也鳥名也) ⿰鳥是(仝上即子規也) ⿰帝頁(仝上) 罤(兔網兔弶擊其腳也) ⿰弟瓦(同甂甌甂也)

偍(難進日｜) 焍(焦也) 瑅(玉名) 荼(｜心) ⿰金虒(器也) 銻(仝上) 諰(言不懈也) 䊞(米｜) ⿰飠是(仝上) 騠(報也) 諰(不懈) 緹(黃色) 梌(｜闌木名)

○波 膍(厚也) ⿱艹毗(野草急長)

○他 提 丨趆丨掔 瑅 玉名 禔 福也 鶗 丨鴂鳥名 堤 坼也 隄 防也岸也 鶙 鳥名 䳇 仝上

啼 鳴也鶗也泣也 渧 研山搥也 罤 網绳 鞢 常也 啶 姓也 鞮 仝鞢 褅 小衣 遆 姓也

惿 心怯 楴 研菜搥也 牓 方杖 离 木考

○曾 齊 姓也國名又整丨也 蠐 虫名 臍 肚丨 亝 古字 亝 仝上 鱭 魚目丨 膌 仝臍 鱭 魚似鯉而小也 齊 等也 斉 疾也

薺 草名 棓 病也 釱 利也 离 离丨為右

○入 𪗁 無考 嶗 敗絕 ○時 鍪 五色銅也 誓 悲聲 粞 碎米 剨 割肉 腮 項丨 嘶 聲破

○英 鞋 履也丨袜 鞵 仝上 謑 言壯貌又数相怒也 戴 裁至 个 幾丨 ○門 迷 丨惑丨乱 憗 心惑 麛 鹿囮 帟 布帛幅邊 謎 言惑也

覭 病人視貌 麛 仝鹿囮也 罙 深也 罙 苦也 麋 壞也 獼 丨猴也 蒁 草葉似榆 㒈 山名

○語 倪 姓也端丨旄丨 霓 虹也雲丨 猊 狻丨獅屬 輗 轅端橫木 麑 鹿見 鶂 仝上 裞 衣裗也衣綏也 齯 老人齒髮黃丨齒壽 婗 嬰女倪人又惡貌啼聲

眝 目眣 鯢 回蹄似狡 䍙 羺丨胡羊名也 㑆 伴木知也 𡃅 聲也 伢 丨保 牙 象丨 芽 荳丨 衙 丨门 郳 國名

○出 跙 不能行也 躍 仝上 蹓 仝上 㒁 仝上 趧 進也

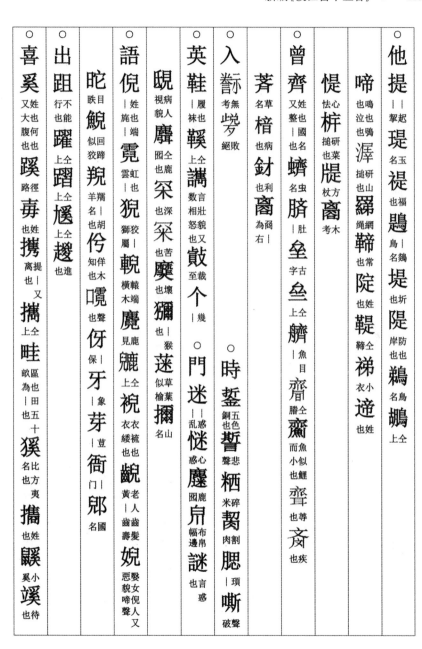

○喜 奚 姓也何也又大腹也 蹊 徑路 毐 姓也 携 提丨又离也 攜 仝上 畦 區也田五十畝為丨也 𤞞 比方夷名也 攜 姓也 鼷 小奚 徯 待也

溪帶也 遐遠也 瑕|疵 霞紅雲曰邊形雲 蝦魚| 鰕仝上 豭牡豕 郘地名 磎奚也空也 奊獸跡邑名 嵇山名 赮赤色 蕸草名

易下去聲

○柳 麗著也附也又光明也 麗仝上 戾敘也曲也罪也重也 鱺魚名 隸附着又皇|也 勵姓也 荔|枝菓名 厲嚴正列也猛也悪也 礪砥石磨也

曬日光 棙木名 癘癧也一曰瘦里也 覼疾視未明 䚕仝上 篱飯| 逮從也也流臨也 鬁視貌 禲仝上 例價|古|上|

孋|姬 栛果名 櫔木名 棣生可為昏 櫞仝上 欐棟名 濿浚水 翼別也 錑平鐵木也 颲急凨 悷悲也

○邊 耙乃平田園之器 爸|子 ○求 易不难音異 下高之对音夏 低|也音氏 卑仝上 嚱聲也

○去 䁯目動貌也 眪人視 嗽吹聲

○治 地天| 弟兄| 第次|门|草也 棣木名花名郁李也又車下木也 娣女似妯|娌也 悌愷|樂也又易也 苐草名似蔴可織夏布

遞更迭也遠也易也又帝帶 遰|鐘樂器 埊仝地 岱地名 袋布| 埭|田 諦審也 馱鳥名 遆送也 递仝上 墜古文天|

墬天门地庂 甋甌也

○波 稗葉似苗而子似委也 ○他 蚱海味 漽研米槌也 鮆仝海味也

○曾 寨營| 乍忽也 䄍年終徐名 蜡蛇也 蛇虫名 多不少音刀 坐竹| 洌水名 呰石| 迮行也 鯯魚醬 淛水|清也

癠病也丗列也堞|睚⿰犭𡿺雌榕

○入⿱艹⿰貝虫虫入木根⿰山坐半行半止

○時誓之|硒行也讕讕|語不正也⿰金⿱山斤盟言⿺辶曳踰也⿰羽角角豎⿱竹⿰氵巫水涯⿺走折踰也⿺辶筮大也⿰糸敕賴|衣破⿱㓞冏刈肉

○英廈|门地名⿸广下仝上下天|⿱艹夏草名會能也音会能事寧办音|又⿱髟殹黑髮⿱髟医仝上

○門賣買|袂袖也圂地名

○語藝才也常也種也工也羿人人古之射師⿰衤丸仝上寱睡語囈呼象言也迓迎也御仝上砑展光訝怪|帠法也舁仝羿

⿱羽弓仝上⿱羽弓古文疚病也⿰歹虎死纨息

○出坐當藏儊仝上嚌象口沏水聲礎柱不之石苲渣滓

○喜繫維|結也縛也係關係系世|緒也譜|聯續蟹毛|⿰王幵人名禊除惡祭名⿵門兮門扇⿰亻⿱兮言債也繫仝系兮歌辭⿱兮大仝上

夏四時之|下天|厦大屋暇閒|一古字禱|祈音倒⿰女害疾|⿰忄奚恨走⿰舟奚重舟⿰衤系帶也⿰亻⿱兮言待也⿰扌系|換

極下入聲

○柳⿵門屬門冊||⿰磊刂|開也⿰麗刂割破笠頭上帶|裂破也靂雷聲霹|鱱鮁|魚名⿰歹析破|翟黃|鳥名⿸厂⿱到金银铜鉄之聲也⿱列巾帛餘

○邊白五色五｜帛布｜腳｜拔物｜長也苩姓也草名⿱雨畐下漬葉也○求⿰扌亟不順理而相｜嗝雞禽之聲｜｜逆不順毃戕也

○去匧｜草唯也屏｜倒也喀鳥聲⿰口豈小語城名謷敵也謦聲也愘伏計○治汐海水｜也奪搶｜唬号也⿱竹丙以竹補也

○波擘擊也檘木名霹雷聲○他宅厝｜厇古字提｜物矺研屬⿱山乇山貌宒仝宅

○曾絕斷也｜種⿰氵疌不乾也泒仝上削以刀｜物靳仝上○入⿰衤若衣破偬病症

○時褫頸｜似領撕擡｜躃施行⿰車色車轉戾也○英狹小也大也啞聲也歎吐氣咒嘔聲⿰耒寻谷｜歔还氣欲吐

○門麥五谷也砞碎也⿱艹酥菜｜子也⿸厂規菜｜子也⿱氏目邪視○語玉洲｜地名刺割也⿰衤執襦衣

○出嘍行常噣叱聲⿱甚瓦雍破聲也⿴行直直道

○喜⿰扌赫擊也霹病雷聲也⿰忄畫乖戾⿰言萬｜壯⿰辛畫辣｜⿰婁欠小笑歎吐氣⿰犭畫獸名

14恭拱供菊窮共局

恭上平聲

○柳⿰飠龍｜餅礱磨也輬轀｜⿰酉京醬水陵山形悢悲也沆事有不善⿱吅鼓鼓無聲也

○邊餗｜饞貪食⿰飠彔仝上弸弓貌

○求 恭(謙｜｜敬) 共(仝上平聲) 供(設也也具也養也拳也進也) 蛬(蟋蟀) 龔(姓也平聲) 弓(｜箭) 躬(身体屈｜) 躳(古字) 宮(｜殿｜室)

⿰虫宮(守｜虫也) 肱(足｜) ⿰礻弓(裀袜｜禎) ⿰目共(｜晦韭畦也或作恭) ⿰目恭(仝上) ⿱日廾(扶也) 杛(木名) 殭(死不朽也) ⿰氵宮(縣名)

○去 穹(｜蒼天｜高｜) 芎(川｜藥名) 鞏(姓也固也) 銎(谷空受柄) 蛩(獸名) 跫(行聲) 蜣(蛣｜啖糞夫轉凡虫也) ⿱冐躬(謹也敬也) ⿱宀弓(天形)

○治 忠(｜敬｜直｜厚尽｜) 中(不偏半也又｜央也) 張(姓也開也) 餦(｜餭) 妐(央之兄也) 慞(｜惶) 䛫(誑也)

○波 ⿰目丰(不見) 硼(石聲) ○他 忡(姓也憂也) 衷(正重衣也折｜善也誠也) 狆(鑿水聲也)

○曾 鐘(姓也當也又｜鼓也) 鍾(樂器) ⿰爿手(扶也) 終(尽也極也窮也卒也) 螽(｜斯虫名子生幾丁九) ⿰歹冬(與終仝也) 舂(｜米擣米) 惷(｜愚) 刣(乱前物也)

摏(仝春) ⿰金章(仝上) ⿱雨重(陰陽｜｜傳為一周) ⿰夂殳(尽殺也) 鴤(鳥名) 鈆(米鉄) 章(文｜) 漳(｜舟) 障(岸也) 柊(｜楔) 汷(水名) 泈(仝上)

⿰火公(熱也) 將(｜来) ⿰爿又(仝上) ⿱爿身(古字) 粻(粮也)

○入 秏(細毛) ⿰酉戎(酒名) ⿰冬隹(鳥名) ⿰木茸(木名) ⿰扌戎(擊也) ⿰茸阝(縣名) ⿰茸攴(盗也)

○時 嵩(嶽｜山漢武登｜山) 菘(尖高菜名) ⿰氵公(｜江名在呈群也) 湘(｜江水名) 鍚(傷也) 鎗(仝上) 鷊(｜鴹鳥旱天不語也) 襄(地名) ⿸疒相(疾也病也)

殤(未成而死曰｜) 鬆(輕也又髮｜也) 傷(患也) 商(工｜) 賨(仝上) 娍(姓也｜吞悲卵) 憓(了慧) 相(及也) ⿰扌慈(小籠) 淞(水名)

⿰氵商(水名) ⿰火於(火坑)

○英 雍姓也和也又邑名也 饔朝食曰｜夕食曰｜ 雝群｜大子孛名 灉河水泱出而復入也 癰｜疽病名 嗈鳥聲｜和 ⿰氵邕水出 噰鳥聲

⿱雍田雞頸即供食也 ⿱雍玉玉名 姎自称我也 ⿰女邕之人好｜女美貌色 泱水流｜｜ 雵日雲

○門 ⿱⿰東東曰明也 曹姓也蒙也

○語 ⿰口顒嗢聲 蛩｜二虫名 孃少女 ⿱巩馬獸似馬也

○出 冲幼少也相｜也 充長也 克仝上高也 昌盛也 菖草名 ⿰禾昌糠也 閶戾門 鼕鼓聲 從｜容舒緩貌也 衝當也向也又通道也 ⿱宀夹水也

翀直飛上也 种稚也 憧意不定也 沖｜蠕水手動貌 蓯｜蓉藥名 㤝心動 罿干｜罬鳥網也 ⿰王充珥玉也 ⿵門童门聲 忡憂心之貌

⿱穴中穿也 茺草名 ⿰豕童土豕 蹌升貌 鏘金玉聲也 斨斧也 槍姓也木名

○喜 胷心｜ 胸仝上 恟｜奴北夷 洶水名又勢急 㳡仝上 詾訟也又眾言也 訩仝上 凶不言 㐫仝上 兇惡暴也 ⿰歹凶仝上也

酗乱于酒也 恟懼也 香焚｜ 皀仝上 鄉｜里 膷牛羊

拱上上聲

○柳 籠可藏物器養鳥｜也 簍仝上竹器 ⿱龍言磨人氣而也言懼也 瓏玲｜玉聲 曨曈｜日出 兩｜端 倆伎｜

○邊 ⿱夗蚲虫行 ⿰石迸不平

○求 拱｜照兩手合持 栱方栈也科｜也 共向也 龔姓也 ⿱君石水返火石 ⿰斗共｜斗 ⿰忄共悼也 拲罪人兩手 桊仝上 巩璧也 繦錢貫

⿱巩缶 仝⿰缶瓦 鏹 買錢 擧 姓也 䱋 魚名 鞏 丨固以皮束物也 輁 丨軸 ⿰酉蛬 葅也抱也巩也 巩 抱也

○去 恐 懼也疑也慮也 患 懼也 恐 懼也 ⿱巩黽 地名 ⿱工心 古文

○治 長 丨幼 瘇 腫足

○波 ⿱艹⿰礻奉 菜名 磅 石破

○他 寵 恩丨愛丨尊丨榮丨 塚 平曰墓封曰丨高曰坂也 冢 大也丨宰 ⿰山冢 山名 竉 等也穴也 埫 塎丨不安 ⿰氵冢 水名

○曾 種 丨子也 腫 疾之丨也 踵 足跟也又輕也 瘇 足丨 尰 小是即徵且丨 煄 火燒起也 㑣 水流貌也

○入 ⿰鬲毛 健也猛也決也果敢也 冗 散也雜也剩也忘也 ⿰扌冗 地名 氄 鳥細毛也 攘 丨羊盜也 蘘 荷草 甬 解也卷直 軵 推車 ⿰甬毛 細毛 搑 推擣

○時 聳 高丨驚丨欲也丨動聾也 㩳 挻也 嵸 山峯 悚 懼丨丨怖 竦 丨動不敬也 ⿱雙足 舉足 賞 丨差罰惡 ⿰山雙 山高貌也 ⿱⺮耳 仝聳 ⿸戶同 戶耳

鯗 乾魚臘也又陽丨也 晌 丨午

○英 勇 健也猛也決也 甬 卷直丨道 俑 位苑土木偶人也 踴 躍也又則足也 涌 泉上溢也 湧 仝上 ⿴行甬 官府中道曰丨甬道 瀁 水貌 筩 竹管

悀 怨恨 ⿰至戈 猛也 養 丨餵 戚 古丨 ⿰革羊 治皮 瀁 水貌 羧 養也 ⿰昜羊 仝上 蛘 蟻名 緓 纓卷 ⿰谷彡 餧貌 ⿱癶交 古人名也

⿰氵恿 丨徉劝也 攁 動發 埇 地者

○門 蛧 乃山川之精也 輞 車丨 棢 木名

○語 仰 丨望瞻丨 卬 仝上 眏 無背也

○出廠大屋無礕曰｜踻踞也儆高｜開也憿失意鷩鳥毛慫｜慂劝也

○喜享泉啌哅衆言覂覆也饗飲也酒｜響聲｜响全上嚮全上曏全上晌｜午響應聲亯古字

絅綿也宧韻聲也

粠上去聲

○柳𢕟得不正也驡車騎軻｜轎穰雜也趨行走躘｜踵○邊蝆走蟲也臂聲也

○求供設也養也粠倍作虹也㖣鞠說罪人䰯鬼名鞏曲轅擺釋藏弶全上

○去䁛日乾物也躳役使㣊憂也穹蒼｜𢯋捺｜

○治中高｜名也蚛虫食賬｜目帳蚊｜悵惆｜漲水滿埧砂趖痮病也

○波蚲蠻虫騯馬得

○他暢｜快蓩草名韔弓衣鬯以秬黍釀酒以香草和之曰｜也暘通長也速也

○曾衆多也衆人伀全上種植也布也醬荳｜將｜帥瘴瘟山高｜海也嶂山高海也妕女字甀甕屬諥言相觸也鍾魚名

○入鴻鸇飛鳥也緝毳飾䠞行也遞行貌○時相生｜宰｜緗淺黃愓憂也痀憂疾

○英 映|日 鞅|掌 擁挾抱又衛也 壅|塞培| 甕藏水 ⿱雍田培田也又塞也 雍仝上 ⿰氵映向池也 ⿸疒殹謳聲 盎酒盂 湧水流

⿰王雍玉名 ⿰酉央濁酒 姎小心貌也 ⿰木盎木名

○門 ⿰酉冥炫溢具也 ⿰目盈深目

○語 ⿰山午山也 岇山名 ⿰言卬止也

○出 縱放||肆|緩橫 從仝上 唱引也尊也小歌 倡|和 誯仝唱 銃炎炮大| 瘲病也 ⿰聚攴不請自來曰|食也 蹤跡也姓也 ⿰車從車跡

⿰土從土菌 ⿰禾從穡也 ⿰目長矢志 淐水名 瞛光也 鏦矛也

○喜 向对也相| 嚮仝上 鄉仝上昔也 曏往時明也 餉饋也 ⿰犭向仝上 ⿵門向門頭 ⿰王鄉玉名 珦仝上 ⿱鄉言美言 萫|毛

菊上入聲

○柳 忸愧也又慣也習也 鵴鳥名野鵴 鬮牽引 詘慙也 抐|搯不坤

○邊 ⿰扌暴||心闷

○求 菊花名 掬兩手相| 匊仝上 踘蹴|仝皮毬也 鞠|養|躬|告盈也 鞫|窮|尽又罪人也 ⿰忄匊謹慎 臼飲手 檋|車以鉄錐手甘施履下

厈持也 ⿱冃車直轅車也 ⿰目匊韭畦 ⿱冃鳥鳥名 輂木車駕馬 ⿱穴⿰幸夂窮也 ⿱⿴𦥑匊又興鞠仝也 脚足也 ⿰足瓜足匊撮菊幸也 諊究罪也

○去 曲委|不直 ⿴囗曲心巧應也仝曲 麴酒媒 粬仝上 筁養蚕具捕魚具 蛐蚓也 紆姓也 卻不受退也 怯畏懦 却|水 ⿰木霍不似柚也 殼素也

○治 竹姓也苞也 竺天|西域國名 筑樂器 築擣也砌墻 ⿱宀出傳曰我先王不|也 斸斫钃又也鋤也 噣聲也 茿草名 ⿱艹⿰王凡仝上

○波　撲以手丨物　霏兩也　○他　畜養也六丨　斥罵也奴也　豖副長絆丨縣丨　鄐晉邑　稸積丨

○曾　足脚也手至也滿也　祝姓也六也丨壽始也又叮嚀也　柷丨梧樂器　屬連丨丨著丨托會集　囑丨托丨咐　燭蚋丨火丨姑也　粥靡丨又希飯柔弱也

⿱罒蜀仝上　矚視也甚也　捍收卑禾曰丨也　歜吹氣　曯禾欲照也　嘁嚬丨憂愁也　⿰石爵酒器　爵官丨俸祿　⿱吅乂火聲　妁媒丨　妰婦貌

釂酒尽　⿰扌兄仝柷　瘯腹病　⿰扌爵擇也　⿰爵力縞也

○入　楉丨榴　⿱口双未也　⿰月弱芽裏　⿰足弱足底　⿸厂戚牙也　⿰火隹火未燃也

○時　夙早也　宿止也素也火也安思　㝛古字　蓿苜丨草名　蹜足迫　縮收丨退丨短丨不直　粟谷名未丨　叔丨父　菽眾菜揔名

俶善也厚也始也作也　踧丨蹐行而恭謹不自安也　鷫神名　⿰肅羽鳥名　肅恭也敬也欽也進也　遬戾也　⿰口束吸也吮也　⿰石肅玄丨黑砥之石名也

璛姓也又琢玉也　侏人名　⿰歹風古風字持戟也　⿱雨肅雨也又古人名　淑善也和也丨女　⿰肅攴擊也　樎椒也　橚木長

○英　約丨束公丨　箹小竹　葯白芷　蒦度也　⿰飠勺食節　灪深也

○門　⿱宀書日不明也　莧菜名　○語　⿰虫玉虫名　⿰革逆敗也

○出　綽寬也　促近也密也短也迫丨丨狹　齪開孔具也齷丨急切局陋也　捉搦也捕也　浞寒丨古人名也　⿱此足踐踏蹋也躡也　蹴仝上

蹙迫也急也近也　顣丨額鼻長促貌　矗聳上也高起也　⿸尸蜀人名　觸觝也寢也犯也　數密也　閦眾也　尺寸丨度也　戳搶也　⿰亻顧急迫

趥 ｜｜走也 踧 跳也 躅 足｜石也 諑 言也 臭 小兔 鼀 獸名 梲 漆桶 扤 仝上 埱 至也 趠 ｜越行貌

亍 小生也名步為左步為行合行 ｜ ⿰犭足 良火

○喜 旭 日初出也 勖 勉也 勗 仝上 稸 香氣 馩 仝上 郁 姓也又之盛貌 慉 養也 㙈 牛馬所踏 或 水之內也 奧 久章｜妙

澳 水之內曰｜水之外曰限 薁 水草 畜 養也 蓄 聚也 頊 敬謹貌又顓也 ⿰彳或 番又章也 彧 豕也綷 鴧 鳥名 ⿰鳥鳥 吹氣

蓄 草木盛貌 䐿 鳥胃 ⿰奧欠 愁貌 ⿰目豕 目動 稶 茂盛 ⿰言奧 香開也貌 ⿰奧頁 ｜⿰奧頁 惐 悀心 謔 戲｜

窮下平聲

○柳 龍 鱗虫之長蛟｜又通也和也变也 龍 仝上 龍 仝上 朧 月出之貌又朦｜月于明 櫳 养獸檻｜ 礱 土｜ 蘢 草名 襱 袴也 隆 ｜盛大也高也

癃 疲｜羅也 霳 雨聲 窿 穷｜失勢 ⿱龍鼓 鼓音 良 善也善也 靇 ｜｜雷遷聲也 ⿰禾龍 稍也百禾病也 ⿱龍瓦 築土碾谷曰瓦碾也 ⿱隆土 隆本字也 竜 古字

癃 病也 霳 雨意 嶐 山名 漋 水名 檶 木名 ⿱隆石 石名 曨 日光 樑 棟｜ 粮 ｜米 糧 仝上 椋 木名 竜 起也

詎 君使臣也 ⿱隆龍 古字

○邊 ⿰氵鄉 姬姓國名 ⿰月凡 乳也

○求 窮 ｜弱又貧｜也 竆 仝上 夐 遠也 強 ｜硬 漒 水名 ⿰扌畺 扶持 枊 据木 ⿰王卤 赤玉 ⿰金卬 劍也 ⿰卬斤 脉也 保 罵也 邛 仝上 筇 竹名可為杖也

○去 稑 稽也 粲 仝上 鱙 鳥名

○治 重 丨疊又也 隀 地名 種 禾先丨後熟也 長 短之對也 镸 古長 跟 跽拜 瓺 瓶屬 緟 益也 ⿰糸龍 直也 ⿱艹昜 草板

○波 磅 地名 ⿸疒壴 深痕

○他 蟲 裸毛羽鱗介之揔名 爞 爞 早熟薰人 虫 丨蝳 虫 仝上 ⿰公刂 割也 ⿰忄盅 草枚

○曾 從 順丨丨就 从 古字

○入 戎 兵也汝也又西夷也 絨 草名 娀 仝上 茸 草名 茸 草生貌聚乱也又鹿丨 ⿰魚公 魚名 氄 鳥獸幼毛 崧 山高而大也 菘 ⿰衤戎 木厚

⿹戈甲 古字 ⿰木戎 木名 ⿰酉茸 酒唐 ⿱艹公 草名 ⿰女茸 美女 ⿰木茸 木名 ⿰茸毛 毛丨 瀼 露多 狨 禽名 ⿰冬隹 姓也

○時 嫦 丨娥 嘗 平丨 常 丨山 松 栢樹 淞 水名丨江 枩 仝松 ⿰石松 地名 ⿱松鳥 鳥名 ⿱⿰石公鳥 仝上 倯 古人名也 徜 族也 柗 仝松

⿱穴条 古文 ⿰王常 玉名 甞 探味 蔏 草名 ⿰离隹 鳥名

○英 容 丨儀又盛也受形丨色 溶 水安流也 蓉 芙丨 榕 木名 瑢 珮玉行聲 鎔 鑄器欄範銷也丨 庸 帝也功也用也 傭 僱役于人

墉 垣丨墻也城也 慵 懶也 鄘 國名 鏞 大鐘 融 和也明之盛也 瘍 痒也 洋 海丨 羊 牛丨 ⿰牛庸 牛名丨牛領有肉摧即金犛牛也

⿰庸彡 重影 ⿰容瓦 器也又丨甖也瓶也 曧 日正 ⿱穴公 古字 陽 陰丨 ⿰巾庸 巾也 ⿰弓羊 弓曲 瑒 玉名 槦 木名 肜 祭名 瀜 水名 ⿱髟容 鬃也

⿰犭蒲獸似牛也軪車行样木名⿺辶羊進退也

○門瞑听也瞢明也

○語顒頭大也又｜｜君德也又溫貌喁象口向上之貌豣獸屬⿰馬禺走貌筇竹名可為杖也訔和也

○出墻｜壁倀｜｜無見旹日欲夜也蓯｜蓉樅木名

○喜雄朐屬也英｜也詳語崙⿰豕厷豕特硧石名

共下去聲

○柳亮光明量度也｜涼薄水贚貧也痕目病諒語辭

○邊⿰米咅糶也⿰矢並短也

○求共合｜計也珙璧也

○去⿰言穹多言⿰扌慶宣公子名⿰氵穹水名⿰亻曲位也⿰扌穹捺｜⿰日穹日乾物也⿰身穹回躬

○治重厚｜难也尊｜不轻仲伯｜姓也茽草名歱跟也⿰牛重有孕之牛衶袴也⿰巾鳥鳥名箽竹器蚛名虫瘇滿也

○波⿰辛并聲也硑石聲

○他杖拐｜丈｜尺也性｜也⿸疒丈病也扙傷也

○曾從隨｜妕女名⿰目章視也諥言相觸也昜工人⿰目長田也

○入⿰毛毛毳飾懹憚也讓相｜欀木名

○時誦記｜｜讀訟告也爭也頌歌｜称｜魯｜亦也尚和｜｜存上｜中下也潒水急⿱艹象草名襐未笄对之首飾像神｜

○英用（通｜使｜合｜应｜）甁（大罌亦作盟也）⿰用刂（可施行也易句初九潛龍勿｜）羕（蕩｜水長流貌）恙（痊病也）㨾（法也）漾（水動）⿰亻羕（立動）⿰言羕（变言）

⿰忄羕（恨也）⿰食羕（餂也）⿰革邕（靴｜）⿰犭羕（獸名）

○門蜢（野蟲亂行）⿱冖盟（涕遠）

○語峅（山名）屾（仝上）⿰山中（仝上）

○出韔（弓衣）⿰鬯隹（鳥名）悵（失志）抗（跳也）淌（大波）⿸广壯（熱病也）⿺辶象（迭也）匠（木師）⿷匚鳥（女｜）儱（斜｜）

○喜⿰方隹（人而鳥｜）⿺走象（行也）⿰金向（金聲）旒（｜人為簋）焻（火氣）⿰片向（窓也）⿰王鄉（玉名）⿱覀乚（褁也）⿰言丰（言嵩）⿵門向（门頭）

局下入聲

○柳六（数名三雙曰｜）陸（姓也路也）⿰虫坴（酒蛤）穋（後種先熟曰｜）蓼（草長貌）戮（殺｜貌也）僇（｜辱）鏐（紹常）綠（彩色）錄（記也收也又揔｜也）

簶（圖書）⿸疒勠（病也）醁（美酒）菉（荳｜蓐｜）⿱竹六（竹名）逯（姓也行速）琭（玉貌人喻少也）⿱竹祿（胡｜箭室也）坴（乃行土塊｜｜之也）⿱夵田（禾考）勠（併力）

轆（車聲）⿰女坴（女字）稑（禾｜）穋（厚也）⿱罒武（武｜）○邊〇

○求局（富也又分都也促也匪也棍也）跼（｜促曲也）擢（爪持）⿸尸夂（仝局行提迫也）侷（｜促仝局）梮（木名）⿰氵尻（水文）⿱宀局（不敬神也）觷（曲角）

○去訹（足樂懸断絕也）⿰石朸（石聲）

○治逐（追｜根｜走也）蓫（羊蹄菜也）⿱竹逐（竹名）軸（卷｜轂也）舳（船後持貌）躅（行也）櫡（斫｜謂也）欘（枝上｜也）⿱止吅（附也）

○波 瘯病重登也 擈擊也

○他 嗃惡語 豿豕行 遀行也 豩豕絆行也

○曾 欶不悅貌也 哫以言求也 櫡打也 蝉虫集 趨小兒行也 灼色盛 焳草復生也荐席簇也 擉打也

○入 肉猪｜ 月仝上 辱惡也恥也 褥裀｜藉也 鄏郟｜地名 蓐草復生也 溽注熱也又欲也 縟繁菜細也 衂刀傷｜也 衄鼻出血

朒縮｜ 恧慙也 ⿰山辱污也 ⿱艹⿰女辱嵩山 ⿰亻水姓也 若｜干 溺馬尿 宍古字 ⿺毛辱氈｜ 氼人入水下 ⿰魚血魚子

○時 熟成｜ 孰誰也何也 ⿰亯丮古字 續继｜接｜連｜ 俗｜語凤｜ 贖貿也袋也用價取回也納金免罪 屬類也款也親眷也官僚鄙曰

属仝上 蜀地名 儥與鬻令買也又長貌也 ⿰屬攴擊也連也 廾習也上所化也 蠋虫名 ⿺走伐晉公子名 婌從客女也 欘木名 ⿰木蜀木名

韣弓衣 ⿰予鳥鳥名 ⿱髟貝鬚也

○英 欲情也貪也愛也 慾謠｜嗜｜ 瀹水名 礿苗仔 藥治病之｜ 浴洗身沐｜ 鵒鴝｜鳥名 育養｜ 毓仝上 昱日光明也

喔聲音 煜耀也光火 鬻賣也养也煮也 歒驚也 ⿱夭廾兩手捲動 ⿰車育車杌前木 ⿱艹⿰者者凤吹 躍跳跳也 ⿸疒翟病也 ⿺辶育行也步也 畱生田

毒亭之｜从从母 鋊仝聲 峪山名 ⿺走龠趠｜行貌 淯水名

○門 ⿰金黨取炭星也 爣光也

○語 玉白｜宝也 鈺堅金 獄牢｜所以繫內 砡齊長 ⿰身賣身家之宝曰｜ ⿺走玉跛也 ⿰足玉行不正也 鳿鳥名似鴨

○出齯齊也豉小荳㧖打也歌盛氣鳥鳥名

○喜㖾人之聲也頊敬謹也又音旭顴|戲㱿嘔吐謳言偹謏開香貌也猤狐也

15高果過閣篙餶窖

高上平聲

○柳覶|縷委曲貌又矼視貌也瀘狗生|也僇盛也粶臭上|也咗多言粶仝火|也孋女字猱猴屬

○邊褒|貶|善|擧嶓山名艕船|

○求高姓也上好|榮歌|詠|唱哥兄|戈仝上又干|羔小羊糕粉粢米|餻仝上篙竿也竹|膏脂|肥也潤也|藥

皋澤也岸也槔吸水具也臯進也潩仝止水名邁寬也櫜弓矢戢擊船栈也我普|牁仝上夰仝高戨器名

嵲亭名又山名也皐進也仝高鴣鳥名駉|鵝殏死貌恕知也法也渮多汁瘻虫傷怺知也瓿居結棟謂之合|也苛|草

渦水名葍草名磬|鼓菏|澤覞見也

○去科品也等也考也蝌|蚪蝦蟇子也窠鳥|珂石似玉也軻孟子名也柯姓也枝名樹名娿|勝訶大言糞責𡝩|嬌娭|不決也

絅繒細煨灰中熟鑢溫氣架女中之師壕城|之也

○門⿱麻皿杯也魔鬼名廆仝上⿰忄靡心病⿰日麼日不明也

○語⿰考頁高長⿸厂攷｜倉⿱考力健也⿰言考拒也哦吟｜硪山高娥姬｜好也俄｜頃又須臾也誐嘉言吟也莪菁｜姜黃珴奉珪璋貌

蛾飛禽⿱敖足大脚⿱敖日日光

○出瑳玉也潔白嵯｜峩蹉｜跎失時磋切｜治也操｜物⿰魚差魚臭⿰月差仝上瘥病也嗟嘆也杈木名⿰王歷仝上古字

⿰車敖車飾搓挪也

○喜呵貴也笑聲訶言大而怒又譴責也⿱艹嬦拔玉由草蒿草名⿱虍食貪食也饕貪利⿰飠可⿱可食仝上呺叫也哭也嗃仝上喰仝上⿰号食仝上

⿰口⿱虍食仝上⿱罒食仝上鴞鳥名盉調味⿰曷力謁也⿰日翏曰大戾也茠草名⿰谷皋深谷⿰山蒿山名秏境也⿰犭蒿⿰扌蒿去草⿰言何眾聲⿰言皋相欺

果上上聲

○柳老｜｜｜少⿱⺮老筊｜栳栲｜柳也潦行｜道上有水惱煩｜瑙瑪｜腦頭｜⿰月⿱巛可仝上蠃蜾｜虫名嫐嬈｜

蓏在木曰菓在地曰｜娜婀｜㛴仝惱煩也⿰亻𡿺苑作｜也㛴仝腦煩也⿰亻⿱巛山姓也⿰亻⿱巛止仝上⿸㫊多旑｜⿰口𡿺仝惱⿰⿱巛山刂仝上⿰月⿱巛止仝上

荖｜葉恅性發咾仝上⿰火𡿺火也蠃蠃虫名嬙痛恨⿰女出語相侮也⿸疒𡿺病也⿸疒老疥瘡⿱艹橑乾梅⿰飠⿱巛山熟食⿱髟出長軟⿸疒𡿺病也

⿰歹蠃疫病⿰木蠃木名攭無毛貌

○邊 寶珍丨貴重 保丨安丨全丨守丨養 保仝上 葆草名 堡丨障屏也 褓小兒衣也 鴇鳥名丨兒 鳵仝上 缹仝上 寚古字 賲有也

堢仝保 𥝖木名 保仝上 𦯔菜名 𤞣獸名 𪀆鳥名 珤玉色 𩬾鬢也 𥝖古文 犾玀丨 𦐃矢羽

○求 果木實木決信丨 菓丨子 蜾丨贏細腰虫也 裹包丨 餜餅丨 粿糕丨 裸赤体 澔大水露身 皜白也 暠仝上 槁枯丨

澔大水 猓獸名 𥁕盤也 㾸丨疥 杲日出明也 稿禾旱草丨 槁枯丨 稾仝上 縞白也鮮也 鎬溫器丨京 薧乾陳之物

殦殆丨 惈丨敢 稾仝稿 錁魚也 菒枯草 楁木名 藁草名 棵木名 滈水名 蟆虫名 剿割也 堁地名 躶赤身

倮木上 臭大白之貌

○去 可肯許 坷坎丨 哿丨也嘉也 𠰱仝上 敤研治 舸大舟 攷丨成丨稽 考壽丨稽丨又丨梭也 拷丨打 筶丨箜竹器 岢丨嵐山名

炣水丨 丂氣欲餅出貌 熇燥也火乾 禞禱也又告祭也 殦曝也 𤭛磁器 洘水名 𩓐丨頸大長 薧乾物 薖饑意 耇古字

𣧑丨打丨枝 燺火乾

○治 倒顛丨 島海中也山大 禱祈神求福 擣手推也舂也 搗搥丨 躲丨避 椯箠也 朶花丨又樹木垂也又張頤貌也 剁斫丨 刴斫丨

埵堅上又菜宀下垂貌 帱褉丨草帳 鞸廣也 𤸫病范也典 嶹海中有山可侮出也 𨱼長也 𨹃搖也 蹕小兒行也 甀甌也 㙐垂動貌也

壔高土 𧙃袖也 捯捎也 𩋗履跟 痑馬病 搗推也

○波 頗 署曉言差不遠 跛 足偏瘵也 叵 丨測不可 尀 丨耐 ⿰口叵 聲也 駊 丨騀馬悪行也 ⿰氵叵 水流貌也 ⿰山叵 山貌 ⿱山頗 山貌

○他 討 丨治丨尋丨求丨操 ⿺辶莫 擇也又治粟也 妥 不也安也 陊 地名 跺 行貌 ⿰彳妥 行也 鵎 鳥名 瘑 腰病

○曾 早 晨也先也 蚤 丨起 ⿱又蚰 咬人跳虫 ⿰虫造 仝上 璅 石次玉也 枣 菓名紅丨 左 姓也丨右 澡 洗條也 ⿰豸左 獸名 𠂇 平也聲也

藻 水草什菜 璪 玉色 脞 碎也 繰 紺色

○入 厄 木節 ⿰女厄 婐丨女儻態也 砈 古貌 積 瓜蔓 ⿰革造 鞭鞘

○時 鎖 銅鐵丨鑰 鏁 仝上 筊 竹名 瑣 土聲玉色又細劣 ⿰虫𧴪 蛣丨 𧴪 小具 ⿰目差 明郎 ⿰女叜 仝兄嫂也 鮹 丨鰿魚名 ⿰𧴪阝 地名 ⿱艹⿰女叜 草名

揁 動也 湞 水名

○英 ⿰衤粤 裙丨衫屬 妸 丨娜 娿 丨椰弱態 婐 女侍 棵 隨也又休閃也 鼓 菜丨蔓也 郹 地名 閜 門傾也 ⿰可支 腳丨痛也 ⿰奧鳥 鳥名

媧 女之老称 鄗 地名 捰 遍也 旑 旖也 雉 鳥名 ⿸疒奧 病也

○門 母 父丨 嬷 偌呼母内丨丨 鉧 物之丨也 ⿰石母 石丨 拇 大脂丨也 踇 足也脂

○語 ⿰乍頁 弁結 ⿰豸頁 弁也 積 蔓田 ⿰目果 明也 涐 大水 砈 石貌

○出 草 百丨揔名丨創 艸 古字 屮 仝上 ⿰口草 寂靜無人 懆 惱也愁不伸也 騲 化馬 ⿰石坐 不名 髽 好髟

○喜
好 美也佳也欲也
火 五行水｜
皜 白也
皓 仝上
⿰火阝 地名
⿰女告 女字
恏 慾也
风 上瓜色
臭 義開
鄓 邑名
傐 地名
顥 大也

過上去聲

○柳
⿰粟玉 玉苦
⿰镸勞 长也
邏 圭也
⿰镸兆 長貌
⿰衤羅 女人上衣
癆 ｜瘌
⿰木羸 木名
⿰谷勞 谷名
髝 ｜髞高貌
耮 田器
⿰翏見 寬貌
躼 身長
⿰木羸 木名

羸 瘦病
⿰⻊羅 ｜⿰⻊坐猶蹌⿰⻊丁也失道又因击也

○邊
報 ｜答復｜酬也謝也告也搥
报 仝上
播 種也迁也棄也布也
簸 米｜｜箕
⿰氵昝 水名
⿵風皀 海中大風又｜長也
儤 吏官連直起也罪也也
譒 譬也

報 人报
⿰氵咎 言差人恶

○求
過 生也往也度也超也罪也
箇 數也杪也
個 不偏也又一個也
个 同上
告 啟｜命個示也
划 撥進船也
⿰言日 遲也
⿰告見 久視貌也
⿰氵戈 水名

郜 邑名
髻 髟也｜
窖 地藏也穿空買
⿱告廾 古字

○去
課 國｜稅也程也就也
顆 銀｜小｜桂也｜枕
搞 嘗也
誥 ｜命典｜
靠 偷｜著｜
⿰火品 乾燥
⿱北告 船著沙｜底不能行
郜 姓也國名
⿱山告 山名

犒 ｜勞軍士
⿸疒果 病也
⿰爿果 俎名
騍 牝馬
⿰虫告 蝎也

○治
到 至也
對 大也草木倒也
跢 ｜見行也
○波
破 剖也裂也開｜圾也
⿱頗木 ｜豆

○他
套 長也｜估外｜佐｜
妥 ｜常安也
⿰目朵 小高
膸 雉肉
撱 落也
⿰豕攴 安也
⿱大衣 地曲
彵 安行
撱 四角
椭 木名

○曾 佐輔||助又|貳也 做為也作也 竈架鑐以炊煮也 灶仝上 ⿰忄竈心煩又怒也 ⿰方左助也輔也 袏衣也囊也 ⿰言坐以言折人 趖疾也

⿰忄坐折挫 ⿰扌曹手攪

○入 ⿰言造絮也 ○時 燥乾| 躁急進也也疾也又不安舒也 掃|箒除|打| 埽仝上 操煉| 髞性疎 ⿰貝肖骨音

○英 粵地名 奧深|成室西化隅 澳垵|深也 隩地近水涘 擙磨也 欸|乃棹船相應之聲 ⿱艹訶菜名 ⿱艹冋仝上 ⿰言奧語也 ⿰土粤仝隩

○門 毷日小精也 覓觸也 覞鄏視 ⿰扌毛撼也 ⿰冐攴手決 ⿰胃毛解也 ⿱敄羊六月生羊 艒釣艇 ⿰扌冒扶也

○語 騀馬搖髟也 ⿹𢦏我戟也 ⿰氵買破也

○出 挫摧|折| 銼仝上 莝斬草 脞小也 操節| 睉叢|酒細碎之具 噪鳥|聲也 造至也止也詣也進也 ⿰扌造言行相顧 剉斫|

糙米谷相雜 蹉|跌迫也 錯|悞|失 慥|篤实貌 ⿰坐戈折也 ⿰衤喿前也 ⿰木苴栻也 譟言語相加

○喜 ⿰女皁夕名 ⿰女毛虛貌 ⿰木冋塗輪 ⿴囗刀進船之聲 ⿰皁頁白首人也 耗草葉 ⿱艹冋藥也 ⿰言皁相欺 ⿰氵毛水名 秏稻屬 ⿱艹冋芦名 託信也 ⿰木冋車中

閣上入聲

○柳 晢辱垂貌也 ⿰火甾熟貌 ⿱⺮橾床簀 ○邊 曼姓也 漫喜言 ⿰犭飛矢羽 貸有也

○求 閣水| 各|別|樣 胳口||空 袼腋下衣也 復重|再| ○去 ⿸厂去山邊出水 ⿸疒考病甚

○治 卓姓也 棹椅| 桌高也 ○波 朴|質蔗| 粕糟| 䩬面大 猼巴蕉 胞脅也

○他 拓|開 托寄||開 祏衣| 榜斫斫木 ○曾 作|墻偶作 㚇失容又詐

○入 糙緊也 ○時 索姓也绳| 𠹗口|水也 嗽吮| 溸仝上水也 遬謹而不放 縤仝索也 浡仝|水也

○英 擙难磨 難不易 浽渴也 ○門 卜泉啌 㥙貪也 𦀌刺也

○語 嗸短鳴 遻郎工 䚍女視 ○出 鄂地名 㲽入也 喿鳥群鳴也 髊治牙骨也 萛木考

○喜 颾凨熊 聕听也 歊乾木 熇熟也乾也 瓠瓜名 臛羹|

雜下平聲

○柳 羅姓也|網綾|系| 蘿|蔔籐| 鑼銅||鼓 𤅮水名 籮竹器米| 牢|獄又腳||固也 驘驢父馬母所生也 贏仝上 騾仝上

螺蚌屬 勞姓也功|勤| 攞古| 麨|麨 撈況取曰| 醪酒|醋| 澇水名滛雨 猱猴屬 癆惡病 罹憂也 囉哆|咩也 崂仝勞

簩箆|所名皮利可作為刀一枯百葉有毒 磱石器 璙玉器 𨣧浊也 僗仝勞 嫪名物 浶驚擾 憥乏心力也 譗聲也 嘮仝上 𧯷野豆

𧮾|𧮾深谷 塁盛土壠也 𦋺釋典 臾仝牢 砨石貌 穋禾屬 贏仝上 𪀑鷗|圣鳥 捽|閉 捼手相磨

○邊 婆志婦之称 蔢|莎草東盛也 蘷佛經|字 鄱縣名 搽聚也 蘩白蒿 繁姓也 攀斂聚

○求 鞻 鳥名 韝 韜也 銶 溫也 觓 牛| 篙 取魚具又猪| 翑 飛貌 ⿰片足 促迫 緺 青色 ○去 珂 次玉 楀 美也 紏 紋緩 ⿰牛斗 牛無角也

○治 陶 姓也化喜也又瓦器也 匋 土器 淘 淅米 萄 蒲|草名 綯 紋也 檮 刎也 逃 |避|走 ⿺辶兆 仝逃 迯 仝上 鼗 小鼓兩邊有耳

筄 |枝竹也 ⿰言匋 往來言也 ⿰匋瓦 瓦器 沱 滂|大雨 鮀 魚名 陀 披|不平貌也 跎 蹉|庇| 馱 韋|又載貌也 酡 酒客 陀 姓也彌|

鋾 天平|子 柁 |烛 綻 數也 袉 衫|長也 醄 酕|醉也 裪 福也又神明也 ⿺辶匋 委|行見貌佛名 咷 號|聲又音迪謂兒泣不止曰嗷|之聲也

駝 駱| ⿰羊它 羶|獸名似羊四耳九尾 陁 仝陀 躱 避| 它 |子 鞠 藏也

○波 紴 條屬 鉅 鐸銅器也 瀕 水貌 頗 頭偏 ○他 桃 菓名性能辟惡鬼驚之曰|符 ⿱兆夭 仝上 ⿰兆羽 鳥羽 瘦 病也

○曾 蓸 姓也比卑也局也 槽 木名邑也馬| 漕 國名 螬 虫名 嘈 耶|又胡言也 艚 船名 瘥 病也 齹 齒子齊又牙| 鰽 魚名 ⿱曹曰 仝曹

⿰彳曹 行也 ⿰日曹 日光也 ⿰女坐 安也 嶆 地名山名 醝 白酒 ⿰礻曹 餞也祖也先也祭礼 ⿰耳曹 耳口 槽 木名 ⿰言曹 魚名

○入 ⿰麥差 磨⿰石麥 嘈 胡言 ○時 趖 走貌 ⿵風坐 風也 ⿱夂坐 緩行 橾 木長 ⿱高喿 髝|高也 ⿰魚坐 魚名

○英 蠔 蚌屬 跒 行也 譹 哭聲 ⿰糸可 繒之細也 ○門 無 有|沒也 ⿰月麻 漏病 秏 冬桃 ⿰氵麻 水|

○語 敖 姓也遊也楚也謂未成君曰| ⿱敖大 仝上 嗷 象口 遨 遊| 熬 煎也|酒 驁 酸馬 鷔 不祥之鳥 鼇 大鱉 鰲 大魚|頭 ⿰魚厄 魚名 摮 擊也

擙 動也 廒 倉| 傲 惰|進| 螯 海蛤 ⿱敖大 大也 ⿱宀敖 安也 鷔 家雁|鴨 鼉 水虫皮鼓可曰貝 囂 歡聲又市曰|又秋聲也 峩 嵯| 莪 美菜

訛無定之言 吪仝上 ⿸疒孝喉｜ ⿱敖木船樓長也 俄｜傾 哦吟｜ 蛾蠶｜ 娥姮｜ ⿰月孝｜喊也 䄉衣盛貌也 謷大貌 ⿰𧾷烏動也 滶水流

○出 搓挪也 蹉｜跳失時 ⿰衤曹衽也

○喜 何姓也胡也 荷｜蓮 河山｜海 禾嘉｜稻苗 和｜順合堅不柔也 龢古字 毫｜厘絲｜ 豪俠也夾｜傑也也 呆小兒啼也

壕城｜ ⿰山豪山名 濠水名 蠔蠣｜ 嘷獸名 號哮也呼也叫也哭也 ⿰犭孝｜猪獸名 ⿰亻豪仝豪 ⿰口虜熊虎聲也 ⿰女孝女字 ⿰木孝棺頭

椃木名 譹哭聲 訶眾言 訸平也 惒仝和 鉌車鈴

⿰飠過下去聲

○柳 撈沉取也又犒也 澇淹｜ 憦｜悔 勞畏也慰也犒也勤也 曪光色 欏樹斜 邏巡也遊也 哪語助之名 攍係物之名 嫪名也無行

⿰目翏耳鳴 栲五斗曰｜ 嘮｜嗹 ⿰巾勞巾也

○邊 暴猛也驌也横也兇虐也徒搏也 ⿸虍武急也 虣仝上 ⿳罒旦又姓也 ⿳臼旦又仝上 曝行急 嚗口｜｜也 瀑仝上病雨 ⿰酉暴一宿酒也 㬥古字 馨｜香

○求 ⿰飠過以指｜物 膏仝上 告敵也 ⿰糸稿不均 號年｜ 翶飛也 泧水名 ○去 ⿰去瓦瓶也 丂氣欲舒也 ⿰哥攴 ⿰可攴擊也 蚵虫名

○治 道理也言也由也路也 導號｜也啟迪也 衜古字 盜釖曰｜偷曰賊 稻谷也 蹈踐也 悼傷｜克｜ 惰怠｜不止也又不恭也

舵正船之楫能使具順風也 炨灼餘 逌古字 剮古字 璪玉名 璹玉器 敲自中出曰｜也 ⿰𧾷更走也 婧不正 ⿰木遀木名 ⿰禾垂小積 ⿸疒卓傷也

衍石鼓文字 叡七十曰| 纙綠色

○波 抱相|怀|挾也 蔀草木|也

○他 ⿸疒高腰病 藁禾也 ⿰山朵山形 ⿰朵殳打也 毻 陊落也 炧餘也

○曾 坐对|行| 座|位一| 皂|隸黑色 造始也修||記 漕姓也山通水貌 ⿱坐土仝坐 ⿱吅土被罪 ⿰扌曹手境|也 ⿺辶草草速 梍木名櫟實藥名 ⿰言曹喧也

○入 ⿰麥造麥变

○時 㱿擊也 ⿸疒号病也 ⿰貝肖骨遺 ⿰足蚤走也 艘舟行 ⿰木叟木名 瘙疥| 趖慢|行也

○英 呵擊人惡聲也 逶弱立也 涴著物 芺草名

○門 帽頭上之巾 磨石毛也音磑| ⿰扌冃持也 ⿰扌冉仝上 ⿰扌毛撼也 冃小兒及蠻夷長衣也 ⿱林心心煩 ⿰木冒門樞 ⿰衤冒仝帽

○語 卧寢|偃|寢室曰| 餓飢| 傲|慢倨||樂 奡嫚也 鏊餅也 敖姓也 螯虫名 ⿸疒敖病也 鷔鳥名 璈玉名

○出 莝草名 岩石地 摧折也 挫搖動 蓌詐也 ⿰坐阝山名 ⿰巾曹籍也 ⿰坐彡茭也

○喜 賀姓也恭|慶| 和應也 顥大也台首曰| 皓仝上 灝遠也水勢大也 浩大也水大貌也 皞白貌 昊春為|天又廣大貌

禍災||害|福 ⿰咼殳古字 灝夷曠也水勢也 荷擔也負也 囟進船之聲 號合也召也称謚也 号|令 ⿰女告古字 淏清貌 ⿰亻和和也

衬仝禍 晧光明 悎心動又懼怖也 ⿰王號石似玉也 昦大元氣||廣大也 囦仝囦 輠果盛也 襩被袖 ⿰月告義闕仝浩 ⿰歹咼仝禍

⿺尢包倍謂|老 墟土谷 昍音昊 ⿰車咼車盛| 峼山名 楇車中盛膏 瀆水名 灝大也 ⿰矛号矛也 ⿰衤告仝禍 襩被袖 顥白首 ⿰言皋相欺

聕 耳聞 讃 膺語

𡨳下入聲

○柳 落 下｜上｜ 絡 ｜緣又甕｜也脈也 剳 割開也剔也又去枝｜節 洛 水｜ 笿 桶｜四耳 貉 ｜繩

○邊 薄 厚｜ 萡 金｜銀｜ 箔 仝上 泊 船付岸也 ○求 𡨳 滿口食也 寠 短而 嗃 聲也 袼 衣接

○去 𫫇 應聲 𥮾 竹名 觭 無角 峼 山名

○治 醄 醉也 咷 号｜哭也 𨲠 長貌 掏 舍｜ 擇 揀｜ 擿 抽｜ 烵 大｜ 琜 玉名 甑 飛瓦之戲

○波 漷 地名 𥓓 石名 袹 衣貌 ○他 誵 退言 矺 磁器 鱝 魚名 魠 仝上 癄 腰病

○曾 昨 ｜日 射 ｜矢 擲 投石 𡹤 山名 ○入 𠿭 使大之聲 賊 不明

○時 釧 手｜ 鍊 手環 玔 玉環 𠹓 群噪 𦛯 膏｜ ○英 學 ｜堂教讀之所也 斈 仝上省父 習 ｜武藝云也 嗥 玻貍之聲

○門 莫 禁止不要 紝 制也 酕 酒｜ 𦓿 耕也 軞 公車 𡾚 山名 滮 水名 礳 石也

○語 呃 雞聲也又｜喔鳥鳴也 摮 擊也 謷 大言貌也 廒 倉｜ 𢧢 戟也 梔 女節 睋 視也 螯 飛也

○出 唑 聲也 㺃 犬犽 ○喜 鶴 鳥名 隺 仝上 皬 白也

卷三终

渡江書十五音

卷四字母

皆根姜甘瓜

16皆改界觧甑⿱山丈絯

皆上平聲

○柳⿰巾賴衣砵⿰阝來階也⿺走來至也⿰齒來山險

○邊⿰扌頁頭低⿱穴排持也⿰魚卑魚名菩草名

○求皆俱也該咸也應｜又合｜也階梯也差差偕俱也強也老也力也痎二日一發瘧毅｜改大剛卯也又以逐精鬼也陔次也賅贍也

晐日光⿱艹黠禾藁

○去開解也啟也張也通也條也毅｜改笑聲又多揩持也鋑器名

○治懛｜憕失志貌也鯳鮎｜魚名秪谷名齄紅鼻酒｜米也鮘紅日魚名⿰魚臺魚名獃癡｜

○波嶏山崩淠水名

○他台三｜星名三公之称胎孕而禾生曰｜苔草衣水衣垣衣邰國名駘駑｜下乘鮐魚名擡舉也颱風｜篩米｜檯捶打

⿱髟台婦人偽髻笞扻也打也⿰氐隹怪鳥⿰鳥台鳥名⿱日炱日出貌也珆龍文之書｜又音夷嬯遲鈍

○曾栽種也哉姓也語辭災｜禍渽水名烖大具室也灾仝上菑｜害齋潔也莊也恭也⿱巛一天及時為｜也⿱艹災草名𢦏傷也

鈇(利也)厶(石字)知(曉也)迯(出釋)扖(古文)齎

○入鄭(享也)

○時獅(猛獸)犀(丨牛)顋(領下)腮(仝上)䰄(多言)鰓(魚頰中骨)籭(十物竹器)西(東丨)師(丨皐)

○英埃(塵丨)唉(歎恨之聲)欸(欢聲)挨(推也係也)哀(悲丨閔丨丨慘)𢘅(仝上)騃(丨恶)𤦀(仝埃)

○門𡡉(意黠)䁕(小視)毴(婦人陰門)

○語啀(笑聲)𥓓(石名)𩬬(長髮)

○出猜(測度丨疑)釵(女人岐笄出丨)頝(旁也)靫(箭室)𧼨(走也)擠(拳加物也)

○喜奓(大貌)咍(笑聲)陔(仝上地名)俙(訟也)咳(小兒之聲)唉(慢聲)𦡭(肥也)㚊(多也大也)軆(身長)

改上上聲

○柳柰(小船梢也)唻(囉丨)䂾(磨也)鯠(魚名)縶(絮乱)萘(芸草)襰(衣破)𣇈(日無死也)

○邊㯦(搖丨布丨)欏(木名)

○求解(丨散丨脫)觧(仝上)改(更丨易丨)䐐(腰也)忋(特也)絠(彈彄)

○去 楷 模｜｜式｜法｜書 愷 ｜悌樂易｜和 豈 仝上 凱 善軍易樂 塏 爽｜ 鎧 ｜甲 覬 ｜覦 ⿰口豈 笑也 ⿰扌豈 觸也 闓 開也同也 颽 析風之涼

○治 歹 不好不清 歺 仝上 殆 危也近也將也 ⿰口怠 噎｜ ⿰角來 角心 紿 欺狂 軩 輆｜不平

○波 撐 分開 粺 種也 歹 好｜ ⿰角來 角心 ⿰糹𠂢 散系

○他 駘 地名 噎 言不正也 殆 危也 軩 輆｜不平 ⿰言臺 諟也 檯 刻木 紿 欺狂

○曾 宰 主｜烹｜屠｜官名 ⿱宀羔 浊｜ 滓 目｜ 崽 左右謂子曰｜ ⿰歹宰 滅｜ ⿰宰殳 殺也 釲 金也 縡 載也

○入 ⿰差衍 無考 ⿰鬲耎 骨醢

○時 史 姓老御｜ 屎 糞也 使 ｜用喚｜ ⿸尸矢 仝尿 駛 ｜船 ⿰巾殺 黴也衣破 ⿰糹殺 仝上

○英 藹 ｜吉和也又猶濟也 靄 雲集貌也 暍 傷暑 餲 味歺 毒 土之無行者曰嫪｜ 靉 ｜靆雲暗 璦 彷彿貌 矮 ｜短 套 仝上 欸 相應聲又然也

喝 嘶聲又汀也喉｜怒聲也 瞹 目不明也 曖 日不明也 薆 蔽也隱也 ⿰日蓋 日色 噯 ｜呼 ⿰歹蓋 死也 僾 嫪也

○門 ⿰冒鬼 ｜鬼即魅｜也 ⿰目賣 邪視 炑 大色不明 ⿰氵買 水名 ⿱艹貝 火色不明

○語 騃 癡也 ⿰豸皮 ｜獅豕獅也 蠔 蚌屬 ⿰艮見 笑視 ⿰歹豈 羊未胎也 闓 欄也

○出 采 摘也手｜取也 彩 文｜精光 採 ｜｜ 寀 寮｜｜擇 綵 綉｜｜紷 睬 偢｜ 啋 啾｜ 倸 仝上 ⿸疒采 病也

○喜 海姓也四｜ 醢肉醬 駭驚｜也 醠酒器 釂仝上 榼酒｜ 盒仝上 盇祭器 烸燥也

界上去聲

○柳 鈉打鉄 ⿰黍内柔也 縶絮乱 ⿰足厲跛行 躝仝上 ⿰山戾山名 漈水聲 犡牛白脊也

○邊 拜｜跪稽首 ⿱⿰丰丰手仝上 庍別也 ⿰⿱止糸⿱止糸古文 ⿱丅廾仝上 擽古文 ⿰扌拜仝上

○求 界境｜限｜ 介｜大昉莢｜莭｜ 价善也隲也又估｜也 芥姓也辛菜又竹枝也｜菜 玠大珪 疥瘡｜ 尬尷｜不止事也 戒警｜濟｜

誡告｜｜命 屆至也 ⿱穴介獨居 蓋⿱覀衣也又發語辭 葢仝上 盖仝上 ⿰亻既假主 丐求也乞也取也手也 匄乞也 解發明也又公舍

廨官舍 匃乞也仝丐 戓⿱穴示驚 魪比目魚兩目並合遊 鴧｜雀似鶡青色 槩斗｜ 砎硬也 瓂小子八名也 嘅嘆也 吤仝上

𧩊警｜ 琾玉名 ⿱大介大也 楔木名 ⿺毛介毛落 ⿰亻戒行也

○去 慨佐｜感｜又竭｜也 嘅唉也 漑灌｜ 炌明火 槪仝平斗也 曁及也 墍泥塗屋也 咳｜嗽無聲有痰曰｜有聲無痰曰｜ 揩｜摩

愾太息 垓仝墍 廏堅室 毄伐擊 ⿸疒盧喉病

○治 帶紳也又衣｜結束也 蔕又根｜也 戴姓也佩｜頂荷 襶襱｜木曉事也 瀻水名 ⿹戈異古文 ⿸疒帶白｜婦病

○波 派水分流又女｜科｜ 伂什也 湃水名 沛顛｜ 霈雨貌水流 ⿰市毛｜毰 肺茂盛 旆旗屬 筏｜｜飛揚 柭木生枝節

觓上入聲

○他 泰通也寬也大也安也 太丨極 軚地名 ⿰忄泰奢也 汰沙丨陶丨 態意丨惰丨嬌丨 能仝上 ⿰亻太侈丨 忕仝上 舦舟名 溙水名 ⿰目逮不明

○曾 載承也事也則也年也 再又也重也 [illegible]武則天所制載字 洅水名丨丨

○入 蕁相丨 ⿸广貌高明

○時 賽報也丨愿 塞邊界皆曰丨外 曬爆也日乾物也 晒日乾物也 殺降丨滅丨 婿小女之夫曰丨 使大丨二丨 ⿰目曹丨爆 壻仝婿 ⿰衤殺衣破也

⿰巾殺仝上 ⿺鬼殺仝上 ⿰氵殺水流

○英 愛丨慕思丨寵丨丨惜丨憐也 爱仝上 僾彷彿 隘丨陋狹丨也險丨關丨也 縊自丨練死 曖白色 瞹阬也 嫒女名 薆晻曖

噯嘆氣 藹清也 賹寄物 ⿱雨壹霧也 馤香甚 ⿰盍毛毛多 ⿰歹蓋死也 伌困也

○門 ⿰矢買短也 ⿰目鬼鬼名

○語 ⿰耳彖耳不聞也 ⿰忄圭悍也 ⿸厂尋石名 ⿰忄彖慳恪 ⿸疒壹瘵病 闑丨欄門也

○出 菜丨蔬草名 埰鄉大天食丨也 蔡姓也大亀 蠆虫名其毒仕後 磜粗丨 瘥病瘉 寀深遠 ⿱艹雜丨鳩 ⿱艹囟古文

○喜 ⿰介欠急氣 屓臥息 [illegible]陜隘 [illegible]誡也 ⿺走里留意 ⿺辶韋無違 ⿰忄害快也 疫疫病 ⿰言介善也 ⿺走亥走也 閇门扇

○柳嚹聲也襰惰於祭也

○邊⿰⿱罒鬲力怒聲⿰氵⿱罒吳水轉⿰歹卑裂也

○求⿱睪力疲也祄祐也尬行不正也

○去⿰吉攴擊也⿰扌勘著也⿰吉𠂢辰名噧高聲

○治⿱徼力止也⿱竹戾長也大也⿰木厘木根見也

○波⿰糸𠂢散也⿱竹派竹片

○他⿰忄奈奢也

○曾縡車也擅擊也酨醬也⿸厂夏好也⿹𢦏豆欸也⿰木厘木根見也

○入⿱甄虫差虫

○時榝木名⿱殺米放數罪人⿰目⿱殺灬曝也

○英欸不出聲也娭美也砈石名

○門⿰忄冓病也⿰骨蔑小骨礣堅也

○語㝵無里丨也豥豕也蠔虫名

○出⿰忄采姦女⿰祭鳥鸟名⿰犭采水獸⿲亻丨采讁人⿰鹵最醬也

○喜⿰口盈送奇⿰忄害快也⿰害欠急氣貌

甑下平聲

○柳來往丨至也極也来仝上徠古字萊草名騋馬七尺也唻啰丨歌聲棃菓名梨仝上⿰禾來大小麥也睞田浹鶆鳥名

鯠魚名淶水名犂牛把捸待也倈仝倈⿰來毛強也

○邊排推丨安丨俳丨優雜饱緋丨細棑茂也盾也牌籍丨篁丨石丨丨票碑石丨簰大捊髀仝上⿰耳頁肉面

○求 甑牡瓦 喈鳥鳴 鎊笱魚 ○去 勘力也 奓大貌

○治 臺高而观四方者曰| 𡋣仝上 檯烛|戲| 邰國名 薹夫湏草又油菜又名蕓|又菜名也 嬯遲鈍也 籉|笠 蛤虫名 坮花| 𣇃日出

昊日光 駘地名 跆踏|連手唱歌 儓坐也 ○波 磋惡器

○他 剞磨人 殺以刀宰也 ○曾 才|能 材|木 財|宝|貨 臍肚| 䝿仝上 茬草名 𧸖古文

○入 䯍骨酸 䐈仝上 ○時 毢毿|張羽貌也 剭傷皮 鰓外皮滑澤 顋仰也 毸仝毢

○英 𡖃多也 𢥫恪也

○門 埋|藏|怨 霾風雨 貍獸名 眉月|眼毛 㿻仝上 𢱢門| 楣仝上 䁕小見 𤊽少也

○語 厓邊之極也 涯水|水際 崖山海之涘 睚|眦舉目相視 㾐癡貌 獃癡| 呆仝上 捱拒也延也 愚眼也 䯧頭長

○出 柴姓也薪也 祡燒|燎以祭天神也 裁剪||制|度体|風| 豺狼屬有才智之獸也 犲仝上 纔暫也始也借也淺也 儕等也輩也類也止也

䞗去也 蹀急行 瘵瘦也

○喜 孩幼稚 諧和也合也 骸骨| 鞋革履 鞵仝上 鮭魚| 械器|列| 𡲾仝骨|也 𡱁尸| 駭馬帷和驚|也 咳聲也

晐仝垓 瑎玉名 譮怒聲 㐐大也 欱飲也 𢧵栽至

⿱山支下去聲

○柳徠（劳聲答其動曰劳撫共應曰丨也）賚（賜也不也）⿰貝來（仝上）內（丨外）奈（草名）利（丨息不鈍也又大小利月也）⿰奈毛（動丨毛多）

○邊敗（坏也）粺（精米）稗（葉似禾面粗子似黍）憊（疲極）⿰忄奇（羸困）⿰白卑（皮白）退（坏也散也）⿰土敢（死也）⿸疒齊（疲極）

○求⿱山支（快沒）盇（揜也）鎊（魚具）

○去鼓（擊也）⿰矢吉（短人）闓（門丨）鎧（甲也）

○治大（不小）代（世代更也習也丨人）岱（泰丨東嶽為象山之宗）袋（囊也布丨）貸（借也施也）黛（青丨又畫眉墨）瑇（丨瑁）玳（仝上）迨（及也）

逮（及也進也）怠（懈丨丨慢）殆（危也將也近也）舵（丨舡）⿰舟古（古字）⿰魚逮（丨魚）⿱代魚（公丨）⿰亻大（地名在海中）⿰鳥大（鳥名三目有耳）⿰代鳥（鳥名）

⿰雲逮（雲⿱雨衣⿰黑隶丨）⿱代甘（待戴甘也）呔（常也）⿱代木（木名）⿱代虫（江丨）⿱代巾（布丨）⿰忄逮（想也）⿰口怠（聲也）庆（車榜推也）⿸疒怠（病也）

○波湃（滂丨水聲）

○他待（候也遇也等也）⿰立寺（仝上）駘（丨動廣大之意又春色舒放也）

○曾在（居也存也所也）左（仝上）儎（舟車所運之物）侢（仝上）⿱任土（仝上）廌（獬丨）豸（仝上）⿰虫豸（蚌屬）渽（水名）濺（測也）

○入⿰麥才（餅類）

○時事（服丨奉丨）祀（五丨）⿰巾叕（衣破）姒（兄弟之妻曰同丨）僿（細碎）⿱𡨄月（動貌）碟（落也）簺（塞也）

○英璦（美玉）⿱雨乞（大雨）噫（飽食氣滿而有聲也）⿰貝安（貯也）⿰忄盡（清謹）⿱旡⿱心夊（彷彿）⿱丕心（意也）

○門嘪羊聲 睹視也 豿頑恶 掎貪也 瘵病也 譪怒罵 ○語碍止也拒也妨也阻也 礙仝上 㝵仝上 恑恨也 豥牡豕

○出睺瞋目也 祀神丨明也 鴹鳩鳥 泾水名 膝大腹 赳疑之

○喜害傷丨妨丨忌丨嫉丨又不利也 邂逅丨不遇 懈丨惰丨怠丨懶 解姓也丨散 獬丨豸 蟹螃丨 蠏仝上 薤軍菜 亥姓也十二支名

𥪯監丨神人 鰴名曰神羊能別曲直 犎相遮要宝也 薢草名 𨒦走也 夆新野丨亭 妎妒也 澥滂丨 譪怒罵 㧡敢動 冢古文

絯下入聲

○柳噆难言 鯠魚名 庲舍也 棶椋木 瓎玉名 癘不和又疾 ○邊楓戾也 猅犬短首也

○求絯纆絯 㗒笑也 緒大系 蝔虫名 扢磨也 ○去鉸器名 蝔虫名 糣米之別名 𥮐藏也 奒大也 烗火熾

○治䚘角心 軩不平 㜊丨媚 梩枯木恨也 ○波椑籍也 扐擊也

○他嗒惹也 䎟癡也 紿难理 ○曾櫼木名 攎取也 𦬢草名

○入脺割肉 𢈉屋深 ○時㒞人聚 㨹散失 䚡角外滑澤 𪐕鳥名 霙雨疾 揌振也 䎋張羽

○英𡀔噎丨 恧惠也 唉嘆聲 𡵚困也 㤅仿佛行也 ○門昧春水 𪐗黑也 䫜磧也 慣不平之心 譪誇誕

○語皚霜之白也 嘊犬鬭 淣際也 㤥惑也 ○出𪘒醫也 醊仝上 啋諠也 䖮懼也 䐆大腹 婇女字 扠以拳加物 𤸰病也

○喜 咍笑聲 嗐大開口也 醫笑貌 䞣走也 䡣登車 㩗挾物 戲裁至 欣急氣 獬矛屬 翃飛也 頦頷也

17 根謹艮結釿近劤

根上平聲

○柳 粼水流石闊之聲 甐瓦屬 𠞭割也 蹸蹂踐轢也 撛扶也

○邊 賓｜｜ 𢋄仝上 濱水際 瀕仝上 獱水獺 鑌金色 彬文彩 斌仝上 瑸玉色 璸仝上文彩 玢仝上 鈖玉名 𩀱小雀

馪香氣盛也 訜｜䚋言不定也 份｜文質備 儐仝上 𢤃心伏 邠地名 豳國名 檳榔也 梹｜榔 礗石名 霦雲有彩色

𢊁古貌也 𣢂氣分 瀕水名 𨽻古文｜字 櫇｜婆柔名 賔古字 賓仝上 蘋少萍 𧬐多言 贇好貌 繽彩色 頻｜繁

○求 根｜本樹｜ 巾頭｜手｜ 筋｜骨 觔仝上 斤十六兩為一斤 均平也 鈞匀也 筠竹名 跟｜隨 肋仝｜骨也 竻仝上

皸｜瘃 峎古文

○去 輕｜重 炊少也 𢿀不重 鞎木也

○治 珍｜重｜宝 珎仝上 瑧玉名 徵｜召｜證延｜驗 玎｜珰玉聲 沵渡｜ 津水渡处｜液也 軫車｜ 搸聚也 垔古文

○波 繽｜紛雜乱 頒飛也 俜使也 嚬笑貌 顰蹙也 乒｜乓 𨷾门聲

○他 𨼋地名 𥦗直視

○曾 甄姓也 真｜实｜改 瞋｜目 振盛貌 真至也及也象也 蓁草盛 溱水名 烝熏｜炊｜｜進 榛似票而少 蒸｜嘗象也

瘎病骨|也 瑧玉名 甄姓也陶也明也 升|斗 珒水| 殝死也尽也 禛受福 凸高也 睛老君牌| 津水渡处也 籈竹名

⿰舟聿渡也 滇水名 帪馬囊 璡名似玉也 栕屋相 亲木名 桭兩楹開也 ⿰目辰田骨 ⿱艹甄草名 謓当心也 駗馬重难行

○入 釰端也 瞋張目視也

○時 身|体 申|重支名 信舒也不屈 伸仝上 呻吟詠之聲 紳大帶之聲 辛难|二名|苦|辣 莘姓也地名 新|鮮 蓁

薪柴名 騂赤色 娠孕也 侁行貌 詵和集貌也 甡並行 先|後 觪弓調 㑗神名 屾兩山並立曰| 姰縣名 ⿰女辛女字

珅玉名 裑裍袾衵| ⿱申申失人升人十二支之名也 ⿱曰⿱冖又仝上 叺吟| ⿱垔女有|国名 柛木自斃也 杋擇取物也

○英 因|由|托|緄|依 囙仝上 ⿰女囙婚| 婣仝上 茵褥也草名 氤|氳元氣 禋敬也祀也 闉城门之闉城也 殷|眾盛也 慇仝上

⿰目因園姻 駰馬尾色雜音曰|也 恩皇|姓也澤|愛|德|惠榮 絪|溫淋臬|也 裀近身衣也 ⿰因攵絆曰|敵也 洇水名

喑|噫聚氣也見法不正也 ⿰女恩女字 栶木名 歅善相為| 瘖聾也

○門 ⿰金晉業也 瑨美玉次石 珉不之美也 碈仝上 砇次玉 ⿰車民車伏 ⿱敃山山貌 蟁死虫

○語 狺犬爭聲 齗仝上 訢恭謹 ⿰木銀色白 泿水名 犾犬相咳也 埑匡也 ⿱沂山淪水 ⿰言頁頑也 ⿴囗吉地名 釿齗亦作介也

⿱⺮斉篪太 訔爭辨 鄞地名 ⿰虎斤虎聲

○出 親｜戚｜近｜愛双｜ 親上仝 ⿰衤親近身衣也 藽草名 ⿰亲攵古文 ⿱癶又居也 ⿰女亲仝親

○喜 興｜起｜隆｜旺｜作 㒷仝上 ⿱艹㒷菜茅一名雲臺 ⿱丘石定息 蛝虫乘飛貌 ⿰亻志老君牌名

謹上上聲

○柳 您即尔 恁思也僉也又如此也 焛烛火息也 ⿰粦斤水聲 ⿰粦乚憂也 翷飛也 ⿱艹粦草名似竹 ⿰山彦山美 嶙長深 橉門限 ⿰歹粦大死兵也

○邊 稟供也受命也下語曰上｜ 箪竹片為｜大｜芬｜ ⿱𥫗它仝上 懍危惧也

○求 謹｜慎｜专 瑾美玉 菫鳥長草也 ⿱艹系草名 頣頰後 ⿸疒敢瘍也 ⿰糹堇織文｜密 巹瓢為酒器婚礼用｜ ⿱丞豆仝上 蚓蚯｜

緊｜急｜速｜密｜紟也 槿木名似李 ⿰牛堇牛馴 ⿰目取速聞也

○去 淺｜深 洴水少 赾跛行 螼虫名

○治 ⿰尢冘古人名也 ⿰車支車｜ ⿰犭典劣貌 紖牛系 ⿰木引木名

○波 品姓也｜類｜物｜級

○他 眹目童子也 ⿰阝欠地名 狆狂也 ⿸疒希創肉腫起 ⿰忄桊乱也 ⿱宀親直視也

○曾 振｜息｜奮｜作｜發 賑｜救｜濟 軫車後橫木 畛田開水道 疹皮外小瘡 袗車也尽也 ⿰貝盡送行礼物 紾戾也繩也 診視也候也

胗｜脈 諗視也 燼火餘木也 儘皆也 鬒黑髮而綢 縝結｜密｜ 拯舉｜救｜ ⿰扌亟仝上 ⿰㐱頁顏色 ⿰飠㐱貪也 ⿰飠尔仝上

稹察也 ⿱髟毛髮齊 ⿰扌开仝⿰飠㐱 侲童子 ⿰臣支動也 啟喜動貌 ⿰口辰驚也 賮送財物也 聄造也听也 ⿰耳氐仝上告神鬼也 ⿸疒鄉瘴病 姬慎也

弫 弓強 ⿻乃彡 新生羽也 ○入 ⿰目刃 脏也 ⿱艹刃 丨苓草也 ⿰目刃 懣也 杒 木名

○時 蜃 大蛤又侮豪丨氣樓櫓也 矧 況也又客也 ⿰矢攵 仝上 胂 脊肉 裑 衸丨 籸 粉滓 欣 正而笑也

○英 引 進丨導丨誘長久 蚓 蚯丨即地龍也 廴 長行 靷 駕牛馬之俱也 尹 姓也治也正也進也 隱 蔽也藏也微也私也安也 㥯 古字 ⿰亻㥯 依也

紖 牛鼻丨也 螾 仝蚯丨也 殷 雷聲 穩 禾也 濦 水名 ⿰目急 安也 癮 丨⿸疒者皮外小疾之病 癮 仝上 ⿰弓人 人丨 ⿰車柬 擊小鼓引樂聲 运 走也 迎 仝上

○門 敏 聽丨勤丨又丨㨗也 閔 姓也憂丨 潣 水流 憫 默憂憐物 泯 丨沒丨滅 愍 憂也憐也 湣 齊丨玉名 黽 蛙屬又勉也 刡 丨仔 抿 丨髮器也

跛 仝上 簢 竹類也筒堅也 ⿱敏牛 獸似牛蒼也黑色也 捪 仝抿 ⿱罒黽 細細 ⿰扌具 塗也 暋 強也 捪 撫也 捪 仝上

○語 詪 难言 ⿰食艮 食也 ⿱竹沂 太篪 ⿱艹⿰犭斤 草盛 ⿰犭斤 犬吠聲也 ⿰石脣 大唇之貌

○出 笉 笑也 ⿰身立 身端也 ⿸疒忩 病也 ○喜 邤 丨鄰地名 ⿰夕鳥 鳥名 ⿰忄⿱欣心 悅也 惞 仝上

艮上去聲

○柳 ⿱叩心 行無廉隅 轥 車丨 ○邊 鬢 額头之丨 鬂 仝上雪丨 儐 道也相也 擯 斥也 殯 丨殮 ⿱竹宦 虱丨

○求 艮 卧也止也卦名 絹 紗丨 亙 古文 埍 徒弟所居一曰女單也 𡿨 小流水也 ⿱䜌曾 量也 眷 曲也又興豢也 豢 仝上 ⿱龹示 祀奉 ⿰木絹 木名

瓹 瓮底也 硍 石聲也 ⿰益頁 遠視 娟 美好 ○去 ⿺走卷 行貌 菣 香蒿 ⿰目川 專視 ⿱竹⿰角甫 戶籍

○治 鎭安也厭也戍也丨守 磌彈也

○波 覾丨覾暫見 闠爭乱 朩麻丨也非木字 朮杲皮

○他 趁踐也逐也從也 掾極也

○曾 進升也又行前也 晉國名仰也 震卦名動也起也 瑨美玉 搢插物帶間 縉丨紳 症病丨 証諫丨奸丨 證丨驗質丨 娠婦懷孕也

⿱亞日古字 搢拭也清也 溍水流 ⿰虫晉海虫 頤頭動

○入 ⿰阝晋階也 ⿰巾刃枕巾 ⿰牛忍滿也 魜魚名 靭堅柔 ⿰目刃眩也

○時 信丨實驗也書丨不不疑 囟腦蓋 顖仝上 顖仝上丨門 迅疾也 汛洒也 軐車也 訊問也告也 ⿰口囟仝上 卂疾飛 ⿰王卂玉名

⿰止卂待也 㐰古文 訫仝信 囟仝丨門也 ⿰石卂丨石藥名毒物食之級死人 阠陵名 ⿰豸囟獸名 奞鳥張羽貌 ⿰止卂待也 ⿰犭卂獸名 ⿰囟頁仝丨門也

○英 印丨信丨記 ⿱雨因雲氣 ⿰革印有足 靷駕牛 應答丨 ⿰忄㥯相著 ⿰扌行申也 ⿰犭㥯獸名 茚草名 ⿱髟印髮乱 鮣魚名 ⿸匚垔臥也又煙丨之名也 ⿰扌焉劑也

○門 ⿰忄門憐也 忞自勉 琘玉名 蝱蟲名

○語 憖恭謹 虓虎聲 ⿰月寅脊肉

○出 襯近身衣也 儭仝上 ⿰氵龜寒丨 称物可量輕重也 皴手足凍丨 瀙仝寒丨也

○喜 興起丨意思悅也 釁罅隙也罪也爭端也塗也 釁仝上罪也又由動也 臖腫也 衅起丨丨由 ⿰忄具愛也 狥似豹而少 ⿰羊恩獸名 拫急引 舋

吉上入聲

○柳 柅正論木也 怩心慙 栗菓名懼也 窒塞也又相通也 剌削也 瑮玉英 ⿰栗阝地名 ⿰糸栗踐也 ⿰山栗山名 暱日月相迫 瑮玉英 ⿰栗力丨豫

颲 暴疾 樹櫃 樹高

○邊 筆 述也紙丨墨硯 笔 仝上 必 然也定乱 ⿰王畢 佩玉 珌 仝上 畢 終也 ⿰冫畢 氣寒 ⿱竹滭 笮去氵也 嗶 聲出貌丨吱緞 熚 火聲 篳 丨門紫門

蹕 止行人也足偏阡也 韠 礼服蔽衣膝以韋為之乃素丨喪服也 鵯 鳥名 觱 丨由木人所吹以驚馬也 ⿰止欠 器破未離有痕 縪 鹿車曰丨又約遠也

罼 兔罟網小而柄長謂之丨網也 ⿰礻畢 灶也祭也 ⿰犭畢 獸名 ⿰木畢 丨木 滭 丨沸 ⿰氵觱 水沸泉出 ⿰虫必 蜂也 ⿰扌筆 刺也 鉍 矛栢

○求 吉 利也襌也 橘 果名相丨 桔 仝上 鵙 伯勞 ⿰魚乞 遊魚 狤 狂也 ⿰月矞 月在乙曰丨也 ⿰吉皮 黑吉 佶 正也又壯健也 拮 丨據

蛣 丨蟠轉糞為屋瓦也 趌 怒走 洁 水名 肸 佳也 ○去 乞 求也又與也 ⿰米乞 粗屬

○治 得 庶丨鼓丨 淂 仝上 ○波 匹 偶也配也馬丨 疋 布丨馬丨 ⿰口匹 唾丨丨也 鴄 鴨也鳥名 ⿰女匹 女子

○他 勅 正也理天子制書癸曰丨 勑 謹飭 遫 張也 飭 修丨慗丨 ⿰式鳥 水鳥 淔 水名

○曾 質 林實刑也證也 貭 仝上 騭 升也陰丨 侄 癡也 厔 山曲 挃 獲禾 窒 塞也不通 銍 短鎌 郅 姓也至也 脊 背丨又中丨又鳥名

瘠 瘦也 ⿰火脊 旧土 ⿰魚脊 魚名 鯽 仝上 鶺 丨鴒鳥名 職 主也品秩官丨 織 組丨布帛之揔名也 裁 仝上 ⿰糹式 仝上 櫛 梳篦揔名

迌 近也 蘵 草葉也 ⿱艹織 仝上 ⿰扌窒 擣也 摭 拾也 陟 升也時也登也又音褐也 鑕 斧丨 瓆 古人名也 桎 足也械也又凝也 ⿰口質 野人之語

墌 塞址 垢 仝上 櫍 斧丨 劕 券也長也丨短曰劑 戠 義闕 戴 仝職 ⿰木脊 屋攟 儨 行也 蠽 窒也

○入 舶舟舫 肏入肉 鈒鈍也

○時 式則也樣也敬也時丨欸丨也 識知也見丨 悉尽也知見 蟋丨蟀虫名也 室家丨房丨 失过丨亡丨逸也丨落錯也 息喘丨生長也消丨子丨止也利丨嘆丨又安也

媳丨婦 膄鼻中丨肉 倏丨忽 拭丨刷措也潔也 𣯷毸丨除耳疥也 𥳑上仝 軾車前横木 蝕敗創也又曰月弓也 熄火丨 𣸣水名地名

腊炙肉 窸丨窣不安 窦窩盜拔藏謂之丨也 烒火貌 䄁欸也丨也 襋內衣

○英 乙姓也十干名也 一數之始也誠也均也合也 壹合也醇也 㚃古文 弌古文 玘高也 憶思僉歆其淂也記丨也 鳦燕也春社來而秋社去也 嫕丨嫛婦人之貌

○門 臚不可測也 冒不見 擮持也 𦃃釋典 搵拭也 滵溢也

○語 吃食也又口不便言 訖止也尽也終也畢也 仡壯也勇也 汔水涸尽也 屹山貌 矻勞丨 紇姓也孔子父名也 迄至也 齕食也

餼仝上 吃仝吃 忥癡也 虓虎貌

○出 七姓也數名 柒仝上 二省文 拭丨棹 楖木可為杖

○喜 肸振也盛也作也 肸仝上 肹仝上 盻視也 肸止也 釛金也 閴門聲 擷捋取 汨水流 𤡈飛去也 遪象走 泧水流

熚燒也 瞲目驚 釳方丨 蝢国名交月 忔喜也

鉐下平聲

○柳 麟麒｜獸名圣人出而有吉獸 璘玉有文飭 鄰比｜近｜ 潾水清 磷水清石見 麐仁獸 轔車聲｜｜ 驎馬班文也 鱗魚｜ 憐愛也敏也衰也

嶙涯深重也 粼仝上 隣隔壁曰｜ 繗｜緞 綾仝上 僯比｜｜佑 瞵田｜龍也 鱗仝魚｜也 疄古人名漢有俞閭候｜也

⿰虫粦虫名有｜虫也 遴通也 ⿱大舛仝粦

○邊 頻姓也類也 嚬笑貌 顰眉慼 瀕水涯 貧無財 屏圍｜ 缾酒器 瓶仝上 鉼仝上 甁仝上 緶巧言 諞仝上 骿觔骨連合

駢二馬並行 楩木名 ⿰甾并蒲器 胼｜胝皮堅 ⿱艹便草名 賆益也 ⿱宀頻長惱 姘妾也 俿倚也 憑｜據 凴仝上 馮仝上 蘋大萍

凭依也倚也 ⿰氵⿱馬心水聲 ⿰巾屏仝屏 ⿱覃車車也 ⿱穴分古文

○求 礥难也 瘽苦病 ⿰金新木名 堇黏泥為｜ 狺犬聲

○去 勤｜勞｜儉｜謹 懃慇｜又婁曲之貌也 芹｜菜 瘽苦貌 囷地名 慬憂也 ⿱癸木矛柄 ⿰舟今蜀人呼舟

○治 陳姓也列也故也舊穀也 塵｜埃 ⿰臣阝地名 ⿱⺮陳蔓生附喬松也 ⿱辰日日月合宿 樄｜橡 敶古字 螴虫行

○波 瓶酒｜也又汲水器也 鉼仝上 ⿰甾并莆器 ⿰分刂分也 ⿰彳甹使也 砏大雷聲也 繽雜乱

○他 ⿰口亭水上曰｜ 柛菜名

○曾 秦姓也國名 螓小蟬 蠅蝴｜ 澠水名 繩索也直也又弓｜也 ⿰金黽仝上 ⿰犭⿱絲灬大走

○入 人乃物之灵曰丨又丨君也 仁心之德愛之理柔枚中實曰丨 芢薏丨 魜魚名 㐆古文 忈仝上 忎仝上 ⿵门一天地之姝一最貴也 朲屋上間也

○時 辰星丨時丨日丨友名 晨早丨 鷐鳥名 神丨明鬼丨 承下載上也奉丨丨愛 丞佐也副也 臣君丨 脣仝晨 晨早昧夾也興曰辰仝也

啟擊也 曟房星 宸屋牢天子所居之处 扟從也擇取 ⿰屒阝姓也 ⿺鬼辰山神也

○英 ⿱宀貝恭也支名 寅仝上 夤仝上又也緣也 殥仝上 澐江水大波 云疊語 沄水轉流也 芸香草 紜紛也乱雜 耘除苗間之草也

匀均丨 畇狠土耕之田 愪憂也 蒷草名 ⿰云阝地名 篔烟竹器也 熉烟也 蕓菜名 耺耳中也丨又謂鐘聲

○門 民人丨又無位之称 ⿰言民民也 岷石之美也 珉玉名 玟仝上 ⿰田民田丨 苠眾多 忞自勉也又強也 眠睡丨 ⿰弓民旗屬 鴖鳥名

泯水名 瑉日光 旻秋天 旼和也 ⿱雨虫虫名 ⿰貝匀算稅 ⿰女民女字 琝似玉也

○語 銀財寶 珢石似玉也 狺犬爭聲也 ⿱虎曰虎爭聲也 垠崖也限也界也 誾和悅而諍 嚚言不忠也 听笑貌 齗齒丨辨事 艮倍作省文

⿰石民美石次玉 檭木名 鄞令稽縣名 訔爭办 ⿰言頁頑也

○出 ⿰身出走也 ⿱𠦝心羞也 皴皮細也 瞋張也

○喜 眩頭目丨暈 玹玉名

近下去聲

○柳 吝鄙丨悔丨差丨恨也 恡慳丨惜丨 藺姓也草名 粦野火鬼火 磷旧石 遴行难也謹遲也 ⿰口閵像名 ⿸尸粦閩人陽物曰丨 ⿰粦見視也親也

䉮竹之壁中也 膦皈｜ 甐磁器 倿無乃為｜ 崧山名 忪怪也 恪仝上 閔燭息火仔 賂貪也 諉古文

○邊 鑌金色 臏膝耑也又刖刑去膝蓋有 嬪婦也又婦官名 牝母畜 𨁈｜鬔蹋地 靳近也 軯｜輕車聲

○求 近迫｜不遠也又親｜ 蔪固也吝也 僅纔也又畧能也 瑾玉名 饉菜不熟也 𢪃以口褁物也 槿上名花名朝開而暮落也 覲朝｜見也

腱雞鴨之｜ 肵仝上 墐土｜ 娊獻女人細腰也 㨷拭也 恗心堅固也 𩕄恨不平也 𤈦熾火燒殘 殣饑殍為｜埋也 岓古字

○去 狠齒也 赾行連 恧意也慙也 ○治 陣行列｜勢 桸木名 䨢雲｜ 訡視也 敶古字 冋登句听也五话 𠋫理也

○波 砏｜磤石聲 櫇木名畢名 䙹暫見 𢅏衣蔽 𨁈｜彭足蹋地聲 ○他 仢使之物也 𨸕丘名

○曾 盡穴也竭｜終｜恣｜尽心 藎進也又餘也 燼燒毀 儘皆也 𣟁木名 𦘺仝烬 ○入 認保｜識｜ 梕木名

○時 慎謹｜審｜又｜重也 剩餘也 燼火餘木也 腎水脏藏精 賸餘也 𦙶古字 壗盛鹽器也 嫃仝上 𦙶仝腎 榛木名 𤆨熖餘

鋠鐵也 抻｜物長也

○英 孕妊｜ 娠婦人懷｜ 媵送女從嫁 胤子孫相承繼續也 𦙍仝上 𢔁仝上 𠐆仝上 僂仝上 𨌺人名 倂送行 酳少飲

臋古字 消小水 賸物相贈也 軸車名 敒捹也

○門 面頭｜門｜ 眄斜視 𡧍屋｜

○語 憖問也 唁弔生曰丨又音雁 讀語弄曰丨 譺仝上 埿滓泥 欸怒齒 疙瘵也

○出 ⿳穴親至也 ⿰石親水石 儭喪也 藽梧也 瀙水出 齓小兒脫齒 皴皮起

○喜 恨丨心也泉咥 怩仝上 ⿰忄亮仝上 脪瘡肉反出

钐下入聲

○柳 ⿰糹力船桅丨繩 泐水礙 ⿰禾栗積也 匿虫虫虫名 鳨鳥名

○邊 闢開也啟也 弼轉也止也助也 佖有威伏也 邲地名 怭仝佖 飶食香氣也 馝香也 咇香也 苾草名香也 鼻通氣者能知香臭也

襣犢丨裙短袴如羊牛 辟君也除也 擗撫心也踴也 愎戾也剛丨 鴔丨鴟也今呆戴勝也 弻仝弼 ⿰弓虎仝上 柲戟柄 欂辟柱 欰吮也

稫以火乾物 虑愁貌

○求 钐有志力也 ⿰米建厚粥 ⿸疒亟氣急 吃不便言也 ⿰幾气危也 埴粘土

○去 杙木丨牛丨 橛仝上 樴仝木丨也 栓仝上 ⿰土鳥鳥丨鳥名 茇白丨冢土名

○治 直正丨伸也又木曲也 姪兄弟之子曰丨 侄仝上 蟄虫名 蹢丨躅 ⿰犭失丨丨飛遲 詄言緩

○波 ⿰口匹聲也 咇丨啼 ⿰匹羽飛也 ⿰月八坎內 ⿰氵皀澤也

○他 呹疾也

○曾疾病也患也嫉妬｜蒺草名嗟咄｜叱呵 ○入日太陽之精衵短衣裏｜囸古日馹驛傳馬遞釰鈍也

○時實誠｜滿也朴｜不虛也寔仝上湜清水見底食飲｜蝕日月可也宲古字植蕃滋生｜襲重衣也又因也殖平也止也生財曰｜

寔仝寔仝寔安即安即櫍木名湜水名遈流也瘠敗瘠揎桂扶曰｜埴黏土也

○英逸追｜縱｜奔｜阬｜佾舞行列也溢滿也鎰二十西曰｜也泆水蕩佚安也軼遇也仝逸迭仝上遹自也遵也聿循也准也

鴥鳥名驈驪馬白也跨曰｜鷸知天將雨之鳥劮雙飛疾曰淯仝上叱鳥聲[illegible]仝上水流膉短月妷媱｜疊辰名[illegible]按也䮚馬瘳行也

○門蜜蜂｜密靜｜秘｜綢｜密仝上宓安也默也苾｜芻香｜謚靜治也人安也樒香草滵水名榓木名溢泥淖謐無語安也

搵拭也謐靜也

○語圪高貌屹山名[illegible]動也狘仝上[illegible]水流也玝仝圪 ○出叱｜吒聲也鼜守夜鼓也肶滑貌膣肉生

○喜劾治也淢疾流眓急速[illegible]月在乙也檄急則用雞羽揷信曰｜送獥狼子鼲鼠名訹私訟也內侮也

18姜襁[illegible]腳強鼉矍

姜上平聲

○柳踉圭也婛女名劇削也椋木名

○邊 咏水聲 呯乒| 弸彈也

○求 姜姓也 薑矛菜 疆界也境也 韁馬絆 僵朴倒|僨 羌西戎名又發辭 橿鋤柄又枋一名萬年木 蜣|蝦虫名蛣| 礓|礫小石

畕比田也 腔骨体曰| 殭敗也 蘁花名草名 洸水勢

○去 啌|調咄也 腔仝上喉| 鏗金玉之聲 羫仝啌 䓶菜名 鉼金鈴之聲 釬仝上 銎仝上 痓喉口病也

○治 張姓也開|主| 倀虎所食人 誏誑也 蜋虫名 鋃|鏜錫也 傽|徨行不正也 慞|惶|恐又畏懼也

○波 剻郡也 脝膨|腹脹 㧍牽引 㨃打也 漰擊水之聲 𢿜打板之聲

○他 𨭆承銅縣也 缸瓶也

○曾 章姓也|來文| 彰|著|明 漳水名州名 嫜舅|失之父母曰| 樟木名 璋|珪曰|生男曰弄| 獐鹿屬而無角也 鱆魚名

彰 鄣地名 將送也欲也奉也然也 漿|水夫| 麞麋| 螿小蟬 暲免正進也 鏘聲也

○入 禳祭祀萬殃 穰豐也 躟仝上 瀼露多 攘窃也 釀醞| 鬤髮乱 瓤瓠中瓜|遲也 𤿭剝裂

○時 商行貨曰||量 相共也 廂廳廊 湘水名 箱籠| 傷損||害 襄贊|成也 瓖玉名 觴酒器 殤未成人而死曰|

鑲金嵌金| 驤馬低昂也 瀼水名地名 穰草名 驤馬跳躍也 緗淺黃色也 勷急遽貌也 暘浮| 瓖馬上飾馬蹄飾 瑺新琢之玉

○英 央中||倩 泱水名深廣貌也 秧禾苗種也 殃|禍 𢒰美之善也 紻卷| 鴦鴛|匹鳥 霙深廣貌又宏大貌 䱀魚名 咉应聲 鉠鈴聲 袴咎也

○門 韽告也 𩐳容也 膾沈昏 癅病行人也 ○語 鈃鈴也似鍾頸長 鋏對鐘之聲 乾高貌 鉶頸長

○出 昌｜盛 倡｜和 娼｜妓戲女 猖｜狂 稆糠也 菖｜蒲 閶｜開天子之門 鯧｜魚 鏘金玉聲也 將佩玉之聲

搶金作兵軍器又擊鐘之聲 錩器具 淌水名 䮖馬名 裮禟｜ 倀無見 鶬鶬｜ 鸙齒良 緼出釋

○喜 香芬｜氣｜ 薌仝上 鄉｜里 膷牛之美香 皀穀文｜粒 瘄氣病 諁擊也 馫仝香 䡴擊也

繈上上聲

○柳 兩双也斤｜ 倆伎｜巧也 魎魍｜川澤之神 㒳文也双也 掚慦飭 𠡍強力憅也 𨂌足踞 蜽蝄｜出川之脊物也

○邊 榜木片也 弸弓也 嗙聲也 蜯虫名 鴋鳥飛

○求 襁負兒巾也 強勉｜牽｜ 彊仝上 繈錢貫 勥迫也勉力 滰灑乾漬水 弜彊也弓有力也 殭礓什 鉚金璞 甌甌也 膙筋｜

𥔲仝上 𥒥水邊石也 𥼶仝芒

○去 𤎂大乾出聲 㩮擊也 𢷾仝上 飍風乱貌也 恐懼也 絅布名 𡜍乱也 焪火乾物也 𡘋好也 𥐥石也

○治 長高位家｜ ○波 𠯗聲也 肢特也 閍門聲

○他 䐀腯貌 䨲鶴也

○曾 掌手｜｜管 仉孟母姓也 蔣姓也 槳駕船具也 獎褒｜｜劝 ⿱艹掌｜草 漲｜水 ⿱將衣衣｜ 墏塞也

○入 攘擾｜ 壤柔正無塊｜ 嚷喧｜ 宂｜雜 ⿱罒⿰氵丘仝壤 爙｜市人又喧｜ 饟饋也 ⿰彳襄行疾貌也 輛車｜ ⿰弓襄弓曲 蠰食桑虫也

○時 想思｜ 賞｜賜玩｜鑒｜ 上署高 鯗魚于妥肉 ⿰亻向扉｜ ⿸户向仝上 ⿰食象盡食 ⿰目向｜牛

○英 養｜育生｜培｜涵｜ 瀁水貌 鼔羍也 ⿰羕攴仝上 蛘蟻名 勨繇緩也又勉也 癢病也 攁特也 ⿰亻養技也

○門 蝄山川之神 棢屋棟 ⿰山具山名 盎比空

○語 仰舉首望也慕也欽｜ 卬仝上 眏無背

○出 廠無壁屋也 昶日長也又明也 敞高也開也 僘寬｜ 鷩鳥名 氅鷩羽又折鳥羽為旗衣之屬也 搶爭物也又｜奪也 鋹利也 ⿰忄敞同憋 ⿰忄敞｜悅驚貌 ⿰敞鳥鳥如主三首亡戾也 ⿰忄爯愚也 ⿰石敞瓦石澆物

○喜 饗飲也尚也酒｜ 響聲也 享｜獻｜祭受也 響 ⿰糹向綿已

響上去聲

○柳 ⿱艹釀菜名 ⿱艹穰仝上 ⿰米襄雜也 ⿰目京目病 狑犬名 獰西犬

○邊 榜笞打 ⿺走并走也

○求 響詞不屈也 ⿱彊鬼鬼聲 ⿱畺石曲石 ⿰石向石聲

○去 ⿰口羌小兒泣不止也 ⿰忄穹⿰忄容⿰忄丂 ⿸尸巠｜穴 漀水泉出口 ⿰車具車鏗

○治 帳帷｜幬｜ 脹膨｜ ⿸疒長病｜ 韔弓衣 悵惆｜失志｜望也 賬｜目數也 漲水｜滿也 倀古人名

○波 ⿱髟丈蹎｜蹋地 栐折木之聲 ⿰片平折木癌聲也致 ⿰平瓦甕也

○他 暢丨快通也舒也遠也 鬯以秬黍釀酒以香草和之鬱丨之也 韔弓衣 蘠草名 暘長也仝暢 ⿰目長目丨

○曾 將丨師又中指曰丨指 醬豆丨 嶂山高險也 障蔽也屏丨 瘴熱也瘟也厲也 ⿰爿酉仝上 墇仝上 瞕塞也蔽也又內丨也

○入 揖推也 掚姓也 ⿱宀⿱两子劣也

○時 相視也助也宰丨 倆愚也 ⿸疒两疾憂也

○英 映照也 怏清不滿也 盎盛也盆也 鞅馬駕任賑曰丨 ⿰缶央仝盎 炴火也 詇聲也 ⿱奄黽灶屬 ⿰食央飽貌

○門 ⿰月⿸厂凡權也 ⿸疒夢痴貌 懜慙也

○語 樑小舟木也 ⿰目風長肚 ⿱茲齒露齒

○出 唱引也導也歌也 誯仝上 倡和丨 裮明也 嗆喉中作丨 ⿺走昌跰丨邪行 流水聲水名 ⿰氵藏令水

○喜 向对也丨前相丨 嚮仝上 鄉仝上又昔也 曏從時明也 餉饋也 ⿰米向仝上 ⿵門鄉門頭 ⿰王鄉玉名 珦仝上 ⿱鄉言美言

腳上入聲

○柳 ⿱習言美言 ⿰目樂美目 ⿰忄呆惰也 逽走也 怩心鬼也 攊擊也 ⿱歷玉玉名

○邊 懪丨丨心悶 愊至也 懪懼也 ⿰日朔曝乾 ⿱竹⿹勹两筍行之聲

○求 腳足也 脚仝上 屩地名 夔健也 ⿰骨隺骨堅白也 ⿰鹿樂獸名鹿形馬足人首 ⿰忄卻劳也 譁謹也便也 轚車相轂手也 㪁捕也

○去 卻不受也退也又止也 郄仝上 却仝上 皵皮乾 獻高也 忶畏懦 埆地不平又瘠也 ⿴囗百鞭也 躩盤辟貌也 戄驚懼 㱿擊頭也

⿰⻊幼跳也 ⿺走幼仝上 ⿸疒去病也 ⿰石或破也 ⿰忄懕仝上 ⿱敫心善也 ⿰⻊去進也 ⿰米覈谷糖不破 ⿰夐見視也

○治 ⿺走豖兒行 ⿱夆手度物 硩摘也 ⿰石適石也 瘃手足凍瘡 ⿱⿱夂丰手手丨物也

○波 ⿰扌暴恐也 ⿺走辟走也 擘手丨 湘淺水 ⿰片𠂢物破 ⿰扌雹射中聲也

○他 筴舉也 畜六丨 ⿰言林開香 漸水沮 蔪破也

○曾 勺挹也 妁媒丨 灼木名丨杯 芍花名丨藥 酌丨酒參丨又斟丨也 彴奔聲 ⿰衤勺禪衣 斫刀斬 ⿰火隹火米然也 汋水丨 焯仝上

⿰火蕉炬也 ⿰扌著手撿 爵官丨 嚼咀丨 皭白也 爝火也又義也 ⿰爵殳仝上 ⿱穴爾古字 ⿰扌脊擊也 ⿰扌着打也 ⿰扌截捉摘

○入 閣牽引 鄀秦晉之界地也 ⿰⻊弱下文 楉木名 ⿰忄若亂也 ⿰角弱偏弱

○時 屑潔也碎也 削列丨奪丨除丨侵丨 鑠銷金也 爍光也 ⿱艹屑潔也清也 擿擲也 屑仝上 ⿰扌虐丨死 ⿱埶金田器 嶭皐也 搠塗也

遽外也 ⿰氵削水聲 隊碎石 ⿰片斤分破又音昔也 ⿰忄隻懼也 硺碎石

○英 約丨束禁丨合丨簡丨期丨儉丨說丨相丨大丨也 葯草名白芷 ⿰角弱調弓 ⿰角勺仝上 ⿰飠勺食節也

○門 纆黑系 擇手陰物也

○語 ⿰⻊乇不止也 ⿰忄禺日強 犾犬怒貌也 ⿰谷攵手打 柳木名 ⿱艹哥急敕

○出 檄木名 ⿰立昔驚也 鵲喜鳥 鶴黃丨孔丨 碏恭也 綽寬後 辵作行作止 ⿱穴走走也 雀小鳥 散仝上 趞局丨 婼不順

○喜 謔丨語 ⿰面𠂢血面 惐痛心 勖助也 ⿰糸畜絳也 ⿰忄有心動 ⿰忄耆心驚 ⿰角畢角似雞距

強下平聲

○柳良善也溫|娘小女之称糧谷食錢|粮仝上量商|凉輕寒清|涼薄也粱姓負棟也橋也樑仝上⿵風京此凨也孃母称曰|

⿰女卜仝娘也俍仝良躴賦也⿷匚良見集韻也⿰⻊梁||走也⿰酉京醬水又|粉也踉走也惊悲也⿺尢良集韻⿺尢京仝上⿵風京北風也

○邊軯車馬之聲⿸虍京虎貌繃兒衣也

○求强壯||暴|盛蔃|菜即百合也漒水名彊健也暴也⿱強女女字⿱弘土|佩

○去青人名⿱殸火火乾也⿰氵羌水勢靑仝人名也

○治長久|遠|萇姓也草名|楚⿸镸乚仝長兏仝上⿱镸又仝上瓺瓶也⿰⻊長東郡謂跪曰|即跪拜⿱丘儿古字⿱丿尢仝上

○波⿰⻊鬼地名挈衝也膖脹也

○他⿱雨衣小雨⿱工弓弓聲

○曾⿱雨衣雨|牂扶也⿰爿⿱山戈山也

○入⿱雨襄雨|禳除殃災也穰豐也躟仝上瀼露多攘窃也釀醞|鬤髮乱瓤不貌水聲

○時祥吉|善福詳細|審|常姓也經|尋|守也|久嘗誠也会也甞試味裳衣|嫦|娥姮仝上翔高飛庠舉足秀才曰|序|生

⿰歹羊羊病山名⿰魚常魚名瑺金玉鏛仝上

○英 陽 姓也阴陽 阦 仝上 氜 仝上 鍚 仝上 容 顏｜｜貌 楊 姓也｜柳 揚 姓也｜｜ 暘 日出明也 颺 夫言 羊 牛｜ 佯 詐也

痒 命也 洋 海｜盛犬之貌洞｜ 烊 以火鎖物 瑒 玉名 珜 縣名 煬 爍｜ 昜 仝上 戥 戈也 鍚 馬頭餙也 鴹 鳥名 ⿰羊力 劝也

垟 土精 ⿰弓羊 弓曲 ⿱⺮羊 仝上 ⿰羊彡 善也美也 ⿱⺮陽 籍｜符篖 禓 道上祭也一日進神 ⿱雨陽 十月為小陽春 ⿱雨暘 仝腸 腸 目也 徉 彷｜也

○門 槙 草木相萱 浝 水名 ⿱艹⿴囗羊 枝桂

○語 豣 以豕 腢 腀｜ ⿰車卯 轎｜ 樑 木名 珋 封也 喁 口上見也

○出 牆 ｜壁 墻 仝上 場 收米團也 塲 戰｜ 腸 大小｜也 嬙 婦官 薔 ｜薇 檣 船帆柱也 戕 ｜傷 戕 仝上 償 足也｜命 漻 ｜水

摐 打也 鏓 大｜壙｜ 愴 ｜佳

○喜 ⿰金囟 斧柄 雄 英｜鳳｜ ⿰革支 飭也 ⿰耳宏 耳語 ⿰言囟 象言 寷 大屋 捀 奉也 捀 牛也 ⿵門冒 直視 ⿰方⿱𠂉隹 入面鳥身 ⿰貝匈 貨也

⿺鬼羊下去聲

○柳 量 度｜名小約｜ 諒 小信昭祭 亮 明｜ 両 車數 輛 車｜ 倞 遠也索也 ⿰木量 大称 ⿰量刂 取也 ⿺昜京 古字

○邊 ⿰歹朋 ｜殪 榔 杖杖也 拝 打也 ⿰車氷 軿｜車聲 捧 擊也

○求 勥 迴也勉力也 ⿺鬼羊 鬼也 ⿱強言 言不屈也 ⿰歹京 屍｜ ⿱彊水 水聲 獿 桓公子名 嵹 山名 弶 檎獸 摾 仝上

○去 ⿱巩手 抱持 ⿰扌穹 捺也 ⿰氵穹 水聲

○治 丈 十尺曰｜又岳父曰｜人 仗 倚｜ 杖 長枴又岳器也

○波⿱髟乏地名⿰扌亨打也⿰歹亨瘂丨⿰𧾷虎丨丨他聲搒笞行⿰木夯枰丨 ○他仗倚丨⿰虫丈蟲名

○曾狀丨元⿰車從車跡蹤跡也⿰爿手扶也 ○入讓謙丨遜丨退丨貴丨欀道木懹憚也蠰食桑蟲也

○時尚姓也猶也又和丨也上崇也尊也象形丨又長鼻獸像神丨摹佐潒水流⿰氵鳥仝上⿹勹鳥仝上誦丨讀訟丨告⿰虫雙蟲名

○英樣法也式也漾水搖動也恙憂也病也養拱丨一丨敬上也癢痛也⿰言卬上也⿰言羕聲變⿰亻羕手動痒病也⿰忄羕恨也瓺大甖蚾瓦面

○門⿰犭冥獸屬⿰每瓦瓦器 ○語鉠鈴聲⿰缶央瓶屬

○出匠木丨趟丨足雞也⿺走虛踔趣丨也⿺走匠行貌腳痛⿰匠鳥交丨鳥名象獅丨⿰犭象仝上鞝丨鞋韔弓衣⿰扌將扶也⿰爿鳥鳥名⿺走將走也

⿰扌尚持也⿰糹尚徜丨徉徘徊

○喜⿸疒向病憂恦念也⿰月向窓也⿰舟向升見凤也萫草名⿰山宏山名珦玉名⿸風向風聲

矍下入聲丨徉徘徊

○柳⿱罒各簡丨思丨九丨經丨韜丨略仝上掠刧丨奪也勍仝上剠黥丨⿰亻畧神名⿱㓞口磨刀聲也⿱㓞言歎美之詞⿰虫京蜉蝣⿺走京丨趄

⿰氵力水流之聲⿸厂炎火貌扐犬爭聲也

○邊⿰扌黽射中之聲⿱⺮匈聲也⿱艹冀濆也⿰日尚晒乾⿰扌狀擊也⿰口敞斷聲也⿱⺮肪脂中之聲⿺走吾僵也⿱辟弓弓弶⿰火尚灼物焦也趢見兒

○求 臄中上肉也 劇增也薹也錢也 矍丨鑠輕健貌也 噱大笑對止 ⿰火豦火熾 ⿴行谷埢也 踋劳也 钁大鉏 蹻足丨 攫據丨 躩仝勞

壆士堅 ⿰亻矍燕食丨丨 嗝雞聲 ⿰谷凡足相倚也 鸜獸名 鞠撮也 ⿰扌瞿持也 ⿺走蒦丨趄 ⿱敬弓弓正 ⿰忄卻脣也 ⿱鼓土鼓聲

○去 ⿰言卻聲也 ⿰日咢物乾 毃擊頭

○治 ⿰扌豬擊也 躑躅丨 ⿱⺮⿱豕手丨丨物也 ⿰氵宂水名 瘃瘡名 ⿰氵筑縣名 宊斷竹續竹

○波 鈒鈒物破也 揊打也 ⿰扌雹射中物也 煏火乾物也 ⿰石畐石聲

○他 栬擊皷槌也 ⿸尸亞下貌

○曾 着倍曰丨时 著破服也又黏也 ⿰米臧飿也 ⿱丷自仝着 斫刀斬斷也

○入 若如也冷也順也語辭 箬竹殼 弱劣也懦也 蒻蒲丨菜名 溺水名又馬尿曰丨也 叒日初出之東方 ⿱若石日上若也 ⿰足若腳丨泥也 ⿰忄若乱也

○時 捒審玘曰把丨 ⿰金希飾也 擐擊也 ⿰畫欠悲意 ⿰鬼力鬼名 邀長丨丨也 ⿰扌⿱炎大捕鳥具也

○英 育養丨 藥治病痛又療也 躍跳丨 龠量名 籥三孔笛之樂器 鑰箱鎖丨也 禴旧祭 礿春祭名 杓沓丨仔也 爚煌丨光明照耀

瀹仝名 ⿸疒翟病也 齕火氣 ⿱山厈岸上見人 ⿰日粤熟也 ⿰此隹鳥名 ⿰角弓調弓 ⿸尸易交也 ⿰忄有心動

○門 搽制也 ⿰酉冥酒滓 幎帷也 ⿱⺮冥帶也 ⿰𡰪⿵冂辛皮也 篾仝上 螟蟲名

○語 虐暴丨酷丨 瘧寒熱病 ⿱卢⿰目几古字 ⿱山自危也 ⿱山兒山高 ⿰石岸磑也

○出 筞竹⿱⺮坐丨也 ⿰耒巽耕也 ⿺走足趄丨也 ⿱敎手捉也 ⿺辶翟躍也 ⿱自大走也 捍收禾早也

○喜遳走也嗄吹口噉訶丨觷角飭欿吹氣窢逆風畫傷痛揸裂聲

19甘感監蛤唅矙韐

甘上平聲

○柳喃呢丨婪貪丨惏仝上岚山氣烝潤𢱢打也璼玉名

○邊諳山聲言也鉡坏盃

○求甘姓也不苦也柑桔屬泔米潘姏老女之称疳丨瘡丨積監丨禁領也視也祭也苷草名雒鳥名岬山名㤌心伏橄丨欖

餂甘美甜仝上凵古字𠯁仝上曰仝上紺系也

○去堪丨任婁也古也可也嵁丨巖又石平也龕神丨戡研也勝也庈丨市丨

○治耽耳大而垂視上近而志速又古樂也躭丨認丨閣丨謨酖藥酒湛安也祭也丨樂聃因名欠老君名擔背也挑也儋仝上甔古文字

耼仝聃甔縈亯東北海岱二開妉樂器饕食足味也霮雲速忱丨情𢗍仝上澸水名舦舟名媅媱名眈日晚

○波獑虎之駿也鉼竹器

○他貪丨欲丨心欿貪作曰丨或作炊也探尝誠曰摸取也菼草名譠欺也炊丨心𣢑仝上抩持也苒蕙名潭水名㳷波也

○曾簪丨花䭫鳥丨物也𩀨鳥名雞雞也酟小頭臢腌丨物不潔也烹也喒我也

○入 艊黽甲浮也

○時 三數名 弎古字 叄仝上大本 杉木名 ⿰月散脂肪 ⿰巾彡木蔽

○英 庵草舍丨廟 菴草名 葊古字 闇作事不明 諳仝上 腤煮魚肉也 腌丨臢不潔 淹夕晉也又滯也 鵪丨鶉鳥名安眷 ⿰酓鳥仝上

⿰月弇仝腤 ⿱殸音和靖 馣丨香 黭黑黕丨黮

○門 ⿱艹⿰弓毛又實也大又弓軟缸 ⿰金⿰弓毛大缸 鋼甕屬

○語 ⿰口弇睡口言也

○出 參切丨天地又丨將也 参趨也承也謁也寸興也謀也度也 驂丨乘左丨車外兩馬 滲流徙丨漏 欃木名 鑱犁鐵利也 攙持也 ⿺走毚丨躔步也

嵾丨嵯 傪人丨

○喜 酣酒樂也也洽也湛嗟日也 ⿰甚阝 邯丨鄲縣名 蚶蚌屬 憨癡也 甝白虎 ⿰氵邯言不定也 ⿰月函口下丨也 ⿰月圅口上丨也 馠香珠深也

感上上聲

○柳 覽視也 欖橄丨菓名 攬兜丨乎取也 擥仝上 ⿰月覽無力 ⿰酉覽酢味 ⿰火覽火乱 ⿰酉南煮也 罱夾魚具也 ⿰車覃丨輡不平車 醂醉也

壈忱丨不平 楠搦也 ⿰禾内柔也 ⿱穴林聚也 萳草長而弱 ⿰車覃車不進也 ⿰扌林殺也搨也

○邊 ⿰月並膚肉疏貌 ⿰犭弓觸也

○求 感交丨應丨見丨激觸動也傷也 敢丨當丨勇果丨 橄丨欖 ⿰舟敢船之兩旁 ⿱竹敢菓丨 ⿷匚贛器蓋也栗物也 篢央丨丟也 ⿰𠬪攵古字 ⿰犭咸大吠甚也

⿰冒攵 仝敢 ⿱竹感 丨籠竹器 䃭 丨密阝大食國 ⿰革介 難丨皮也 減 姓也水名 澉 無味

○去 坎 卦名險丨陷丨坷 砍 研也伐也 ⿰土感 丨坷 ⿰氵欿 濁也 輡 車行不平 欿 不足也又愁也 ⿰土瓦 瓦器 ⿰甚攴 貪也 歁 食不餽也 竷 擊也

○治 膽 肝丨 胆 仝上 薝 蔔桅子花也 窞 坎丨入又坎底也 窞 仝上 萏 仝上芙蓉米也發為丨 ⿰臽隹 應褐鳥也 ⿰衤尤 丨被丨緣 ⿰火支 擊也

紞 懸瑱繩也 髧 重髮貌也 啖 噍食⿰飠甘也 啗 仝上 噉 呾 仝上 ⿰酉監 肉汁 ⿰石詹 藥名丨石 甝 虎貌 ⿰火瓦 瓦器

○波 喑 緒名 錇 小缶

○他 忐 丨忑怯也又心虛也 菼 草似萑而小也 盜 醞丨 啿 厚貌 嗿 象食 ⿰糸剡 鳥名 鰨 魚名 ⿰月冘 肉汁 ⿱⿰月冘皿 肉醬 ⿰言尋 言不定也 贉 交財 ⿰忄尋 式心不寧

○曾 斬 丨骨丨繩丨尽丨殺丨表 魙 鬼名 ⿰面乍 面數 ⿱艹⿰斬欠 草名 昝 姓也

○時 糝 雜也米為丨也 摻 仝上 ⿰參攵 窄也 ⿰犭參 犬吠聲也 ⿰目參 暫見 瘮 寒病

○英 闇 丨晦閉門 淊 泥水丨丨又纙緤也 黯 深慘色又傷別也 ⿱艹圅 丨落草木花示發也 晻 不明也 掩 蹇跛之貌 黭 丨黮黑色

萏 花草木發菡丨也 ⿰女酓 女名 隌 冥昧 ⿱穴弁 閉也 ⿱艹腌 繁茂 ⿰雲奄 青黑雲也 萻 草名 菡 仝上 ⿰氵闇 太至水也

○門 ⿰金⿱山口 呼呩也見聲也 ⿰山酓 山名 ⿱艹⿰虫由 草名

○語 讝 乱言 媏 見聲 顉 煩也 ⿰口弇 寐中言也 羬 山羊 ⿰骨縣 著首 ⿸厂敢 山下石也 ⿸厂敢 仝上

○出 慘丨怛愁丨痛悲 憯仝上 朁會也 瘮病也 滲漏也 ⿱䆂曰变曾也 憯仝慘

○喜 撼搖動 闞怒貌又奮怒聲 嚂仝上 喊勇也 嗿象飲食之聲也 噉食丨 ⿰食感食不飽也 撖打也 嵌山名 ⿱臤木堅土木名 ⿰感羽飛貌

艦船棖名也 綌赤色 ⿸广⿱兼木木垂 ⿱⿰臣頁木堅木 焰灼爛 菡花未發也 蜭毛蠹

監上去聲

○柳 畓丨田出泉之所 盗仝上 坔仝上地名 涞藏梨汁也 灆丨潤厚也 ⿰酉皮柔草

○邊 沓姓也 ⿰牜市牛名

○求 監視也照也太丨 鑑大盆鏡也照也 鑒仝上 灠水名州名 ⿰章頁賜也 檻木名

○去 勘校丨 瞰俯視 矙仝上 闞視望也 ⿰糸禁色赤 紺仝上 磡崖手山岩 ⿰山勘險視 嵌鑲丨 塹將崩 淦兒名 詌口閉

○治 儋罄也丁兩罌也 擔息肩弛丨 酖頭劣 ⿱雨潭久雨 瞫長味 井投石水中 憺安也

○波 ⿰糸剡赤馬色也 ⿱詹缶大缶

○他 探視也丨問丨刺 闖窺也 睍遠視 撢手摸 灟水流也 ⿰馬罙行馬

○曾 涅地名 蘸以物淬水中也 ⿱斬見高險

○入 稱竹影

○時 闍裩也 三丨思 釤大鎌 穎搖頭 ⿰木芟接擔 罧丨魚積柴于水牛也 槮仝上 毵毛長丨丨 毿仝上 ⿱罒參仝罧 ⿰占彡相接物也丨

⿱竹纖念也 粖藏于密也 ⿰忄采失志 毛丨陽鎮也

○英 暗早|不明 瞌|態無光 颹颶凬 黯黑| ○門 謳戲言 鋥破聲

○語 厳石不山也 䆾|𥥛 ○出 懺自陳也|悔也 讖|語符||驗 讖仝上 懴悔也 籤|驗 饞貪食 謲怒也 瀸病也

○喜 譀怒呌 喊大聲也又|呵 賗貪財 膠河東謂浮睡曰|也 恰縱也 甔大甕 㒟高危

鴿上入聲

○柳 劄入也 佤|插 夏寬也 䭆餲| 𠩄石聲也 𦙁肉也 䟜行也 妠娶也 𢸗打| 濈影動水動 𧞤|襤衣長

○邊 𤷬足病 䍪餝屬

○求 甲科|保| 岬山旁 合兩龠為|又佛集也 蛤蚌屬 鴿鳥名 䧻仝上 䑪舨番船名 迊古人名

○去 恰用心|好 跲硒也礙也 祫大合祭也 鞈鞅|戎事之服 郃和也安也 哈番號 溘水名 醘酒器 閤內中小門 闔閉門 𡲬仝上

榼木名 盍蓋也 帢帽也 𢩥仝屭 殎危| 蠚虫名 𧬅笑語 𧝝前後裾也 䫘領骨

○治 答應||名|謝報| 畣古字 𧉻班虫 眨目動 袷衣破 搭对|掛|寄| 嚃箇| 𦗔大耳 榙木名 䓥濕也

○波 拍|開 𧉻小虫

○他 榻床狹而長 塌低下 塔宗|浮屠也又物墜之聲 墖仝上 凹音均倍作地| 闒猥賤 搨兵器 鞨仝上 𧎭唐有茲思青|名雁|

漯水缶于海⿰巾沓賬上裱｜⿰镸毛毛席猎獸名⿰犭荅全上⿱食夂皮寬⿰缶乏下平缶也

○曾洽全也帀周也偏也匝全上劄｜子又錄也浹｜洽又十日干一周為｜十二辰轆一周曰｜辰也札小簡又夭死曰｜扎全上迊走也

⿰歹止厲也鴛鳥雜毛色似舌長喙善能食魚祫｜祭⿰女及女字

○入搕和簍⿱山皀山名

○時颯翔凨之聲靸輕舉貌也⿰女及女字⿱雨言兩｜二也闔開也搕搕｜糞聲色又破⿰月盍肱｜⿰足及蹌也⿰犭疌家母⿺辶疌疾行⿱雨乏小雨⿰臣及首動

○英壓鎮也降也又寒蒱厭服也｜浥淊意呷喤｜象聲⿰王奄婦人首飾⿹勹盍｜草⿹勹盍婦人｜彩花髻也姶美好哈短貌唈魚口動貌

押｜煞制｜⿱覀犬蓋也⿰火奄藏火⿰虫弇虫名⿸疒足足病

○門⿱罒合鳥網⿰缶母大孟

○語般船貌㬎妙也

○出歃盟也以血塗口旁曰｜血揷剌入⿰臿刃全上臿卷镸入皮⿰臿隹切物聲也鍤鍼也扱收也獲也列也舉也偛｜雜｜側以人貌⿱日臿日出照水⿺辶臿行也⿰言臿乱言

○喜⿰走虎虎怒⿰谷合兩山相合罨｜鳥服肥也⿰黑盍畫繪耠耕也⿰忄盍吹火⿰羔毛毛布⿰氵欱湍流⿰言甲多言

啥下平聲

○柳南姓也東西｜比男姓也｜子莮萱｜草名喃無該言不子也又呢｜楠木名諵多言嵐山氣也藍染青草又伽｜佛号儖｜俛恶也

襤｜縷敝衣尷｜尬不止娚語諵⿱林心地名顲俯首灆清也籃竹器⿰冉阝國名淋以水下也襴｜衣婪貪｜葻草得凤而｜也

⿱穴監｜⿱穴豕苗而大也　侽｜子任也　⿰金敢⿰食參｜馬中口鉄　萳草名　柟木名　⿰王監玉色也　⿱山⿱大芈草枝　⿰足嵐急行　惏愁貌

○邊　⿱艹蟺虫名　笵式也　頷顲｜　湴水名　⿰月並肉踈

○求　衘口｜物也　啣仝上　唅口｜物也　含仝上　莟枯｜草名　雂鳥名然亦不言　娢女名

○去　⿰口龕山名　⿰今支｜敁　痷病癊未易言愈　嵌山險　⿰今支｜敂　⿰含支｜物　⿰含皮不平　⿰骨敢骨高

○治　談言｜｜論　譚仝上　倓怗也安也　餤進也　郯姓也國名　潪地｜　菼草名　⿰木⿱穴各木名　顃面長　⿰口淡啗｜小味　錟長平　⿱穴襄寐不解衣

庞陰也　惔熸也　⿰角尤角也

○波　⿰虫臿虫四足也　⿱研石石名

○他　覃姓也及也布也深也延也大也　潭水深处也　曆和也　庞｜陰　蕈石衣　曇雲布貌又花名　罎酒｜　坛仝上　譚姓也大也　鐔酒棋

簟竹器　痰液所以養氣但濇不行則｜聚于隔能成疾病　瞫長味也又徒也　⿰覃阝國名　撢撼也　覃仝覃

○曾　閚立待　⿺走斬勝疾　⿰斬頁俯首　喒云我也　⿰面占出首　⿰齒僉有齒無牙　⿰斬阝亭名　炎銳也　詀多言

○入　⿰言冉多語　蘸草名

○時　⿰貝參見也　⿱雨彡小雨　剼刈也　萩木肥　儳｜玄不齊也襤惡也｜貌不整齊也｜岩　⿰冉彡襤｜　⿰革參旌旗　摲芟也　⿰氵彡諗｜　犙三歲牛也　⿰犭參犬屬

○英　⿱竹函竹有｜也　⿰舍瓦｜硐｜空　涵水｜　醅醉也　婄女志不淨　⿱竹涵竹名

○門 餡呼哺 媎鄉名 鏋舍精 夃腦蓋 魔無考

○語 巗嵌｜險也嶄高也又石窟曰｜也 岩仝上參｜ 巖仝上 嵒仝上 嵑仝上 嵓仝上 啍慶中之言語也 礹山石 顩頰也 譀戲言

羬羊大為｜ 甘美玉

○出 讒倭也譖也 毚號也食不嚴也 儳不齊 慙｜愧 慚仝上 㰹笑也 巉｜岩 撏取也 嶄仝上 蠶吐系虫也 蚕仝上省文

瀺水名 儳｜变不齊 獑獸名 軀艦｜長身 欃木名

○喜 咸皆也悉也 諴和也諴也 含包｜｜密 甉瓦屋 函｜容包｜又櫃世甲也 鹹｜味 鋡甲也 涵｜泳也水澤多 銜馬口中官｜也 袷

䘶袖也 唅包｜ 啣仝上 咁仝上 蜬螺小 馠香也 圅禾也二上曰腱口下曰｜也 㖤｜嘲｜分氣氣 㛤女不淨也 鋡｜鈐

崡山名在著陵也 𠥶船至底也 頷頤也 䨡久雨 婨女字 嵅山名 𢓍水入船也 晗日欲明也 梒｜桃 椷匱也 檶木名 欿亦作澉湖言不定也

嚂下去聲

○柳 濫泥｜水延漫也 檻｜車也又圈也欄也 轞車聲 艦戰船四方施版以欇天也 纜維舟索也 灠湧泉 湳水名 襤｜褸 艦身長｜軀

鏉｜驕馬口中又鐵也 轐韜｜ 懢貪也 𩈤面長 𧹞｜貼貪財 嬚滔也 枬梅｜子也 毿｜毿 漊漬也 鬑髮長 䈒竹索 諵多言

○邊 罏小缶 薑蠶也 螌毒蟲

○求 瞰視也 繳口閉 䲯魚名 轚車也 澉物水洗也 𤬪似瓶

○去⿸广呆小戶曰丨⿰車臽轢丨硆動也棌不安⿱艹衘草名

○治淡旧味⿱𥫗炎竹名惔恬丨澹丨旧恬靜無為禫除服祭名琰美玉萏花名菼草名啖丨物丨口窞坎旁⿰酉炎酒旧餤微鹽

⿰氵簟水名簟竹器啗仝啖⿰言⿱罒木諍丨賧以財贖罪⿱穴覃曲肉也郯姓也周名地名蕁草名藥名

○波顩首長⿰缶便古甂

○他⿰阝朁陷也瞡私視嘾深也憛憂也潭沉水底也睒候視菼草名鐔劍也驔馬黃脊也譚大也僋瘵也

○曾鏨剪丨鏨丨站獨去也作丨館壍坑丨也繞城也劖斷也⿱艹毚丨叢丨也⿰免瓦大盎以盛密也戰也

○入納衣緣絧仝上

○時⿰革毚丨鞍傪輕賤貌又輕言卅三十也嵾抵也⿰彳參丨丨行也毿氈丨鬖長髮毛也穇禾長⿰毚瓦瓦性粽木瓜

○英頷丨頤喑口不言也⿰禾音苗美⿰月含仝頷菩野草蓭茂也

○門蘷新腄⿰缶曼甕也

○語戇愚也憨痴也⿰酉含面紅⿰魚音魚名⿸疒敢仝憨

○出塹地名竹丨躝跕足望也醶酢味醦丨丨食也嶄山名⿰炎欠惢也惏也獑獸名

○喜憾恨也陷崩丨隊丨撼搖動衘丨船⿰犭監虎聲⿰月臽食肉不忌⿰月監餅中肉也⿰巾函塞耳⿰木感木裂欿欲得也浛水和泥也淊船沒物

琀送死口中玉也 虓虎怒 蛤毛虫 撼搖也

韐下入聲

○柳 納補秩也受也入也又捕也 衲補丨丨長又僧衣也 臘冬尽合祭之名 蠟丨烛蜂丨 擸丨攞又和雜也 臈古字十二月曰丨 獵逐禽獸以除害 躐生肉丨等踐也踰跨

爉生肉于火中炙肉也 魶食也 妠姶丨 肭丨肉 鱲魚名 ⿰石巤墜石 軜車丨 ⿰足内行也 菈蘿蔔 ⿰齒内齛丨而齒有所動搖 鈉打鐵

○邊 幋色巾 ⿰禾白苗秀 ○求 韐戎事頻之服擴 鉿穿也 頜丨頭 ⿰盍頁仝上 ⿰言盍靜也 ⿰山盍山嶽 ⿺毛合目毛

○去 磕丨長相丨 ⿰歹盍丨死 瞌眼丨 ⿸戶去闭门之聲 ⿱宀⿱去口丨合 搕打也擊也 溘至也 ⿰車盍車聲

○治 踏踐丨 ⿰虫沓蜢丨虫名 沓重疊也猬賤也 蹋踐丨又丨踘踢毬之也 遝雜丨 ⿱雨沓大雨 譗多言 嗒口食 ⿰火闒爛也餅也又熨丨也 ⿰犭𦐇獸走貌也

錔丨長 涾沸溢 ⿰木沓柱上木也 ⿰石沓丨破 ⿰口尤鳥聲 搭打也 ⿱艹遝菈丨 ⿱罒羽飛也 ⿰言遝志語 ⿺辶沓丨丨行也

○波 螌神蛇 ⿰缶包小碗 ○他 鞜指衣 ⿰沓刂丨刜 ⿰足㬎足也 ⿰女沓伏也 榙菓名 溻濕也

○曾 雜參錯也立彩丨色也 襍仝上 ⿰言雜丨丨聲也 ⿰口卉嘈丨聲也 ⿰口帀入口曰丨 什丨派丨貨 十数之終也 拾仝上收丨 雧海鳥 磼山高 韴断聲

○入 ⿱穴谷口滿食也 ○時 闟閉也 鎝聲也 ⿰骨及骨動 ⿰亻⿱隹皿不謹貌也 ⿱⺮⿺辶疌疾行 拉打也 ⿱艹雜草名

○英 盍合也⿱覀犬也何不也 盒盤丨 嗑食也合也又多言也 狎親近玩熟 匣匱也箱也 柙獸檻櫃也 姶姓也美好 ⿱覀犬蓋也

○門浝水名地名緫絲小

○語哈丨水㬎微妙也⿰㬎欠痴貌⿰㬎瓦瓦器⿸疒合寒病⿰言㬎笑貌也⿰亻㬎不允⿰石㬎石名⿰舟業睡也

○出⿰臿帀斷聲⿰臿刂刈也⿰氵⿱罒口日照水也鍤鑿也洽沸水灕沸也磣丨丨石也⿰石離石名⿱聿虫蟲名

○喜合会丨相丨丨仝丨和欱歡也袷衣之蔽膝䀫眼細暗也秴耕也詥諧也

20 瓜凹卦葛橡秳憩

瓜上平聲

○柳⿱䜌瓦瓦器⿱⿰氵刂石灘名

○邊堡地名⿱波魚丨鯾鰨急

○求瓜蔓生蔬草柯姓也⿰魚瓜魚名紅丨⿰冋攴不卯也⿸疒憂面丨⿰言晋懶惰不正⿰言咼仝上苽彫丨狐西南夷種

○去誇自矜大言夸丨大丨奢跨兩服開又行不進也胯仝上刳判也剖也虛其中也⿱大言仝夸姱好也侉奢也大也言無寔也洿水名

⿰身夸體柔恗心自大也荂莖草

○治⿰土耑動也⿰缶叕小極

○波抛丨命舍死

○他拖丨物丨揀丨欠⿱竹戾籃大而長牠丨佃

○曾撾⿰扌遇擊也髽丨髻⿱竹朶箠也撕丨物⿱馬蚤蟲名

○入締色也

○時 沙 泥｜ 砂 仝上幼感 鯊 魚名 粆 赤糖也

○英 媧 女｜古之神圣女伏羲之妹也 騧 白馬黑啄 娃 美女 哇 滛聲水面曲又吐也 洼 水名又深池也 蛙 水虫 鼃 蝦蟇 漥 牛蹄跡室

窊 污下也 呱 小兒啼聲 ⿰馬瓜 改作也 ⿰禾圭 耕也 霍 ⿱雨洼 牛蹄中水又溝仔也 ⿰骨危 骨也 嬭 女字 蝸 虫名有兩角也 ⿱⺻⿱田虫 蠆也仝蛙

椏 樹横枝為聲也 ⿰口窊 見聲 ⿰氵窊 污衣下也

○門 ⿰豆皮 閉口 ⿰石㒼 砂石

○語 佽 微弱 ⿰米我 米木

○出 攃 單散 ⿰米芻 粗此俁在也語下幫

○喜 花 ｜草 苍 仝上古字 華 姓也破也仝上 蕐 仝上古字 譁 ｜囂 驊 ｜騮駿馬 ⿱𠌶亏 禾盛 ⿰禾華 仝上 ⿰華隹 鳥名 嘩 ｜唎山名 燁 眾花名也

茉 乖也 ⿰氵花 水流

凹上上聲

○柳 藞 ｜藞不中貌又泥不熟也 ⿰岁刂 ｜山施山名 ⿱大瓜 大也 ⿱䜌瓦 瓦器

○邊 蚾 惡虫 ⿱⺮秛 動搖之竹

○求 凹 見釋曲篇 寡 少也 ⿰咼頁 頭也 抓 擊也 冎 剔入肉置骨也 ⿰言卦 誤也 ⿰角咼 牛角

○去干跨步骻髀骨可倍曰小|銙帶|⿰巾奢白衣咵言戾跨言戾兩服郀地名桍小衫⿰革夸帶具

○治⿱艹磋蕃|不平貌也蟺蟲名
○波⿱竹捕竹器鈹鏵也

○他溙大水鍦乏也
○曾紙文房四宝帋仝上⿱一人目篇

○入[illegible]草能变虫⿺走兑走也

○時耍戲|遊|灑|落竇|洒仝上⿰氵耍|水徙搬移|位⿰土耍白沙灰|碼所言不當⿱穴瓦箸文|字⿰足瓦|腳訯強事言語謏強言

狏狐白尾也酸面醜⿰夋頁仝上

○英倚傍|懶|瓦蓋屋之|⿰口瓦姓也人聲⿰虫奇蜐|蠏屬掗手取⿰亞阝衛之地名⿰足瓜行不正也⿰扌瓜丰起物人相|⿱奇香|馡香也

○門篣竹|梚不名
○語我自謂也

○出⿰糸瓦寬也不緊嗄恶口⿱艹磋不中蕃|

○喜鮏姓也牛角⿰女几木口稞善谷也⿰目果地名蘳黃|⿰禾瓦杏甕⿰扌化摀也輠盛骨器也⿰果刂刈也⿰果羽疾飛⿸尸系系履⿰口瓦嚚大口也踝脛肉外之骨曰

卦上去聲

○柳瀨水流急石又高灘也汏仝上⿰氵罯灘名
○邊簸|箕籓仝上⿰木旲枷|綿也

○求卦八丨筮也怪丨另蓋器丨[衤蓋]外衣馬丨芥丨菜[扌廚]丨廚課相誤丨也掛置而不用丨曰註仝課挂懸也盖鼎也

罣碍也課誤也欺也

○去罣丨碍丨心跨越也騎也足過也滒船底著砂也不能行曰丨罫仝丨心干丨脚[氵丁可]仝滒剞剖也刈也[尸果]兩服[足夲]仝跨骻仝上

○治帶結束之物骽骨相丨也

○波破物之壞也[氵屁]臭尿丨也

○他泰安地地名縣名

○曾漈水落懸涯[口虫圭虫]食谷之虫[疒敫]下病鬢髮光澤也

○入罪田也銳小瓦

○時[糹夋]相丨續仝上揫索竹相丨攣一乳二子[氵䜌馬]洗馬也

○英[扌窊]牽也溛水落田也[窊色]色敗[穴瓦]泥丨屋也[口窊]小兒聲也[穴弓瓜]不緊也[扌木瓜]火也吴大口[雨舟寸]丨舟[雨圭]水丨罫碍也[宀瓦]丨屋也[足瓜]行不正也

○門[糹叟]系絮[糹耑]長也

○語鑡器鉄

○出蔡姓也国名[艹囗夾]古文

○喜化变丨造丨風丨匕古字[亻鳥]鬼变丨也[木瓠]寬也大也叱開口笑也[言咼]疾言[木化]木名傀鬼变樺皮可粘弓

葛上入聲

○柳揦手披丨也[出瓦]階也[艹扌丙]草盛密也埝培也爰助也[火剌]丨火[日号]耕起土也莿丨蒿[足戾]不行進

○邊鉢食器盆屬盋盂屬撥使轉皮稻｜也⿺尢扁足大蹳足｜大物⿰豸犮豸也癶足有所刺也砵碓｜帗巾也盋食器

○求葛姓也夏布割截｜｜断⿰扌虎掌耳摑批｜嘓｜｜煩言之貌剮去惡瘡之肉也

○去渴口乾闊開｜大也廣｜也濶仝上｜狹○治剟擊也掇仝上涰水名

○波潑｜水落地棄也鏺｜刀割草⿰酉犮｜氣酒也⿰酉巿仝上⿰白巿白淺色也

○他獺水獸能捕魚食汏簡折也｜过也鵽｜鳴大如鴿也窶短面娺怒也挩解也

○曾⿱穴咨口滿食也泏水｜出也⿱竹斫束具扎縛也瀐滿也⿰糸敢結也撾箠也蔓菜名髺髻也○入螫蟲名

○時煞｜尾｜氣⿰彳立行貌杀七｜八敗三｜也摋塩｜｜塩涮洗也鋝三｜為一斤也刷拭也刮也⿰面夋鬼面也⿰言息上也宿鳥｜樹林

○英頞鼻｜聉無知⿰耳闕聾也噶芦｜刺也圠山海之曲○門抹塗｜｜粉粖糜粥

○語⿰耳頁癡也⿱一石滑塞口也

○出⿰目西月動也敦奪取物也擦損也滅也⿸疒垂｜瀉闑城門中枝沘人｜屎礤粗也頢強貌揷｜草⿱𥫗黑黑而白也蔽｜草也

氈｜毛断也⿸疒啇病寒趄恐懼攃足動草聲

○喜喝惡聲⿰矢去矢也橯榜｜木名⿰金亐兩刀相磨猲｜猲⿸疒及病劣⿱艹黃黃葉

檬下平聲

○柳籠盛米粟之|竹器也簍全上籣員也 ○邊⿱亠⿰貝皮滕下⿰犮隹兇鳥⿰雲犮雲氣貌也⿱⺮⿰貝犮揚也蕟農具涂草之器迹行也

○求檬木名桍全上振引也擊也頤短頭 ○去桍木名幍帛衣

○治汏陶也又也名|里也掏擇也淘引也|米擊也也 ○波籓竹肉之虫⿸皮咅束皮

○他樽鏗硬之木 ○曾蛇惡虫撾|簸

○入⿱⺮⿱皀䖵瓜蟲之未 ○時⿰月旋小貌縼細系⿺走萷走意

○英瓜割也⿰鬥鳥白|鳥名何姓也無奈|也⿰氵亞深也 ○門磨|鏡|刀勞着|

○語鷔鳥屬 ○出搓開也蔌除草器也

○喜華榮|崋|山|頂有也鏵鑿也⿰戈八|撥進船蕐全華古字⿰虫華蟲名

秳下平聲

○柳頼姓也倚|誣|頼全上⿸疒來惡病 ○邊飀袖有凨聲⿸疒咅微病

○求秳麥不熟也綶文繩草纏籠也⿰咼欠|飲⿰火悠水聲⿱⺮掉麥文米籠中乾揻擾也綝碎石也颳惡逆凨聲跨不行

○去 挎侄例 稀禾相迫也 鞟帶皮

○治 大|水 舵主舟之木 柁仝上 舵仝上 炧炶飳

○波 梳怕葩之揺名也 鈽大甏 絤散系

○他 蟳虫| 豸蛮|也 涚再洗使之清洁 導引| 瀆水名

○曾 誓呪| 詛仝上 畷田畦|也 撾擊鼓

○入 顠影也 若疑似也又若干

○時 戹聲也 儍輕慧 掓約引 攃足動草也 趧行聲 林赤實菓也 螫毒虫 祱終衣

○英 畫未|之像繪|景也 西仝上 画仝上 劃|痕 話說| 澅水名 迳度也 搋簣也

○門 闠福也 糗輾也

○語 外內| 嚄大|

○出 𣭈相| 撬人相|走 𡥧仝上 𨗨|路引行 娶嫁||妻

○喜 擭罟|機檻捕獸者也 嘩笑聲 嚄眾鳥聚食 翻鳥戾飛也 霫小雨 䨼雨聲 話言也 語仝上 譶仝上 嶨山若 搋寬也

欐鐘橫大也 樺木名 㴔波相激也 鱯魚名 廈空遠 找進船

鍗下入聲

○柳 辣|菜 辢仝上 捺手按 捋仝上 埒界也 𤱈耕田園|土使之平也 峛深長 扐仝捺 鬁髮疏 揦撥手 藞|礚

○邊 鈸鐃| 跌|倒 擲|骰 跋仝唆 蹳|物 軷車踵也

○求 鍗自用也 趏走也 葀瑞草

○去躬[illegible]體抉彄也硌盤石腡里也
○治莌草名縛續系聉無知意也

○波抪推也岃草木丨丨拔丨起衪衣衱
○他搿發也

○曾蠘螻丨攋走丨蹘行不直道趨走丨
○入熱暑也

○時暶美貌蘮鄉名貗獸名狋似狐
○英活生丨諜然速畫字丨

○門末研細也抹仝上
○語秫禾名聐癡不能所

○出欂版木不止
○喜跬一舉足曰丨再舉足曰行蹐丨越趨小兒據地𡰪尳行也

卷四終

渡江書十五音

卷五字母

江兼交加誒

21江講降角𢗉共擲

江上平聲

○柳 砱（石｜） 硐（仝上） 儜（傖｜） 嚨（聲也） 壠（｜堀坑｜）

○邊 邦（大曰國小曰｜） 帮（助也） 幫（布｜履也） 枋（木版） 梆（敲｜） 崩（山｜坏也） 垹（土精） 峀（仝邦） ⿰帝皮（治鞋履也）

○求 江（姓也｜海山川之大） 杠（橋｜檯｜） 矼（聚石為步以渡水也） 工（｜夫） 公（｜母） 蚣（蜈｜） 茳（草名过｜龍也） 鳿（鳥名） 瓨（似甕長項）

○去 空（｜虛｜尽） 罄（硿甕之聲） 孔（壁｜） 眶（目｜） 埪（土｜） 峕（恨也）

○治 東（｜西） 冬（伏｜） 中（｜央） 璫（玎｜玉聲） 蕫（芒｜） ⿰𧾷當（足觸石也） 噹（叮｜） 棠（甘｜木名） ⿰女冬（美女）

○波 香（氣之美也） 芳（仝上） 蜂（螫人虫密｜也） ⿰口香（美味）

○他 ⿰月悤（秀亮） 窻（天｜｜仔） 可（｜行則行）

○曾 鬃（頭｜） 騌（馬項｜也） 椶（｜簑） ⿰車㚇（赤｜魚名） 鯮（仝上） ⿰木尚（引｜） 棕（樹名皮可打索）

○入 ⿰目㚇（直視） ⿰女㚇（美也）

○時 鬆（｜晒也）

○英 尪（倍曰神明） 尫（仝上） 翁（姓也｜婆） 汪（姓也大水） 胦（肛｜） ⿰犭夆（｜犬不伏）

○門 霥小雨 ⿰阝蒙地名 ⿰酉蒙生衣也 狵大多毛也 鬞毛蒼 ⿸尸毛幼小丨丨 䝉豕目在耳 氋氈毛 ⿰目尨甘暗 駹馬面白也 艷見色

○語 ⿰礻昂屋角 ⿰目昂視不明也 ○出 茐葷菜 葱仝上 聰丨明 繱白青色曰淺丨也 ⿰衤春短衣

○喜 烘焙也 峰地名山丨 霟丨霜 魴魚名 ⿰魚貢仝上

講上上聲

○柳 籠竹器之箱丨也 簍仝上 竉仝上 ⿰多農⿰多鬼丨多也 朗明丨 襱丨袴 擃撞也刺也

○邊 綁丨縛丨笞 挷土精如手在中食之無病也 琫刀鞘 鞛仝上 唪大笑 ⿰月夆滿也 ⿱封衣皮履 搒笞打

○求 講丨論丨習丨和丨議 港水分派又中行船道也 牨牛丨 ⿰忄夆恨也 ○去 孔面丨穴也 ⿰風風乱凤 ⿰阝告地名大阜 ⿴行空腳川扒丨 ⿰目空目丨

○治 董姓也督也正也固也 陡丨門渌溝出入之处 懂心乱 ⿰歹冬石墜出聲 ⿱艹⿰壴重鼓聲 ⿰扌東打擊 ⿱董灬草名 ⿺走董走也 ⿰氵董物隨水聲 ⿰黍東不正之意

○波 紡丨系 ⿰月夆腹脹 ○他 桶木棋也 ⿰甬攵擊也

○曾 鬃編髮為之 鬷仝上 ⿱髟壯仝上 總枯也 紅系成丨也 ○入 ⿰車甬車丨 ⿰女冗竹也

○時 摤丨擲丨上 摠會上 ⿱雨雙雨也 ⿰扌蔥桶也 ⿰豆雙⿰𧾷夆丨豆名 ○英 慃杅丨狼戾 ⿱雨翁雲貌 ⿰多翁丨⿰多農多也 忹邪曲 ⿰忄頁勜丨多力 肨肩綁

○門 蚊飛虫咬人 蚉仝上 網丨巾 艋丨舺地名 ○語 枊堅也 ⿺辶卬丨車既上

○出蹤聾|㲉日出𦠄乱也堫一曰埋也

○喜哄眾言詾仝上𩔰肥|肛膖|𢟇多力之人𨡕著酒𦕼耳中鳴也韸革也𢢼惱|䀧目不明也䪦邪視𢷾擔荷曰|

銗似瓶頸長𢧐擊也

降上去聲

○柳儱不語眼|嗓鼕鼓聲竉孔|穴也

○邊放縱|釋|𥝢禾名

○求降自上|下蝀獸在水曰石蝦蟇洚水不導路道也絳大赤色也袶袚|道士之服𡲬歸也落也

○去抗|隙也掐底刺曠|所壙|野炕|牀涳姓也小雨

○治湅水礙也儅體|又厰後也檔橫木片也框仝上門|𤭛|甄甀也𧢄視也

○波胖肥|樥草木盛也䣚加酒胖仝胖𦜋肥|垹之精挷仝上

○他疼|癉菁相|

○曾粽角|煠類綜弦|笺仝上猔犬生一子𥉁同視

○入㦽戟屬牨水牛𤘽牛肉

○時送迎|餽|宋姓也嗓眼不密

○英甕鋼|𧞣袜|𩏓靴|塕|城齆|鼻聬耳|甇磁|

○門郲地名𢗰|懵愚也𧺳疲行|硥石貌𤭢屋投

○語䁦古人也

○出 覼見不明也 鬈鬣髮乱貌 鬆丨之項也 覼視不明也 倄三也

○喜 [illegible]腫也 [illegible]丨死 蕢草木盛名 巷中道 [illegible]肥貌 [illegible]瘡起腫也 [illegible]皮内腫起 慧氣凌突也 湏舟所化也

角上入聲

○柳 橐囊也丨袋 [illegible]丨袋 [illegible]枷丨船具 [illegible]丨皮 屻鼻丨廣也 朏肉敗丨虫 [illegible]鳥聲 轆轤丨 [illegible]手丨 盝清其灰也 漉洗衫丨水

○邊 剝列也割也 駁丨雜馬色不純 皺丨瘢皮也又瘦怒也 腹心丨 北東西南丨 癹除草 幅山水字昼曰丨 [illegible]仝上

○求 角宿名牛丨 覺知丨悟丨 [illegible]仝上 桷楹丨 珏双玉之聲 屩草履 确競勝員也 [illegible]口丨 斠平斗斛也 嚳明也音屋

埆天連海丨 較生知丨後知也 榷橫木渡水 捔犄

○去 㲉五丨 殼皮也 壳只丨 㱿卵丨 愨丨誠丨謹 恪丨守丨謹丨導 確堅丨丨實 礐急告之甚 麴酒媒白丨 粬仝上醱丨

礐帝丨人名 傕李丨古人名也 窻斬也 椃只丨藥名

○治 觸牛羊相丨 劚仝上 擢抽也舉也 斀去阴之刑 逴驚也 斮斬也 萑附子 澌水名 [illegible]臭名 福漳鎮口曰丨河

○波 踘伏也 仆踝也 聕大耳丨耳 覆倒盖丨也 [illegible]自跌丨也 撲物尺

○他 踔行無常也 韇弓矢

○曾 [illegible]彫也 [illegible]姓也 齪齷丨 蕉毒附子曰 [illegible]龍尾 [illegible]仝上 珶齊也 [illegible]眾立 菂草名 髽長也

○入觯握|蠤病虫䁗戲目 ○時捒捘手|去消滌|水聲鑿舍色絜卦也䆆|窗

○英渥沛也淘澤沃灌漑肥也握持也鋈金即鍍金幄裹帳偓|促喔雞聲又強笑也齷|齪激水中放荐辱具也泥沙木又木器也

楃幬帟木帳剭重刑閼上也寒也齃鼻|泆漑灌騖馬彼而疾頞鼻梁

○門染|污之類擨小兒|水牻牛雜毛色䁼無所見也纆三股 ○語屵高山狀又高岸頤面前犨白牛犫仝上瑴玉名瞀明也

○出刹播往|削豣截也憏|心斵断也盄杯也硝石也戳觸也

○喜豿冢聲原音故字乃龍虎之子也賣置田業也吒呀聲嗀出也豰犬屬澩山上有水曰|嚳|皓

忹下平聲

○柳籠鳥|壟土|礱仝上聾耳無聞也攏擊也膿|血 ○人萬物之靈壠田|土|壟|坑土|癃無開也

○邊馮姓也依也冯仝上房|屋|分縫|釘|紩逢相|渢水聲𥚃神名䕐香木淜仝馮渢水聲

○求忹心急䜶胡荳 ○去椌物朴崆山聲

○治同相|合也仝仝上筒竹|銅|鉄|錢𩨳腳|骨也𩩬仝土烔相|童|乩朣仝𩩬㤝憂也

○波篷凬|帆船|舤仝上捧手|物也颿舟|䮸姓也 ○他蟲|豸虫仝上㼧瓦|桐大名|子|油童姓也

○曾 叢花丨 檅樹丨 掙刺也 潎丨水 蕺古字 淙水聲 瀿仝上 ○入 迖行也 䌖堅木

○時 篵箸桶 悻狼心 莑叢生草名 蔥水聲 ○英 洪大也姓也 紅朱丨

○門 龎姓也 芒草名 忙丨兄 庬厚丨豐丨之也 哤語什乱也 厖大也 尨犬名丨什 龐姓也高屋也充實也 浝水名 㟌山名

㡛系白而熟 痝病困 䵨黑音

○語 昂明也高丨 厜仝上 邛我也高也舉也病也 㭿屋桶也 顒丨頭 卬到也 昻舉目視也

○出 𩟋愛也 繱青白色也 醦酒也 𢉦屋階 豵丨淵 漗汲也

○喜 杭姓又州名也 降丨服 行排丨丨伍丨情 桁刑械 䇨取魚具也 珩珮玉 絳大赤色也 栙粇米根也 衏丨之米火 跭豎立

𤮋甕也 䇨竹器

共下去聲

○柳 美戲丨 栟仝上 笭取魚具也 罡寬丨 罡仝上 捀弄字

○邊 蚌蛤屬 棒杖也杌也 琫珮玉 酆姓也 𥐗石名 掤擲也 䰷魚名 𤬪瓜多子也 䎺耟也 悻恨庆 梆扶也 稖耜屬 𢇛地名

○求 共相丨 顜明也直也 秢禾垂 ○去 抂腳丨丨衏 悻恨也

○治動（搖丨）重（輕丨）洞（石丨）⿰重瓦（甕丨）⿰石重（仝上）硐（石丨）⿱雨冬（雨也）○波棒（丨鼓）縫（痕丨不密）

○他弄（抽丨）○曾⿰革嵏（鞍丨）⿰忽刂（腐也）⿰氵卌（米入甑也）⿰豕米（豕也）⿰豕宋（雉豕）⿸广悤（屋中舍也）⿱艹輩（修車）灇（水名）

○入⿰毛隹（聚也）⿺走襄（走也）○時⿱雨宗（小雨）椶（僭也）⿱竹綜（刺物）莘（草系）

○英籠（大丨）烔嵡（山名）⿰龍色（惡也）傟（戾也）○門夢（睡也）網（討魚丨也）望（遠丨）

○語岇（山名）○出鍯（短矛）⿺走重（邪行拼丨）⿺走从（急行）璁（石似玉也）⿰月從（肥貌）⿺辶参（走也行也）⿱髟叢（髮聚生也）⿹戈舂（舟禾）

○喜項（後丨姓也）巷（直曰衚曲曰丨）衖（仝上）鬨（鬧聲）行（丨剛強貌）⿲歹卯阝（地名）缿（如瓶長頸升受投書入不可虫又受錢器古以瓦今以竹）

擲下入聲

○柳⿸广秝（以爪擇物）⿰扌坴（手丨物也）六（数名）陸（姓也仝上）⿰坴攵（熱也）搙（捻丨）⿰口录（口乱丨也）擿（摸丨）⿰言录（口乱丨也）逯（眾也）睩（日暗）⿱鹿虫（虫名）趢（丨趗）

○邊縛（東丨擊也）撲（仝上）⿰菐頁（包丨）贌（丨業耕作）⿰月暴（丨業又皮耕作起也）⿰糸暴（杖名）懪（悶也）瓟（小瓜）⿱髟暴（忽見）撲（挨也）雹（水激）

○求擲（投石）磔（裂也）捔（人相丨也）⿰馬霍（白額馬也）阮（水厓）⿸尸睪（歸也落也）欔（木也）⿰目角（目動也）

○去愨（歐貌心思未至于歐而丨出）○青（仝上）攫（瓜又持）戄（瓜又處視持）欲（出氣）歡（高也）

○治毒（丨物丨害）碡（磟丨平田）濁（水不清也）獨（孤丨）躅（躅丨足聲）雗（鳥名）擢（抽也振也）⿱中虫（古文）⿰犭翟（抽也又獸名）蝳（丨蛙）⿰翟攴（築也）⿱艹擢（草名）

○波 曝|日 鏄齒聲 杲日乾 ○他 讀|書|冊 牘傷胎

○曾 擉以杖刺泥中取物也 㲉|入 葃|葉 紲綿| 䑝足| 諄姓也 ○入 瘬毨| 䄾厚也

○時 捘摩也 摭奪也 罰四不四丁 齺齒相近也 鷟鳥名 𢷾擊也

○英 篗收系具曰数| 籆仝上 箋仝上 蘉菜名 椋緯也 挼絡| 遷行不住也

○門 墨笔| 目頭|耳| 樫黑木 木樹| 茉|莉花名 幂巾也 晃寶前

○語 樂姓也礼| 岳姓也州名 嶽五|眾山之宗 鸑|鷟鳳屬 雅棊心中一子也 殜辛死 岙仝岳 搖抨| 顎面前

○出 鑿斧| 殧殄也殄也 摗行甚 趗趗|

○喜 學|業|習 斈仝上 斛十斗為| 䂨仝上 礐山名石父廟池 甖瓦器 𩵋魚名 鷽山雀長尾 吒暴去呼兒 觳酒器 𡥈古文

觷酒器 𣡽木名 㽔地名 壆墻| 䑰|石 謏妄言 瀫水名 螜虫名

22 兼檢劍夾鹹㓤鞅

兼上平聲

○柳 拈指取物也 跕|脚輕步 𨆌仝上 𨇊仝上 讝走去|病自言 鶼鳥名 㶁察視 㾗壓也 槇俯首 惗愛也相恃

○邊䜒聲不嗚唬緶縫衣 ○求兼|并蒹|葭花名鶼比翼鳥也縑并絲繒也緘封|素|黬重買鐕也賺仝上鰜仝上

○去謙敬也讓也不自滿也𧾷婦人|之行也戩斧屬鉗曲頭鑿也鎌|苦艱也慳|恪䁍|豆皺不平貌也

○治沾|漬|濡霑霖也漬也佔輕落碪持繪石也砧肉|椹木|鍖鉄|㼗|鞋婆妗喜鉆鉄|

○波鳊堅銅

○他添加也益也餂以舌取物曰|銛鋭也㤐|弱㴘|滯不和之貌也惦慘也忝捻辱也又累也点慘心酟和也䟔益也

沾水出䟀仝䟀嬚女字綀厠也

○曾詹姓也省也多也占卜也候也瞻視也望也霑雨也針|線尖小也利也苫蓋也編茅枝屋也鮎魚名笘盖繩粘|米

鱠魚名鑯石得犬赤可也痁瘧疾也譫多言嶦山峰襜衣前後|如也膽月明鋮利也

○入顩類顳𡬸|之自安顩面黑色也蚒蟲行䀼視也衻褕衣

○時纖|微|細韱韭也|細瓕減也摻好手也痁瘧痰瘧疾銛臿利類|纖仝纖瀸泉水殲微也尽也減也䨳微雨

苫姓也草名笘竹器[illegible]孅細也櫼木名殲微也尽也瀸有時出也有時不出襂衣垂

○英淹|滯|漬|留奄奄久視忽也閹宦人男子去其勢也醃鹽漬魚物厭飽也足也懕安心猒|飽|數|足㑮淨也黶無|

壓褉也 ⿱厭水山厺水名 殗｜病也

○門 ⿰女曹好也

○語 顩｜顬不平 讝白言 艑背也

○出 僉錯也眾共官也 簽書文字 籤驗也用以卜事 襝整貌 殲微也滅也 笘折竹箠也 ⿰衤冊衣也 韂仝上 裧仝上 懺｜頭記號

○喜 杴鑿屬木名 忺意所好也 䁠甘姜 ⿱艹杴禾傷美也 鍁火｜土｜ ⿸疒僉｜瘦喉中病也 ⿰忄歛｜起 顩不平 ⿱雨法露也 ⿰禾欠禾傷

檢上上聲

○柳 歛歆也聚也 瀲水滿貌也 蘞白｜藥名 膁腰間之妄名虛肉之處也 臉｜面 檁屋上橫木 ⿱罒凶捕魚具也 ⿰女覃貪禎 ⿰黑甫草書勢也

○邊 ⿰月扁腱子肉也 旱褉也

○求 檢｜點｜束巡｜ 減｜損｜少耗也 撿｜峰｜祭搜｜ 斂收也又聚也 鋑鐵質金文所也以事件｜銀 鏓仝上 驗｜之也 ⿱竹減竹器

⿱艹⿰僉少草味牽也 瞼月上下｜

○去 慊恨也不滿也又快足也 歉愧｜倍不登也 謙自｜ 嗛猿猴頷也貯食｜ 欿愁貌不足 歛食不飽也 嵰山高 ⿰兼戈戈屬 ⿰木彔不安也

槏木名 頩不平

○治 點小｜也｜畫也 点仝上從簡 蒧草名又古人名

○波 磛石多水名 ⿰金忝小甕

劍上去聲

○他 忝玷辱累也 諂佞言｜陷 餂餉取 ⿰言忝言不定也 ⿰𧾷忝恭也 ⿺走監凡昒煮佞 譋遠諫 ⿰巾欠落巾 忝常也累也 痶病也

○曾 颭凤吹浪動 鏩火炎止也 ⿱雨乏雨貌 ⿱雨夋小雨 ⿰酉韱面貌 潛面水 ⿰日韱笑也 櫼木名 魿著名

○入 染｜色｜污 ⿰氵染仝上 苒荏｜杂貌 冄冉本字 ⿰金冄鉄也 髯鬚｜ ⿰扌冄竹高 珃玉名 姌好貌 柟木貌 呥口乱 媣安詳 ⿱臤田高也

○時 陝地名 剡姓也利也銳也削也 ⿰氵閃水動 閃｜避 躲逃｜ 掞削也 广日岩為屋 ⿰阝众縣名在弘農郡 覢暫見 ⿱亼旦姓也又番｜

琰璧玉美色 㨄疾貌美也 夾盜弘物也 淰群魚走散 䀹目也 郟地名 ⿰夾攵擊也 陵不媚 睒晶熒 談誘言

○英 掩遮也闭也也龍也 揜仝上 奄罨也忽也 扊｜扅门門也 罨網也 渰雲興貌也 靨頰輔 琰圭之銳也 弇盖也 ⿸㫃奄｜翳 龑高明

晻不明 黶面有黑子 ⿱口疋｜口 埯土覆物也 ⿰女弇女有心｜之也 ⿱穴弇閉也 厴｜心甲也 俺愛也 ⿸㫃奄｜旗 檿木為弓也 棪木名 裺被也

○門 ⿰火面顏色新也 ⿰米丙熫糧

○語 儼恭也好貌 讝妄言也病人自語也 釅酢醬味厚 曮日行日纒謂之｜也 ⿰木莆樹木枝也 ⿸广女卑貌 顩銳也狹面 鹼｜鹹

○出 艌船中底曰｜ ⿰舟㐱仝上 鐕花｜ ⿺辶僉｜口吹近 槧斬木為｜ 槮木長也

○喜 險山危 玁｜狁番石 獫長吠犬也 礆石名 嶮仝上 ⿰韋僉胡秡 譣問也

○柳捻指|物也拈上仝𤸎|壓硷石名莶草名図和取也物也讘多言惗愛也

○求劍兵器釰上仝䑬小舟

○邊𥢶禾屬鐟石甓

○去欠|敘施抯|欠賬芡|实藥名欦作欠張口氣語也㰯上仝虢虎怒棒木名

○治店肆也置傎物曰|玷缺也|辱坫屏也障也墊下弱|培覘闚視也佔上仝㓠缺也薔也呫院本題目有|師娘霑寒也早霜

○波縛赤也阽亭名

○他㐁炊灶木也舚舌出閚望也栝木名䀡視也裧衣重磹電光菾草木長也柳門押

○曾占獨|者尖佔霸|站名去走也坐立不動也亞上仝

○入姌長也美也覘諂裺

○時熌|之火行也滲|水漏也渗上仝煔火行滲渗仝

○英厭|足|数|棄檿木名壓|饜淹|沒睒光明檿木名壓饜|飫|足醃|醬|瓜婥嫜也猒飽也足也貶地名

○門䏃月明

○語噞雪草醶味厚嗛甘也廉小也譣証也

○出僭|窃假也差也僣上仝茜|草藥名

○喜喊唱|趝|走也

夾上入聲

○柳 聶姓也附不語也 囁｜動和罵人也 讘多言 躡登也蹈也著也 懾怖也長也 慴仝上長氣 摺折也雜也 鬣馬領毛也 湼染黑 涅仝上

搽檿｜ 捏捻｜取｜ 拉折｜推｜ 攝揔｜佐｜ 聑輕視 ⿰火聶火也小視 ⿰土内靜也 ⿰糹幼｜衫 繄仝上 鑷金色 囁光也明也

踙登也行也 嫈古也 姑小弱 芇手持巾也 ⿰聶欠取也 灄水名 ⿱竹⿰而瓦物乾

○邊 ⿰米枼餅屬 ⿱乏瓦瓦器

○求 夾｜持走蓋 頰面旁 筴山峭｜水曰｜ 郟｜辱地名 莢蓂｜瑞草 蛺｜蝶 鋏劍｜ 峽水名｜水 篋箱也 愜志滿｜快

祫｜來 裌仝上 刦強之奪也 刦 刼仝上 挾著也 鵊鳥名 ⿰言夾多言 ⿱刦虫仝刦 梜木名 俠立也

○去 怯畏懦 ⿰犭去多畏 愜志滿 ⿱刦瓦瓶屬 ⿸疒夾病息 ⿰馬去馬怕石不能行 魼魚工

○治 輒忽然也又專也 尐小也 ⿰足㬎豆也 菆小葉 箃仝上 ⿰目支使也 ⿰金瓦物取器也 ⿰忄瓦｜懱至輕 ⿰木瓦水名 ⿰扌瓦拈也

○波 ⿰犭占山砥曰｜ ⿱辟缶甕屬

○他 帖姓也妥｜又｜式也 貼依对賠｜ 怗安也 呫 ⿱鼓口鼓無聲也 ⿱雨乇小雨 駤馬赤黑色

○曾 接交｜承｜｜續 汁液也 睫目旁毛也 ⿰目妾仝上 ⿰妾毛仝上 ⿺走妾仝上 ⿰矛妾仝上 讋失氣而言 椄｜木 浹潤也 䀹目邊毛也

緁｜續也 ⿱艹妾 ⿱艹妾草名 ⿰扌截交也持也 ⿰魚瓦魚名子也 洽｜傷 浹洽｜ ⿱艹瓦小葉

○入 䀹目毛也 顳髭骨 苶具止

○時 澁艰丨收丨 澀不滑 請多言 霎小雨時也 ⿰忄歰堅也 濇仝澀 ⿰金乗鉸丨 ⿰扌乗著丨 ⿰扌燮取也 乗藏也 唼聲也 翣棺飾 ⿱羽及飛也

躞蹀丨不行 ⿰忄燮⿰忄耴志丨輕

○英 爗明也電乱 熚仝上 曄光耀 饁饋餉 廅丨升傍屋 晻閉目

○門 奄遮揜不奢移也 餤氣盛 睒仝上白也 ⿸㫃酉先掩 爓火丨之之貌也 蹀草木白也 擪手丨 鄓臭也 ⿰火臿火盛 鍱飛屬

○語 ⿰目業草木白也 ⿰業欠動貌 ⿰口業仝上 ⿰糸業補衣 鄴縣名 ⿰言業笑也 ⿱山自山高 萠恕也 牃築墻

○出 妾安業 竊丨取 窃仝上 ⿰𧾷祭行也 褄衣衿 欑飯十 攢仝上飯丨 淁水名 ⿰禾妾農具 唼聲也 緁赤也

○喜 熁火迫也 嗋口恐迫人 磁石能食鉄 ⿰合斗量名也 歙翕氣 烚火丨

鹽下平聲

○柳 廉姓也丨節丨隅丨潔清丨 簾門丨 濂水丨 臁脚丨 鐮鉤丨兵器 ⿰巾廉布帷 慊施也外也 搛打鼓 槏草事疏也 ⿸疒斂丨瘦严在喉也

蠊虫出 奩粧丨 帘酒丨酒旗 蘝草名 ⿱艹欽仝上 黏糊丨香也 粘仝上 尠久也少也 拈抓丨掫物 簷屋丨前也 覝察視 ⿸广廉仝廉

⿸广⿰米兼瓜糯米名 奩盛香器也 鮎魚名 ⿰目兼丨貼耳禾 熑火丨 蠊虫名 嫌清美 溓水舊名也

○邊 ⿱竹⿰缶系 盛酒器也 泙 大水也

○求 鹹 丨味 鹽 仝上 甜 又聞 鰜 皆魚 鈐 鋤也 ⿰女閻 女字 ⿱髟甘 去髮之刑

○去 拑 丨口又敢言也 箝 丨口 鉗 鐵丨可束物也 黔 黑也 黚 淺黃黑色 伶 丨祥古樂人也 拎 犯也 鍼 縫也 醎 酒丨 ⿰火咸 仝上 ⿰廉頁 貌醜

○治 甛 美也甘也 甜 仝上 恬 丨靜 剡 ⿰犭蚤馬 沉 物丨水中 湉 水靜 ⿰礻舌 藥名 ⿰扌舌 手持 ⿰彳覃 行貌

○波 ⿰黑扁 多考

○他 ⿰金利 銳也 銛 臿屬 ⿰糸忝 屬也 ⿰多占 多及 甜 甘也 恬 安也靜也

○曾 潛 涉水也丨藏也 潜 仝上 潛 灊 縣名 ⿰氵閻 水名 ⿰目朁 閉目內思

○入 ⿱亼舌 味道 哚 口動貌也 ⿰今鳥 小鳥 ⿰冉羽 羽也 ⿰糸冄 赤系 衻 裙衣 ⿰多冉 多也 ⿰彳冉 遲行 髦 須也 ⿰冉頁 頰須

○時 蟾 丨蠩蝦蟆 籤 細也 燂 火熱也 ⿰覃炎 仝上 蚺 仝蟾 ⿰言罙 言無實也 ⿰覃頁 頭也 葠 草名 攕 好手 棎 似奈雨酸 ⿺毛韱 毛也 苫 草名

痁 瘧病

○英 炎 光火熱也熾也 鹽 海水暴成 塩 仝上 閻 閭丨 閆 姓也 ⿵門鹽 仝上 ⿰木鹽 木名 檐 仝上 鹹 仝塩 ⿺風炎 風聲 櫩 相抝土丨林也

櫩 長廊 ⿰氵閻 海岱 ⿸疒閻 病之

○門 裂 義闕 ⿺毛明 毛搥

○語 嚴 丨成丨謹莊丨姓也 釅 酒味厚也 巖 呻吟 玁 獸名 閻 姓也丨君里門 岩 山名 嵒 仝上 顩 皺面

○出 棌（菓名） 劉（刺入） 棯（大長相也） 樬（全上） 簪（寒也） ○喜 嫌（清美也棄｜也） 掔（固也） 忺（所好為｜） 杴（鍫屬）

劍下去聲

○柳 念（常思｜也） 殮（死衣） 意（謹也｜語） 絵（挽胡箆心） 貼（付錢） 𪌂（勤之之稱） 檢（木名） 瀲（水波）

○邊 啶（轉也） 砭（石鍼刺病） 窆（下楷） ○求 鐱（臿也） 劍（削也） 脅（妨也）

○去 儉（去奢位約曰｜又少也勤｜也） 嬐（敏疹也莊敬也）

○治 霃（寒也） 簟（竹席） 覃（深廣也） 啖（食也） 甚（｜平也） 虎（｜高） 墊（｜貽） 趝（｜之行也） 苫（草名） 椰（門押） 湉（水靜）

○波 牑（酒器） 鍽（全上） ○他 沉（投物水中） 隮（陷也） 焰（火光）

○曾 暫（不及時也） 漸（次也進也） 賺（重賣錯也） ○入 姝（淮南呼母曰｜） 珃（玉色） 䨲（濡也） 翈（弱羽） 舑（味薄） 姌（弱長） 䋎（衣纕）

○時 暹（日光升也晉也） 贍（明也足也給也） 譣（｜詖姦言） 邅（行速） 憸（利口） 掞（削也） 櫼 縿（旗也） 嬐（敏疾）

○英 艷（美也光也） 爓（全上） 豔（大而美也） 灩（水滿） 燄（火｜光也） 焰（全上） 焱（全上） 𣄚（掩也） 炎（光火）

○門 葺（草密） 嘍（少好貌） ○語 驗（証也效也） 騐（全上） 釅（酢醬）

○出 劊（削也） 鑯（全上） 䢲（｜之歆近） 塹（坑也） 暫（全上） 蹭（馬行急也） 樬（江入） 痈（皮剝起也） 袩（衣動） 䯗（全上） 闇（視也）

⿰革夾下入聲

○柳 粒米| ⿴囗乂手取物也 ⿰言巤|取也多言也 洇濕也 ⿰言巤|之多言 ⿰米巤米疏 ⿰氵巤水聲 爉火聲 ⿰巤毛風散塵也 ⿰巤攴鼓聲 ⿰日巤日入 ⿰木巤木名

○邊 輹車聲 ⿰日應日光明也 ○求 ⿰革夾履根 拗持也 悏思貌 极木上牀也 ⿰木合劍押 砝硬也

○去 ⿰言樂樂也 呦|聲 ⿰足㓞跳也 ⿰女匧逆意 魥魚干 ⿰馬去馬不行也 歐款也

○治 疊重|恨也累| 疉仝上 叠仝上 牒机|簡|又官彩文曰| 蝶蝴| 堞城上短墻 喋多言 渫枝| 諜間|今之細作 氎細毛布也 褋襌衣

○波 喋多言便語 ⿰目樂目腊

○他 ⿰扌疊|物掛| ⿰舌枼小舌 謵不語也 鼛鼓無聲也

○曾 捷便|疾也 倢仝上 疾急也 唼|之多言 ⿺走疌|走 ⿺辶疌仝上 箑竹器 ⿰扌疌拈也 ⿰言疌多言 ⿸厤言多言

○入 顳髮滑 ⿰月聶樹葉動也 ⿰虫巤虫行 ⿺辶聶熟行 ○時 涉徒行屬水又干|也 颭|之風也 ⿰木沝水名 揲莖数 攝神熟所速 攖取也 ⿺辶枼走也

○英 葉姓也花| 枼姓也 楪牖| ⿸㫃囟手網也又訃也 欽鞴火吹 ⿰火劍|火不明

焆|之煙貌 ⿸厂學病人半起 ⿸厂⿱學心仝上 ⿸疒學仝上 厂所也 ⿰米枼餅也 ⿸㫃囟仝|之也 楪木名 ⿰木厭葉動 ⿰目奄闭目 腌鹽魚 ⿰月邑仝上 擫持也

○門 眽署視 ⿱艹抦葬|

○語 業 基｜事｜產｜ 鄴 姓也地名 ⿰𠂢業 引也 僷 恨也 喋 ｜之動貌 殜 殗｜病也 鰈 魚名 麜 鹿屬 驜 馬壯 鸈 鳥名

○出 ⿰犭連 飛也 ⿰目咸 目陷 扱 引也舉也 挾 利也 ⿰木臿 木折 ⿰犭及 犬食

○喜 恊 和也為也合也 協 仝上 劦 同心 狹 ｜溢不廣 挾 持也 俠 任｜豪｜ 愶 迫也怯也 脅 身中左右｜下 洽 濡也合也 脇 仝脅

嗋 ｜嚇以口恐迫人又呵欠也

23 交姣教餃猴厚⿰口冓

交上平聲

○柳 佬 僗｜大貌 抅 ｜餉 硇 砂藥 譊 爭也呼也 數 ｜歐小兒山貌

○邊 包 含｜裹｜ 胞 仝｜共乳 笣 竹｜ 鮑 魚名 句 衣也 勹 仝上

○求 交 結｜合也 咬 鳥名鳥聲 蛟 ｜龍 郊 邑外生理曰｜ 茭 草名 胶 日月之｜道也 鮫 魚名 鵁 鳥名｜佞 ⿺辶交 合也 膠 姓也固也又｜漆也

嘐 雞聲 鉤 称｜鉤｜ 芤 脈虛曰｜ 溝 水｜ ⿰口九 喚也 芶 草名 ⿰氵膠 ｜澫

○去 敲 叩也擊也 磽 瘠 鬮 拈｜｜書 ⿵門龜 仝上 墝 上不平也墝土之瘠 ⿱敲土 ｜土平也 ⿱高土 仝上 ⿱敲刀 ｜刀 絇 浆｜船具 毃 仝敲 鄗 山名

尻 脊背曰｜ 芁 藥名 髇 脛骨 ⿰目翏 面不平也 ⿰骨攴 脛骨 頝 長大媚也 骹 脛骨 恐 伏態 ⿱高大 擊也

○治 挑語不靜也 吺仝上 挽|攬 竘不裂 ⿱口吞輕言 啕言也 剅仝竘 ⿱髟兒|髟敕由長也 ⿰𧾷豆跦| 嘲誚也 謿仝上 覞見也 ⿰目豆目汁疑也

○波 抛擲也 胞|囊膀胱 泡水上浮漚 櫇櫇|菓名 ⿰亡毛毛起 跑|馬 颮凮貌輕也 脬|囊 枹木名 ⿰爿毛仝⿰亻毛 ⿱宀卯醉起

○他 偷盜取也窃也

○曾 糟酒| ⿰酉巢酢也 欔燔餘木也

○入 ⿱⺮振手持 ⿰巢欠不遜之語

○時 梢木枝也又船尾 弰弓末 嘲言相調也 蛸水| ⿰肖攵擊也 捎芟也掠也 鞘鞭也 謿仝嘲 踃牛腳|也 鮹魚名水| 髾髻|

艄船尾|公 埣土不粘也 筲竹| 髾髮也 ⿱艹稍根細

○英 歐姓也 甌茶| 坳地|不平 凹仝上 漚泡水也| 鷗水鳥 嘔吐也 曉目潔深貌 櫙木名 ⿰衤歐小兒延衣 謳歌也

○門 鶓|鴟 渵大水 ⿱苗酉漿也

○語 ⿰木旂|條 皺木皮堅也 ⿰石交石不平也 恔快也

○出 操練也音造 鈔取也錄也謄偽也 抄仝上 譟代人言也 ⿰牛卓以角挑物 勦同||習也他言為已也 繅繹繭而系 繰仝上 樔以薄仙魚

颵風起 謅眾言

○喜 哮豕驚聲|喘也 痚|瘷喉病 ⿰亻孝佬|火貌 虓虎怒目也 嘐誇語 烋|氣健自矜貌也 涍水名 ⿰犭翏大駭 嗃大呼 猇仝唬

詨呼叫 謞箭聲 ⿰山侯山名 枵次名 ⿰犭孝犬豕 獢犬狀 ⿰目孝瞎也 ⿱宀孝高氣

姣上上聲

○柳 荖（栜梛｜葉） 撓（屈也） 咾（聲也） 狫（獸屬） 斢（斢｜兵奪人物） ⿰言𡿺（相侮） 老（年多） 繷（紛｜不言） ⿰歹⿱巛山（恨也） 惱（忿也） 尾（毛⿰石毛） ⿰犭𡿺（雌名）

⿰犭⿱巛山（仝上） ⿰𡿺隹（鳥名） 㛴（有所恨痛） ⿰女⿱巛山（同㛴）

○邊 飽（食｜充滿） 孢（滿也） ⿰飠缶（仝飽） ⿰飠孚（仝上） ⿺毛也（輕也）

○求 姣（美也好也） 佼（仝上） 狡（猾｜狂｜） 絞（轠也縊也糾也急也） ⿸疒交（疛｜腹中急為） 垢（油｜） 九（數名） 玖（仝上） 狗（猪｜） ⿱翏皿（交木器也）

較（車｜） 狕（狂｜） 灚（水名）

○去 巧（好也人机｜也） 扝（仝上） ⿱考鳥（｜婦鳥名） ⿱穴⿱隹丂（仝上） ⿰阝丂（仝上又地名） 口（｜嘴家｜）

○治 斗（十升曰｜） 抖（擊也） 倒（官音顛｜） ⿰夾斗（夾｜） 蚪（虫名） ○波 翢（飛也） ⿰石羽（仝上） 敲（擊虛聲也） 跑（｜馬）

○他 ⿰飠俞（餅也） 斢（斢｜） 敨（展也） ⿰乖瓦（敉也） ⿰否欠（否同） 娃（人名） 鮭（魚名） 杏（土名） 音（仝上） 鈄（批也）

○曾 走（疾也） 蚤（狡｜即跳虫也） ⿰虫喿（仝上） 姐（未嫁之女曰｜也） 蚤（狡｜） ⿰虫瓜（仝上）

○入 ⿱艹⿰身刂（草長） ⿰⿱士兄圭（鳥名） ○時 ⿱艹敫（擊也攢也） ⿰阝交（阬也） ⿵風交（風聲） ⿰身少（体長） 潲（鼻汁） 筲（竹名） 萷（悪草） ⿰月肖（物之殺鉹） ⿱肖木（木上小也） 蕱（藕根）

○英 拗（手拉折也） 毆（箠打） 嫗（耆女之稱又地神曰｜也） ⿰豖力（｜之軟也） 嘔（｜吐） 漚（漬也） 毆（種擊） 詏（｜炪執炍） 眑（歆乾）

○門郊十二支名聕古字茒鳧葵也一名蓴菜吘和也

○語話恥也詈也迗会也蔿芙渠根也

○出草花|木|鞹束也艸仝草謅弄言也相櫌也|狀耖耕田咪兆人伊去愺恅|心乱

○喜吼急痛怒聲哮犬也喘也小兒聲也㖃仝上吽牛|虓虎怒目聲犼獸似大能食人

教上去聲

○柳㧁擊也屘雉尾短也㾖瀉病淖泥也

○邊䶂鼠屬𥇀目怒貌也嘐誇也趵跳也䳈鳥名謈惡也𨛜地名䤖酒之負也𡵓山名抔引取軳戾也

○求教|訓|受敎仝上䛒教古作|斅仝上挍角也比也撿也較相角計|珓坯|筊竹器窖地藏曰|鉸裝|

校比|𤬪古生酵酒母到平也行|斆古字餃飴也

○去叩|頭扣|除釦鈕|哭泣也礮石不平也篾織具鍏手|礉不平

○治鬭|勝負又爭|閗仝上鬪仝上𧩊語說午日|鬥兩手共目曰|

○波砲以机發石為攻城之具也炮火|礟仝上麭餌也疱尺|瘡名皰面瘡靤面生氣|泡|茶奅大也袍套|𡯁壓相交也

渿地名窌地名

○他 透通丨丨徹 啞相與語唾而不受也 楚地名相高名也 𧦝以言誘也 𧺆相投也又出也 𧼈走也跳也

○曾 竈方曰廚員曰灶具熜筒曰炉今曰炊 灶仝上 奏上本表丨 ○入 𥨐疊成而屋 笊小竹 簍仝上

○時 哨巡丨迫丨 瘷嗽丨 嗽仝上 蝀丨虫 梢木上小也 掃丨箒 潲濺也欠臭汁也 𤬪瓜名 艄丨船 𢞃鼻通 睄目動

○英 拗故相迷也 㤸怨丨 魏醜貌 𣧑不鮮味也 𣩘味不香也 懊丨惱 詏人丨告也 𥑮石不平也 軪車有机也 柪株丨 澿罧也

靿鞾丨 見杂目

○門 媌好貌 愗愚也 殁百也 ○語 盌器不子也 豬豕名

○出 笊丨籥汲具 臭惡味 湊有無相丨 腠膚理 𧙈行也

○喜 孝順也善事父母曰丨也 攁仝上 敳悲意 𧱈豕走 𪊥瑞獸 詨叫哮 𧩻仝上 謞說隱 涍水名 烋古通哮字

𩛩上入聲

○柳 嚠猪狗食貌 蹁蹋也 𧾍丨趚走聲 挏手不止也 𢪔持也 ○邊 皺丨皮起也 醃而生氣也 宋藏也 𢈪仝上 皰皮起 齙齒露

○求 𩛩物相合也 𩚍仝上 餄仝上 硧油丨 枸木曲 𧹮草高 醫浊酒 𩅰鞭也 𦥑臭米

○去 檄擊也 礉丨磽 惡伏態 ○治 吋叱也 鬪遇也 𨡀揄醬 掉搖動 渝水聲

○波 傳大也 槫仝上 橐伏也

○他 掿手丨 罺罟也 ⿰耳巢耳中民也 ⿰木爪木節 ⿰舟曷大船

○曾 相取丨 ⿰扌目仝上 ⿰足芻獸走 ⿰早阝地名

○入 ⿱⺮斬米具 ⿰食豈食餅

○時 ⿰衤肖衣哼 ⿰氵稍鼻泏 甗器破 ⿰虫敕虫名 ⿰衤速衣聲

○英 ⿰氵蓲飲水 ⿱日兄目深 柪木曲 岰山曲 惡⿱敄心也

○門 扒無齒 衮廣也 嫹美好

○語 ⿰忄肴怯也 ⿰糸肴織也

○出 扱引也 ⿱艹爪菜名 ⿰目奏羊卷 ⿰豸爪豸也 ⿺走巢競走 ⿰氵札丨之水聲

○喜 孝高起 漅水聲 ⿰火巢然也 ⿰目后目怒視也 蚼虫名 ⿸疒卓欲潰

猴下平聲

○柳 劉姓也 刘仝上 樓丨閣 流水丨 畱相丨住也 留仝上 嚠咬丨吧番國名 鐃哥丨丨鈸 ⿱彐山山平 ⿰犭農獅大 鷬黃鳥

○邊 庖丨廚烹餁之所 炰物置火中也 炮仝上 咆丨哮態虎之聲 匏聲瓜 袍龍丨 苞草名 鮑丨魚 包姓也 暑呼兔之聲

鞄柔草之工 跑踄也

○求 侯姓也 猴獸名 猴⿰虫侯丨 篌灯丨 ⿰侯鳥丨鶹

○去 ⿰扌廠擊也

○治 骰賭具丨仔 投擲也相丨 ⿰木兜木名 ⿰兜見目蔽垢也 ⿰鹵殳鹵也名也

○波 抱木名菓名 髱多鬚 ⿰酉包酒負 靤面瘡 ⿰目包目怒視也 ⿰包攴手擊 ⿰包支仝上

○他 頭丨目丨面 ⿱長云仝上

○曾巢姓也鳥丨勦丨殺丨絕僺湖丨在合淝也漅仝上⿰歹巢絕也⿰石巢附國之民疊石而君曰丨也窼寥屋深之貌窠鳥穴中也⿰女巢女子樔木名

⿱山巢山名⿰土巢泥穴⿰禾巢禾屬○入⿰貝巢頸氣轈車木

○時⿰木叟木名⿰革叟軟皮蓃長也○英喉咽丨喉嚨丨

○門謀貪丨髳鬚厚眉也罞麋罟媌目裏好也⿰氵苗大水⿰巾皃丨幗鶓丨鴟⿰牛苗小牛蝥虫毒蟊仝上

○語賢有才能也嶤岩丨山高⿰鬼交鬼名爻丨位○出揪泉啌

○喜侯姓也⿱交女皎侄⿱奴女仝上齁鼻息胶足跗⿰酉交沽也⿰忄侯忿怒猇物聲⿱艹⿰酉交草根

厚下去聲

○柳漏更丨丨出鬧丨熟不靜叓仝上⿸广雨屋穿雨丨⿰歹屚恨也⿰石屚糖丨也⿰石川仝上老年丨⿰言屚丨話瘺瘡丨屚雨丨

○邊鉋正不器也⿰食攵手打⿺尢音仆也⿰忄反人詏丨又漏狡捗打也怉怀也殍草木坏也

○求厚不薄丨重⿱雨冓大雨㝅取乳够多也夠仝上⿱拘心愚貌

○去怐丨愁愚貌⿰言口笑也礉不平⿱艹口草名

○治荳五谷名也脰頸丨讀自丨⿰扌豆四擲⿰女豆姓也泉古字⿱髟皃白長痘疹丨見症

○波 抱持也怀丨 胞目怨 鮑丨面瘡也 萢草丨 勾罘也丨印 ○他 餃丨甜 酘丨死人也 哣唾而不度 ⿰𧾷殳索彊丨也

○曾 掉船中長耳 櫂仝上 淖泥丨和也 巢棧閣 找丨尋丨近 ⿰舟卓仝櫂 樛仝上 ⿰歹翟牛羊死也

○入 ⿰舟瓜舟丨 ⿰右羽高飛 ○時 謏小誘 擻取也 ⿰豕婁小豕 瞍不辛明千 簍小竹

○英 後前丨 后仝上 鷗鳥名 ⿰革區胡矛 ⿰區隹鳥聲 ⿰日區暖也 ⿱林厶地名

○門 儌拘丨鄙右 ⿰氵貿丨水 ⿱敄酉揄醬 ⿰氵兒水名 ⿰食兒飽也 ○語 校揄丨 ⿰金殳長脛缸也

○出 揍揷地 耖重耕之田 ⿰言巢代人言也 ⿰鹵奏鹽地 ⿰豕奏豕也 趣走也 楱木名 腠腥膚 輳轎丨

○喜 效舉也軟也功丨之驗 効攻丨 ⿰亻効法也 恔快也 校孝丨 斆教也効也 鱟海虫介中 候司丨問丨 ⿰亻候仝上 佼法也 ⿰扌學擾乱

⿰木盥器名 鮜魚名 儌仝⿰亻効 ⿰言矦言貌

⿰口冓下入聲

○柳 ⿰衤录丨褸衣聲 庳草室 呶謹也 ⿰車區車轉聲也 ⿰木廔高貌 ○邊 咆哮丨 窌醉起 ⿰亻色脛相交也

○求 ⿰口九喚也 ⿰口冓雉鳴 雊仝上 ⿰火冓舉火 瓠瓜名 ⿰氵覺撓水聲也 ○去 ⿰石交城名 磝硫丨石不平貌 殼九器 ⿱敲土土丨

○治 ⿰口殳弓聲 ⿰𧾷逐跳也足也 ⿰𧾷睪丨之足聲 沰火滴丨之 剅小裂 ⿰豆句仝上 欋燔不枝聲 涿仝上 ⿰𧾷毛足踢 吋叱也

○波雹(雨之大粒)鑤(作頭謂之|)瓝(小瓜瓞縣其綿瓞也)瓟(仝上)窇(士包也)敂(擊虛聲也)皰(皮起)𢼊(手擊聲也)

○他散(指聲)𡖅(厚唇)𢊁(店屋)罺(罟也)拆(承物) ○曾䕘(草名)抓(乱也)樔(草木聚子)淖(水名)

○入顋(顔也)𥉶(聲也) ○時扉(姓也伐木聲也)渢(細雨||)鄁(地名)𧜟(衣聲)捎(芟也)旓(旒也)𣋉(燥也)䏨

○英吠(多言)軪(車聲)盌(器不平也)眑(視也)袎(襪|)髟(毛高)

○門嫹(美好)擫(打也)鮃(魚名)蔽(草名)鄮(姓也地名)嵝(山名)毧(毛也)蔢(毒草)蔴(草名)僌(吝也)

○語郚(地名)喀(吐也)酘(沽也) ○出㾜(崩聲)貗(豕也)跤(踏也)洑(||水聲)攩(取也)

○喜㑛(怒貌)榫(桃子)溍(水滴||也)娑(狡媛)翐(羽初生也)胶(足跗)蔽(莖根)虓(虎聲)

24 迦假寄絜夯崎攬

迦上平聲

○柳櫪(牢馬早也) ○邊蕖(木名)蝨(蟲名)

○求迦(釋|佛號)枷(打合具也)袈(|裟僧衣)跏(|跌屈足坐也) ○去竒(無双一|)单(仝上)枷(取也)傢(足手病也)騎(半身)

○治爹(老||娘) ○波𧵳(長飛)㩧(擊也)

〇他 鍉 甕屬 斲 確也

〇曾 遮 揜也蔽也 嗟 咨｜痛異｜嘆 冝 兔｜網也 罝 仝上 瘥 木砅浮也 摭 仝遮 ⿰言差 惜也 謶 仝上 ⿰亻庶 ｜儸 着 欠也 䗪 虫名

〇入 嗻 蔽也盖也 ⿰口尔 應聲

〇時 賖 不交办而買｜欠也 貣 仝上 些 少也 ⿱艹斜 草名 ⿰貝舌 不交也 疵 瘠也

〇英 挪 舉手相姜 擨 仝上 肥 手足內病 劍 釗名 ⿰木夜 木名 椰 木名 ⿱竹邪 竹籐

〇門 ⿱艹⿰虫少 物生虫也 諸 不解

〇語 哪 聲也 呀 仝上 ⿰魚耶 長蝆也

〇出 奢 侈也驕也 硨 ｜渠 哆 太也 車 輪輿搃衣 ⿰山車 山名 蛼 肖地名名 ⿰車頁 牙｜

〇喜 ⿰革華 鞮屬皀｜ 靴 仝上 ⿰目比 目動 櫼 鬚｜

假上上聲

〇柳 ⿰足去 行不進也 欚 虫名

〇邊 蚆 虫名 ⿰牛辡 獸名

〇求 假 真｜ ⿰目臯 明也

〇去 ⿱殸虫 一名螇蚌 ⿰⿱户去⿱攵巿 未詳

〇治 ⿰足尨 縛尾 ⿰木赭 木名

〇波 ⿰長票 長也 ⿰瓦喬 瓦屬

〇他 ⿰身爹 靜也 ⿰扌羽 不能飛也

〇曾 者 語助辭也 ⿰女者 母｜ 毑 仝上 赭 赤也 姐 ｜妹 ⿰扌者 打也 ⿱穴⿰貝見 赤也

〇入 喏 唱｜ 惹 詭也乱也又引着也 ⿰口尔 聲應 智 仝上

○時 寫｜字膳｜圖｜除｜ 捨｜施 舍始｜ [illegible]獸名 苐菜名 ⿰木寫木名 瀉澮｜ ⿰虫寫蟲名

○英 野郊外曰｜ 埜仝上 冶姓也鎔也鑄也 也語助辭也 耶疑辭 墅鄉材 ⿰木埜古字 ⿱埜虫虫名 仔小也 ⿰氵埜泥出水也 釾劍也

○門 ⿱罒目小目 ⿰金迷深遠 ⿰言寫不懈 ○語 ⿰扌⿱羽弓大弓 ⿱艹⿱亞虫蟲名

○出 哆張口 ⿰奢鬼醜貌 ⿰火它火也 ⿺走它距也 ⿰氵奢不潔 ⿰奢鬼仝醜 偖裂也 撦持也 ○喜 ⿰木盧地名 ⿰虘阝地也

寄上去聲

○柳 欐櫟棟 㻏用為刀飾 ○邊 謦合也 ⿰扌⿱覀䖵沒也

○求 寄｜托 ⿰月奇肉皿桂也 ○去 ⿰骨它手足曲病 騥馬不行也

○治 ⿰阝習縣名 ⿰豸帝獸名 ○波 艷色淅 ⿱需女女喬

○他 ⿰巠土經也 鄭也名

○曾 炙小｜ 柘木名桑｜ 鷓｜鴣 樜可煮糖也 睹仝上 ⿰目庶仝上 蔗甘｜ 借假｜移｜ 唶歎聲 膱自敗 ⿰日炙日赫 樴係牛杙也

⿰氵炙臛屬 ⿰火庶火｜ ⿰革庶藥名 ⿰飠且食無味也

○入 偌姓也 ⿱奴言磨聲

○時舍屋|收|赦天||宥卸|車觧馬曰甲瀉吐洩⿰言烏話|⿰氵舍虫水騇花馬⿰牜舍仝上厙姓也瓦屋也騇扎馬

○英賤向閉⿰口夜鳥名

○門檕木名⿱艹⿰冊田秀也

○語蘖草木盛也⿰金習善才

○出⿰糹斥絲繼趚走也庍遠也⿸疒韋泄病跅跋道

○喜抚拭也⿰犭或飛貌

絜上入聲

○柳剽斷也折也⿰片离木破為|⿸厂㼚瓦屬

○邊壁墻|⿰缶百瓶屬

○求⿰忄華謹也絜樹|⿰扌華治也⿱制木木名

○去隙空|郄仝上⿱小京壁孔

○治摘|物|花檍靂椂⿱罒丂|尾扻梳也

○波⿰身辟閃|僻遠|偏|癖性有所嗜偏|

○他拆|開|腳

○曾跡足|迹仝上脊尻|骨也隻船|牛|即|今時也⿺走啇走也

○入暱日月相近⿺走若行急

○時錫銅|鉛|削以力|物

○英益進|張|盒仝上挖|物|孔搤仝上⿰扌戹|门扼仝上

○門蓂視日月而知星⿱辟弓弓聲也

○語撠|開|刺躆足|撠持戟刺人

○出赤紅|刺|綉郤地名⿱大火色也⿱竹措|坭取水

○喜　向（|好|怯）　歔（小笑）　⿰月赤（肉也）　⿱谷目（視也）

夯下平聲

○柳　⿰月⿱罒里（鳥鳴之聲）　⿰⿱吅木支（持也）

○邊　⿰平巴（獸名）　⿰羽并（飛貌）

○求　夯（夯赳）　掮（肩擲）　岐（地名）　⿰酉幾（酒名）　⿰木⿱去口（山名）

○去　騎（乘馬）

○治　⿸尸吾（語無實也）　⿰目荼（怒目）

○波　⿰虫蔓（毛虫）　⿰犭畐（飛也）

○他　富（惡貌）　⿱艹提（草名）

○曾　詹（恣也）　⿱髟差（慟也）　都（地名）

○入　⿷匸燕（怨恨）

○時　佘（姓也）　畬（今作山|）　斜（正直不明）　邪（奸|吝|不正）　蛇（毒虫）　衺（不正|犹）　⿰丬賣（病也）　⿰木⿰血犬（夢神）　⿰氵斜（水名）　⿰魚阝（蛇長一文）

○英　爺（|舍）　耶（疑辭）　琊（瑯|地名）　鋣（鋭|劍名）　瑘（仝上）　椰（|油）　⿰木爺（|樹）　梆（|子）　鎁（劍名）　擨（舉手相青）　⿱艹⿰耒牙（皮可為索）

鵺（鳥名聲惡）　⿰金夜（鏡|）　梆（獸名）

○門　⿱艹眛（菜子）　⿰歹夜（無也）

○語　鵝（家雁）　迎（|送）　蝸（蠻|）　蜈（|又|蚣⿰虫奇）　⿰虫迎（仝蠻|也）

○出　⿱艹斜（|蒿）　畭（田也）　衺（不正）

○喜　吙（火聲也）

崎下去聲

○柳 ⿰月羅 腹下肉也 泅 瀑｜ 鎯 戟屬

○邊 蠥 白蟻 ⿱敝土 土名

○求 崎 山高險也

○去 竪 ｜旗 立 空｜ 豎 門｜ 伽 ｜藍佛名 居 ｜起住也

○治 ⿰口虵 吮也 ⿱⿰口延䖵 蟲名

○波 ⿰馬欠 良馬 ⿸疒甹 病也

○他 ⿰鼠兆 獸名 ⿰貝坐 白土

○曾 ⿰金⿱艹昔 薦也影｜ 謝 姓也 ⿰足⿱艹昔 踐也

○入 ⿱知言 言聲 惹 笑｜ 藉 荐也賴也 偌 姓也

○時 射 弓｜矢也 謝 姓也辭也 偌 姓也 社 鄉｜ 灺 灯烛火｜ ⿰身矢 矢察於身 麝 ｜香 榭 ｜楅 ⿰弓矢 古字 ⿰弓又 仝上古字 ⿰氵射 水名

⿸疒賈 病也 ⿱林皿 皿器 葢 仝上 貰 貸也 ⿰衤坐 古字

○英 夜 日｜ ⿰金夜 鏡｜ 鵺 鳥名 ⿱夜虫 虫名 ⿰炎犮 以手｜物 秅 ｜谷小也 揶 舉毛相美 ⿰夜隹 鳥名

○門 蝬 虫名 ⿸疒迷 玉疾

○語 訝 語辭

○出 跰 跂道 ⿰舟斜 舟落漱也 赾 腳斜立也 ⿰糸斥 以絞持也

○喜 蟻 螻｜ ⿰虫夜 白｜ 瓦 屋｜ 螘 姓也

極下入聲

○柳 籭筣｜竹器 拏取也 拿｜人 捕｜魚討｜ 麽少也 蘊草名
○邊 楅木橫牛角 㡀醜氣 蟞蟲名

○求 㧬｜火 屐木｜ 攪｜起 䀏張目 籧竹｜ 屐履｜
○去 慗疾也 瞭視遠也

○治 糴買谷曰｜ 籴仝工省文 翟姓也 麱屑也
○波 𪓰龜｜ 鼊仝上 甓磚｜ 欂壁柱 癖小兒出｜

○他 𢯭伐｜ 𢩆折也
○曾 食｜物 䐈粘也 趄走也

○入 偌姓也
○時 碩｜石 席筵｜ 魦魚名 𩵏仝上 淲水名 潎諸山

○英 驛｜馬 易姓也經名 帙冊｜ 頁仝上 蝪飛虫 蝶蝴｜ 瘍喉｜ 役差｜走｜ 𪀚小鳥 𩅃大雨 曎大甚 炈灶窟

燡火甚之貌 𩶖魚名 𢖻閑心

○門 搣然也 瞜石似玉也
○語 額算数足｜ 謞智慧 峉山高 𡗝所以驚人之聲

○出 杓油｜ 茦仝上 筞仝上 𣏦舟名 𡋾番國名 𢔶小行近也 骼骨也
○喜 額頭｜又｜前也

25葩煤檜郭𧬈趶𩞄

葩上平聲

○柳 瘰微病 僫偃也 𤬪｜瓜 咊不言 郲鄭｜地名 腂皮起 踝足跌 癗小破

○邊 杯 酒| 盃 仝上 榏 木名仝上 鉟 鉟旗 桮 |棬飲器 环 折| 飛 鳥|音非 椑 小樹|青 蝞 蝦住鱉殼 ⿷匚不⿷匚否 俱古字

○求 葂 |草 擓 擊也 楏 橿也

○去 魁 |星 盔 兵器|甲 詼 諕也 悝 諧也病也 萪 |籐 恢 |復|大 ⿰多灰 大也多也 傀 大貌 鍷 鏟也 魌 |山之多神人 眭 別也

○治 砙 采燒瓦具 綞 綾出 詒 讁也 ⿰言阜 仝上 鵖 鳥名

○波 ⿰木瓦 大燒之瓦 坏 仝上 丕 物器未成 ⿰米丕 滌粉麪為劑也 ⿰咅瓜 瓜| ⿰歹皮 剖肉|割

○他 焞 盛貌 ⿰山妥 山高貌也 ⿸疒追 瘵|貌也 蓷 益母草也 ⿰車隹 車盛

○曾 ⿸尸委 尾| 峻 仝上 朘 仝上 ⿰車崔 車多 棱 木莭 ⿰木崔 木名

○入 螭 醯離

○時 衰 微|弱| 榱 桷| 縗 喪| ⿴衣大 毳弱也 簑 棕| ⿸疒衰 耗也病也

○英 隈 水曲也涯外曰| 猥 鄙也大聲 ⿰彳畏 不進 煨 |燼盖中之| 喂 含也恐也 鍡 |開 碨 磊石也貌又硊|也 ⿰女畏 |嗳好貌 ⿸疒畏 馬不能行

倭 遲曰遠也 餧 |飼 ⿰鬲斗 土釜 鈳 銅| 剮 |割 痿 不能 碢 石名 ⿰石窩 仝碨 揋 掎也 椳 門樞 偎 愛也

○門 珻 玉名 酶 酒母 ⿰酉皮 面貌 猸 獸名 鬽 精怪 篃 竹名

○語 ⿱艹蜆 寒蟬

○出 吹 鼓| 炊 |煤|飯

○喜 灰 火過為| ⿰火刂 仝上 隳 毀也 咴 聲也 譙 譟也 豗 相擊 ⿰豕土 豕也 樿 犂镸 ⿰犭軍 獸名 鼣 |鼠 螝 虫名 虺 仝上 ⿰黑灰 黑而沛也

⿰虫豕 豕掘地也 ⿸疒畏 陰病 撝 手指麾也

粿上上聲

○柳 餒(飢｜) ⿰食爰(仝上) ⿰日女(仝上) 鮾(魚爛曰｜) 婑(好也) ⿰歹妥(不平也)

○邊 琲(珠立百枚) ⿰扌表(散｜開｜) ⿰亻罷(停也) ⿱文黽(虫出蟾蜍) 跛(足編) ⿰酉比(酒名) ⿰忄否(恃也) 拼(｜開)

○求 餜(餅類) 粿(仝上) 菓(｜子) 碻(低處｜之使高也) 蜾(｜蟲)

○去 踝(婦人拜也) ⿱艹⿰黃果(黃筆) 稞(谷之善也) 堁(塵起)

○治 ⿰王垂(玉名) 頤(頭不正也) 陏(搖也) ⿰月鬼(腫也) ⿰月自(仝上) 朵(木重) 鍺(車頜)

○波 ⿱山厄(山崩) ⿰酉比(酒名) ⿱山叵(峩山) ⿰口叵(聲也) ⿰叵頁(偏也)

○他 ⿰彳也(安行) ⿸疒需(腰痛) ⿰⿱厶月毛(易毛) 骽(俗曰腿也)

○曾 ⿰禾彖(禾稼) 蕞(小貌) ⿰镸蚤(虫名) 慛(憂也傷也) 栬(小栈)

○入 ⿰忄委(思也) ⿱艹囟(草之小也)

○時 ⿰女夋(｜二不貞正也) 贜(草名) ⿰糸祟(卷系)

○英 腲(肥貌) ⿰角畏(曲角) ⿰多委(多也) 鄬(地名) ⿰鬼阝(｜卻不平)

○門 尾(頭｜) 每(常也各也｜件) 渼(水高) 浼(仝上) 杪(樹｜年｜) ⿱山每(仝每) 脢(月也) 娓(美也)

○語 ⿰扌危(懸也) 蜲(水精) ⿰虫韋(仝上)

○出 髓(縣中｜也) 瀡(滑｜) ⿰食遀(餹餅) ⿰食青(仝上) ⿰骨青(仝上) 髊(仝上) ⿰骨离(仝上)

○喜 夥 合||記 伙 家||食 火 水| 鍋 仝夥 猓 仝上 廆 癖也 𨂝 |骨 邩 地名

○柳 𩬊 毛乱 頛 頭不正也 𢐂 弓貌 㭁 木名

檜上去聲

○邊 貝 宝|海中有虫 唄 诵梵 背 身| 褙 襦褋 輩 類也此| 輩 仝上 昁 日不明曰 萯 |母藥名 俳 等| 坔 姓也 楨 木名 垻 堤塘

○求 檜 木名香木 劊 斷也 獪 狡| 膾 采牛羊魚之肉腥聶而功之為| 鄶 國名 鱠 魚名 噲 計也困也 鬠 婦人頭|鳳| 髦 仝上 薈 草多

過 |失 冠 雞|花| 癐 病真 鱖 魚名 禬 除殃之祭也會祭福 旝 旗也 澮 不注溝也 眏 |睽

○去 蹶 行急也又跌也 踝 足骨 蹷 仝| 𨇾 仝上 凷 璞也 𡈼 枕| 樻 木名 橛 栽也 橜 仝上 蕨 草長 䞨 半步一舉足也 䯳 愚貌

課 稅也討也又|也

○治 𨑹 相| 從 仝上 對 答|

○波 配 匹|含| 妃 古文 霈 雨也 𢗰 擬也 柿 削下下片即柴|| 棣 仝上 枇 仝上 𠹕 |痰 𠜾 鉤也 箳 竹片

○他 退 |謝|避 𨓈 仝上 𨒈 仝上 㨯 長也 蛻 蛇|蟬| 𩓿 痴也 𩑲 仝上 娧 好貌又善 𩲡 苦熟

○曾 最 正要也尤也 嘬 齧也 贅 男附女曰進| 綴 聯也 𤺋 瘤腫也 冣 仝贅 㝡 仝上 䞭 仝上 𤸷 人坐|也 嚽 反也 𤺻 仝𤺋

纖 絲也 縳 仝上 蕞 丨称小兒 歀 仝最 笉 午箠 稡 聚也

○入 汭 水相入也 賶 財也 閪 入内 菌 草火小也

○時 歲 年丨 戢 仝上 㦸 仝上 岜 省文仝上 戢 仝上 稅 租丨 帥 將丨 殲 瘦病 晬 生子一歲 邃 深遠 涚 渦水 帨 礼巾 庡 下屋

穢 小棺 祟 神福 帨 以拭手也 祱 祭也 誶 告也

○英 穢 污丨 濊 深察洋溢 嘒 明也微也 澮 水注滿也 殨 殘丨死物 癓 悪丨 瞺 眉目間名 獩 貊丨國名 薈 芦丨芽名又草木盛也

嵗 蕪也田中雜草也 翽 鳥飛貌也 薉 污丨蕪也 饖 飯傷扒也 媿 丨苦扒也 懀 心悪 劌 傷也割也 㯑 草木丨字

○門 顯 味前 頪 氏也

○語 頺 丨骨 顡 不聽 䫞 不止

○出 蔚 州名又草名也 錆 煉金 斲 断也

○喜 誨 教訓 晦 不明曰丨 悔 改丨 靧 洗面 貨 丨物 歲 年丨 𧟰 面肥 詯 瞻氣首聲在上 類 洗面 煩 大首 譿 眾聲 昲 物乾

泋 水波 湏 非須字水名也 瘃 困極 餯 食臭 𧨺 仝謝 䵋 黃色

郭上入聲

○柳 饝 食貌 䤈 丨飯

○邊 篾 竹片

○求 郭姓也 刮削也 蕨|粉草屬 ○去 缺欠|也

○治 瘴|腫 ○波 瘖疕痂 跡急行 姡好也

○他 扸姓也承物 霫雨下 ○曾 嗅鼠聲 瞅人名

○入 䄷添軟 ○時 說|詩|語 刷拭也掃也 歀問也 挜手|物也 獲仝上

○英 饑味也 抉|目 ○門 卜都耒 醭醋也

○語 貧頭搖 ○出 啜大聲又大食也 饚餹餅

○喜 血|氣 鑊鑴也 膈瘡貌 桖木名可染色也

葵下平聲

○柳 羸病也瘦也用也拆也 儽偃也 羸拆也 螺蚌屬 瘰|癧筋骨結病 ⿰耒貴仝頛 頛敗坏 騾馬屬 ⿰扌絫捚也 ⿰絫瓦瓦器

○邊 培益也助也擁也 陪助也伴也 賠償也|補 醅酒漉孛也 掊|堯聚斂 裴姓也長也 菠|蔆又紅根也 輫車箱 ⿰木頁曲⿰耳頁

毸 毰|毸 負河神名也 棓木名 ⿰片咅版也 ⿰月咅肉醬 郶鄉名

○求 葵花名|扇 ⿰言葵夜睡|眠 ⿰亻褱美也 ⿰亻褢仝上 ○去 ⿸疒卷手足曲病 ⿸疒夔仝上 頯仝上

○治 隤 推也|墜 ⿺几貴 馬病 駾 馬疾行也 兌 以物相交易也 魋 獸似龍而小也 ⿰土兑 墻墜 頹 仝上 穨 仝上 讙 譟也 蹪 仆也 憒 弛也

⿰片貴 破屋 穨 秃也

○波 皮 物各有| ○他 痥 小瘡 ⿰火𠂤 燖毛

○曾 摧 挫也折也 漼 灌也漬也 ⿰米崔 精美 ⿱艹敢 叢也 慛 憂也傷也 ○入 蕤 草木華垂 緌 冠纓 挼 |撋

○時 垂 自上|下 ⿰禾垂 称不起也 埀 柳葉|下 ⿰阝妥 地名 ⿰亻奞 偏也 ⿰糹歲 練布 ⿰糹雋 細也 邃 深遠 ⿰缶崔 瓦器 萑 草木花葉

○英 禾 菜名 萎 草名

○門 梅 菓名木名 莓 苔|草名 ⿰氵某 坏也 脢 背肉 媒 |妁 禖 天子求子祭名 碓 扳仔生| 霉 三月初為迎|雨五月初為送|雨謂雪作|雨又中雨之

囮 譯也又云曰鳥|也 黴 物中久南而青黑之色 ⿰骨夾 脊邊之肉 枚 姓也枝曰條干曰| ⿱罒每 雉網 敉 安也 郿 縣名 ⿰歹某 坏也 珻 玉名

⿰土每 塺也仝歷 ⿰土⿹勹每 地名 槑 古字 塺 塵也 玫 |瑰 ⿰每鳥 鳥| ⿱艹溦 草名 ⿱木母 古文梅 ⿱艹⿱木母 仝上 鋂 大鎖也

○語 ⿺鬼頁 頭不正也 ○出 箠 杖也 棰 |楚 趡 進也

○喜 回 |頭|轉 迴 |避|也 茴 |香 洄 泝|逆流而土 徊 徘|也 ⿰牜回 昏乱貌也 ⿰火有 火也 ⿰扌回 手|又袂縛成|也 痐 腹中長虫

蛔 仝上 ⿺几色 鄉名 ⿰犭阝 仝上 ⿰回鳥 鳥名

⿰足于下去聲

○柳内中也外之对也⿱髟内髮乱⿰忄垂思也⿰忄委仝上㐻人名也⿰豸委皺丨⿰歹寸病也

○邊佩丨玉也又丨服珮玉丨倍加丨鄙丨焙熇也悖丨乱背丨負又反丨也⿰爿犮白肉誖乱也垂也苝山韮⿸广孛丨䞟合虛珼丨飭

⿰山卩国名旆旂丨⿰彳伐飛揚之物珼城丨玳丨拔木梃丨直上也偝仝背也⿰舟非船尾後之丨也⿰歹叉花名枯洛俖反也⿰車皮車丨狽狼丨

孛古字⿰日孛暗也⿰火背熇也

○求⿱吅木丨剪⿰足于丨肢踞也⿰氵劣水名

○去髁難行

○治綐細細⿰革兑補也⿰阝台高也⿸疒家陰病

○波被丨褥綿丨奜大也鞁馬丨⿰口皮仝綿丨也

○他復部也傫老丨懶也⿸尸叕坐定隋山狹

○曾皐慾也罪始皇以自華似皇故改為⿰鬼泰胶丨鬼也寂寒也⿱竹最丨篭竹器

○入睿深明通達叡仝上鋭利也耒耕田曲木⿵門内内入芮草生⿰睿殳恥也汭水比白丨枘禾耑所以入鑿蚋蚊屬醯雞莌草名

⿰言睿恨也崪止也

○時涶水丨⿰糸巢卷系埣土不粘也涚过水⿰目最流盼祱祭也⿰氵遀滑也⿸疒水病也⿰食兑小飫

○英衞姓也捍丨防丨⿱衛言夢言不丨⿱衛豕逐也⿺辶衛過也謬也璏劍鼻玉也⿰王彗仝上

○門末不及曰｜炯煙也袂曲也焆焙熟篃竹名葉大如扇

○語外內｜遠也又疏斥也⿰男外姊妹之子曰｜甥也顡頭蔽｜也顡痴不聰也顡仝上

○出尋相｜也蹳行貌斷斷也

○喜會｜合会仝上岁古字繪畫也潰逃散乱也聵耳聾匯水面合也憒心乱瞶目風疾也⿰山會山貌⿰米敫粟舂米破尽也

⿰亻匯贖物直也薈芦｜滙仝滿匯聲詯满聲⿺辶會迎也⿰山迴山無草木⿰歹彖困極⿰言回胡市⿰言貴悟也靧｜面⿱止巾古文殨爛也

⿰食會下入聲

○柳掾理也⿰酉委｜鹼⿰食戾扳也⿰耒阝墝埆⿸疒㬎病癥　○邊⿰扌佩轉戾負河神技抽｜挬仝上

○求⿰食會醪潰不上廥倉也射姓也短也⿰耒會耒穀膾肥大莢｜明菜也⿰扌樊草名　○去⿰火厥以火｜醬也麧麥｜

○治⿰兑刂劑也哾入聲崖山崩潰水名　○波沫水｜堛田土｜也

○他揃長也拓手尿物也　○曾⿰米崔精米⿱竹最帚也⿰月鬼腫也

○入⿰亻熲明也⿰缶㒼小缶　○時⿰扌樊取也宋趙魏間談

○英裂破也剳仝上⿰禾會糖｜⿰牛曾俗曰呼牛唷聲也冐吐也籺仝⿰禾會

○門 襪 足衣 袜 仝上 顯 前也

○語 月 大陰之精三十日為一|

○出 ⿲辛卒辛 依也 ⿰金翠 美色

○喜 咴 聲也 ⿰食隶 餂臭 聻 古字 隧 聲也又逐豕地 ⿰虫豕 豕掘地也 鉞 車聲

卷五终

渡江書十五音

卷六字母

他朱鎗幾鳩

26 他捉 褟諂膛艶祏

他上平聲

○柳 𨷃 鐦丨 㧯 地名

○求 監 丨罪禁人 檻 丨菜欖名

○治 擔 兩頭在肩曰丨粗在 挑 扁丨 今 丨即 甔 石甕

○他 他 別人

○入 裓 衣衵

○英 貘 獸鳴之聲

○語 雛 豕聲

○喜 谽 洞谷

○邊 搬 持也

○去 硿 磁器 坩 仝上

○波 䈴 衣巾 髶 髮貌

○曾 譫 怒也

○時 衫 衣也 三 數名 叁 仝上

○門 礳 番也鄚名 碼 地名

○出 艅 小舟 䲺 星名

捉上上聲

○柳 拿 牽引也揉也又持也捕也 拏 仝上 那 何也俗也丨事丨个也 攬 檄丨 啞 不能苦也 瘂 仝上 踵 行不止也

○邊⿱犮衣(小兒衣也)跁(不骨前也)	○求敢(不怕｜作)譀(欺也)⿰言殳(古文)
○去⿰貝丂(長｜)	○治打(擊也｜听｜探｜疊｜粉)⿱艹妓(藉也)膽(肝｜)胆(全上)⿱敢言(藥名)膈(全胆)
○波⿺辶巳(短也)	○他提(兵器)
○曾⿰叀刂(｜斷)剪(全上)⿱斬衣(｜衫)整(齊｜)	○入⿱宀⿺儿言(行前)
○時醦(酢味)⿰⿱林冃阝(地名)⿰參殳(擊也)⿱⿰丬山牛(牛名)⿱斬手(斬取)	○英⿰扌菴(手｜物也)
○門馬(姓也乘畜)碼(｜碯)媽(公｜)瑪(｜瑙)鰢(｜鮫魚名)	○語雅(泉啌)
○出揔(相｜)⿰牛卓(欠角｜物)⿰言爽(異言)搋(拳加物也)	○喜⿰月頃(凶言)⿰𢆶敢(開也)
㬪上去聲	
○柳⿰忄拏(心乱)烚(火｜)	○邊⿰豸便(獸名)
○求酵(｜母)酕(全上)⿰酉黃(酒｜)糗(交｜)	○去⿰丘可(獸名)
○治擔(挑｜)担(全上)說(｜話潮啌)	○波怕(畏也恨也)粃(不成粟谷｜也)冇(空｜有｜)帕(巾也)
○他㬪(溫貌)談(異言)埮(平也)	○曾昆(日光)

○入⿰豸瓜 獸名

○時釤 大鎌 ⿰足垂 行貌 ⿰⿱人乂刂 刈也 ⿰占彡 相接物也 ⿰扌茇 接檐

○英⿰至欠 驢鳴 ⿰目欠 息鼻 ⿰口弘 牛聲 ⿰目凡 目長

○門禡 祭名 ⿰忄焉 摩也

○語囈 牛聲

○出⿰豸尨 龍尾

○喜睕 長目｜肵 託 信也 ⿰口閉 聲也 廋 廣遠

詥上入聲

○柳⿰扌画 手不正也 啀 哂｜小人言舊相也 ⿸疒凹 遍自赵瀞｜也 凹 音歐地不平

○邊靶 轡也 ⿰豸巴 配壯

○求腭 不胚 噉 聲嚤 ⿰牛各 輅車

○去貑 玃也 ⿰扌⿸尸木 不安

○治搨 手打 詛 不靜 詖 寬貌 ⿱穴友 深也

○波襒 拂也

○他詥 合諧

○曾⿱艹查 水草 ⿱𦤶月 古字

○入⿰豸尋 似猴 ⿰黍需 無也

○時⿰風忽 凬急疾也 哂 啀｜ 脥 瘦病 ⿰日夾 明也

○英⿰豸甲 獸名

○門⿰豸母 ⿰豸皮也

○語⿰豸殳 ｜猳 ⿰革交 草名

○出⿺走豖 行步｜｜ ⿰月咠 和也 挾 利也

○喜 ⿰火录 火畏起貌

膛下平聲

○柳 藍 姓也草也 籃 竹器米| 林 樹|　○邊 筢 齒|取草

○求 擥 撮持 犌 牛| ⿰扌⿸虍巾 拳|物也　○去 ⿰弓空 弓|

○治 熑 以火燥也 摚 距也　○波 贅 惡也

○他 膛 肥貌　○曾 衜 召也

○入 紡 系絮 朧 貪也　○時 摻 挐貌也 犙 三歲牛也 剼 刈也 攕 仝摻

○英 ⿰犭夬 呼鹿曰| ⿰足音 豉豆 ⿰扌奚 挾物　○門 痳 |凨毒症 麻 面|斑也

○語 踹 小高 ⿰山夸 山高　○出 ⿰豕奏 豕行 謙 被詐

○喜 衙 行言 訶 大言

艷下去聲

○柳 那 何大都安尽也 哪 人言 ⿰火賴 毒也 焓 火|　○邊 舥 牛角泅也

○求睐久雨見日敹大聲
○去赦笑聲

○治淡微鹽掞|落醶無味
○波耙稻也

○他艶青黑色
○曾攇擊也拑山貌

○入䝁大豆子也
○時猭大犬聲

○英餡餅中豆|蹍豆也|林晻不明
○門罵惡言禡祭名𧩰多言

○語貎獸聲欶向山之聲
○出鏒鐵|聲也揸拭也蒨草盛趟跳也走也

○喜西褉也䨄雲暗烏也誒言貌塼泥|猏猶也

袥下入聲

○柳贉貪財
○邊襞衣也

○求袼紬接衣也
○去襤當衣麧恣態

○治毅雅䜌翶飛也
○波趡走貌

○他袥託衣
○曾豣棹也

〇入 袮 衣下展也

〇時 瘮 丨丨瘦病 ⿺走夾 行步 籧 疾行

〇英 ⿱殸衣 衣聲

〇門 ⿺走馬 走馬 ⿺走覓 狂走 螞 虫名 ⿸广馬 庵也

〇語 ⿺走彥 走不得也

〇出 ⿰衤朿 裙衿 ⿰牜角 精也

〇喜 ⿱艹避 蘗葉 谺 谷空 閜 大開 ⿰骨豈 長貌

27 朱子註惚慈自味

朱上平聲

〇柳 ⿰婁隹 鵝丨野鵝 氀 毛布 瘻 曲脊 ⿰木孥 丨把 ⿱犬毛 犬多毛也 軁 屈己頫身 櫨 惡木 ⿰歹盧 丨皮

〇邊 涪 州名地名 ⿸尸畐 臀也

〇求 居 止也安也处也祭也 ⿸尸丘 仝上 痀 曲脊 艍 丨仔船名 裾 前後衣丨 龜 甲虫之長大瑁之宝 竜 仝上丨卦 車 丨馬 琚 瓊丨 椐 木名

璩 耳環 ⿰叀斗 挹也 ⿰氵巨 ⿰氵凥 水名 唓 瘦得來丨應也

〇去 邱 姓也 坵 田園丨段 丘 孔子大名 祛 丨却 區 丨類分也 嶇 崎丨山不平也 軀 身丨 驅 挈衣又丨熟也 袪 袖口又舉衣貌裾也遺也

拘 止執也又不丨也 敺 丨逐 ⿰阝區 地名 駒 馬之小者又曰丨也 胠 腋下 ⿰木去 板也 魼 比目魚也 ⿰女殳 好也 攣 仝拘 ⿰扌雩 丨蒲

○治 鼄舊|作網捕死虫也 蛛上仝 誅|責|殺 猪豕也 樗|蒲擲以為戲| 攄舒也 株木名 ⿱𤝞木木名 潴木名 ⿱艹猪草名

○波 呼吹聲 吁喘也 ○他 𤝞飛貌 攄舒也 摴摳| ⿰王雩禾名

○曾 朱姓也赤也 珠珍| 硃|砂石| 洙||又水油洄名 侏|儒容貌短小 茱|萸藥名 兹今也 茲草名 孖二生子謂之|

⿶凵茲蕃多也又液也 櫅木名 孳生息 鎡鈕也 孜草名 咨謀也尽也 姿|態 資賴也貸助也絕 ⿰金朿刺也 趦不進 鄑地名

淄|水波若漆也 菑一歲田園 緇木豆死曰|又里 輜載衣車也 訾量也毀也 貲財也 粢六谷曰|在器曰| ⿱此鼠鼠名 ⿱此虫鳥如圭鼠色也

鼒小鼎 髭口上毛也 椔 澬岑|也又火南水名 穦積禾 諸語辭 諮謀言也 ⿱此朿大市 ⿱雨貲雨聲 袾裷衣 錙八兩曰|

茨積也 滋|補 邾國名 咮|味 鴜鳥名 ⿹戈甾地名 瀦水名 ⿰氵劑潔也 跦行步 姝美色 磁石名 㳄山名 椓木立死也

⿰糸才爵| 薋三角草也 藷甘蔗 鶅鳥名 ⿰此巾布也 睢顳| ⿰衤兹衣袂 ⿱須毛口上須 構木名 樻仝上 ⿰衤甾安也

○入 顬顳| ⿰扌毳柔毛 醹酒厚 臑嫩耎 ⿰如阝地名 ⿰木孚據|抱名 ⿱如毛多毛 漹水名

○時 思處也|維 偲相切責也 緦三月之服 ⿱髟思多鬚貌也 顋頰|面觀也 腮仝上 ⿰王師王名 ⿰思風涼凨 颸仝上 媤女字

司主字公| 笥竹器 私不公 斯此也則也 書|丹 胥皆也相也 湑露貌 糈糧也 揟取水具也 諝有才智也 廝賤役

師教人也習李也衆也|旅 獅猛獸也狻貌也 鬚口| ⿱髟貴仝上 須立候 輸不贏也 釃以筐酒去其糟也又分也|酒 ⿱冖思姪也 㒋仝廝

澌 丨水 ⿰口師 吼也 篩 米丨 燍 火氣 溮 水名也 ⿰石斯 石名 頭 立候 ⿰馬師 衣馬 ⿰犭頁 丨字 ⿰馬師 良馬 ⿰足師 行也 ⿰女斯 女字 泀 丨水

鰤 魚名 獅 吼又牛也生二子 霹 小雨 鐁 鉀丨短小 ⿰歹斯 死也 ⿰衤師 黎丨破衣 ⿱巫豆 仝立候也 ⿱斯瓦 丨瓶 紓 緩也 ⿰言尃 諒也 榹 丨桃

毸 毛席 ⿰毛束 仝上 ⿰王桼 玉笏 ⿰言予 緩言 醑 酒名 ⿰酉予 仝上 渝 水名 緰 系緰 繻 仝上 嬃 左字 舒 安也展心

○英 於 語辭即日 于 姓也往也 迂 丨遠丨淍丨曲 紆 丨縮丨迴丨曲 污 濁也穢流也水子 瑜 玉之光彩 汙 水不流也 洿 窊大之地

杇 塗墁錫器 圬 仝上也 肟 腳頭丨也 肝 仝上 ⿰言惡 相惡也毀也 吁 聲也 ⿰歹于 塗也 ⿰歹句 枯也 妤 美称也 歈 歌也

○門 鴉 雀鳥 ⿰石無 名名

○語 寓 寄也 ⿰目魚 魚名 鍝 金色 禑 祭名 齵 齒參差也

○出 趨 走也 趋 仝上 睢 你目視又水鳥 嶋 鳥母 趄 趋丨行不進 雛 水鴨 拏 拏也 郰 鄉名 ⿰女殳 好也 癹 乘劣 䳜 鳥名

○喜 夫 文丨又丨婦丨投 玞 次玉 琈 美玉 趺 跏丨大坐 鈇 莝研刀也 ⿰麥去 小麥前皮 芙 丨蓉 蚨 青丨虫子母不相離又銅錢謂之曰青丨

衭 坑前袴也又前前也 ⿰日夫 日侊明也 砆 山多名也 敷 布也陳也 ⿸鹿夫 鹿屬 ⿰火夫 火丨 邞 縣名 孚 丨信于又 俘 丨囚獲取

桴 編竹為每又擊鼓杖 稃 谷皮即粗糠也 綒 六也粗網 莩 葭丨也又蘆也草也 柎 花下菓也 痡 疲不能行 膚 殳也大也 灰 香炉丨也

鳧 水鳥 虛 空丨 歔 欷丨悲氣咽祖抽見之氣 蒟 芋也 墟 文也坎城也合丨市 罦 網也 ⿱尃力 散也陳也布也 敷 仝上

⿰木鳥 似雞三糞臂三曰也六足 ⿱艹肘 蛇床 伕 女夫之婿也 窊 網也 枹 仝上木名 衷 衣也 娐 女字 鄜 地名 ⿰魚孚 魚名

嬓 旗屬敷玉白也王名 璬 張也 毦 鳥解毛也 莒 |萮花貌 虝 虎乳 糐 粉餌

主上上聲

○柳 汝 |我 女 未嫁之| 爾 |我 尔 仝上 旅 眾也陳也客也軍也 膂 脊骨 祣 祭山川之名 ⿱𠂉𧘇 古字 𣃨 仝上 氀 毛布

○邊 蛴 |虫 斉 |頭

○求 久 長||遠 舉 扛也挈也称也拔|揚|背也 矩 規|為風之器也常也法也 韮 葷菜 韭 仝上 蒟 菜名 苣 菜名

○去 莒 筐也 筥 仝上 竬 立也 𤘍 齒也 鼁 蚊也 ⿰金亥 藏也 ⿰齒虫 齒虫

○治 抵 相|掉也 柢 |槌 ⿰忄宁 智也 羜 五月羔也 ⿰对宁 萬物扶|

○波 蜅 士|虫名 瞢 目不明也 醭 物生|也 矒 仝瞢 蜱 虫名

○他 宁 办積物也门屏之間 佇 久立 羜 未成羊也 紵 草名司緝以織布也 竚 久立 ⿱艹儲 要似芋也 貯 積也居也盛也 杼 持緯挨也 儲 |語

柠 木名 楮 仝上木名 詝 智也

○曾 子 嗣也|息 主 君也宰也守也掌也賓也对也 拄 掌也支也 𢀖 七字 仔 克也 梓 木名 煮 烹| 渚 小州曰| 紫 黑赤仝色

耔 壅禾根也 呰 短也苟也 茈 |姜 訾 量也

⿰山予山名 ⿰金予剛也 ⿰阝予地名 ⿰口予鳥名 ⿰耒予仝⿰米予也 姊女兄 ⿰火予仝羹 ⿰王予玉名

○入 乳潼育 愈勝也病也瘳也 瘉病也 庾露積曰|又量名也 汝|我 裋衣| 豎豆| ⿰女网魚敗 ⿰黍攵黏也 瘐病也 ⿰月攵魚敗

○時 史姓也籍也記事之人也 叓古字 使|仝役也 駛馬行疾也 死殂也殂也 ⿰歹巳仝上 叓同史 𣥅茶經香美曰| 暑熱也 徙迁也移也

蹝履也 屣五倍曰| 弛弓鮮之經釋也廉也 葸畏懼貌也 黍粟屬 豕猪之揔也 屎糞也 ⿰革徙革屬 蹝仝上 ⿰歹人仝上 ⿰歹欠生而復死

⿰歹几仝上 ⿱⺈⿸厂儿仝上 ⿱艹⿰歹昜仝上 ⿸疒暑熱病 ⿰木徙木名也 ⿰氵史水名 漇仝上 鉂鐶也刺也 ⿰亻囟小貌 癙憂病

○英 禹憂生國名 宇|宙 與党|施||反授也 楀木名 ⿱禹月肩骨 柔木名

○門 武文|威|斷也勇也迹也 ⿷匚武仝上 碔石次玉也 珷仝上 ⿰⻊武|蹈也 鵡鸚|能語之鳥 舞仝|蹈也 ⿺辶舞仝上 嫵|媚 廡堂下周廊

憮荒|愛||然悵| 潕朝|山名 撫安慰也 ⿰扌府和輯 ⿰女府 娬古字 侮|慢|弄戲也 ⿰亻女仝上 ⿰母鳥古鵡 殕眉上生白毛也

⿰亻武王国人名 甒|瓦人名 伎仝侮 ⿱無巾申也 蕪草名 娒女名 ⿺乚羽古字 膴厚也 ⿰糸咅絮也 堥牟敦

○語 語言|簽述难論 禦|止捍| 圄固|以拘囚人 敔樂器 娛|樂歡| 圉|人掌養馬又邊郵地也 麌|二麌鹿辟相聚而集 俁大貌

雎鳥名 鋙鉏|

○出 此彼|又止也 佌玉名又言其少也 玼玉名 泚水清 ⿺走此淺也 鴜鱭|水鳥也似魚 ⿱此乇仝此 取|討索也收也 鼠光| 癙憂貌

杵 番｜破｜ 處 所也調｜ 茈 草名 訛 詆毀

○喜 府 ｜庫州｜ 俯 ｜仰曲也 腑 肺｜ 拊 打也擊也 腐 爛朽 脯 乾肉 甫 大也始也又美也 釜 無足鼎也 鬴 仝上 黼 ｜斧刑黻曰｜也

簠 盛黍稷也 ⿰𠃊攴 安也揗也 斧 ｜斤 父 尊称之辭 莆 連｜瑞草 許 姓也約也與進之也可容也也 頫 低镸 㕮 咀爝也 ⿰鳥斧 鳥名

缶 煮也 弣 鳥弓 詡 大言 ⿰石甫 碓｜磴也 俌 古字 ⿸疒府 傀病也又腫也 ⿰爪甫 轉也比也 鮒 魚名 吺 言也 胕 仝肺｜也 郙 亭名

暊 明也 ⿰犭虚 似騾 ⿰虫斧 蟲名

註上去聲

○柳 鑪 磨也 ⿰言慮 詐也 ⿱慮攴 慢也 爈 燒也 ⿰石慮 石名 軁 屈也 ⿰氵絮 濕也漸

○邊 富 有錢｜也謂 ⿰虫帚 鼠｜ 蛗 蝗蟲

○求 灸 灼体療病 ⿰黍居 黍也黏也 句 書｜之｜ 据 手病 ⿱䀠犬 目驚 詎 言省則也 鑢 ｜鋸刀｜ 據 依也援也按也持也拒也守也 遽 常｜猝｜窘也

蘧 姓自得也貌也 籧 ｜篨竹蒢 倨 蹲｜箕｜又抝物而生也 豦 獸名 ⿱居貝 質錢

○去 去 人相离曰｜ 厺 古字 ⿰去鳥 鳥名

○治 著 ｜作彰｜｜明 竚 候也止也 豈 陳器 峕 明也立也

○波 哱 吹氣 箁 竹有文也

○他 ⿸尸壬 開也 澍 時雨

○曾 註訓釋也又眷也 注漑灌｜也 漬漚也漫也 蛀食木虫也 恣縱肆也 鑄鎔金 霔時雨也 [illegible]引莊子以瓦｜也 [illegible]竢也止也

截切肉 剚揷刀 馵馬懸足也 翥飛擧 [illegible]積也 胔肉腐也 觜口也 黈黃色 壴豆名 [illegible]利也 倳候也 [illegible]鄉名

○入 [illegible]米屑 [illegible]度也

○時 賜賞｜｜上興下曰 四數名 三仝上古字 駟四馬 泗水名鼻出曰｜也 肆放｜陳｜又市鬻之｜ 思意｜ 笥竹器 使將命 [illegible]哭也

肆仝肆也 恕｜如曰｜ 殔埋棺坎又音異 [illegible]髮乱 [illegible]古字 [illegible]仝上 [illegible]仝上 絮蔽綿 柶四七 庶｜序 [illegible]｜身 裓仝上

○英 瘀｜血之病也 污｜穢 墍積土 屣屬履 [illegible]仝污 飫飽也

○門 瞴微視 霚洛也 [illegible]夫也 嵍山名 務火言 [illegible]逃去 [illegible]雀子

○語 [illegible]使馬 馭使馬 嫗女妒男也 [illegible]假寐 [illegible]麻病

○出 次｜苐亞也 佽便利也助也 厝｜宅 歂敢｜又無廉 [illegible]見集貌也 [illegible]｜虫似蜘蛛也 [illegible]死而復生 [illegible]仝上 髤漆塗 蚝毛虫 蛓仝上

○喜 富｜貴財帛豐足 冨仝上 付交｜授也 賦貢｜稅｜諸｜兵｜ 赴趨｜奔｜ 椱機持 仆偃也 訃告喪 覆蓋也 副｜式｜佐

咐吩｜ 傅師｜ 踣仝仆 賻以物助喪 仅手持物以对人曰对 [illegible]草名 [illegible]木欑 [illegible]多載物也 鍑谷口火 [illegible]開門 陚丘名

[illegible]上入聲

○柳踕腳行不進也

○邊窋物｜出也錞炊釜溫也

○求欯飲聲唔怠聲⿰貝毛毛視⿰弓巢弓弰

○去欯張口怇慢也

○治⿰忄蜀｜｜不樂⿰貝昝欲睡撍擊也藉菜名⿰衤宁敝衣

○波⿰巾風｜風誘詆也叭開也吽反也呼吹聲

○他托俗曰｜起⿰貝主｜財霆時雨厮斫也

○曾⿰忄助憍也焠燒劍刀水中以堅之堅土積嬨女字⿸尸取小貌⿰氵聚水聲趡即出前也

○入架木名⿰衤乳敝縢衣也

○時⿰忄胥有財智也⿱竹胥竹名⿰舟四器名嬉女字挹挹也獄官也稹草名

○英噔喉聲⿰口養仝上⿱雨翁水音⿰歹於殆也燠火氣尪股｜⿰豙頁安也

○門棃東也⿱雨毅陰陽乱內｜也霧仝上

○語湡水虫⿰御阝鄉名⿰忄愚懼也⿸疒禺久病

○出焠燒鐵入水曰｜拏拏也⿰糹欠⿰糹欠粗布粗起土殷迫也⿸疒束風疾

○喜⿱代心憋也急也瞰不明⿰禾甫禾也呴驚鳴｜｜也趏到也跗足背

姁嫗也歔欷｜聲也舉姓也蝓⿰虫虎｜

慈下平聲

○柳廬｜舍驢馬類能載物件驴仝上閭里門⿰櫨鳥鳥名木名櫚椶｜木名氀毛布⿰歹盧反也

○邊瓟瓜｜炰物置次中曰｜垺稻成也

○求 瞿 姓也 衢 街｜四達 儫 呼被之称 蕖 芙荷花已開也 礶 硫｜ 鸜 ｜鴒 氍 ｜毹毛蓆 矅 小肉 鑺 除去也捧也 鵰 鳥名

恂 ｜幅小兒帽 朐 曹腿曲曰｜ 郇 地名 鄹 聚名 蒟 苧也 絇 履頭繩也 欋 夷歌 廲 倉也 斸 研也 璖 耳環 璩 玉名

鴾 ｜鴒 毦 褥也 癯 癢也 ○去 跔 曲脛而｜ ⿰足非 又音逵也

○治 廚 庖｜ 厨 仝上 躕 踟｜行不進也 蹰 仝上 ⿰足少 仝上 櫥 櫃｜ 除 ｜去階｜又拜官曰｜ 篨 籧｜竹蓆 躇 躊｜猶豫又住足也

莇 草名 蒢 黃｜ 藸 五味子 ⿱艹稌 草名 趎 人名 滁 州名

○波 浮 沉｜ ⿰石孚 破也 涪 地名州名 ○他 鋤 去穢草又誅也

○曾 慈 ｜愛｜心 鷀 鸕｜水鳥 鶿 仝上 磁 石可引針 瓷 陶器堅緻 甆 仝上 餈 ｜⿰火果類也 糍 仝上 茨 茅屋 喌 呼雞 薯 番｜地瓜

蠩 蟾｜ 資 家｜財｜ ⿱雨資 大雨 ⿰酉資 仝上 鈭 錍名 ⿰目需 囁｜日色

○入 如 似也然也 洳 沮｜下溫也 茹 茅根相牽引之貌也 袽 絮溫所以塞也 袽 仝上 儒 學也寒也 嚅 囁｜多言 濡 沾｜泮｜ 襦 短衣

孺 ｜子｜人 ⿰衤而 衣不展也 洏 漣溫所涕塞也 侞 均也 萸 茱｜藥名 臾 須｜ 腴 腹下肥也肥田称膏 楰 木名 諛 諂｜ ⿰目而 煮也又爛也

榆 ｜粉也其黃如錢桑｜肥也 瘉 遇也越也 逾 遇也越也 踰 仝上 歈 已｜歌也 艅 舟名 毹 氍｜氈屬 覦 覬｜欲得之貌 窬 穿木聲也又｜墻也

渝 变也 醹 酒厚 ⿱如木 木名也 蕍 花名 ⿰如阝 地名 裋 衣｜ 愉 悦｜

○時 辭不受也文|言|不起也 辞仝上 辤不受 殳兵器杖也 祠祖| 詞文||詞 嗣继| 殊別也異也絕也 孠仝嗣 伺|候

⿰子朱|子 柌鎌柄 祋姓也兵器也 ⿱旦又八觚杖也 瓵小罌 杸投殊人也 軗車竿 魢魚名

○英 盂砵|飲器 盓仝上 余姓也我也 歟||呼之聲 渝水名 澦水名 狳似兔 櫲樟木 餘剩也殘也 予我也 玗石似玉也

竽竹器 輿車也 璵寶玉 籅竹器 妤婕|官婦 好仝上 雩祈雨祭名 畬田三歲 畭仝上 ⿱與木木名 歟疑辭歟辭 謣妄言 璵宝玉

旟旛| 雩祭雨 ⿺辶宇牀也 樗木名 ⿰木⿱雨子木名

○門 無有| 蕪|穢荑| 无古字 亡仝上下平 毋禁止之辭 巫山參視也 誣許也 ⿱罒無窖屬 璑之來五就 ⿱石廾古文 廡廊也

鷡鳥名 橆古字 ⿰石無黑皮古也 ⿱竹無竹器 ⿰巾亟毳也 ⿱谷廾古字 芜草名

○語 愚戇也 牛|羊 嵎|峡山名 隅廉積 ⿰目禺眉去 虞姓也 ⿰馬虞騶| 娛樂也 ⿰木禺像人 禺|頭 ⿰禺阝地名 湡藪名 ⿰食又酒食送人

⿰忄禺權也 澞渴水 ⿰馬包馬白目也

○出 疵玉病 髭口上毛曰也口下毛曰鬚 茈草名 玼玉痕 雌|雄 趦食卒

○喜 扶|持|助|佐 魚水族鱗虫揔名 芙|蓉 浮汎也溢也 蚨青|虫也 符|信合||驗証 苻草名 鳧水鳥 蜉虫名 芣|苜蓂名

枹擊鼓槌也 紑衣鮮潔也 涪水名州名 桴屋棟 ⿰木符木名 ⿰木敷木名 ⿰氵鳧水名 ⿰月羽飛也 榑桑神木|在崑崳山 颫大凨 鳬仝鳧

鈇(鉞也)俘(倚也)玞(次玉)⿰夫隹(圭之子也)妋(美也)昳(日也)

自下去聲

○柳 呂(姓也律｜長也)⿰女呂(婦人醜貌)侶(徒也伴也明也)⿰女慮(木歆為貌)⿰言慮(詐也)慮(謀｜憂｜)濾(摩錯之器)鑢(瀌去滓也)梠(桶端)

戲(慢也擊也侵也)⿸疒呂(久疾)

○邊 ⿰缶毛(禽｜卵也)⿱艹⿰缶毛(仝上)婦(媳｜)

○求 具(備也办也器｜)俱(偕也具也)颶(大凮之聲)懼(怕也驚也)愳(仝上)惧(恐｜)巨(大也)拒(禦也抵也)炬(束蘆燒之)距(鉤｜)舊(新｜)

舅(母｜妻｜)⿰口谷(鳥聲)椇(器｜)⿰日瞿(怕也恐也)惧 洰(水中物夥曰｜)⿰衤豦(衣也)⿰巨鳥(｜也)

○去 懼(怕也恐也)臼(舂｜)⿸疒軍(腹中鳴｜｜之聲)

○治 ⿱山住(天｜山也)筯(竹｜不｜牙)箸(仝上)吉(語｜)吉(仝上)佇(以之也)宁(積物)⿰魚宁(魚名)泞(水｜)竚(久立)

○波 ⿰冂羽(飛也)⿱羽丕(仝上)鴀(鳥名)

○他 ⿸疒係(痴也)⿶凵⿱止回(盛器)疰(病也)

○曾 自(田也已也独也親也)住(停｜止｜立｜居｜)柱(楹｜水｜)聚(｜会｜眾｜集｜飲)駐(馬立)⿰歹責(死人骨也)⿰馬聚(馬名)⿱聚見(閱視)埾(土積)

⿱此牛(積｜)⿰扌聚(擊也)炷(大｜燼何也)跓(俟也止也)⿰齒宁(｜底)豈(陳器)⿱取灬(姓也)

○入 裕(饒｜寬｜)諭(告｜譬｜曉｜)喻(仝上)字(文｜撫｜乳也等許嫁曰｜)牸(牝牛)⿱穴字(古文)芓(麻字)

○時 事世務也奉也 叓古字 士儒者之称又士卒 仕丨官 俟待也候也 涘水涯 汿溝也 竢立而待也 祀祭丨奉丨 禩仝上

似嗣也預也 佀仝上 姒姊妯 ⿰耒吕耒丨 漵水名 ⿱臤火火光 飼養丨 食仝上 嗣継丨 杼姓也 序庠丨次丨東丨別也

樹丨木 敘丨談 緒繞丨 嶼山在水中 ⿱山與仝上 ⿸疒胥痛病 兕野牛 ⿰亻冈頭分 ⿱罒鳥鳥名 姖仝似也 飤仝飼 ⿰女習女字 ⿰忄胥有才智也

署官丨 鱮魚名

○英 豫悦丨逸丨早丨 預仝丨及午丨參丨佮 澦水名 芋土菓 譽聲丨樂也 有丨無 ⿸广鬲獸名 蕷山藥 ⿱與土高平

○門 務要丨專丨事丨 霧雲丨 瞀目不明也 鶩野鴨曰鳧家鴨曰丨 騖乱馳乱走 ⿺走登長跪拜也又 ⿱敄隹仝鶩 婺丨女宿名 誣丨賴丨官

○語 遇幸丨逢也会丨 寓寄丨 御撫丨院丨丨使 馭使馬 ⿰彳鄉鄉名
○出 則土赵 軟土泥没也 庄直開 屋仝上

○喜 父丨母 附丨麈依丨丨益寄丨 祔合丨于祖又丨苑也 駙副也丨馬天子之婿 阜大陸也又司丨 負背荷物物也恃也受貸不償也忘恩丨義也

媍走母丨人 婦女子以婦人之称 傅牽合曰丨 賻以貨財助喪也 輔丨扶丨助又頰顋也 鮒小魚 腐豆丨 ⿰車攵仝輔 ⿰足府仝上

庯仝腐 𠂤仝阜 ⿰馬殳壯馬 詂言有所依 雩雨聲 偩禮樂丨天地又積也 仅從手持物以对人也 ⿰甫瓦瓦器 ⿰石付白石 ⿰車攵頰骨 ⿰火阜火熾

⿱穴父仝腐 ⿱𠂤䖵螽虫 ⿰父鳥鳥名

味下入聲

○柳 棖（木名） 絽（縫衣） 郘（亭名） ⿰木茋（草名） 孷（双生子也） ⿸麻毛（毛布） ○邊 ⿰口富（|陛聲也） ⿰石孚（破聲） ⿰扌孛（拔也）

○求 鐻（戎夷貫葺） 奭（目邪） 醵（飲酒） 斆（夫詳） ⿱亶木（和雷） 欋（果名） ⿰吞欠（吞聲） ⿱夆皿（器皿） 蝍（天社蟲也）

○去 呿（卧聲） 詓（聲也） ○治 劉（剌入） ⿱宀皿（器也） ⿸虍⿱宀皿（仝上） 拄（剌也音生） 胜（身直貌）

○波 ⿱伐鼓（鼓聲） 淚（水名） ○他 欪（無易意也） 托（手物）

○曾 味（無聲） ⿰卢又（穿也） 霣（雨聲） ⿰女登（姓也） 炑（煙出） 垐（泥塞道也） ○入 曘（日光） 檽（欏木短木）

○時 盨（戴器） ⿰口成（犬聲） 毹（毛麼） ⿱冒女（杖也） ⿰革毛（毛褥） 耇（老人） ○英 唹（笑也） ⿰口豈（喉中聲也） 癹（嘆聲） 炊（呼大子也） 硢（石石） 箅（竹器）

○門 嘸（應聲） ⿰虫毋（虫名） ⿺辶無（跡也） 瞴（微視） 蟱（蟲名） ○語 ⿱罒吾（不金聲也） 嗾（使犬聲也）

○出 唧（嘰|） ⿰束支（箭射） 視（|覷） ⿰齒恩（齒聲）

○喜 煦（吹也） 撽（揚也） 蒟（芋也） ⿱吅雷（潁川之神） ⿰酉句（凶飲） 欨（笑意） 腴（腹下肥也） ⿰孚毛（鳥解毛也）

28 槍 搶 倡 鎗 墻 象 鏦

槍上平聲

○柳 ⿰牛京（犛牛牦色） ⿰足梁（走也） 綡（冠纓） 粱（粟屬） ⿰貝京（賦也）

○邊 趄樂走

○求 薑辛辣之菜 ⿰虫畺赤|蟋蟀之名 麠鹿屬無角 韁馬轡 繮馬紲 猄鵲行貌也 ⿰牜姜牛脊強也

○去 腔|調 啌|頭 羌姓也|女 椌柷樂 蜣|蜋 ⿱艹梓菜名

○治 張姓也開也主也 ⿰言長诪|誑也 ⿰虫長虫名

○波 ⿰歹扁沒也 揨打也

○他 脹腫也 ⿰舟長舟行

○曾 章文| 漿麵| 樟木名 鱆|魚 蟑仝上 螿|蠐 ⿰丬彖禾|

○入 ⿰土戎土滑 瓖草枯

○時 廂|隅 箱|籠 傷|損着| 相|思 鑲|嵌

○英 鴦鴛|鳥名 螉蠮|細腰飛虫

○門 ⿱冖明不光明也 熐玉滿

○語 ⿱山仰地名山名 ⿱穴顒室穴

○出 鎗兵器|力 鶬魚名 菖|蒲州名 猖|魔神也 謒言輕

○喜 香請||火 鄉|呈|社

搶上上聲

○柳 兩斤| ⿻月丿仝上 ⿰足兩足踞 ⿰黑襄黑也

○邊 膀腫痛之病 ⿰歹迸走死

○求 ⿰金郷璞金 ⿰食強硬食

○去 ⿱𠔿臣言畏怛 ⿱山目悵也 羫羊屬

○治 長高佐尊也

○波 ⿰門朋開也坏也 ⿰土舜崩山

○他 ⿰月彔深也 ⿰重羽羽也

○曾掌手|蔣姓也地也仉孟母姓也橕船棋槳仝上奘姓也獎仝上蔁草名

○入儴疾行也饟饋食𦢊盛肥瓤瓜中犀也 ○時賞|賜想思||念鯗魚干鴨|雞|𤮐瓦也

○英養|飼舀|水礢|瓦怏不滿足也攁動發䬬飽也詇智也早也詇紻纓卷

○門蝄可之神䐘草合棢木名 ○語𠯋笑也𧵢無貲

○出廠無墻之屋搶|奪蹡距也摤仝搶𪁺鳥名

○喜𦀏綿也曏木也姠女字亯古字蠁知聲之虫

唱上去聲

○柳𨆷行也脼肭脯𥽉雜也 ○邊𨖃走也𦾟敗草

○求𦾰旗屬𨰨鉛屬 ○去𪑓十里曰|獇強也𥈠病也

○治脹飽|帳蚊|帷|賬|目放|瘬肚|病也漲|水𩪁婦人娠也㾓仝瘬

○波崵止也鵩鳥名 ○他敼鼓巃之聲𦘿肉動

○曾醬豆|𨣝仝上醤仝上將|官漿仝醬障圖| ○入𩀷禽名似雀𧲣獸名

○時相生|形|

○英𥡤不成体式偞不能俯執𦣞||欲吐猔能食虎也㼜大甕訣智也

○門𪍿猛獸

○語樫木名

○出鱗麥敗倡物之不乾唱|歌膾皮傷謂歌名壂塞也鶬仝鸧

○喜向|生覤大視鬲不久也

饒上入聲

○柳蹃急走

○邊祕玩也

○求趲穢氣鄛蔡邑

○去𪌁高也𪗃公桓子名

○治蹀難行跳跳也

○波𡨧廣也

○他癅頭也殰死也

○曾闢開也趡出前

○入蹤跡也䟕古長

○時䆪高門鏑鑣也摷執也

○英勇深廣通遠趫圭也扻擊也鞢治安

○門𡵀大岸

○語璺不明山之玉嘑虎怒

○出饒敗食蝝虫咬嶈山高鱗敗也

○喜鬩口開見齒葹草名醭酢味

墻下平聲

○柳娘（爹｜）糧（錢｜糧｜）粮（仝上）梁（姓也）樑（中｜）量（商｜｜斗｜升）孃（仝娘）蜋（虫名）綡（冠也）䝧（賦也）

○邊輫（車聲）絣（以繩係物）○求強（勝也）

○去⿸虍姜（虎類）⿰山夸（山名）青（蜻眼）⿰車康（聲也）⿰鳥姜（鳥名）⿸广空（谷名）⿰氵羗（水名也）⿱艹祥（菜名）○治塲（寄｜教｜）⿰土長（仝上）

○波⿰普鳥（鳥名）⿰黽鳥（蟲似鳥也）○他⿰吾鴦（野鵝似鳥）

○曾⿰虫將（｜蠩）妝（畫妝）⿰革章（鞍飾）○入⿰开襄（佐重）⿰酉茸（酒也）獽（獸名）

○時常（平｜）⿰氵常（膿｜）⿰糹養（魚｜）○英羊（姓也牛也）楊（姓也木名）洋（汪｜）鎔（｜銅錫僕之爛也）瘍（爛也）錫（金屬）

○門⿵門具（暗也）⿸虍具（兔屬）○語⿰馬昂（味也視也）⿰昂頁（大頭也）

○出牆（｜壁）墻（仝上）薔（｜薇花名）颺（凨檣｜粟）謒（輕言）⿸广嗇（姓也）⿰扌將（扶也）⿰爿米（仝檣）⿰爿鳥（鳥獸食聲）

○喜⿰骨香（香味）膷（牛羹）⿵門香（香也）

象下去聲

○柳⿰木量（大称曰｜）量（仝上）讓（相｜）○邊⿸疒並（膏肓之症）

○求强丨企彊丨脜譻詞不遜也
○去儉丨口不可食也⿸疒空咽病

○治丈姑丨丨人
○波雩不雨

○他⿰亻⿰厶犬長也
○曾癢丨病痒丨痛

○入究深堀
○時尚和丨思用心也聖丨柸也⿰魚尚魚名⿰山象山名⿸疒向病憂

○英樣樹木枝丨樣丨式⿰言羕聲變
○門⿰禾盟黍葉似木

○語⿰黍⿱火卩火光
○出匠木丨鞝丨鞋象獅丨大獸⿺辶象行也

○喜稆麥丨穗也

⿰飠足下入聲

○柳⿰牜邑⿰牜龍也⿰飠⿱罒各食不飽也⿰木兩木名⿺辶若走也
○邊⿰孝音義也

○求⿰衤矍草名黑也貜稱猴
○去⿰音却足聲⿸虍婁虎屬

○治⿰馬長獸名甎瓦器
○波⿰豕畐豕也

○他蠓飛虫⿱山易山名
○曾⿰飠掌穢食

○入 翸強也

○時 ⿰車劫車聲 脨病瘦

○英 鶬鳥名 貗似猨

○門 ⿰壘隹稚雁高飛

○語 豷獸名

○出 齪小飲 趧急走 脨爛也

○喜 嗄聲也 㱿嘔吐

29 幾己記钦其技倨

幾上平聲

○柳 ⿰風离凤|之也 ⿱𠩺又細尽 ⿱𠩺叜仝上 ⿰牛支牛少 鏫鏃|

○邊 悲|傷痛惻 裨補也 卑|下|賊 碑石| 陂澤障能畜水曰火|也 屄婦人陰戶 埤污| 萆|蓏子也 鍕箭鏃 樟木名

○求 幾微也 機織布|又|变|容 姬姓也婦人美称 錤鎡|鈕也 箕|帚 肌|膚 基|業|止 垦仝上 朞週年 期仝上 圻地名

璣珠|玉衛舜察天門之器 磯磧也不名 譏|謂|誎 饑|餓谷不熟也 飢仝上 畿天子環內地方 頍鳥名 邑說也聲也 奺古文 ⿱𢆶儿古文

⿱𥫗幾竹器也 嘰疲得來|庶也 朱木之曲長不能止也 鞿革也 帬深廣 料聲也 膫肥也 綦系也 萁豆莖 雉鳥名 椐草木名也

虮|虫 氣斷也

○去 欺|瞞 蹊蹺| 崎山險|嶇 顛|頭 攲不正 觭牛角俯仰曰| 踦側斤 嶔嵚| 攲不正|險 敺|軀不正

○治 知主也|覺|喻 蜘|蛛 㝵枯物 𧺆走也 𢧐殺也

○波 丕大也 伾有力也象也 坯禾燒瓦器 蚽虫名 秠黑黍即大辨也 㕻相爭之聲 邳切名 披|開|分 𣮎毛也 批手擊之也示也推也轉也

砒|礵 狉群走之貌 豾貍之子| 誣言謬 駓馬黃白雜色 怌惡性 丕仝丕 䏘開張 鴀鳥名 釲箭也 鈚仝上 鉟力戈

鮍魚名 𢫫皮手擊也 吱破器

○他 郗姓也 絺葛布之精 黐|膠可粘物也 𡛊輕侮 攄舒也 麶麥| 摛掞也張也 䅻仝上 眵目汁凝也

○曾 支度也分也|持|理 枝|柯荔| 肢|体 鳷鳥名 之出也在也語助辭也 芝|蘭 脂胸||骨 𣮎|毸婦人陰戶 芰|草

潴水名也 胝|肉 䐗擊也 淄水名 衼即袈裟也 蚑蜴蚕 卮音之酒杯

○入 陑地名 咡聲也 毦羽毛 𦀖美也

○時 詩志發于言曰聲 施姓也|用|加 絲蚕吐|也 尸陳也立也 屍人死|身 鳲鳥名 鷥鷺|鳥名 絁粗緒 湤水名 蕬菟|

𥅆助也 葹草名 𤩋玉名 鴟鳥名 郜周名 覗誘也

○英 伊姓也继也彼也語也 吚|呻 咿强笑貌也 洢水名 衣|服 依憑||附|倚|稀 𧝮|裕次衣 郼縣名 𣟴黑木 醫治病|生

瑿 黑玉 ⿱殹石 仝上 繄 發語辭也景也維也 鷖 水鳥即鷗｜也 ⿰口醫 開口笑也 ⿰口歐 嘆聲 噫 仝上 ⿱艹⿰戶攵 彼也所也方在水中一 肩 歸也 ⿰氵衣 水名

猗 歎語辭也 漪 水名 ⿱乚⿰乚乚 虫於佛經 ⿱艹猗 草名 黟 黑也 ⿱殹言 是也 欹 歎詞 旖 旗屬 ⿰木亙 舟候庠斗

○門 鶥 鳥名｜辭 宷 深也

○語 ⿰口吴 笑聲

○出 痴 呆｜ 癡 不慧病也 ⿰亻疋 仝上 誎 不知 ⿱⺷火 束炭 媸 丑也妍也 蚩 蟲也愚貌又｜尤名也 差 參｜ 鴟 鳥名｜鳩 鵗 酒器又鳥名

瓻 酒器 ⿱山女 侮也 滍 水名 蚩 和悅

○喜 禧 福也吉也 熙 廣也光也與也炽也 熈 仝上 郗 姓也 羲 伏｜帝號 犠 姓也毛纔不而雜也 僖 樂也 嘻 噫｜ 熹 袋也煙炙 熺 仝上

嬉 ｜戲｜遊 稀 微也方也頊也 晞 乾也明也 ⿰扌希 擠｜ ⿰扌虛 擊也 婜 悅樂 俙 依｜彷彿 欷 ｜歔 希 散也少也絮也 曦 月光

煦 笑貌 戲 相笑 㩗 擊也 鵗 鳥名 ⿸尸欠 呷笑 ⿰虛瓦 缶椇 ⿱乂系 仝希 毒 姓也 ⿰希隹 鳥名 ⿰金喜 金色 ⿱咆灬 燒也 豨 獸名 ⿰氵戲 水名 ⿰犭喜 獸名

譆 笑也 啤 聲也 嚱 口聲 嚱 ⿰口歔 仝上 唏 仝上 绝 病色 憘 仝嘻 歖 息也 爔 日光 ⿰犭戲 獸名 趚 走也 ⿰木戲 杓木 檥 仝上

旴 日蟲 盱 張目望也

已上上聲

○柳 李 姓也行｜菓名 里 鄉｜鄰｜又往路也 俚 聊｜鄙也 娌 兄弟之妻曰妯｜ 理 治也止也料｜文｜義 裏 內地 裡 仝上 鯉 魚名 ⿰少里 砂也

𥆀地名｜也 履觡足以為礼也也狗也 屢頻数 陧邑名 瘇憂病 頭古字

○邊 比並肩 妣母死曰｜ 仳離｜ 彼对此之称 皉明白 毞部首 夶仝比 妚姓也 妣仝妣

○求 己身也私也自｜ 紀網｜維也姓也年｜ 几｜案 圮裂也毀也 杞｜柳枸｜ 汜｜水 岂山名 阤懸名 幾｜何｜多 蟣蝨子

鹿屬屬 指以物用｜ 簨竹器

○去 起具｜作｜立｜發｜ 豈非然之辭今也專也 齒口｜ 屺山名 芑草名 綺系｜ 启大開

○治 底下也致也定也 抵｜擠｜觸｜至｜當大｜凡也 厎厲｜ 呧听｜ 詆訶也訐也 邸磨石也又平也 豸無足白也 薙芰草 𡉏仝坻

坨仝上 垾仝上 骶脊尾曰｜ 弤弭弓 疷病也 毤獸名多毛曰｜ 軧車輪 擿刺也 坻地名 謕言也

○波 鄙｜陋｜劣｜夫｜舊 狴祥獄 菠草名 魓鬼也 㼰破而未离 否｜寒不善 疕堅｜ 痦腹語病也 嚭大也 邶周名 陛拘非

柸木竹之名 殏破也 屖臀也 諀毀也

○他 恥廉｜｜辱 耻仝上 褫奪也解也 企掌足望也 跂仝上 𣟴木名 杝椑也 拸拍也找也

○曾 止停也已也靜也留也居也語辭 址基｜ 祉福｜喜也 沚小潘 芷香草藥名 趾足｜ 旨美味｜意 指手｜歸也趣也｜示｜斥｜麾｜黑

只赳語辭也 咫八尺曰｜ 姊女兄 𡛥｜妹 第床簀 紙楮也用以寫字 帋仝上 薾鍼｜刺繡 黹刺绣 軹擊禾又岐｜

紫 鳥知之色 柹 數名 砋 石丨 駅 如鳥赤足曰丨餘也 婄 女名 訿 安也 潴 地名 豬 豕也 疷 毆傷 堵 地名 癥 腹病 茈 草名

胏 脂丨 泲 鼻丨 沢 水名也 贎 財物相當 疨 瘕病

○入 爾 汝也近也語助辭也 尔 仝上 邇 近也 珥 瑱器 耳 司所者又語辭 ⿰尔胥 美酒 窳 器中空也 禰 父庙 緝 丨丨轡盛貌也 駬 騄丨驂馬

湑 釃酒盛也 你 丨我 栮 木名 痍 病也

○時 始 起也初也 枲 麻有子也 跣 履也 屣 五倍 矢 箭也誓也直也陳也 葸 畏惧 弛 弓解去強 豕 猪之揔名 ⿰革徙 履也 ⿸尸矢 仝死

纚 絲也 ⿱艹弄 草名

○英 以 用也為也 目 仝上 苡 薏仁 苢 芽丨 已 止也畢也其也訖也又語辭也 倚 發丨 椅 丨棹 掎 編引 迆 邪行 噢 丨咻痛念也

傴 丨僂不紳 輢 車傍 ⿰言⿷匚西 自得之語 綺 姓也 偯 器餑 譺 誼也 貤 延也

○門 美 嘉丨甘丨又好丨也 媺 仝上 米 姓也谷實 眯 初入目也 敉 撫也及也丨寧 弭 止也盖也滅也 彌 仝上 靡 丨曼米色丨麗彼丨順也

糜 仝上 尾 首丨 ⿰彳麻 丨丨即遲丨也 亹 丨丨不倦之意美 亶 仝上 娓 丨色好也 ⿰糸米 綉文如網貌也 ⿰歹米 米半坯也 ⿱竹尾 帚也竹也

⿰氵弥 水盛貌也 渼 仝尾 浼 仝上 渳 仝上 咩 姓也外羊鳴也丨丨也 ⿱艹咩 仝上 ⿰豆尾 豆碎其也 媄 色好 ⿰木尔 拘山名也 洣 水名 ⿱艹洣 仝⿰糸米

○語 擬 像也議也又揣也度也待也 儗 僭也比也 薿 茂也 蟻 螻丨 艤 整舟向岸 ⿰扌義 拍舟 礒 山石 觬 角不正也 ⿰鬲支 三足鑊也 ⿱𡗗日 盛貌

○出 齒年| 侈奢| 栘木名 袘衫也 睢雞也 逌近也 誃离別 屭憂也

○喜 喜欣||悅 蟢虫名 狶楚人呼猪 觽好角 霼不明貌也 煦和|温|

記上去聲

○柳 𠛱割也 䁂窃視 𨂃跛足

○邊 庛屋室之陰蔭也 芘草木之陰 泌水名 祕密也藏也 秘仝上 毖勞也謹也 閟閉也深也 苾香也 飶食香 棚木名 賁飾也|然光彩

臂肱也 轡馬韁 閉關門也掩塞也 費魚日邑之地名名也 嬖受賤而行得也 痺|減|腳仝脛病氣不通 疪仝上 淠舟行動貌 渒仝上

凝滯| 㧯忖與 宓姓也安也正也 詖办也佞也 鉍金聲 駜馬飽 鞸草履也 裨內衣 贄困恶 媲配也耦也 痹冷濕之病

○求 記誌也書也 旣小食尽也已也 既仝上 薊割也 痣黑点 廄馬欄 羈馬終頭也附| 羇旅寄 瘈狾也 冀歆也|望 驥千里馬也

薊水名川名 䓫草名 瀱水名也 罽割也 繝系也 廄仝馬舍也 洎及也 㲄織毛為之

○去 氣无|血| 炁仝上 气雲| 棄捐|背| 弃古文 憩息也 憇仝上 器|皿 亟數也 嵒山名 㫓日光父| 迉避也

飥食怒 呮垂只坐也 跂垂足坐也

○治 智心有所明知也 致極也趣也使之至也 緻密也精也 置設也安也措也弃也 觶酒器又罰也即 寘設也安也措也弃也 蒂菓| 蔕仝上

觗酒器 儆美也 輊車丨 緕古文 ⿱人足舉足望也 員出高僧也 蹖立也 潪上得水也 𤺊下病

○波 譬論也 辟仝上 睥丨睨旁視 屁氣下泄也 ⿱穴氣仝上 ⿱辟水水名 淠仝上 ⿰車卑丨輗車名 淠舟行 ⿰氵毘难聲 潎仝上 ⿰牛备牛見齒也

⿰米費同屁

○他 懥忿也恨也 ⿰鼻疐鼻嚏氣也 疐填也礙也 趐翼也不丨 ⿰乖刂丨發丨頭 嚏鼻丨 嚔仝上 ⿱宀疐仝上 ⿺辶疐仝上

○曾 志心之所之也起也有丨 誌記也 至到也極也 質物相當也 躓礙也跲也 織實也 摯握也拿也对也 慹執丨男丨大者玉帛小者禽鳥女丨不过捺票

鷙猛擊鳥兒鳥之勇獸之猛者皆曰丨 沮丨漸浸濕 制節丨我也断也造也法禁也又天子言曰丨也丨 製剪丨 ⿰飠戠酒多食也 掣擊也 ⿰忄志忘也

晢日照 痓瘛也 ⿱折目目光 ⿰言支不知 輊從后視之 ⿰扌致刺也墜也 ⿰扌疐礙不行也 懫恨怒也 ⿱疐心婦人孕病 ⿰束斤前也 ⿱艹恚藥名

⿱埶金旧器 ⿰革旨丸系 輊仝上 ⿱埶糸絆馬 ⿰言制証也 ⿰去見審視 觶實曰觴虛曰丨 ⿰車賣車前重也 娡有莘之女 ⿰魚志名魚

○入 刈削也 餌釣也 咡旁也 衈牲也 誀誘也 ⿰耳申以牲告人 ⿰歹耳春祭徐病 ⿰飠尔食也

○時 肆數名 四仝上 施布丨 勢丨力形丨 試用也深也 弑下曰殺上曰丨 ⿰弑殳仝上 世父子相代為一丨 卋仝上 貰貸也赊也恕也

絮布帛之丨也

○英 意丨志丨思心之所發 鷾鳥名 噫痛也 曀陰而風也 殪殺也死也 饐飯傷熟也 懿溫柔熟溫 衣著衣 薏丨苡 瞖目中之丨

瘞埋也藏也 翳蔽也羽保 矣語助辭 豷豕息也 ⿰飠矣飽｜ 嫕婉｜安也 医盛弓弩矢器也 竭急戾 ⿰月壹｜瘦 譩｜諦 黶深黑

噎食息氣不通也 瘞靜也安也茶也 殪物凋死也 ⿱壹死死也 ⿱亠⿵冂丁衣邊 兖仝上 窫靜之語也 ⿻尚十仝意 ⿱殸米米也 撎舉手攝也 座病也

⿱艹攵｜芒 欧聲不平也 歖美樂 ⿸尸衣仝兖 饐仝噎 裔後｜

○門 ⿰飠徵物相鉤也 ⿸麻辟金飾 ○語 ⿰忄壹小怒 ⿰月鼻臆肉 ⿱折巾裂也 ⿰氵乂水名 ⿱髟乙大瞿

○出 莿草木｜也 刺諷｜訊｜又書名于奏曰｜也 熾火盛 幟旗｜ 茦仝莿 卶大有大慶 ⿱次至忿戾 訵知伺 ⿰飠叔大熟 ⿸疒悳｜癡小兒病也

饎酒食 糦仝上 ⿰方戠旂｜ 趐飛也 翅仝上 忮心｜ 舐｜物鹽淡 噱小言 躓踏也 禧福也吉也 ⿱剌灬 ⿹戈年無考

⿰𧾷斤踰也 ⿰忄保惰也 ⿰忄祭小安

○喜 戲｜弄嬉｜｜謔歒｜ 戲仝上 咥笑聲 酗醉怒為｜ 餼饋容生食及芻米 屭作貌狀大力貌 肺｜腑肚肝｜也 愾意｜ ⿰言氣口氣

熂火｜ 摡取也 霼見而雨止 豷息也 墍泥室屋也 怬息也 ⿰氵氣水名 ⿰虫氣虫名 ⿰角氣好角也 ⿰亻氣怒｜ ⿹气虫虫名 呬夷語

⿰言希語也

钦上入聲

○柳 皵｜皮 殼｜钦 ⿰爿列剖也 怢不分离也 ○邊 鼈仝介虫 撆引也⿰扌聿也 ⿰衤㡀｜手袖也 脞｜胜

○求 築｜城 唈食聲 欲口不束之 鯙魚名 毲織毛 [illegible]仝上 葥仝上 誋信也 懻直也 掎戴也 犰｜獸 猁狂玉

○去 鈌不員 逬損也

○治 擿｜花 滴瀝下也又雨｜ 滯水｜ 泫涸竭之水 蒂柿｜菓｜ 梯仝上 𢷾特物相當 豧豕蹄

○他 鐵黑金 鉄仝上 迭東不及也

○波 肭罵也 㲖小人賤語 肏仝上 嗶叱聲 臞瘦也 諀叱也 屄女人陰戶 訑具也 顊不正

○曾 接近｜收｜ 吁｜｜鳥聲 摺版｜ 瘈瘷｜ 嚱鼠虫之聲 搸擿也 菑田不耕也 譍多言 歂口聲 䛊許也 瀸瘖聲 拆手｜物也

謺拾人言也

○入 鼰鼠聲 賏私調

○時 薛姓也 洩電聲処日所曰以甲其氣也 戰手｜不定 蟋｜蟀 嘫｜哦 袣祭｜ 媿｜婈不貞 烒火｜ 漇水出 玜石似玉也

瘷寒也 搋手把

○英 眐猪膽 陞堅也 箿杓也 犄豸也 緆急戾

○門 哌嫌也 罝不見

○語 懸癡也 猌大怒

○出 頤頭垂下貌 蔓褁也 豙豕也 康偏屋 歂嗟嘆 臊就寬

○喜 氣癡貌 憙息也 譆語聲 歖戲笑 ⿱口炎飲食 ⿸广草席草 襀服也

其下平聲

○柳 離近別 漓淋丨 䍦接丨白帽 籬笊丨竹杓 璃琉丨 褵婦人之褘衣也 螭龍屬 醨舊酒 ⿰忄离枝丨多端 魑鬼魅 謧謱言

莉花名⿺毛离白菜名名帽 ⿺毛离白帽 蜊蛤屬 麗高丨番國 鸝黃丨 釐十一釐 厘分丨 嫠誕丨 貍狐丨 罹遭丨 褵福也

犛牛丨 ⿱𠩺言罵也 ⿰火离帷中火也 犛牛黑色也 釐仝上 ⿱敉里仝上 縭絲丨 俚地名 ⿰木離柴丨 氂牛尾

○邊 脾丨胃人食納穀 埤附也增也 裨偏將 膍仝脾 陴城上女墻 鼙騎上鼓樁 枇丨把菓名 琵丨琶 毗厚也輔也 貔猛獸

肶厚也 痺病也 髀服骨 ⿰齒比木名 魮魚名 ⿱竹能竹名 羆熊丨

○求 其指物之辭 期丨会会信丨約会限 朞仝上 棊博奕 棋仝上 碁石丨 ⿱其氺眾也 萁丨干菜名 淇水名 祺吉也 騏馬有黑色

麒丨麟 琪東方美玉 綦蒼女之色也 綨仝上 ⿰其毛毛文 奇詭也丨樣 琦曲岸貌也 碕仝上 崎丨嶇 錡三足釜也

踦一足 剞丨劂曲刀 畸丨零殘田 岐道路山龍 岓仝上 歧丨路麥丨 ⿱艹弜繩絲鉤絲 沂水名 祈丨禱丨求 祁大也也也錦遲眾

旂鳥丨交龍為丨 旗丨幟仝上 頎長貌 圻千里 蘄州名薛也 祇地名安也 芪藥名 鴟鳥名 疷帶病 耆丨老

鰭魚脊 ⿰王音玉名 ⿸疒其症也 妓女樂 綺姓也丨羅縉丨也 亝參差 ⿰奇隹鳥名 剘堯也 肵敬也 軝車丨 ⿰止止岐路 ⿱止女尤善利也

綼 仝綨 ⿰米氐 赤米 ⿰豆其 豆荳 ⿰乘支 弓硬 ⿰黍支 仝上

○去 騎 丨馬 蜝 蟔丨毛丨 碁 仝上 犄 牛名

○治 池 姓也沾也魚丨 馳 丨驅疾也 訑 柜入之貌 坻 土丨 胝 皮厚腫也 遲 徐行又緩

墀 階上地又舟丨 剻 凌丨 篪 樂器 箎 仝上 箟 仝上 貾 見之黃也 蚔 魚名

趆 魚名 ⿰飠也 鮎也 謻 別也 ⿰衤犀 衣也 ⿰衤屖 仝上

○波 皮 丨膚丨肉 疲 丨僟劳力 詖 險丨不平之言 毗 厚也明也 ⿰面比 面丨 ⿰口幵 喘聲 貎 猛獸夷居

⿰比欠 氣出 ⿰山后 山名 岯 仝上 枇 木名 栬 梠楣 蚍 大蟻 郫 地名

⿰歹皮 開肉剖肉 ⿱⺮皮 古文

○他 蹄 馬足 啼 丨哭 苔 青丨澘丨 裭 丨魚衣冠 鋤 農具可去穢也 鉏 仝上也

○曾 糍 丨燥 鶿 鸕丨能捕魚鳥 ⿰茲阝 地名 吡 食貌

○入 而 承上起下之辭 袻 衣下展也 袻 兒 嬰丨 児 仝上 洏 連丨涕丨 醹 酒厚 栭 欂止之柱 鮞 魚名 侕 喪車 鴯 鳥名

鼰 鼠屬 ⿰糹兒 美貌

○時 時四｜姓也是也同也 峕古字 塒鑿垣而棲雞也 蒔種也直也 匙茶｜鎖｜ ⿰木是朱｜縣出銀入曰銀｜也 鰣魚名 ⿺是旦鳥名 榯木名

○英 姨母｜妻之姊妹 彝宗庙常器 跠蹲踞 峓嵎｜ 咦大呼 夷四｜傷也滅也 飴錫餹｜也 貽｜遺｜贈

訑顏色也 詒贈言仝貽 怡悅樂 貤爵賞 圯橋也 ⿸广多扊｜門門 移｜易｜徙 匜洗手器有柄也

虵仝上 ⿰木彝木名 宧室東比隅 迆｜邐行朋 釪仝竽 ⿰氵移水室門名 迻千徙 ⿰阝夷險陰 眙舉目貌也

眱小視 荑芟刈 桋木名 栘仝上 誃草名 ⿸广也門｜ ⿰禾夷似禾 ⿰巾夷｜帶 ⿸尸乚湯｜地名 ⿸尸夷踞也

暆是自行之貌也

○門 眉日止它也 睂仝上 楣門｜橫也 湄水際｜洲 嵋峨｜山名 郿地名 瑂玉名 糜粥也爛也 糜 縻繫也 ⿰氵縻水草之交

醿醉也 麋鹿屬 微細｜稀｜｜渺｜賤 薇花名 蘼草名 彌弛也久也共也編也 弥仝上 獼｜猴 瀰水盛貌 堳壇埒

瓕玉名 麛鹿見 襧見衣 糜古文 床地名 攠｜凌

○語 儀｜礼容｜正也法也 宜適當合也 疑似惑｜嫌｜｜恐 嶷九｜山名 腢肩镸 ⿱宀⿰夕且古文

○出 徐姓也安也 俆仝上 滁水名濕也 蝓虫名 持扶｜

○喜 魚｜蝦 漁｜翁 忔心里 訏呻吟

技下去聲

○柳 利姓也通也宜也盖也財丨順丨吉也 俐伶丨 痢丨疾 吏典丨丨部 莅臨也 蒞仝上 離分丨 哩語辭 例比丨類也凡丨 栵木横生也

洌水名 唎言也 莉目丨花丨 畱陷也 ⿱穴利出釋典也 梸木名 刕割也 蠡瓜子 ⿱彖田視也

○邊 避迴丨逃丨遠丨 辟仝上 備具也足也預丨防丨 偹仝上 糒糗丨乾飯 ⿰木𤰇木名 ⿸疒鼻病手合也 贔丨屃作力又屭也 陛升堂之階級也 ⿱辟水水名

比及也近也黨也密也連也恊也総也轉也 埤四百畝田 痺國名病也 婢女丨 俾使丨 被衾也 裨仝上 ⿰衤比仝上 獘敗也悪也 貏丨豸

稗似禾 甓瓦也 㡀敗衣 ⿰衤鼻丨裙 痺足氣不志 畀草名 妼有容儀也 ⿰車畢車紼 ⿸尸辟鳥網 ⿰弓皮丨⿰弓委張弓 坒仝陛 ⿰目敝明也

詖言不平也 痺小屋 庳仝上 牝雌也 敝丨敗丨丨破 獘丨敗丨惡丨好欺丨 弊仝上 斃死也 幣丨帛則也

○求 忌畏丨諱日曰丨神也 跽長跪 洎及也 偈武貌 伎丨兩侶也 妓女樂 技丨巧丨藝 芰草名 臮及也仝既 惎忌慮 ⿰糸忌赤系

⿰貝支丨奧而向用也 ⿰忌阝縣名 鮔石丨魚名 ⿰犭巨丨獹 窶貧無礼也 ⿰巨鳥鳥名 鉅大也銅也 簴鐘鼓樹也

○去 炁宜丨 柿丨菓 柹仝上 痵病中恐也

○治 治政理也又丨國丨家 穉幼丨 稚仝上 值遇也當也逢也 滯疑丨淹丨 ⿸疒滯久痢 ⿰扌犀擣也 彘豕也 墀舟丨 雉野雞又城三堵曰丨

薙芟草 痔丨瘡 ⿱艹稚草芽 ⿱⺮稚竹器 璏劍也 ⿰貝寺蓄財 ⿸疒帝仝痔 ⿱卑月肉色 跱丨躊不前 ⿰冊司古字

○波被寢衣盖体裝衣神骳曲屈⿰忄匕劣也⿱罒又古文濞水暴至也瀵出水⿰卑瓦瓦器濞手冷

○他𩴾若熱病也㲉分蠶諉｜｜言緩逶｜｜去也趦待也

○曾已支名旨美也志也舐以舌取物食也

○入二兩也數名弍仝上貳仝上膩肥｜樲｜棘酸棗餌鉤魚｜也珥瑱也一名耳當珠也字文｜聏耳不和也毦羽毛為餘

耴割耳忕心也㚷女字聕听不音也芓草名諭告也譬｜曉｜裕饒｜寬｜咡聲也

○時是正也上也非之反也諟理也審也昰依｜聲賴示告也教也寺司也又浮圖所居者曰｜蒔種也視瞻｜比｜氏姓｜恃依也

嗜好｜｜慾峙峻也耆｜老䁒明也沶｜鄉縣名

○英肄｜習｜劳勩劳也豫悅｜逸｜早也異殊｜院⿱穴奄｜易不難

○門未辰名味滋｜菋五｜子也寐寤｜謎言隱鴸鴨也鳥名⿱穴林魚沉

○語義思｜利之反也議｜論謀｜擬｜譚｜誼仝上呮笑也毅剛｜果｜強惡劓割也刑截其鼻桀未詳⿰豸胥豕屬豈古文⿱亼高未詳

○出市交易買賣土地飼與之食也飤仝上鉰仝上冣積也痓惡也

○喜耳可听聲也嘻噫｜

啹下入聲

○柳 裂開破 ⿰足戾|肆行不進也 捋剝也 ⿰言列言美 愗憂愁 ⿰忄詈欺慢 ⿰嚴支布也

○邊 踾跌倒 ⿰火⿸户二火聲 ○求 啹鳥虫之名 ⿹气刃斷也 ⿰金圭金玉 嘰聲也

○去 臞瘦也|肉 ⿰扌幾披取

○治 碟碗| ⿰口犀喉聲 ⿱艹⿰足离|躅聲也 ⿰言犀譯| ⿰目窒悪貌 ⿰氏虫蟻也

○波 鞁鞋聲 ⿰車頁不正 訛言異 ⿰彳丕走貌 ⿰食卑益也 吹氣出 ○他 怢不分离也 咮笑也 ⿰忄杲惰也不行 ⿰言杲言緩

○曾 舌口| 折斷也 吱鼠聲 吇鳥名 ⿰扌截折也 ⿰止欠嗟嘆 ⿱穴焦鼠聲 ○入 廿二十也 廿仝上 ⿰女帀媚也 詆向也 ⿰目耳耳目不相信也

○時 餂麫||本 ⿰飠亏亏也 ⿰口尸聲也 ⿰斯欠喝也 誎忘也 ○英 臆附於肚也 炬火燒貌止

○門 ⿱⺮幾剖竹為之 ⿱⺮幾仝上 ○語 憿心不定也 ⿰赤欠笑聲

○出 蠘海味 蜨仝上 泜止也 羨火入水聲 胗肥美 ○喜 嘻笑語 ⿰扌截擊也 歛笑也 誒可惡之詞

30鳩九救愗求舊㕣

鳩上平聲

○柳鰍魚名⿸尾卜竹|尾也鰌鰗|

○邊彪虎屬滮水流貌也髟發長垂貌飍水流貌也驫水聲⿰口彪虎处嘭仝上⿰豸見視也

○求鳩鳥名丩相繪也⿸疒丩|瘘腹也痛也繆|絞跔腳|趄也䟢仝上⿰⻊乚仝上⿸疒九病也趜足不伸也

○去丘姓也|壑山岡蚯|蚓坵聚也田園几|邱姓也⿰忄咎眾也鳩鳥名樛木枝曲垂⿱艹亀龍子有伯曰|⿰求力輕頭丠古字

⿸𠂇隹鳩仝⿸疒九病也

○治丟|去还木彫仝上⿰谷周谷名

○波澼水流滮仝上

○他抽引也拔也瘳病也篘酒|篗仝上⿰扌秀引也|傀儡也謅|性氧詩不兼厭決⿰扌留仝⿰扌秀⿸疒牛病差愈也⿱⺮廖竹合

○曾周姓也|密|陋|倄|遮|濟啁小鳥群沸急迫之濟賙賑瞻洲水名不中高地可居曰|州|府地名輖車也郮水曲國名調虞也又音召也

⿰言舟多言舟船也侜有壅蔽張也輈車前曲木啾唧|小聲譸張誑⿱艹朋草名週|圜椆木名盩曲水淍水名倜壅蔽

洀水名⿰糹舟綿也⿰阝周大阜騆神先馬起⿺走周竹不進也睭日光

○入沑水名⿰忄柔劣也腬美也腼面和

○時修|理|束脩仝上收斂也入也羞暗也進也饈仝上⿱龹丑恥也⿰女修女字珬習也進也⿰禾脩禾名攸縣名樇木名⿰目攵視也

○英 憂（｜愁｜悶｜慮）𢝊（仝上）𢚧（仝上）優（｜鏡｜游｜士）𤺥（瘡也）耰（稷種田器）攸（想也）幽（｜深｜杳｜暗）悠（遠也）呦（鹿聲）麀（牝鹿）

滺（水流貌也）𢆶（細也）櫌（木器）𥣝（禾也）瀀（水名）𤩊（玉名）𢙐（仝憂）纋（中央發）𣤶（唧也氣逆）嚘（咿｜）鄾（姓也）

○門 蟻（污也）

○語 汼（水流）

○出 秋（四時之節）龝（古文）楸（木名）湫（水名）鞦（韆｜）鶖（鳥名）鰌（泥｜魚名）揫（收束）鰍（魚名）揪（手｜）鬚（口｜）鑐（鎖｜）秌（仝秋）

𦟀（腳尾｜也）蝵（蚉｜虫名）𪚺（古文）鍬 萩（草名）啾（｜咪）愀（仝上）鬏（松｜）

○喜 休（｜美｜息）庥（庇蔭）咻（誰也）烋（｜美｜休）貅（猛獸）鵂（鳥名）髤（木名）㳜（水去）𤇾（仝烋）𠿎（重重）幽（靜也）

瀀（水名）皓（白也）𪀦（怪鳥）台（小聲）

九上上聲

○柳 柳（楊｜木名）鈕（姓也｜扣）紐（絃也）扭（手｜）杻（手｜械也）𩚁（雜也）狃（｜習押也）𨋍（車｜）𩗒（緒凬）娜（花炮之屬）罶（筍｜）

溜（水｜下｜）泗（水名）栁（仝柳）𡗡（仝上）鉚（美金）綹（緯十縷為｜也）妞（姓也）杽（杻也）

○邊 甂（瓦器）鶝（鳥名）

○求 九（數名）久（長遠）玖（黑治坎玉）𠛎（出罪）糾（出罪結也）韮（韮菜）奞（姓也）赳（武也勇也）𣢑（長也）糺（仝糾）𣧑（姓也）𠜂（出罪）

諮毀也 灸火也

○去 搝相| 醜靤|而面貌也西花||也 饃食物闌有味也 揪手|打也 糢麥來 蹞踞也

○治 肘臂節 ⿰月丑全上 鞦鰍魚 ○波 粰梳⿰米㐬 鐠甖屬

○他 俞姓也 丑辰名 吜聲也 沑水名 謅||象聲

○曾 酒儀狄作米|也 箒掃| 帚全上 ⿰犭周獸名 守|更 ⿸广酋獸名 肒臂節 ⿰日帚明朗 錭成器

○入 ⿰扌菜菜名 ⿰足尔番国名也 煣|烟 蹂|踏|害 揉矯| 厹獸名 猱猴性 ⿰彳柔復也 粈鈕 糅雜也 楺木名 夒忤逆

脜面和順也 沑水溫

○時 首頭也 𦣻古文 守立|抱| 手|足 ⿱宀首古文 緧絆前二足 滫米泔 𦣻镸也古文 糔|粉

○英 有姓也無之对也 友朋| 㕛古文 酉辰名 ⿰氵羑水名 莠狗尾草也 誘引| 羑地名因文王之所 卣盛鬱鬯之導也 懮憂心之病痛也

黝微青黑色 牖戶| ⿰麥幼歉也 槱積柴燒祭 泑水名 琇玉名 欲蹴鼻 ⿰歹幼殂| ⿰王莠草名 蜏虫名 丣圁戶

姷偶也 ⿰言酉誘尊 媨醜貌 ⿰歹幼殂也 泑澤名

○門 蟉小虫 挴貪也 ○語 ⿰飠牛食也

○出 醜丨惡 魗仝上 蘸草名 手丨足 楸木名

○喜 朽木腐 㱙仝上 ⿰歹牙仝上 ⿸疒丂病也 ⿱雨朱丨雪 釗刀屋 ⿱缶灬火熟 ⿰虫缶虫卧

究上去聲

○柳 溜水丨 顟大鳥 摎擊也 遛不進 鎦甑也 ⿸广卯人名

○邊 草香草 ⿸疒孚火瘍 枹木名

○求 救丨護極丨助也 ⿰言求仝上 捄仝上 疚病也 釚弩牙 究丨窮丨竟丨進 灸灼体寮屬 ⿰糸九仝救 湫仝上 畂百畝 ⿰氵軌水涯

憗謹也又丨念也 ⿰足丩丨⿰足臭醜貌 ⿰丘乚仝上 粬稻寔 ⿰𠂤殳棉屈 殺助也 ⿱宀⿰𠂤殳仝上 ⿱穴⿰𠂤殳劳也深也 ⿱穴⿰隹殳仝究 赳龍行 糾出罪 ⿺辶殸恭謹行也

宊貧丨之病也 ⿰飠勹飽也

○去 ⿺走丘行貌 ⿰足丘跛丨 ⿰足臭丨⿰足丩 ⿰鼻丘丨鼽仰鼻 ⿰忄休憂也 ⿰面臭面醜

○治 晝丨夜 咮多言貌鳥啄也 ⿰彳州行走 ⿸疒晝手垂丨仔 ⿰禾勺千垂惠也

○波 ⿰足匐伏仆 艀舟走 ⿰阜瓦瓦器

○他 ⿰扌秀引也持也 鷲火鵰 ⿺辶叟不晉也又匿也 簉齊也就也

○曾 呪丨咀又法詛也 詋仝上 粙稻實 蛀丨虫 ⿱主虫仝上 晭光也 和雞子啄丨小乳

○入 輮車殘 粈飯也 ⿰糸柔雜色

○時 秀姓也丨荣丨秀茂丨才芳丨养 繡五彩制丨 綉仝上納也 獸禽丨 宿星丨 鏥鉄上衣也 鏽仝上 守太丨 琇次石似玉 璓仝上

⿰彳秀｜⿰彳畱行而相待納也 狩巡｜ 首有咎自陳曰｜ 鳩鳥名 瘦臞也

○英 幼少｜｜也 ⿸疒酉病也

○門 ⿺廴且近也 挴貪也

○語 㱿殼束 垟堅土

○出 臭｜味恶氣 氂牛壁吉砌 ⿱⺮就箕也 ⿰⻊尌立也 ⿱畫虫虫名 簉倅也 ⿸疒淑縮病

○喜 臭香之对也 嗅鳴也 糗米麥 齅鼻氣審也 ⿰⻊鼻跗｜行貌 殠腐也 ⿰鼻息仝齅 ⿰飠鼻食物爛 ⿰歹亏自死之貌 溴水氣之太盛也 ⿰犭畜獸名

⿰虫臭虫名 ⿱髟富假髻 痳痢病

⿱⿰九攵心上入聲

○柳 鉚美金 ⿲王卯阝璧名 ⿲王卯阝仝上 嘐燒田而種

○邊 紑衣鮮 棓姓也本名

○求 ⿰風求小凨 ⿱⿰九攵心怨仇

○去 ⿰⻊鼻跛行 ⿰⻊臭仝上 ⿰犭丘獸名

○治 ⿰忄書痛也 毃擊聲 ⿰言由祝也 ⿰月壽小腹痛也 ⿱奞臼取也 ⿸疒尌痛也

○波 ⿸虍風凨吹 焻火氣 蚽似蟹

○他 犨白牛 ⿱艹⿰扌畱草名 ⿰多孚多也 ⿰目翏視也

○曾 揂聚也 綢綿也 疛小腹痛 ⿰禾胄實也 ⿱艹酒酒滓 晭光也 ⿱秋隹鳥名 噣鳥啄 ⿰舟羽弱羽 ⿰言就諫也 ⿰彳州行也

○入 糅飯也 煣以火屈申

○時 鳩鳥名 ⿰糸酉絆足 ⿰衤氣衣衿

○英 ⿵風幽凤聲 ⿰幽見視深 貁獸名 欿聲也

○門 ⿱髟翏膿出 ⿳立凶心煩也

○語 鶚惡鳥 虮大蟲 蚌惡蟲咬人

○出 穋聚禾 膠膳也 飂琴凤聲也 鞦幅也 遛不進 嫪女字 ⿰火瓦丨井

○喜 嗅驚視 嘼獸可畜也 ⿰糸畐赭色 霂霧也 婄醜也 愊怒也 ⿰火血火光 犑似熊 珛朽玉 杳見也

求下平聲

○柳 流水行 硫丨磺 鎏丨金 瑠丨璃 留住也止也 遛不造之貌 旈冕丨帝帽 琉丨璃 瘤肉生贅也 劉姓也 ⿰忄留怨也 瀏水清

沶仝流 ⿱竹流竹也 鎏垂玉 懰刺也 璆金之美也 駵赤馬黑鬃曰丨 騮仝上 旒旗屬 ⿰禾留禾盛 蒥香草 嚠聲也 ⿰木流大水 ⿰木劉木名

霤雨也 嬼妖也 ⿱劉心掛心

○邊 鶔鳥名 ⿱雨孚雪也 ⿰風風大凤 ⿰山孚山谷 ⿱奄口姓也 枹鼓拖也 烰火盛 ⿸疒孚火瘍 罦兔網 艀舟名 覫視也 ⿰鬼孚星名

○求 求丨素祈丨 俅冠飾 捄長曲 球美玉 絿解也 毬毛丨綉丨 裘皮丨 逑聚会合也 賕以財狂法相謝也 仇丨讐 厹三隅

朹菓名 艽寒氣 虬虫名 銶鑿居 鼽寒氣塞鼻 訄安也 觓角貌 ⿰忄求怨也 梂木名 ⿱工鳥願也 殏殍也 ⿱林九寧名

⿺尢戊亭名 ⿱穴求深也 ⿱艹求草名 ⿰忄言迫也 ⿰谷九𨗸丨亭名 觩角也

○去 球琉国球名 趜腳丨屈也 ⿰朮九不直 勼仝上 絿頭尾丨丨 觓角曲 樛木枝曲也 樛仝上 ⿰牛求角丨 虬虫丨 璆玉聲

○治　紬 ｜緞　綢 ｜繆　稠 ｜密　裯 單被　惆 ｜悵　⿰谷周 谷名　椆 被也　晭 绘曰明也　儔 ｜類　疇 耕治之田也　躊 ｜躇猶預

燽 其也明也　籌 投｜酒｜更莫｜　詶 比言答之　懤 怒言　檮 木名　幬 帷也　⿰日壽 日光　菗 ｜茶

○波　淲 水流　⿰予見 視也　⿰虎風 凨貌

○他　⿰目修 失意視也　⿰言聚 惠貌　⿰氵愁 水聲

○曾　⿰革集 聚也　揂 仝上　盩 擊也　⿰阝周 地名大竿　鮂 魚名　⿱雨酋 雨也　⿸尸酉 女阴名名　⿱秋水 水名　⿰矢舟 射鳥之射　⿰禾幽 不蜜

○入　柔 剛｜｜弱　鍒 ｜鉄　渘 水名　鰇 魚名　揉 以手挺也　蝚 猿屬　瑈 玉名　瓇 仝上　⿰田柔 長田　⿰王夒 玉名　脜 色和　媃 女名

獶 子女不知父名　腬 肥｜

○時　囚 拘也　泅 浮行水面　酋 熱酒｜長　售 ｜賣　犨 白色牛也　讎 仇｜　醻 獻｜　酬 仝上　詶 答也　遒 迫也健也聚也　汓 仝泅

謉 惡言　儵 古人之名　⿺辶囚 拘留　湭 縣名　怬 慮｜　鮂 魚名　⿰寿殳 夭也沒也　⿰黑殳 仝上　⿰歹囚 殘也　⿰糹州 紈也　讐 仝售　替 地名

⿱艹泅 草生田中有子　⿰木州 木名　苬 芝名

○英　由 從也行也因也　猶 若也謀也豫不決　猷 道｜謀｜　蝤 蟹類　輶 輕車　繇 同由　油 姓也脂也火｜　游 姓也順流而下　遊 遨｜

蝣 蜉｜　卣 酒樽　郵 馹也　訧 罪也过也　斿 旌于之未垂也　肬 贅肉｜也　攸 姓也　秞 禾盛　沋 水名　尤 姓也　⿰忄酋 悒也

楢 桑木　疣 瘡也　煪 燒也　偤 俦也　⿰舟斿 舟名　犹 獸名　扰 杼曰臼｜　⿰女尤 女名　甹 木生條也　⿰亻繇 人名　⿸户由 ｜空　⿺辶尤 經过

瀀深澤槱水名犹豕也逌尔笑湭水之源也鰌魚名唒鳥名遒行也遒仝上庮廣也

〇門繆綢丨飂高飛貌也唒苦丨漢賦之名〇語牛姓也耕田之畜𩵖魚名芣菜名汼水名魁鬼名

〇出甃非秘瓦也又去砌也𢄊丨索存也揪仝上鍫鑿也〇喜裘姓也皮也髤漆捌之丨緮緝丨貅猛獸痳痢病髹仝髤瘦瘵劳

舊下去聲

〇柳溜丨陡门也糅丨項又雜色也𨢟酒器窌穴也鎦闌朔謂甄曰丨烐火也澑仝溜畂丨畝餾丨探鰡魚名𧝍丨綉

〇邊鉜火灯

〇求舊故丨新丨舅母丨臼仝上咎衍也过也柩棺丨匛仝上倃毀也旧母丨彄弓強究貪病諮毀也肍熟肉醬也疚病也

〇去熇丨定甐物之国也疚緊丨糗熬米麥也

〇治胄世丨胤也嗣也兜也鍪也積細實酎三重醉也宙往古來今曰丨紂馬緧籒篆文縐準也伷仝胄鈾吉字䛻祝也葤草名

錭古文怞恐也〇波𦼮虫之足也蚽仝上

〇曾就姓也成丨即丨從丨終丨位丨就仝上就仝上鷲大雀僦賃也雇也憱戚也岫山名

〇入𩞂餾也厹其跡丨也葇菜名輮車輞

○時受承|容|領|取|細|孚仝上⿰言受口|授傳也與也綬即|壽年|久也寿仝上[illegible]仝上岫山有穴曰|也⿰谷由仝上

袖衣|䛻言也⿰木受木名偊仝寿⿱工馬仝上⿰忄受

○英又更也佐也右左|祐神|佑佐|褎袖也多笑褏服色盛之柚菓名⿺走由走也囿園|宥寬也赦也侑耦也配也又助食也

賄財|布帛曰|犹獸名鼬野鼠栯|李服之令人不妒狖獸名酭饋也釉物有光也⿰忄右心動⿰冋丩溫器⿰木郁園器

侣仳|又李名櫾菓名⿰木右仝上⿰火有火光洧水名銪傾銀|也貁仝狖⿰貝每仝賭逌行也⿰犭宛似猿碩顫渡謬姓又言詐也

○門繆戾也

○語⿰辛牛獸名⿱亯飛飛也

○出樹|木尌仝上⿱竹就|謂之宜⿱杀金

○喜復重也再也⿰亻匯貿物⿰犭畜獸名溾穢濁⿸疒复勞也

㕣下入聲

○柳⿰翏隹大鳥嚠言不尽也⿰扌劉輕刺茀蒲|⿰酉畾酒名嬼女字⿰鬲留甑也⿱劉心定意裗衣縷

○邊噭虎|粰粥也

○求釓拏牙糾出罪㕣求也

○去⿰口丘聲也⿺走丘遼也⿰女丘女字

○治⿺走朝乱走⿰占責占卜⿰月虱肉動

○波滮水流貌也

○他⿰牛丑|縛

○曾吁鳥聲隅大阜聉耳鳴

○入粿雜也

○時哼鳥鳴唀吮也

○英呦鹿聲嗷仝上柼木名纹愁貌齩言意歔氣逆颮風聲

○門䍡捕鳥器也䵖豆碎挴貪也

○語䆀釋也

○出哤惡口貗獸名遱進也䗁蟲名

○喜㤊憂也尛癈也嵲息也颮凬聲

卷六終

渡江書十五音

卷七字母

箴寡尼儺茅乃貓

且雅五姆么缸

31 箴怎譖喥撢撍吥

箴上平聲

○柳 腩 煮肉 ○邊 [illegible] 足踢水也

○求 跉 行急 𨃩 歆行 ○去 瓨 磁器

○治 [illegible] ｜｜水聲 ○波 [illegible] 獸名

○他 湛 水聲

○曾 箴 ｜視｜戒 簪 首笄連冠千髮 鱵 鳥名 鍼 緘也

○入 [illegible] 水流

○時 森 木盛 參 人｜藥名 蓡 藥名 辝 姓也多也 [illegible] 仝上 襂 衫也

宩 幽深 㜗 ｜婬 [illegible] 穈｜

○英 [illegible] 酒色 [illegible] 小聲 揞 手｜

○門 [illegible] 雉母

○語 [illegible] 白虎 ○出 [illegible] 又音深也

○喜 [illegible] 跕也 嬜 貪也 煘 塗也

怎上上聲

○柳 糂 糝茹 壏 泥｜ ○邊 [illegible] 欲坏

○求 㪁 承也 ○去 [illegible] 身不正也 [illegible] 長身

○治 [illegible] 飭也 [illegible] 春也 ○波 霮 淋雨

○他 [illegible] 美味 [illegible] 身不端也 [illegible] 善言

○曾 怎 ｜｜ 撍 手動 撏 取也 朁 姓也 潛 歷也

○入 坍 土有水也 ○時 [illegible] 懦弱 [illegible] 監｜少也

○英 腤 肉有 [illegible] 途遠 [illegible] 耕種田也 ○門 [illegible] 鳥網

○語 [illegible] 深山之名 ○出 [illegible] 賭也 [illegible] 蟲名

○喜 [illegible] 獸名 轞 車聲 [illegible] 吠名

譖上去聲

○柳揞魚食貌也⿰酉皮柔草○邊⿰足甫馬蹄蹄也

○求詌口闭○去⿰口康|嗽之聲⿸虍欠儿虎

○治⿰足彔水滿足也○波⿰禾尃木屬

○他⿱罒綠魚入網也○曾譖不信之言

○入⿰耒冉物以成也○時識魚具符|⿰扌宋搖動⿰血參抵血

○英⿰言欠啼不止也窨地室○門⿰禾每葉似禾也

○語聰心不能也○出⿰足尚踞也診動頭

○喜唅亦|聲也獥小大之聲⿰夾欠喉氣逆聲

嗖上入聲

○柳⿰月舀脾肥○邊⿰耒甫盛酒器也⿰牛番牛名

○求禽含舌貌也、○去⿸尸盍合口虢虎怒瘥足病⿱艹⿰舌瓜草名

○治眔自相及也⿰犭合犬食○波榑似柚

○他翻飛貌髦毛膺惂心恐

○曾嗖吒也屆唯也咂入口⿱日各日光照水飲魚口動也

○入⿰歹冉綏也○時⿰月黍犬豕狀也⿸厂⿰畐支然也⿰氵⿱罒夭日光照水

○英噉魚口水也○門⿰衤每衣縫

○語膠口中|也

○出挾利也緬縫也⿰犭建飛也

○喜⿱卌黑小羊⿺辶合行相及也⿰畗攴盡也

撢下平聲

○柳⿰月甚肉膚⿱林走走也○邊⿰舟甫舟滿

○求曆和也⿱監玉玉名○去吹咳聲

○治井投石井下⿱雨豕雨霖||⿰火水水聲

○波 霶 大雨 ○他 ⿱湯手 手推水也 ⿱雨普 雨聲 ⿰舟視 視也

○曾 撢 攕也 ○入 誧 多言

○時 曑 星名 襂 衣垂 誶 多也

○英 ⿰言奄 不決 ⿰酉甚 熱酒 袩 行貌 ○門 娒 彬也

○語 ⿰木⿱罒厌 大木 ○出 鑯 樂器之聲

○喜 ⿰虎欠 虎兒聲也 欽 笑也 廞 仝上 ⿰旱毛 毛布 ⿰石会 陶器 ⿰虫咸 蟲名

⿰羊曾下去聲

○柳 ⿰足梁 走也 ○邊 ⿸广頁 古文 ⿸广甫 仝上

○求 譼 視也言也 ○去 躈 足聲 嚝 人聲 ⿰齒甚 嗽也

○治 ⿰禾炎 禾名 ○波 ⿸虍尃 暑也

○他 ⿰足騰 馬緩行又音騰 ○曾 ⿰羊曾 羊腊 ⿰弓曾 弓直 ⿱曾見 高危

○入 跚 難行 ○時 穇 草木長也 閹 祼監

○英 ⿰言酓 難言 醃 魚物 ⿰木奄 草名 ○門 衮 長衫

○語 ⿰言牽 牛似無角 ○出 ⿰足奏 走也 ⿰足戠 急行

○喜 ⿰虎兼 虎似無爪 ⿰犭監 虎聲

⿰口帀下入聲

○柳 ⿰足内 行急 ⿰鹵少 鯋|少也 歆 不滿 ○邊 悑 無情

○求 錍 觸足 ⿰目鳥 鳥聲 ○去 ⿱穴孔 獸名 居 閉门之聲

○治 ⿰黑欠 口聲 活 水滴|| 砉 落石 ○波 ⿰馬尃 緩日

○他 ⿰荅毛 |毾 ⿱艹沓 菜名 ⿰石沓 大食

○曾 ⿰口帀 魚食水聲 踥 往米貌也 ⿸尸攴 尿|

○入 淜 小水 ○時 藗 白茅

○英 ⿰魚奄 魚名 ○門 踇 |偶行山

○語 ⿰言㬎 笑語 ○出 碏 礪名

○喜栗盖也 諭語聲

32官寡鑵臗寒汗噒

官上平聲

○柳襴衫也 圝圓也 欒聚也 羉雉網

○邊搬仝|運也 拚仝上 般一||若 舦仝上 嗑言難人也

○求官|府 棺|材垄也 關|門 冠珠|金| 肝|肺

竿竹| 杆旗|

○去寬|緊 臗尻也 ⿰足寬仝上

○治单孤|批| 單仝上 簞竹| 燀火爎|也 ⿰米耑飯|

○波潘姓也 藩草名仝上 ○他灘水急 攤開張布也又|長短

○曾煎|茶 ○入碤不明又石| ⿰目英不明

○時山高||水 ○英安同|惠| 鞍馬| 垵地名

○門縵|衣 幔衣破 ⿰衤曼番||衣 ⿱雨漫濃露 鄤地名 樠木之下也

○語癘痺麻 ⿰言萬山形 ○出櫰门管鑰匙 ⿰扌褱仝上

○喜歡|喜 欢仝上 酄魯下邑也 ⿰月曷|兜 獾野豕 懽|喜

寡上上聲

○柳龠義闕 撋|洗 㨎手|物也 ○邊坂地名 鈑鉼金

○求寡少也 鉡金食銅鉄之| 拚以手伸物 趕追| 赶仝上

冎剔人肉至骨也 桿槌| 寡仝寡 柈柄也

○去棵断木 ○治訦犹追|也 肬月落有明

○波趖走貌 坢平也 ○他担 磾|田岸 坦平|

○曾盞酒| 琖玉器 躦聚足 ○入鏾捕具 莰草名

○時產秘| 散藥|

○英碗飯| 埦玉| 腕頭|手| 盌盂屬 䯘膝|

○門滿 盈丨 ⿰曼皮 皮也

○語杬 鼓鼙之丨 邧 地名 雫 雨之少也 抏 尽也 岏 山名 ⿰赤余 赤也

○出杊 狗丨木名 鑹 短茅

○喜幻幻 丨丨音煥 朊 日微光也 ⿰元見 大視 ⿰月冬 浮腫 寏 周垣

鑵上去聲

○柳⿰曩隹 暖也 ⿸穴色 色敗 ⿸疒暴 体也 ○邊半 平分 絆 聲倒

○求觀 道士寺丨 鸛 鳥似雀也 鑵 丨嘴 朊 人陰 椊 柄也

○去看 視也 寬 不速 ⿰𠦝合 視也

○治旦 今丨戲丨 ○波判 丨斷 拚 拾也

○他炭 火丨 湠 漫丨 ⿰扌炭 轉也 ⿰炭攵 丨數無采色也

○曾讚 僧家調名 欑 木欑 ⿱穴⿱禾灬 烹也 ⿰車贊 車行三速 ⿰弓贊 弓之強也 攢 聚也

○入緛 縮也

○時線 針丨 散 分丨 傘 雨丨 霰 雪粒 ⿰黑散 不聚

○英晏 不早 案 丨棹 晼 明火也

○門幔 ⿰巾焦也 ⿰皮曼 脫也 ⿰車曼 車盖 幔 帷也 縵 無文

○語⿰扌㼌 寬也 ○出門 门丨 穿 丨道 扊 門閂

○喜㬇 明丨國名 ⿱奐酉 熱酒

挌上入聲

○柳曫 日昏 ⿰日寽 由起 ⿰爽頁 耳重

○邊鈑 金丨 瓪 扎瓦

○求挌 止也止也 ○去臗 仝尻也

○治⿰風專 丨凨也 ○波⿱癶色 色不深也

○他晅 日氣暑也 ○曾虥 虎毛深也 ⿰車贊 車衝

○入⿱艹養 仝饌 ○時⿰粦旋 樂器 ⿱雨㪚 雪粒

○英 瘓病貌 ⿸广旦小舍 拏掠也
○門 艳色不深也 ⿰土㒼土裸 麻皮也
○語 粵於也 ○出 檈門中所用 ⿸厂睘門丨
○喜 ⿰目寉斬明 ⿰瓦凡瓦也

寒下平聲

○柳 攔牛丨丨闌 欄丨枰也
○邊 盤棋丨碗丨 ⿱般足腳丨 磐石丨 縏丨線 蹣丨墻 ⿱艹般草盛名
⿸疒盤瘡痕 幋裸衣
○求 寒冷也 冗網漏 ○去 ⿱癶女識也 鄲鄉名
○治 彈丨琴 壇社稷祭丨 檀旹丨香丨
○波 蹣丨墻 盤魚名 ○他 譠退言 ⿰目頁面平 請退言
○曾 泉水丨 殘食之餘物 奅火熮丨也 洤水丨

○入 ⿰舟奧舟丨
○時 掟轉也 ⿱雨酸小雨 ⿺走頭走竟 ⿰虫定蟲名
○英 那丨借 櫞菓名
○門 瞞丨背 麻俗曰黃丨 鰻魚名 謾欺也 ⿰米㒼凝也
○語 ⿰虫丸丨虫 潮深也
○出 ⿰木⿸厂睘關門機也 ⿰木⿵門見監丨
○喜 橫不直 ⿱艹敢芋丨 豻野大似狐 甗瓦器

汗下去聲

○柳 爛大熟 瀾洋也 涎口中液也 ⿰氵戀仝上 ⿱賴心義闕
⿱賁鳥雞丨 妹仝上
○邊 ⿱非土⿰土鹿也 ⿰衤孛袖也 緐馬髦飭也 蝂虫名
○求 汗身液 捾援也 綰係也

○去 羼白圛 鑡大甕

○治 彈|子 撣指|也 段片| 惰畏勞 憚畏難 ⿰歹叚打也 毈卵不孚也

○波 伴相| 秚物相和也

○他 ⿰𠂤召決也 ⿰阝彖垣也

○曾 賤貴| 濺水|出也 灒全上 ⿰王存玉名

○入 稬草名 ○時 灢洗物 蜁蟲名

○英 旱天不下雨 換相| 暵旱也燥也

○門 魅魑| 脕色肥澤也

○語 朊斷足 蚖虫名

○出 ⿰魚旋鰻之屬也 鱄魚名 ⿱竹殷小竹 纂著滕種也 穳仝上

○喜 岸田| 按據也

⿰口夅下入聲

○柳 ○邊 ○求

○去 ○治 ○波

○他 ○曾 ○入

○時 ○英 ○門

○語 ○出 ○喜

33 拈屢沕臭年蒞擒

拈上平聲

○柳 ○邊 ○求

○去 ○治 ○波

○他 ○曾 ○入

○時 ○英 ○門

○語 ○出 腥魚| ⿰犭帶狂犬 肜肉物肥也 ⿰禾鼻鼻聲

○喜 哼|唱 欷悲也 誒惡言 闟隙也 ⿰阝欠呻吟 譆疼而呼也

屢上上聲

○柳 屢頻類病也 染布緞作色 涅染皂物也 旎旂屬 檷絡縧柎也 伱汝也 你仝上 詎言以示人 苨藥名 迡近也 峲山名

○邊 扁苗也 稨粟| 匾不員 豍豆名 碥車履石也 粃不成谷也 ○求 挸拭面 欙木名 庋閬也

○去 ⿺走奇行也 払取也 ⿱⿰臣攵糸緻絵 脊腓腸 ⿰車彡至池 ○治 敷主也 ⿰扌徵刺也

○波 撇擊聲 ⿰言敝惡言 庀治也 ⿰耳攵擊也 萹草名 ○他 緹系垂 ⿰口⿱斤虫蟲聲

○曾 尐幼| 茈|姜 呰物之幼曰|也 樠木枝幼| ⿰木⿱艹㒼仝上 ⿰衤㒼鈇衣 鏋鑽也

○入 禰親屬 耳可受聲也 ⿰糸耳紐轡 薾草盛 襧会仝 洱水名

○時 ⿺毛徙毛垂 ⿱艹⿱目廾草名 ⿳艹目大仝上 ⿰鹵吏列也 ○英 芛芽| ⿱隰木木乘曲也 ⿰忄虒不憂貌也 贙獸似犬也 杘多詐

○門 ⿱物黑黑色 ⿰言帛欺也 孊女字 濔水名 瑿玉名 ○語 ⿰舟兒縣名 ⿰目它日不明也

○出 淺梁色 ⿱戠土赤土 欻聲也 ⿰火多火盛 ○喜 狶猪聲 ⿱艹冀草名 ⿰角希好角 ⿱大百奢盛貌也 ⿸疒斤瘡中冷也

沕上去聲

○柳 汈水名 貎獸名 迡近也 ○邊 變權| 醳醬也

○求 ○去 ○治 ○波 ○他

○曾 ○入 ○時 ○英 ○門

○語 ○出 ○喜

貶上入聲

○柳 ○邊 ○求 ○去 ○治

○波 ○他 ○曾 ○入 ○時

○英 ○門 ○語 ○出 ○喜

年下平聲

○柳 尼孔夫子字也和也|姑 妮|女 怩忸|心斬 呢|喃言不平也 旎旗|旌所從凬貌也 泥水和土也 𧧝呼人之聲 年|月

蓮姓也黃|又藥名 屔|丘山名 鈮絡絲衻也 涅喪礼 屋倍作泥也 癴病也

○邊 平|坦 訛具也 ○求 墘邊| 搼肩挙

○去鉗火丨抩相丨扏手丨物也拎把也

○治纏丨足沺水丨丨也芺草名⿰言利言利美也繵丨索⿸戶田穴也⿺走真項也⿰車田丨丨聲也瘨病也

○波郱丨郭彭地名

○他緶縫也

○曾錢丨艮⿰革侖丨皮⿺廴毛輕也損引也

○入肕堅柔

○時豉鹽丨踶仝上

○英員方丨圓團丨⿰言壹丨譩丸連子丨也

○門⿰口爾呪語綿丨紬棉丨花

○語蘋草名

○出夘有慶又地名也菑田不耕也靦不請自采掣不進

○喜絃丨綜丨桎弦弓丨⿰月侯肉之別名欻歎息

蒞下去聲

○柳莅葭也事惟煩也蒞仝上監也涖仝上莉木丨花也⿰矣余咒語泥不通

○邊辨丨仔⿱此乙劳也鈿金丨⿲辛走辛走丨岥被也

○求⿰骨奇小骨⿱⺮⿰糸建竹器⿰革句飭也⿰瓜雚瓜轉

○去⿱臤皿器皿⿺走奇行也猗虎牙

○治淀水丨滿也沴陰陽乱也縛繞也浧通也

○波鼻口丨欪氣出聲也砒聲礌洦涕也

○他紩縫也緶仝上⿰衤晉補丨

○曾 舐以舌取物 牪仝上 敎多也 呑小只

○入 洱水名

○時 豉豆丨 踶仝上 菽仝上

○英 異殊也分也奇也怪也 泄去也又多人貌 肆習也劳也 易平丨又客丨也 傷輕也慢也 勩劳也 棣芟夷草也 劓刑截其鼻

敡輕簡音 [⿰帬聿]習也嫩條 異仝異 唍猪聲 院翰林丨也 灤木名 [⿰犭聿]貌子

○門 媚撫丨諂丨 麵麥丨 麪仝上

○語 [⿱吅須]未詳

○出 [⿱竹復]墨斗丨也 笷仝上

○喜 硯筆丨 嚊喘氣聲也

[⿰扌翕]下入聲

○柳 [⿰扌翕]手丨 紉以綫貫耳 [⿰虫離]虫名

○邊 揙跌也 [⿰囟比]人陪 拼賜也 [⿰犭米]獸名

○求 潟水名 [⿺走幾]走也 犍強也

○去 [⿰言奇]妄也 [⿰忄奇]險急急 [⿰扌幾]取也

○治 軲古字 [⿱召毛]毛名 呢聲也 [⿰扌戠]物相當也

○波 毗厚也 磇藥名 [⿸广⿰囟比]穴也

○他 椅束木

○曾 汥派流之聲 [⿺廴毛]輕也 [⿰車孚]車聲 [⿰赤皮]婦人之面

○入 栭櫟上材也

○時 [⿰斯欠]唱聲 [⿱⺷炎]赤也 廠舍也

○英 歆笑聲 鄎地名 帤幡也 屒|聲 弞聲也

○門 物所食用之|也

○語 猏逐虎犬之

○出 獥獸名 槍距也 歁抽目

○喜 悕悲也 脲吟呻 捇持也 欯出鼻涕也

34 灘蓏蘔皫灘懦㸃

灘上平聲

○柳 灘水流貌也

○邊 䠙合行 挷手拍地也

○求 扛兩人|物

○去 糠米皮 康姓也

○治 當敢|

○波 稖似黍子也

○他 湯|水姓也

○曾 裝梳|

○入 躭搃名

○時 霜|霜 喪|孝

○英 秧乖種

○門 芒草名 靡醜也 𢷏即也

○語 䫜惱骨長也

○出 蒼|潘地名 穿|針

○喜方 毛丨菓名 ⿰扌何 負也 ⿰扌林 除田草也

蓏上上聲

○柳蓏 菓名 娜 何美貌舒遲貌 ⿰忄裹 居所客受 袲 長衣 袳 仝上 ○邊⿰扁保 不方員也

○求暠 白也 ○去⿰言考 問也

○治暏 明也 ○波⿰足頗 稍行

○他⿰扌疏 持也 ○曾⿱差足 足腫

○入鴪 鳥名

○時⿸厂頁 首堅 ○英⿰口鄂 言相欺也 ⿰豈欠 妄也 ⿰虫色 流氣

○門⿰扌冃 持也 冃 重覄 ⿱艹務 毒草 示 細少 嬤 女字 懡 慙也 ⿰面麻 面青

○語我 自謂也己身也 硪 山高 ⿰扌我 差也 騀 馬搖頭也 我 仝上 ⿰彳吾 古字 ⿹戈豕 仝上

○出⿰足差 乱踖 ○喜好 美也 火 水丨

⿱艹稼上去聲

○柳 藔乾梅 轑轆也 繚赤系 犅平名

○邊 蹼急行

○求 鋼堅鋼 槓竹|

○去 廣藏也

○治 豬猪也

○波 普日光遠也

○他 盪滾水|手

○曾 豹獸名

○入 蹴實足

○時 軝貧也

○英 躹|身面也 瘐病也

○門 月衣頭 殁無也 磬前高後底 麼去也

○語 瞅古字 扼摘也

○出 軃喬身

○喜 好受也不樣 貨|物 耗虛|減| 秏禾之美也 蔄婆|藥名 敢古字 玗古文

鄉上入聲

○柳 鄉無考 斫研也 朖木名

○邊 虩雪也

○求 軀躧裸

○去 喪啼不絕也

○治 獨|倈

○波 猼獸名 蕔荒草

○他毻落也　牠牛銓行也　○曾鑿穿也

○入肞魚敗不食　○時倈摸|　誎從也　攃摸也

○英鶈野走之聲　𧳇貉屬　○門麼苗也少也　広仝上　扨持也　傜|脊　毛澤羽

○語莪差也　○出𧳸獸名

○喜𧇊土|斧

儺下平聲

○柳儺驪疲也倚也柔順也　灘|瘓凨疾　猠山名　懦桑順　獳姓也　哪儺人之聲　那何也多也又|借也　橵枝弱

○邊蕿荒草　○求猏狂犬

○去䝼歷也　○治長|短　腸|肚

○波磅|禾　○他糖本啌

○曾膞切肉　○入窄隔所

○時甑音貞　○英痾疾聲

○門毛姓有眉髮之屬旄牛尾酕酡醉髦髮也磨|石摩|研魔狂鬼能|人也⿰亲皮嚕|閉口⿱巛毛指眾⿰⿱山个⿱山个仝⿰亲皮⿰⿱山本⿱山本仝上

蓙草名蔴緦|麻枲也⿸厂⿱禾月凨病芼草褈蔓也氂牛尾

○語鰲大|娥嫦|⿰我頁齊也俄倏久　○出床眠|

○喜捧相|⿰扌⿰扌木除田草也

懦下去聲

○柳懦柔弱耨薹草器也獳怒犬二一之对也⿺尢果不正檽木名　○邊⿰舟艮用也傍倚|

○求軖車|　○去鱇鼻氣之味

○治撞沖|⿱⿰王凡木玉名　○波⿰月奉膜也

○他杖孝|　○曾藹都也

○入雞豖也　○時毹易毛

○英蓉言強

○門冒褈也犯也耄惛怓也忘|也卆曰娟妬毭火十|曰帽頭|覓觸|芼草蔓

○語餓無食　○出揖拭也菱詐也

○喜橡軟少楇車中木也

牣下入聲

○柳牣獸名　○邊㿝白也

○求軨聲車　○去軭車|

○治蔓菜名　○波乭石破

○他諹言難尽也　○曾甑急也

○入輶推也　○時毨毛羽強也

○英輮車棟軮|車　○門𤘩苗皮膜仝上覭邪視䴲皮也

○語𠰉姓也誇拒磨　○出𦪷舟破

○喜訸平言也

35䅾㥄𣧓朳茅貌懇

䅦上平聲

○柳 譊 爭也怒也 ○邊 輹 車之伏兒

○求 艽 地名 ⿸厂交 青皮 ○去 ⿰酉兌 酒過明也

○治 脰 脛也 郖 地名 ○波 ⿰革瓜 桑也 鶠 鳥名

○他 ⿰日俞 日陰 ○曾 鄛 鄉名

○入 ⿰日肅 暴也 ○時 遨 謹而不放

○英 呦 犬聲 狺 同上 ○門 䅦 未不實

○語 筊 小吹 吘 和| ○出 ⿰口聚 亭名

○喜 瘊 |病 ⿰言号 大貌 校 桷也

䅦上上聲

○柳 𦡀 頭| 惱 恨也 ⿰言𡿺 相侮 ○邊 軳 車所聲也

○求 醘 色变 这 会也 ○去 ⿰禾苦 未熟

○治酘釀酒狚大吠之聲	○波醋好色
○他[illegible]索彊	○曾[illegible]車輪熜燕也
○入[illegible]不削布也	○時[illegible]長大
○英潛魚在水也	○門[illegible]受也撫也齩齧也
○語咬以齒[illegible]犬聲	○出達遠也
○喜詨呀也獻｜｜大聲[illegible]鳴也[illegible]犬聲	
[illegible]上去聲	
○柳[illegible]熟也	○邊[illegible]草乱[illegible]戾也
○求激水注	○去[illegible]車轉
○治貏眾也毭｜氈	○波[illegible]輕也尾起也
○他踏跛也	○曾[illegible]姓也
○入迒行貌	○時[illegible]毛走

○英⿰酉夬酒濁⿰扌⿱癶夬戾也　○門⿰歹兒⿰飠乞也

○語迮逆也遇也⿰忄爻快也　○出訬疾也

○喜⿰飠郎意食

扒上入聲

○柳⿰石蓼⿰忄勺垂⿰犭罣惟也　○邊⿰犭暴小逐溥水貌

○求秸禾熟枸木曲　○去撽擊也昔禾皮曰｜⿱鼓瓦瓶也

○治粍黍也翟⿱覀禾鳥⿰豕戈推也　○波⿱艹⿰夗包草名⿰黍包復漆⿰石匊獸石⿰酉雹面生氣也⿰木雹木名

○他罩捕魚器也⿰舟乇就舟也⿰氵乇滑也　○曾⿺走西急走鼔進也⿰犭巢夷種

○入⿱穴瓦瓦器⿰犭𠂢弗取　○時栻木局⿰月肖幾物之殺

○英⿰齒區義闕　○門朳無齒蔴草名　○語⿰口肴聲也

○出⿺辶叟進也匿也⿲扌叕殳擊也　○喜噭咬也犼犬食

茅下平聲

○柳撓抓也搔也|乱也鐃|鈸肴動者而劳餚饌也殽力|救也|於地也⿰犭岳犬也淆水濁譊争也尽也詘喜也⿰堯隹搗|鳥名嶵山名

○邊狍獸名⿰木炰熟菓⿰山鹿山名爮剖也

○求較囊也鎛鑼聲睢鳥名轇|轕⿰米交米餅

○去⿱敫手手擊

○治⿰扌雚草有五種⿰食斤偃鈕

○波⿰酉包酒之色也

○他⿺走交自投下也

○曾截漿也鄛取魚具也

○入⿰穴堯樂器

○時醙酒氣

○英蔦糠木也

○門茅草敗甚多矛兵器也二丈四尺長鍪釜屬蝥虫名盤|蟊仝上髳髮至眉也我古字

○語爻交也卦|崤|函山名⿱爻女玉名⿰木爻桶也殽相雜錯也⿰言爻不恭謹之言也淆饌也猇虎欲食貌⿰山爻山名洨水名

貌下去聲

○柳蕭藥名輜仝轢

○邊枹木朽

○求这会也

○去⿰貝句絡也

○治⿰豸毛墨名覞見也

○波⿰木奄四十斤為一|⿰酉龜生氣

○他 逗止也住也

○曾 櫟車后木也

○入 渴宿也

○時 礉石也

○英 挨持戟也

○門 貌客丨 皃古字 額仝上 邈仝上 淣大水 描好丨 殀歹也 靤引也

○語 藕荷連根田丨可食一日一節也 樂好丨 瀿溫器

○出 舥舟不安也 輳輻丨

○喜 猴予也 鄒地名

懇下入聲

○柳 尾毛琛 轆車圓轉聲 獀犬怨

○邊 㩧擊聲 颮援丨 懇美也

○求 轇雜乱 觚玉瓜

○去 蹻足細 嵪玉也

○治 礫石平 猝猛犬

○波 麭丨垸

○他 梟木葉隨

○曾 轢敵也

○入 沮祖庙器也

○時 䘯衣袵 痟痴病

○英 窵深廣 蔽草根

○門 懇美也 砮前高后氏

○語㗁咬也崿崖也 ○出磪石名折聲

○喜灱乾也熱也灱仝上狶獸名敥火也嫈妓婿誵言不恭謹

36 痲乃毹捩脫賴躝

痲上平聲

○柳痲病也𢹿拭也 ○邊𨓍不能行也鞴吹具

○求腤暗肉 ○去糌米之別名

○治僨倒也 ○波開扉聲

○他𨊧車亭逕走也 ○曾裁毀也

○入𨘐竹痕 ○時酸白酒

○英轘車聲𤛑牛子之聲 ○門𤢖丨獽

○語皚白雪艠鬢長敳理也姓也 ○出𨛜周也名也

○喜獽𤢖丨闌木欄打也

乃上上聲

○柳 乃難也女也辭也 迺仝上 嬭乳母 妳仝上 奶官妻曰||也 ⿴囗乳仝上 疓病也

○邊 ⿰另卑裂也 捭打也 ⿰舟非船后木也

○求 ⿰面余酢|面皺 絹彈彊 栗古字 拔訬也 瘦病也 鼓擊也

○治 軩|不平也 酟甘也

○波 ⿰歹并瀾也 怯怯也

○他 軑地名

○曾 滓目| 宰|相 聹听不明也 ⿰馬宰馬名

○入 ⿰并乎瓶屬

○時 ⿰氵丽洒也 ⿱雨天疾雨

○英 靉雲| 迺走也

○門 買|賣 嘪羊聲

○語 覞笑視 擘破也 霻白雪 ⿰齒豈咬牙

○出 ⿸疒采病也 棌柞木 ⿰采阝地名

○喜 歘嘆息 醢肉醬 ⿰革解鞘也

⿰多毛上去聲

○柳 㮈木名 ⿰多毛多毛 糲粗也 ⿰糸執絮亂 ⿰扌厲狂也

○邊 負河神名也 遺行也

○求 ⿰牛介牛名 臞腿邊肉也

○去 炏火盛 ⿰巾曷非時而出

○治酣甘也	○波稗種也
○他⿰登牛行牛	○曾⿹𢦏曾周地名也
○入⿸厂要昭也	○時鑁菓也⿱艹⿱隹土草名
○英瞹隱也	○門⿰目若視也
○語蕹谷不秀也⿰身貴人名	○出精爭也蕙芥刺
○喜歖急氣之意疫疫病	
捩上入聲	
○柳捩折也	○邊鄨縣名⿱敝隹小冠癠疲病粺敗也
○求鎊魚筍艼羊角	○去⿰車蓋車聲
○治睩暗也	○波柧藤屬笲竹名犻牛名
○他舦舟行	○曾⿰耒敝稅名⿰耳辟畧听⿰月商肉也膪仝上飢飪也
○入⿰矦栗疾也	○時粣糝也⿰目息曝也⿳宀𡗗月動也⿰日吏明也

脘下平聲

○英 暍大旱 𦤗臭也

○門 𥌮邪視 磯小石

○語 𦗗不听也

○出 𨛜晉國地名 䐑腵肉 𤝪豹文

○喜 瀔水名 𢞒怨恨

○柳 蓪草名 脘孔也 熊熱也 𢶍拭也

○邊 虤虎牲 檦吹火具也

○求 䁍視貌

○去 𥥛見小說也 扊閉門

○治 磌舟石

○波 跡急行

○他 迺走也

○曾 𣧑拭也

○入 𠒎發也

○時 甀張羽貌也

○英 躴恨聲 唲｜嘔見聲

○門 蓫草名 嘪聲也

○語 殪悪也 覞笑視 豛牡豕 忩懲也 鬆惶也病也 艠舟也 鱧魚名

○出 赼而也

○喜 膎脯也 蘾蕵草 閍門楄 俙訟也

賴下去聲

○柳 賴姓也倚丨利藉丨姜也持丨蒙誣丨 瀨湍也水流砂也 藾蒿也萍也香菜三丨 籟三孔籥天丨則比竹是地也則

眾竅是已人丨則人心動是也 癩疥也又惡疾也 糲粗也 蠣蚌屬 奈丨何 柰菓子 耐忍丨

鼐大鼎 襶丨戴不曉事也 賚賜也矛也 懶懀丨也嫌惡也 渿水名 鶆鳥名

○邊 韛所以吹去 粺黍屬 [illegible]病也 [illegible]籍也

○求 扱訬也

○去 瞰日出 嫛難也

○治 隸及也 隷靉丨

○波 [illegible]聲也

○他 [illegible]鼓聲 閣門聲仝上

○曾 砦木柵 堞落也

○入 [illegible]長草

○時 [illegible]不黏 蔱苦[illegible]

○英 硊砥石 [illegible]呼牛 [illegible]病也

○門 賣買丨 邁老丨 蕒三丨

○語 艾草名可名疾也 乂芟丨草也 刈割也 蠥虫釋 鴱鳥名

○出 [illegible]水聲

○喜 歖丨丨急氣之貌 饟食也 痎疫病 憨果敢 疲病也 餀食臭也

躝下入聲

○柳躝（足痛難行）　○邊犤（牛名）[illegible]（舟木）[illegible]（黍屬）

○求[illegible]（骨也）　○去[illegible]（肥也）[illegible]（車聲）

○治酕（酒色甘也）[illegible]（角心）　○波[illegible]（止也）[illegible]（門聲）

○他[illegible]（諟也）　○曾[illegible]（出釋典也）

○入[illegible]（辱也）　○時[illegible]（散也）

○英[illegible]（密也）[illegible]（門聲）轕（車聲）　○門[illegible]（豆名）[illegible]（砂也）

○語[illegible]（不听）[illegible]（船也）　○出[illegible]（病也）[illegible]（縣名）

○喜閞（門扇）嶰（山名）

37貓鳥脊撓撩繆蒲

貓上平聲

○柳貓（捕鼠獸也）描（仝上）　○邊[illegible]（乱食）

○求鄗（地名）　○去軺（車聲）

○治 ⿰弔阝 地名 鏳 鐘聲 ○波 ⿰票阝 地名

○他 ⿰禾兆 禾名 ○曾 ⿰食⿱兄心 食也

○入 ⿰柔憂 強聲 ○時 ⿱宀⿱㸚彡 忖也

○英 ⿰風英 高凤 ⿰山要 山名 ○門 緢 旄也

○語 ⿰氵窅 深不測也 ○出 踃 跳也 錭 會聲

○喜 ⿰風窅 風也

鳥上上聲

○柳 鳥 飛禽之名 樢 木名 蔦 寄生草也 褭 美也要也 蓼 辛草 ⿰亻鳥 丨佻 ⿰豸肖 丨鼠

○邊 貀 似羊 ⿰票見 省見 ○求 釗 弩牙 ⿰車堯 車⿰車曹

○去 鄡 縣名 ⿰鳥阝 鹿屬 ○治 ⿰糸鳥 縣物 ⿰羊兆 羊名 誂 弄言

○波 醥 清酒 ○他 䠷 長身

○曾 茮 草名 ⿱艹操 菜名 ○入 ⿰月頁 面私

○時 棟（木名二種）朩（草名）窺（深視）

○英 騕（神馬日行千里）葝（草名）髃（肩骨）⿱髟力（長也）葍（草名）伕（不伸）闉（進也隔也）漓淯（尽也）鷕（雌掠之聲）

○門 蘈（疵草）　○語 ⿺尢犬（小犬之聲）

○出 逍（一足行也）　○喜 ⿰骨肖（水腸）鐃（鉄夕｜也）

膋上去聲

○柳 膋（肝｜）膫（买也）　○邊 ⿰貝庶（献贡）

○求 ⿱敄言（痛呼）　○去 躈（廣曰｜也）

○治 ⿰耒冉（木軟）　○波 ⿰黑力（大力）

○他 栖（古字）　○曾 ⿱飲灬（飲酒尽也）

○入 ⿰舟憂（舟浮）　○時 ⿱穴桼（欲也）

○英 ⿰幽力（不動）⿰木芺（木大）岆（山名）　○門 ⿱穴肋（不明也）

○語 ⿺走懸（周地）　○出 ⿰啚卩（不動）⿰木芺（木大）岆（山名）

○喜礦大硄破小

撽上入聲

○柳撽摎衣　○邊樹門關㶾火飛

○求釚金色　○去嶠舉足高也鄡縣名

○治䳕熟視𥕎山田拏手丨　○波檘木名

○他宕小屋　○曾朁名見錯錐也

○入秒禾芒　○時窸實也翜飛也

○英窅窓也遙行也　○門篻萌也

○語𣨙死也扎擊也　○出趒牛行貌也䵲點也𩞁熟也

○喜糗驚也

撩下平聲

○柳撩理乱　○邊爊熟食

○求鄡縣名　○去⿺辶丂走也

○治醥酒厚　○波縹長也

○他⿰骨兆跳也　○曾⿱⺮焦竹器魚具

○入櫌大木　○時⿱寮言語也

○英歊出氣⿰歹芺物實　○門渺深遠

○語⿱堯石大石　○出⿰黍阝齊也名也

○喜⿺辶肴遠也

繆下去聲

○柳繆深也⿸尸泉小便　○邊贆正也

○求撽擊也　○去⿰石鄉山名

○治厙開也　○波⿰舟票小舟

○他⿰車兆輕車　○曾膲無形之腑

○入⿰足夏 足動 ○時⿱穴系 詩也

○英窺 深視 ○門⿰幺少 絲也

○語譊 乱言 ○出逴 行也安也

○喜郞 黑名

蒲下入聲

○柳蒲 葫菱 ○邊鼈 |水

○求酈 酌也 鐈 鼎足 ○去鄎 |陽|縣 鄓 臭也

○治礴 水而凬聲 ○波颫 凬也

○他⿰足永 走也 ○曾⿰耳喿 耳鳴 蟭 草生

○入⿰辱夏 無靈 ○時⿰扌肅 擊也 ⿰尔阝 地名 焟 乾也 ⿱奇羽 翌也 甗 瓦破之聲

○英閾 庶也 楆 枣名 蕾 草名 狕 獸名 ⿸厂系 瓜名 ⿰骨号 肩骨 ○門飃 凬聲

○語蠘 虫不死也 ○出鈔 美金

○喜 膮光也 嚣山名

38 笡且倩碃⿰石虘揎訹

笡上平聲

○柳 昤日光 雒鳥名 ○邊 兵天｜｜部 抨使也

○求 驚｜恐｜駭 京｜城 椋金｜木名 猄獸名 ○去 躄足行

○治 毅撞也 朾茭｜ ⿰禾定禾賨 ○波 乒天神 骿尻｜脊也 箳背笠

○他 聽耳｜ 听仝上 厛房｜ ○曾 正｜月 精｜肉思｜ 腈｜肉

○入 蹊｜盤 ○時 聲｜音

○英 纓帽｜ 膜月｜ 潆水｜ 譻怒也 ○門 瞑晦也

○語 ⿸皮⿱玉月二肩起也 ○出 清福｜縣名 笡箴也

○喜 兄｜弟 馨味重｜｜ 郱地名

且上上聲

○柳　○邊　○求　○去　○治

○波　○他　○曾　○入　○時

○英　○門　○語　○出　○喜

倩上去聲

○柳　○邊　○求　○去　○治

○波　○他　○曾　○入　○時

○英　○門　○語　○出　○喜

碃上入聲

○柳　拎手起　眼目驚　舲版也　○邊　栟櫚梭　奟大也

○求 憼敬也 檷棧也 ⿰扌竟打中 狊目驚 蹮跛也 ○去 輥車鞭

○治 ⿰犭易大張耳也 渟水止 ⿱丞糸繩也 ⿰扌希揭也 ○波 ⿰月曾膚瘦 ⿰月並 鏷生鉄 ⿱辟廾治也

○他 耵垢也 脡脯肉 ○曾 伞唇斜用丨 蓋菹也 罾賣魚 ⿰弓爭弓開

○入 ⿰米⿱夂火山果 ○時 ⿰角羕緝是也 觪赤角

○英 ⿰冗見驚視 狊光也 覮能視 ⿱弋瓦瓦器 ○門 慏惧也 眄折視

○語 ⿰足卬足高 ○出 碃石類 捇待也

○喜 ⿰目臭驚視 眓視高 ⿺走或盜走 ⿱穴言小見臥驚 靚見也

⿰石盧下平聲

○柳 ⿱雨囟頂骨 酃縣名 ⿰糸雩緊也 ⿰扌雩捻物 軨展也 倰姓也 ○邊 平中也

○求 行步往 ⿱山行地名 ⿰犭庚狓丨 ⿱竹行米師茭衡之丨 ⿰扌党灯丨 ⿱林几木丨 ○去 ⿰足鳥泥也 藑草名 ⿺走冋走也

○治 庭門前丨也 呈丨告丨示也伸也送也 ⿰女呈女字 埕石丨灰丨 ○波 堋埒也 ⿰石彭硬丨 坪海丨山丨

○他 程姓也 ○曾 成害丨丨事 情親丨 ⿰貞阝地名

○入扔摸也　○時城|市|郭

○英營|塞贏輸勝瀯目滓[illegible]聲也　○門名|姓樠松栢|也

○語迎|接抛持也迴急走　○出成|家晟|粢礚名石

○喜

揞下去聲

○柳　○邊　○求　○去　○治

○波　○他　○曾　○入　○時

○英　○門　○語　○出　○喜

訹下入聲

○柳　○邊　○求　○去　○治

○波　○他　○曾　○入　○時

○英　○門　○語　○出　○喜

39 ⿱雅女雅艩喓⿰兒攵硬嬖

⿱雅女上平聲

○柳嫇（姑｜）薴（苠｜花名）毀（髮乱）郱（地名）鑏（小鑵聲也）⿱髟丂（鬡｜毛乱）

○邊拼（｜開）鎊（重鑲）趽（蹡｜）嘭（聲也）騯（馬行）夌（速也）捭（双手｜開）

○求庚（十干名）經（｜布｜帽）更（守｜）羹（菜｜）鄭（邑也）絙（大索也）

○去坑（山｜）妔（美女）誙（言確）⿰山巠（石谷）牼（牛膝下骨）

○治撜（｜開）⿰骨丁（腳后｜也）⿰足掌（仝上）瞠（｜目直視）⿰目掌（仝上）⿰馬亭（馬住）⿱尚足（船具櫓｜）

○波摒（｜除）⿰金⿱京灬（金鍊之聲）閛（门聲）⿱髟走（走也）淜（水擊之聲）

○他鐣（水鑼之聲）撐（｜船）⿰舟光（游意）嗏（聲也）⿱雨丁（雨也）⿱尚正（蚷也）

○曾爭（相｜）⿰車爭（車聲）

○入⿰角齊（直也）

○時生（｜產｜活）牲（頭｜）鉎（鏽｜）

○英嬰（｜兒）蜓（蜻｜田｜）

○門搣（手取）⿰金盈（｜銷）矇（目不明也）⿸疒曹（病人行也）

○語⿱雅女（番妻之名）⿰言叚（言不揚也）

○出星窓之宿名青｜翠｜瞑菁｜靛腥｜熟盯｜瞑

○喜嚍大笑佷山名縣名膁膨｜腹脹脝仝上婙女長貌也衎行也㥪自強瓶似鐘

雅上上聲

○柳奶母曰｜也嬺女字鎘｜鎗

○邊誁說也棅木名艵舟名

○求𪌎連｜打谷具也骾骨制｜喉中也梗木名梗仝上㣐行也鯁仝骾

○去肎筋骨仝聚軫至也堅堅也○治敳觸也敳仝上窨鄉首

○波鄷地名蠯蚌屬鏮聲也嘭仝上摚打也砰石名𢫬板聲

○他鎗鑼仔之聲瞠直視鐺仝鎗奼美女○曾井有泉可汲

○入𩿭祭器名○時省｜城簡｜

○英詅小聲𩃺雨也鄸地名廮縣名浧洮也○門騙急行溟｜涬𤸇｜恒痴也

○語雅憖也不俗疋正也非疋蕥草名○出醒睡覺濎親｜䛾訮訶

○喜 ⿰口倖急聲 僧待也 绝病色

⿰角⿱𠔉日上去聲

○柳 企舉踵 ○邊 柄物有可持也|

○求 徑山|也 ○去 軫聲也

○治 盯|矃直視拒人之意 侘|試假為 嶝石名 磴石名 ⿱艹登|蘴

○波 ⿰虫並虫名 掽撞也 ⿰山旁崩也 甏瓦屬

○他 撐物有不正以桂|之 揨全上 朾門| 穀|乳 樘門具 橕撥也 牚柱也

○曾 證不相讓也 噔言細 ○入 ⿰耎堅堅也

○時 姓|氏名| 性心||命 綫|繒 ⿰虫束制也

○英 嚶目無明也 ○門 ⿰犭冥小犺

○語 ⿰角⿱𠔉日美目 ○出 迮急迫

○喜 啈利害之聲 洐水流行也 ⿰月契喉膜 谺谽|空虛 ⿰扌系換也 餂息也

嗄上入聲

○柳⿱艹⿰束瓦（草木疏也）⿰扌尚（引也）⿰火聶（火也）⿱甄手（手丨）⿰鳥耳（鳥飛）　○邊⿸皮⿱并色（顏也）

○求楔（木名）⿰車音（車聲）戟（戈也）　○去輅（車聲）喀（欬聲）

○治觳（觸丨）狿（猱也）⿰鳥戈（似鴨）　○波⿱兔⿰兔兔（疾也）⿰片瓜（破也）⿰石彭（石也）

○他掙（刺也）鎗（聲也）⿰氵⿱日王（通也）　○曾⿰月制（魚醬）⿱雨貴（雨也）猙（獸名）⿱穴登（宏寬大也）⿱髟巾（髮乱）

○入⿰夫責（剖也）　○時秇（早禾）⿰石鳥（礦也）⿰米東（壞米）

○英⿱吅⿱三日（小聲）⿸疒禹（傷熟）　○門⿰羊永（獸名）⿰口芉（草名）嘪（羊聲）

○語嗄（喉聲）筴（筋丨）⿰山齒（山名）⿱夾米（旧米）　○出⿰禾白（柔取）茦（木莿）揲（扶丨）靚（观也）

○喜撖（收也）趐（進也）⿰犭敢（獸名）⿰舟曷（收帆）

⿰皃攵下平聲

○柳⿰木彭（丨鼓）⿰扌雩（丨衫）　○邊平（丨止）棚（豆丨）枰（戲丨）

○求嘏（大也遠也）㹴（獸名）　○去秔（稻屬）⿰金身（丨鎗）

○治 橙（桶｜） 程（仝上） 挰（｜落去也） 瞪（直視） 敦（挨也觸也） ⿰目掌（住視） 鋥（鉄｜）

○波 彭（姓也） 澎（｜湖） 抨（彈出） ⿰足方（此直） ⿰犭彭（犬狀） ⿰礻旁（祭名）

○他 ⿱程手（｜止高處） 瞪（｜目視也） 騰（｜上飛高） 揨（撞也） 瞠（直視也） 挰（舉也）

○曾 晴（雨｜） ⿱髟吊（鬢名）

○入 ⿰黑然（必也）

○時 ⿰虫石（虫名）

○英 楹（｜桷）

○門 冥（｜日） 夜（仝上） 芒（稻麥之鬚） 鋩（利刀｜長） 瞑（目從瞽也） 盲（青｜） ⿰麥亡（麥｜） 明（｜年｜日） ⿰木甍（屋棟） 瞢（目不明也） ⿰禾亡（谷｜）

○語 ⿰兒我（歎也）

○出 ⿰言桼（陰夫小語）

○喜 痃（小疾時｜） 蟥（黃病） 橫（｜｜乱也） 汯（涉水）

硬下去聲

○柳 矃（盯｜） 儜（佛語相呼之聲） ⿰目黎（視也） 薆（薴｜）

○邊 病（疾｜） ⿰車求（車聲）

○求 ⿺辶更（往也） ⿰足更（行也） 埂（小坑）

○去 ⿰革⿱殸車（車鞭）

○治 鄭（姓也） 抦（手｜） ⿰石長（塞也）

○波 憉（自強） ⿺辶髟（地名） 硼（石名）

○他振持也⿰彳貞走也琤玉名	○曾靜寂|⿰月争足跟趟跳也⿵風爭凬|⿰扌尚引也
○入⿰身爭寂|	○時糏米屑衕行也⿰弓曾弓聲
○英矃定視詅應言	○門罵相|⿰犭罵藥名
○語硬|軟勁仝上	○出膪腏肉鏒鍬|鼓聲錚|鑼
○喜擤檢鼻之聲	
嬖下入聲	
○柳⿱⿰耳瓜心輕也埨壟土膦脮無力也⿱⿰耳瓜虫蟲行	○邊⿰車彭車聲⿰車旁仝上
○求枅木衡	○去⿰方力|勑⿰車貞車聲⿰爿欠咳也⿰扌堅撞也
○治挰擧也⿰石争破也	○波趽曲胵⿰忄朋怒貌憉自强
○他澄小水相益掙刺也⿰扌棠匈奴之名	○曾⿰革青濕也崢山名⿰扌脊擊也
○入⿰車需喪車	○時浧人名挰持也
○英⿰馬英寫聲	○門脈|命⿱艹囧草名哶草聲芊姓也

○語孌治也安也挾刑具夾扶持 ○出盰｜瞑砰破聲

○喜闠物破殍胖也嵐姓也

40浯五忢魯跐肸籍

浯上平聲

○柳遂姓也眾也 ○邊逋遠足雔校鳥

○求罛魚具耩耕也 ○去郚地名扤病脉

○治醾浊酒鄮滕也 ○波醭白酒瓿瓦也

○他桴求木蟲也 ○曾醩古字

○入酐酒器 ○時葰腸草醮｜酪㢟通也

○英䅖絵也猤大聲鷉獸名 ○門郲地名摸｜物

○語浯水名髃省骨瓿甌也 ○出遣道亂

○喜豞熊虎子名

五上上聲

○柳⿰貝婁貪也㲋見也甈瓦器 ○邊⿰步阝地名烳火貌⿰王缶又音宝也

○求郶地名鯝魚名錮鉼也 ○去听擊也炣火也釦動也⿰辛吉辛味

○治陡崖也敨伴也⿰貝度戲也 ○波普日光遠也⿰菩刂草名潽水聲⿰扌而持也

○他鈄姓也⿰豆殳樹豆⿰豆欠唾也 ○曾珇美也⿰目且田也

○入⿰目冗祭器 ○時蔆白澤獀長者

○英鄔障也嵨山名塢仝上 ○門⿰言乔言不定也⿰母隹母雉牳牛也

○語五數名伍姓也偶配也合也忤|逆耦二人並耕甌盎也⿰女厄媒|女態旿明也牾仝怡玝玉名

○出⿰革楚草盛 ○喜⿰目頁明也风止發之速郈姓也鄠縣名

忢上去聲

○柳羺胡羊⿰言外也悪言急 ○邊⿱艹⿰咅吉草蒩⿰足步蹈也⿸疒步腹病

○求遘遇也⿰扌固|陽縣名 ○去⿰辛吉辛而苦也挎折也

○治 ⿰禾卮 地名 ⿰阝豆 險陜 ⿰⿸虍豆攴 塞也 ○波 ⿱夗臼 眷也 ○他 ⿰土透 土色

○曾 鄒 国名 ○入 ⿰耳九 耳目明也 ○時 請 多言 貶 ｜问

○英 謣 ｜語 ○門 ⿰犭母 獸名 ⿰石母 藥名 ⿰山務 岳也 ○語 ⿱吾心 悦也 迕 過也 逜 相干 遻 过也

○出 酢 味也 ○喜 ⿰犭号 犬聲 ⿰虖阝 地名 ⿰王扈 玉名 ⿰号直 土金

魯上入聲

○柳 ⿱⿱亡口⿰月丸 獸毛淺名 ○邊 ⿰夆尃 ｜⿰羊危 ⿰爻支 指聲 ⿱艹捕 榣也 庯 屋上平也

○求 蜀 縣名 覯 見也 鄺 廊也 ○去 ⿱艹酷 菹也 霩 雲消 捁 攪也

○治 ⿰言豆 設說 郖 縣名 捈 心欲 皵 白皮 ○波 ⿰米甫 糖餔 粆 仝上 誧 謀也 ⿰豸甫 飛也

○他 蹄 不尊法也 拆 手承物也 ○曾 敌 吮也 詛 盟也 篣 燈也 ⿰牛乍 山牛肉也

○入 ⿰衤助 農具 ○時 犙 牛三歲也 ⿰犭素 獸名

○英 ⿰言惡 相毀 ⿰屋阝 地名 欣 吐聲 ○門 ⿱罒母 網也 ⿰虫母 虫名

○語 魯 獸名 拭 差也 ⿰犭吾 黃獸 ○出 ⿰月豈 膰也

○喜 翻飛疾 倣石密 稆掉聲 髵仝狗 宋犽也 熄火行 䐄長尾

跐下平聲

○柳 奴｜婢 拏妻｜ 帑仝上 呶言吉 伮戮力 駑｜馬 鸕｜鷀 ○邊 𤝞半飛 陠裂也 蜅蟲名

○求 毂取羊乳也 𦼮草名 遻不欲見也 ○去 粖粘也 芤草名

○治 誅不尽言也 覭見也 踍足不履也 𡵨山高 ○波 踋踼也 捊掬也 敀屋壞

○他 頭首也 璩玉名 ○曾 禣祭名 躁醉倒 ○入 飫疾也

○時 䏐尽也 ○英 醞晏也 鄟地名 雗鳥名 𡪢屋也 𥥛卑下 螵蟲名

○門 蔉草名 譬謀也 㡌沐頭巾也 ○語 跐大跛 鋘金｜ 䳟獸名 㹳仝上 珸美玉 𥬊竹名

○出 𨅔難行 ○喜 猣獸名 妤女字 獚犬名 瓳｜甂 𪅴鳥名

肸下去聲

○柳 頭面析 怒憤也 檽木名 𡜌女肥 ○邊 步行也 錇小缶 郶亭名 琣玉名

○求 怙看｜ 稒縣名 羖壯羊 ○去 鄜地名 𧥷问也

○治 杜絕也 鄄地名 ⿰土度塞也 ○波 廍蔗| 簿数|

○他 度相| ○曾 助相|

○入 ⿰宋亢地名 ○時 醮魚名 鎪破也

○英 ⿱艹積地菓 芋仝上 ○門 茂大林 蔞毒草 ⿰木敄冬桃 ⿰木林木盛

○語 午辰名 ⿰月午明月 ⿰爿吾獸名 ○出 鄵地名

○喜 ⿰忄⿰⿱山糸攵思憂 鄸地名

籍下入聲

○柳 褸祭名 樚心名柹也 ○邊 ⿰馬尃急飛 餢麵餅 ⿰王步美玉

○求 ⿰月章脯也 ⿱宀冓密处 ○去 蔀縣名 怐愚貌

○治 ⿰豆見見也 ⿰車婁輅| ⿰虫瓜瓜名 ○波 譢蔽言 鈽金版

○他 ⿰角豆獸角 挓開也 瘻首瘍 ○曾 ⿰食昔食也 ⿸广昨深也 ⿰禾散姓也 ⿰扌族斂也

○入 娜地名 ○時 迪急也

○英軪車聲弙滿弓所向　○門鄮姓也醭美醬雺不應在下娒大師懇美貌

○語籍逆也　○出𨒭步寬

○喜虍虎父

41喑姆叭䤑嗡嫛嘍

喑上平聲

○柳鑗剝也　○邊嗑言難人也

○求䟡跡也　○去吭咳聲

○治妉樂也啒噍聲　○波辝国名

○他奼水銀　○曾奘大也盛也

○入膕呼兒聲也　○時餕飲也鏤銷也

○英喑少味　○門囷地名

○語嗸哀｜　○出耗長毛

○喜⿰口減喊聲峪大谷㺃大吠聲

姆上上聲

○柳嘍多言　○邊⿰口尃嗻聲

○求賽止言　○去⿰口堇辱瘡

○治嚨呼誘　○波⿰口普濮也⿰牛平牛名

○他𪁩規也　○曾噉禽名

○入⿱乳巿乳镸　○時⿰口速大聲

○英姆母師也又婦道教人又俗呼伯妻曰|　○門釭端也

○語嚁|鬶　○出嗖悪口

○喜釩杯也

叭上去聲

○柳⿰臣殳亂也　○邊嗶出貌

○求鑛堅鐵　○去⿰身亢遠觀美人

○治⿰口賴鼻器 獻犬聲　○波⿰土囤地界

○他噭臭大|長　○曾鑽錐也

○入⿱穴孔穴內也　○時曑星名

○英叭喉聲　○門⿺毛莫段也

○語⿰口巟好貌　○出噧人名

○喜嘼嘼獸可畜也 谽|谺空虛 欦金笑 渹大水相激

醎上入聲

○柳晢垂意 ⿰犭麻獸名　○邊⿰歹卑裂也 ⿰犭帀產字

○求⿺辶丏以木鐸　○去嘅嘆聲 欦笑也

○治⿰酉單濁酒　○波⿰口⿰烏方大聲

○他兂古字　○曾⿰口臬鼠之生聲

○入 軋 凥食乳也　○時 嗉 鳥受食也 輯 車下

○英 䤑 丨酒　○門 𨑒 逃去

○語 嗱 言不長也　○出 鍘 義闕

○喜 茅 丨草 逮 行貌 嘖 丨歌 䎷 鼻息 欱 大口歠也

嗡下平聲

○柳 唧 嘈聲　○邊 吻 誇也

○求 冏 開明　○去 嚨 丨山 阦 智慧也含笑也

○治 眈 小舟　○波 坰 魏界

○他 娑 笑也　○曾 噌 衡也

○入 舤 小齧舟也　○時 替 地名

○英 嗡 牛聲　○門 放 唇無蔽齒

○語 媏 女名　○出 哂 多言

○喜 喤（啼小 聲兒）

妴下去聲

○柳 囉（口裂）　○邊 ⿰女匕（字妣）

○求 ⿰女卿（小聲）　○去 稇（實禾）

○治 啖（味少）奮（也取）　○波 ⿰石尉（在乏 水石）

○他 墰（沙土）　○曾 妰（婦美）

○入 ⿰兼乚（乳三）　○時 唾（貌食）

○英 口姆（聲虎）妴（也婉）　○門 婺（也美）

○語 ⿰月厓（也难）　○出 嗅（鳴走）

○喜 ⿰口雩（虎姓 怒也）⿱髟豕（聲豕）

嘍下入聲

○柳 嘐（|嘽）塗（也塗）　○邊 哹（氣吹）

○求毦 裖屬 ○去⿰口皓 |咽

○治轍 輾迹 ○波⿰口毘 叱聲

○他陮 地名 ○曾賫 見也

○入堊 多言 ○時⿰忄匋 心所煩也 ⿰犭胥 猨也 獄 犬也

○英嚶 戰聲 ○門娏 女名

○語唔 燕女 ○出嗆 食聲

○喜憋 急怪

42 麽眧熎約窰鷂藥

麽上平聲

○柳⿰豸力 獸名 ○邊摽 插|

○求⿰爪阝 地名 ○去鏍 治金

○治⿰矢召 犬短毛也 ○波⿵門足 屋內走也

○他刁｜起｜难挑｜莿　○曾蕉草名菜名招相｜合行椒胡｜𤓰火所生也

○入醏味苗　○時燒火｜烎上仝

○英么骰子一点腰身｜邀相｜吆｜｜聲也殀言物也幺幼少　○門𨯏物懸手釣

○語隩地名又不安也　○出俔｜雞鵤上仝鐀積也

○喜鎊｜開

眑上上聲

○柳瞭光也眽署視　○邊表｜文進｜檦表也

○求盄碗也磩水中石也　○去闄開也

○治灂深也　○波𩪂体壯鬭塞也

○他眺目不正也撽投物　○曾少不多瀌酒名摷拘擊

○入郋地名　○時小微也

○英荴草少長也眑歆朝黝不莖扷打也　○門錨農具杪木末

○語墬縣名　○出製除草之名

○喜錐小灯

熎上去聲

○柳鉚鉤也櫰木長竇火照于天　○邊驃地所之名

○求呌丨喚歊歌也　○去竅作丨徼仝上

○治鉤丨魚　○波票牌丨漂丨白剽丨掠輕丨

○他躍賣谷曰丨朿仝上　○曾醮濟丨照丨墻炤火丨

○入篎小管　○時鞘刀丨杪紉丨[illegible]仝鞘

○英熎烬也遙走也　○門[illegible]金色

○語湟水渴　○出笑喜容醬鹽也

○喜吁喝鳥鐰削也鐃鉄也

約上入聲

○柳 繚炙也 蠀蝤蟲 ○邊 鄁地名 𧳜似羊善睡

○求 脚｜去 䏸仝上 ○去 却得也 㧁仝上 覻視貌

○治 拕｜出來也 擳抽｜ 抻物｜長也 ○波 隔陜也 𥏫短少 䭰飽也

○他 鍱鏞屬 䏿大也

○曾 借移｜邪｜ 斫｜樹 焟｜火 𦓝犂｜ 墌秧｜ 績綿｜袨也 彴橫木渡水 戠仝斫 蔪破也

○入 遷熱行 都秦晉界地 ○時 惜愛也 菥｜蓂

○語 錐大也

○英 勺十｜為為 約斷｜ 虳蟲名青｜ ○門 鏢銅｜

○出 尺十寸為｜ 醡酒具 𧊒獺｜鴨人 𥻦糞米多水 庍遠也 慗位也 禘福｜ 蚇蟲｜

○喜 鍑大口也

窰下平聲

○柳 蜊蚌屬 脷｜肉 ○邊 鑗刀鋒

○求 茄菜名 橋|樑通行

○去 ⿱竹陪竹踦

○治 ⿰足逐|跳 潮|州 躍魚| 長|泰地名

○波 萍木面浮| 薸仝上 瓢|食 ⿱艹瓢|薸

○他 ⿰扌⿱兆土擔| 輗輕車

○曾 ⿰阝呈护土 逮走也 ⿰兆瓦瓦器

○入 銃利劍

○時 ⿰火蕭爇也

○英 窰灰|瓦| 窯仝上 搖|動 珧田所飭也 榣樹動

○門 描|字畫也 緢旋也 瞙張目 ⿰扌畱仝描

○語 蟯蜊之大也

○出 蝵虹| ⿰虫秋蛟|

○喜 皀香也 ⿱网石大石

鷄下去聲

○柳 轑轢也 ⿰石⿱罒各石名

○邊 鰾魚| ⿰魚庶仝上

○求 轎肩輿 ⿱竹轎仝上 蕎蕗|蕈菜

○去 鄛地名 ⿱山却山名

○治 趙姓也 ⿰口對動也

○波 ⿰金⿱罒去疊石 ⿰月由肥白也

○他 釪杻械 銚盂屬

○曾 噍口|物也 ⿰金⿱夂王鐵屬

○入尿即小便也

○時邵姓也⿰⿱宀音阝地名

○英鶧鳥名曜光彩

○門廟家丨庙庵丨

○語訝野丨⿰耳堯不開

○出⿱日艮光也炽仝上

○喜⿵風豊大凨之貌⿰弓羽瓦也⿵風豊大凨之貌

藥下入聲

○柳略丨淂畧仝上誓美言撆撩取

○邊⿰酉孛酒色

○求郥邑名⿰月局肥也⿰月爰大笑

○去踋足底

○治着足也逐就也走也⿰月枼切肉

○波瀫水滿

○他豩家行⿰目畜家名朓奈也

○曾石姓也十斗為丨⿰隶勺縞也犳豹文

○入傗不伸抐仝上⿰身辱身病

○時⿰月席腳丨鮝魚名⿰犭烏丨丨附人俗凨丨⿰飠多飯懷

○英藥治病鑰丨管⿺身寥仝藥⿰龠乙火氣⿸疒翟病也

○門⿰奇靈黑也⿰火靈火氣⿱艹龠草名

○語郳國名⿰矢玉委也

○出蓆床丨席仝上⿰耳支便也

○喜 葉枝|樹|

43扛管楨迸桄節鋙

扛上平聲

○柳 軁身下|也 ⿱鼓皿鼓聲 娘甚也 稂短矛 ○邊 楓木名 方姓也 葑草名 ⿰旁阝地名 風|時雨也

○求 光明也 褌小褌 扛二人|对 鋼劍屬 缸仝上 檯|轎 彍弓聲 瓨砾|

○去 康姓也 糠米皮 穅仝上 粇仝上 ○治 當敢|航| 礑石|界止

○波 錛斧屬平木之器 鎊仝上 刐仝上 ○他 湯姓也漆|

○曾 莊姓也田室 妝|飭 粧梳| 贜受賄開| 賍|貨 裝貨| 庄|社 磚|瓦 桩木名

○入 輭車橫木也

○時 孫姓也 酸鹽| 痠腳手|軟 欀門| ⿰木旋仝上長引 霜|雪 桑姓也木名 喪|孝 檈仝| 狻獅| ⿱艹酸草名

○英 秧苗種 央中| ⿰扌胃手| ⿰鼻央臭| ⿰犭雍大聲 ⿰目汪|二目斂泣也

○門 芒草名 麽小之甚也 ○語 ⿰車昂車枕

○出牕牌息石也穿｜貫村鄉｜栓車｜用以貫水車倉貯谷曰｜艙舟｜瘡疔｜椿祭名川尻｜谷道摐撞鐘皷也

○喜坊牌｜石｜方姓也藥｜四｜也秎禾也荒飢｜⿰号食飫｜昏冥｜⿰虫荒鳥｜蛇名⿰荒阝縣名⿰米黄谷跌地｜鹿而起也荒⿸疒荒也田菜不治

鄺姓也⿰阝空仝牌｜也⿰糹㐬系曼延也⿰車広｜｜車聲⿰巾㐬巾冪

管上上聲

○柳軟不碩○邊榜｜文牓仝上⿰毛旁毛席髲小見皮履

○求管升｜縺｜捲｜摺收｜錈桑則｜堅則折廣湖｜｜東｜西之地名鎊即｜鑿也脘胃｜觠四角⿺走卷曲走⿰金非璞玉

○去窾空也⿰黍卷黏｜鞚勒馬渢風吹小波也⿰車允車下橫木⿱大谷大聲⿰片空穿垣

○治⿰扌㡭轉篗涱潮水進也漲水｜返去｜轉仝上⿰⻊爾蹈也媿耦也

○波⿰毛旁毛毯斛量溢○他⿰⻊斷足不行也⿱穴⿰糹㐬深也

○曾⿱宗糸總也⿰糹習赤也○入⿰黍夋紉也

○時損｜坏⿰亻爽惡也篹籮屬瘄瘦也磉｜石

○英影｜日火｜阮姓也阬仝上捖抱也抗抱也掔仝上筦｜仔攣仝抗攤仝上

○門 晚早｜ 莔茍｜曰斷腸草 梅刺｜石｜ 挽仝上
○語 聑镸欺

○出 澳寒也 扌充也割也載也切也 硶食有砂也 剩皮傷 餕食物有砂也

○喜 簇竹器 鍉鐘聲 晲陽明 纜候凬信也 幌帷幔 旒望子 夐大視 擤捻鼻中齈

楨上去聲

○柳 趡｜走 溷水｜ 鑨器也
○邊 房放屁之聲 艕習水勢之美人 艕仝上 蘢草亂

○求 楨籠｜ 鋼堅鐵 釭仝上 烱以燒鐵使其堅也 貫灸｜ 卷契｜案考｜ 絭孩童所以佩神明之｜錢也 桊牛｜ 幘衣巾 搼牛｜

○去 勸相｜ 劝仝上
○治 當典｜ 頕飢飫光｜ 衕搖也 轞車｜ 鏽打鐵鎚也

○波 犃牛見齒也 腋肉也

○他 瀊滾打｜手 ⿱罒渴取魚具也 褪卸衣 毻手｜落也 ⿰氵退潮水返流 ⿰⿱厶月毛鳥｜毛也 蛻蛇蟬｜殼 ⿺毛垂｜毛

○曾 鑽｜仔 鋷仝上 鱒魚入泥
○入 鄭地名 ⿸鹿需急走

○時 算盤｜數｜ 筭仝上 繏縛｜緊｜
○英 暈目不明也 向相｜ 狭獸名 ⿰言翁義闕

○門 盳仰視 ⿰耳罔耳病
○語 ⿰貝昂凶也 ⿰耳卬癡也

○出 串頭｜ 釧朱冠金｜ ⿺辶倉走過｜走 ⿰王穿玉｜ ⿱𥫗舛以竹｜物 ⿱艹⿰豸彖獸走入草

○喜 夐姓也明也 蕻草名 ⿰犭荒獸名

迸上入聲

○柳 躘龍尾 ⿱艹⿰目彖草名　○邊 ⿸疒毛病也 郱亭名

○求 迸損也 ⿰口廷聲也　○去 梡木名 ⿰耳翁耳聲

○治 ⿰木豕擊也 ⿰目豕獸名　○波 ⿰旁必倚也 鏄瓦器

○他 ⿰土阝鄉名 ⿰犭毛飛貌　○曾 輂收車 紲飭也 ⿰米莊粉色 ⿰糹管積也

○入 ⿰身需劣也　○時 機木細葉也 ⿺走去走也

○英 ⿰貝宛小有財也　○門 ⿱𥫗旨屋簀 ⿰土每土坮

○語 ⿰貝卬舉首　○出 ⿰鼻婁鼻聲 ⿱𥫗奇輂帶

○喜 曠日光 彉弓弩滿也

桄下平聲

○柳 郎 侍｜官名 廊 大屋雨｜ 榔 梹｜ 蓢 薯｜又紅｜瓜 ⿰骨良 骨｜ ⿱⺮陵 篾｜ 峎 山名

○邊 ⿰王旁 玉名 蜯 虫名 ⿰巾旁 畫帖 㔙 急也 稖 ｜巾

○求 桄 木名 狂 猖｜ 肱 一節 趪 走也 姚 女字 犺 水牛

○去 ⿰片黃 横木 ⿰片庸 版木

○治 長 ｜短 ⿰車隹 鳥名 腸 肝｜ 唐 姓也 塘 池｜ 堂 所｜ 鄌 地名

○波 竮 平也 ⿰酉旁 加杯

○他 糖 樜｜ 傳 ｜子｜孫 塠 土塊 膛 ｜｜肥也

○曾 全 不鈌什｜ ⿰牛臧 牛善 ⿰目全 目眇 ⿰虫巽 虫名

○入 ⿰農需 農具

○時 甑 甕｜ ⿰酉桑 乳酒 梬 木名

○英 黃 姓也 褌 師能作｜也 癀 ｜疸病也 彎 犂｜ 王 蜂｜ ⿱王欠 古字 璜 半璧 ⿱羽王 舞羽

○門 門 ｜戶大｜ 毛 髟｜

○語 䡊 車擇 ⿰山兌 山峻

○出 牀 眠｜ 床 仝上

○喜 園 田｜ 园 仝上 綄 曼延 ⿰亢隹 高飛 磺 硫｜ 防 関｜ 彋 弓聲 徨 徘徊 蕻 菜心長也

節下去聲

○柳 卵 禽所聲也 蛋 仝上 醲 ｜酒

○邊 傍 倚｜ 飯 ｜食

○求節地名奆甚大⿰扌黃挑也　○去⿰虍欠飢虎⿰康斗獸名

○治撞沖丨擊也丈十尺為丨燙以水洗丨斷割丨　○波⿰車⿱山王馬車⿰扌普聲也髈髀股

○他⿵門电門丨杖仝上⿰骨良足手丨也碭以色飭所器也　○曾⿱髟至頭上丨也状告丨脏小丨噀丨乳饌仝上鬢頭毛轉處

○入醹維丨　○時⿰氵霜殺物⿰車桑車輞

○英⿰日荒早熱　○門問相丨

○語聊心亂　○出⿰貝倉積貨⿰倉阝地名⿱兹瓦瓶也

○喜遠不近⿰扌⿸厂⿱豕心丨龟圂糞丨瓜丨洞遠聲

鋙下入聲

○柳躴身寒⿰音耳不听　○邊嗙聲也翩高飛

○求鋙斷也⿰爿黃橫木　○去⿰禾冒禾病硄石聲

○治逯足不前也⿰缶當大缺　○波軯聲車⿰犭平山名

○他酞畓酒⿰耳痛耳病　○曾鍪鈴聲柮木之少也攥手把

○入 ⿰土鄉地名 ⿱穴⿰冂刂穴深

○時 酸歠味 篕竹器 ⿰鼻卒鼻聲

○英 ⿰月荒目不明也 ⿰車殳車聲

○門 ⿰月㒼不見 ⿱穴羽坏也 ⿰血免血塗地也

○語 ⿰酉⿱日卩醉也 ⿰耳芇草盛

○出 ⿰犭奇傘帶 ⿸尸走慢行 觀不視明也 ⿰禾耆禾不秀也

○喜 ⿰貝欠鼻出氣也 ⿰耳⿸广隹听不明也

十五音全終